U0829777

全国老年服务与管理类专业规划教材

NATIONAL PLANNED TEXTBOOK FOR ELDERLY SERVICE AND MANAGEMENT

老年沟通实务

Communication Practice for the Elderly

主 编 陈玉婷
Chief Editor Chen Yuting

参 编 黄婷婷 蒋新红 曹楠 丁佳
Co-editor Huang Tingting Jiang Xinhong Cao Nan Ding Jia

天津大学出版社
TIANJIN UNIVERSITY PRESS

内 容 提 要

本书将突出社会福利服务领域中老年人的特点，侧重沟通的独特性、实用性和可操作性，帮助面向老年人的服务者与管理者了解沟通的基本结构、有效利用肢体语言，提高沟通能力、熟悉高效沟通的步骤、掌握人际风格沟通技巧、提高针对老年人的相关工作人员的沟通质量、改善在为老年人提供服务时的沟通方法、通过沟通改善与被服务群体的关系、掌握特殊沟通技巧。

本书既可以作为高等职业院校、中等职业学校老年服务与管理类专业以及老年社会工作、民政服务与管理等专业人才培养使用的教材；也可以作为各类养老服务机构、社区养老服务中心、企事业单位离退休工作办公室、干部休养所、老年大学等老年教育培训机构的培训或教学用书，为一线老年服务人员提供技术流程参考；还可以作为从事养老敬老相关工作的老年服务从业人员的职业技能培训用书。

图书在版编目（CIP）数据

老年沟通实务：汉文、英文 / 陈玉婷主编；黄婷婷等参编. —天津：天津大学出版社，2023.7（2024.3重印）

全国老年服务与管理类专业规划教材

ISBN 978-7-5618-7516-2

Ⅰ.①老… Ⅱ.①陈… ②黄… Ⅲ.①老年人-心理交往-高等职业教育-教材-汉、英 Ⅳ.①C912.11

中国版本图书馆CIP数据核字（2023）第112755号

LAONIAN GOUTONG SHIWU

出版发行 天津大学出版社
地　　址 天津市卫津路92号天津大学内（邮编：300072）
电　　话 发行部：022-27403647
网　　址 www.tjupress.com.cn
印　　刷 北京盛通数码印刷有限公司
经　　销 全国各地新华书店
开　　本 787mm×1092mm　1/16
印　　张 27
字　　数 771千
版　　次 2023年7月第1版
印　　次 2024年3月第2次
定　　价 118.00元

前 言

Preface

自1999年我国进入老龄化社会以来，老年人口数量快速增长，2022年60岁及以上人口超2.8亿人。2022年1月17日，国家统计局发布2021年各项统计数据：从年龄构成看，16~59岁的劳动年龄人口为88 222万人，占全国人口的比重为62.5%；60岁及以上人口为26 736万人，占全国人口的18.9%，其中65岁及以上人口为20 056万人，占全国人口的14.2%。据预测，至2025年，我国老年人口数量将超过3亿人；2030年，我国65岁以上的人口占比将超过日本，成为全球人口老龄化程度最高的国家；2033年，我国老年人口将超过4亿人，达到峰值，一直持续到2050年。随着经济社会的发展变化，我国人口老龄化面临新形势。当前和今后较长的一个时期，我国人口老龄化发展将呈现出五个鲜明特点：老年人口增长快，规模大；高龄、失能老人增长快，社会负担重；农村人口老龄问题突出；老年人独居化、家庭空巢化加速；未富先老矛盾凸显。那时候，老年人口基本上都是独生子女的父母，生活无法自理的空巢老人将会成倍增加，他们在生活中的照料、精神慰藉等问题将会更加突出，社会总体负担加重。建立社会养老服务体系，培养高质量的养老服务人才，确保老年人安度晚年是一个大问题。

由于各器官系统不断衰老，视力、听力下降，行动能力减弱等因素，老年人与外界的接触减少，社交圈缩小，沟通能力降低，孤独、寂寞、误会常常困扰着他们，接纳他人与自我接纳程度降低，生活的幸福感下降。沟通可以帮助老年人与老年人之间、老年人与子女之间以及老年人与其他年轻人之间消除误会。学会与老年人进行有效的沟通是为老年人提供良好服务的前提，也是为老年人提供良好服务的保障。

本书共分为九个项目，内容包括：绪论，老年人的身心特征，与老年人沟通，与老年病人沟通，与患阿尔茨海默病老人沟通，与临终老人沟通，与家庭养老及居家养老老人沟通，与机构养老老人沟通，与老年人社会支持网络沟通。

本书由重庆城市管理职业学院的陈玉婷完成统稿和所有章节的编写，重庆城市管理职业学院的黄婷婷、蒋新红、曹楠、丁佳协助完成查找整理资料、文字翻译等工作。

编　者

2023年1月

Preface

Since entering the aging society in 1999, the number of the elderly population has grown rapidly. In 2022, China's population over 60 years old exceeded 267 million. On January 17 2022, the National Bureau of Statistics released China's economic data for 2021. From the perspective of age composition, 882.22 million people of labor force aged 16-59, accounting for 62.5% of the national population. There are 267.36 million people aged 60 and above, accounting for 18.9% of the national population, including 200.56 million people aged 65 and above, accounting for 14.2% of the national population. It is predicted that by 2025, the number of elderly people will exceed 300 million. By 2030, the proportion of people over 65 years old in China will exceed that in Japan, becoming the country with the highest degree of population aging in the world. By 2033, the number will exceed 400 million, reaching the peak, and will last until 2050. With the development and change of economy and society, China's aging population is facing a new situation. At present and for a long time to come, there will be five distinct features in the population aging problem in China, namely, the aging population in China will grow rapidly and in a large scale. The elderly and the disabled are growing rapidly, and the social burden is heavy; The rural aging problem is prominent. The number of elderly people who live alone, who we call "empty net" elderly people, is accelerating. The phenomenon of "already getting old before getting rich" is prominent. By then, the elderly population is basically the parents of only children, and the number of "empty nesters" who cannot take care of themselves will increase exponentially. Such problems as care giving, spiritual comfort offering and other problems in the life of the elderly will become more prominent, and the overall burden of society will increase. It is a big issue to establish a social service system for the elderly, cultivate high-quality elderly service personnel, and ensure that the elderly spend their old age peacefully.

The aging of various organs and systems of the elderly leads to the decline of their eyesight and hearing, as well as the weakening of their mobility. They are faced with various problems, such as lower community ability, loneliness, frequent misunderstanding with others. They have less contact with the outside world with relatively small social circles. Their acceptance of others and themselves is reduced. The sense of happiness decreases. Communication may help eliminate misunderstanding between the elderly, their children, and other people. Learning to communicate effectively with the elderly is the premise and guarantee of providing good services for the elderly.

This book is divided into nine projects, Project Ⅰ Introduction; Project Ⅱ Master the physical and mental characteristics of the elderly; Project Ⅲ Communicate with the elderly; Project Ⅳ Communicate with the elderly patients; Project Ⅴ Communicate with the elderly suffering from Alzheimer disease; Project Ⅵ Communicate with the dying elderly; Project Ⅶ Communicate with the family-support elderly and the home-based elderly; and Project Ⅷ Communicate with the institution-based elderly; and Project Ⅸ Communicate with the social support network of the elderly.

Chen Yuting of Chongqing City Management College completed the overall planning and writing of all chapters. Huang Tingting, Jiang Xinhong, Cao Nan, and Ding Jia of Chongqing City Management College assisted in data research, material collation, and text translation.

Editors
January 2023

目　录 Contents

Contents

项目一
绪论

学习目标

- 知识目标
  - ◇ 了解老年沟通的概念、要素、层次、类型和原则；
  - ◇ 领会老年沟通的目的和意义；
  - ◇ 掌握老年沟通的相关理论。
- 技能目标
  - ◇ 能识别老年沟通的要素；
  - ◇ 能分辨老年沟通的层次与类型；
  - ◇ 能坚持老年沟通的原则。

情景导入

沟通在我们的生活中无处不在，沟通是为了更好地相处与交流，沟通可以让人们相互了解，缩短人与人之间的心灵距离，从而减少生活中的烦恼和痛苦。老年人由于身体各器官系统的衰退，对外界的声、光、形等各方面的反应减弱，因此与外界的联系越来越少，心灵变得越来越脆弱。然而，社会在不停地发展，老年人的数量在不断地增加，衰老本身让老年人与社会脱节，他们越来越不适应飞速发展的外界环境。有效的沟通可以缩短老年人与外界的距离，减少矛盾，提高老年人的生活质量与幸福指数。

任务一　了解老年沟通的概念与要素

案例导入

重阳节快到了，某养老机构准备办一个重阳节庆典活动。由于报名参加文艺演出的老人太多，不能一一上台表演，于是养老机构就办了一场选拔赛。有一位老人想跳一段新疆舞，但没有伴奏音乐，于是他找到相关工作人员，请他们给他下载一段新疆舞伴奏音乐。由于当时找工作人员下载音乐的老人很多，工作人员没听明白老人的需要，就给这位老人下载了一段印度舞的伴奏音乐。老人只好就着印度舞的伴奏音乐跳了一段新疆舞，可想而知，这位老人的节目最后被淘汰了。

通过以上的案例，我们分析与老年人沟通失败的根本原因，总结在与老年人进行沟通的过程中涉及哪些要素。

知识内容

一、老年沟通的概念

对于沟通的含义，众说纷纭。据统计，沟通的含义有150种左右，具体可以概括为以下几类。

1. 信息说

沟通是符号或信息的流动，如美国学者贝雷尔森认为沟通是通过传播媒介所作的符号的传送。

2. 共享说

沟通是传者与受者对信息的分享，这种观点以美国传播学家施拉姆为代表。

3. 交流说

沟通是有来有往的双向活动，如美国学者霍本的观点：沟通即是用语言交流思想。

4. 影响说

沟通是传者对受者施加影响的行为，如美国学者路西和彼得森认为：沟通是影响人的全过程。

总之，沟通包括信息的传递、被理解与准确理解、互动反馈，目的是希望达成一致。因此，沟通的定义为：沟通是人与人之间、人与群体之间思想与感情的传递和反馈，以求思想达成一致和感情通畅，是传递信息、交流信息、加强理解的过程。

根据沟通的定义，我们将沟通的内涵概括为以下几个方面。

（一）沟通不是“只说给你听”

有学者认为，沟通是“我说你听”。我发出一条信息，传递给你，你收到信息后，经过理解、加工，然后采取相应的行动。但实际上，我说了，你不一定愿意听，就算听了也不一定听懂了我所表达的意思；即使你听懂了我所表达的意思，也不一定愿意按照我的想法去行动。所以，沟通并不能片面地理解为“我说给你听”。

（二）沟通也不是“只听别人说”

俗话说“听人劝得一半”，多听别人说话，可以从中学到很多书本上、课堂上学不到的知识，对自己有很大的帮助，但是仅仅你说我听，也算不上有效的沟通。有时，你说了，我未必听见了；就算我听见了，也不一定听懂了，或者我以为听懂了，但实际没听懂，然后就根据自己所听到的内容去理解、去行动，最终结果却是“我做错了”。这也不是有效的沟通。

（三）沟通应该是“通”彼此之“理”

沟通是传递信息、交流信息、加强理解的过程，相当于“我说给你听”、理解后“你说给我听”，以达到相互理解的过程。

老年沟通，顾名思义就是与老年人进行沟通的过程，指年轻人与老年人之间的思想与情感的传递与反馈，以求相互之间传递和交流信息，从而加强理解的过程。

二、老年沟通的要素

老年沟通过程是由多个要素构成的，包括：信息的发送者与接收者、需要发送的信息、信息发送的渠道、信息发送过程中的噪声、信息的反馈以及沟通的环境等。

（一）发送者与接收者

在与老年人进行沟通的过程中，人们需要将自己的思想、情感与信息传递给老年人，老年人接收到别人向他传递过来的思想、情感与信息后，通过自己的理解形成自己的与之相对应的信息，再将其反馈给信息发送者。在沟通过程中，信息的发送者与接收者是相互转换的，没有单纯的发送者与接收者。

（二）信息

信息承载的是需要沟通的人们之间所要传达的思想与情感，只有将某种思想与情感转化为某种符号才能得以沟通。沟通信息由两种符号组成：语言符号和非语言符号。

1. 语言符号

语言中每一个词都表示了一种特定的事物或思想，因此语言符号是被限定了的，语言符号同时也是复杂的。例如：当老年人告诉你他想吃“肉”，这个时候，你想到的会是与食物有关的事物，还会以某种动物作为参照物，如猪、牛、羊等，而不会是蔬菜、水果之类。然而，表达抽象的思想与情感的语言符号更为复杂，如头疼、烦恼、悔恨以及伤害等，这些语言符号的表达非常复杂。人们怎样去理解这些抽象的词语呢？这就需要人们在经验的驱动下予以决定，不同的经验赋予这些词语的含义是有所不同的。

2. 非语言符号

非语言符号是不用语言来传递信息的一种方式，如表情、站姿、手势、语气、语调等，不同的非语言符号有不同的含义。例如：生硬的态度可以表示不耐烦或者讨厌的情绪；说话时双臂抱于胸前表示拒绝或自我保护；紧锁眉头可能表示痛苦或者困惑等。和语言符号一样，不同的人对非语言符号的理解是不一样的，有时会产生误会或误导别人。

许多非语言符号在不同文化间也有区别。在西方文化中，黑色是葬礼的颜色，而在东方的文化中，白色才是葬礼的颜色。在某种文化中双膝下跪是虔诚的表现，而在另一种文化中双膝下跪却是受到惩罚的象征。

不论是语言符号还是非语言符号，在所有的文化中都是极其重要的。

（三）渠道

渠道是信息经过的路线，是信息从发送者到接收者的传递路线。在面对面的沟通中，沟通渠道主要是声音和视觉，即人们之间的相互听与看。比如我们熟悉的电视、广播、报刊等都是用来获取信息的渠道。另外，传递非语言符号的渠道也有很多，例如：相互看着对方点点头以表示赞同；相互之间以微笑表达歉意；诚恳地握手代表合作；穿着端庄的职业装以示尊重等。

（四）噪声

噪声是沟通过程中的障碍，它可以阻碍信息的发送、传递、接收与理解。噪声发生在信息发送者与接收者之间。噪声可以分为三种形式：语言噪声、外部噪声和内部噪声。

1. 语言噪声

语言噪声是由人们对词语情感上的反应而引起的，例如，带有亵渎意义的语言会引起大多数人的反感，所以就成了干扰人们沟通的噪声而影响信息的传达与接收、理解与反馈。

2. 外部噪声

外部噪声来自环境，它阻碍了信息的接收与理解。

3. 内部噪声

内部噪声发生于沟通者的头脑中，这时候他们的思想和情感集中在沟通以外的事情上。内部噪声也来源于沟通者的信念或偏见。例如，很多人的头脑中有这么一句话

“嘴上无毛，办事不牢”，说的就是年轻人工作经验不足，办事不妥当的意思。这种偏见使很多人对年轻人的办事能力持怀疑、不信任的态度，让这些年轻人处处碰壁、处处受气。

（五）反馈

反馈是沟通人员之间相互的反应，它对沟通是至关重要的。面对面沟通的反馈的机会很多，特别是在没有过多干扰的情况下。在这样的情境中，沟通人员之间才有机会知道彼此是否理解并领悟了所传达的意思。例如，我们与一位想家的老人面对面地交流，可以很容易地了解老人想家的真实原因，针对这些真实原因给予老人合适的反馈，以形成有效的沟通。

（六）环境

环境是沟通的场所，正式的环境适合正式的沟通。例如，老人想降低自己的特护级别，减少所交纳的费用，就需要一个正式的环境与管理人员面对面地进行沟通，才能达到理想的效果。但是，非正式的环境可以将一些严肃的话题轻松化。例如，同寝室的老人之间因琐事发生了一些小矛盾，可以以聊天、闲谈的方式缓解气氛，达到有效沟通的目的。反之，如果在正式的环境中谈论老人之间的矛盾，就会让其他老人对这位老人产生告状的怀疑，导致出现这位老人被孤立的情形。

所有的沟通都是由发送者、接收者、信息、渠道、噪声、反馈与环境构成的，在与老年人沟通的过程中，这些因素会有所不同。然而，它们也不是影响沟通的所有因素，沟通也受我们所传递的内容的影响。所有的沟通都是一种相互的作用形式，包括身体和心理方面的形式。

任务二　了解老年沟通的层次、类型和原则

案例导入

A对B说：“我要离开这个公司。我恨这个公司！”B建议道：“我举双手赞成你报复！破公司一定要给它点儿颜色看看。不过你现在离开，还不是最好的时机。”A问：“为什么？”B说：“假如你现在走，公司的损失并不大。你应该趁着在公司的机会，拼命为自己拉一些客户，成为公司独当一面的人物，然后带着这些客户忽然离开公司，公司才会受到重大损失，非常被动。”A觉得B说得非常有道理，于是努力工作。事遂所愿，经过半年多努力地工作后，他有了很多忠实客户。再见面时B问A：“现在是时机了，要走赶紧行动哦！”A淡然地笑道：“老总跟我长谈过，预备升

我做总经理助理，我暂时没有离开的打算了。”其实，这也正是B的初衷。一个人的工作，只有付出大于得到，让领导真正看到员工的能力大于位置，才会给员工更多的机会为公司创造更多的利润。

知识内容

一、老年沟通的层次

老年沟通有四个层次，即不沟不通、沟而不通、沟而能通和不沟而通。

（一）不沟不通

从严格意义上讲，不沟不通算不上沟通，甚至可以认为是沟通的反面。不沟不通，是指人们没有沟通的欲望或觉得没有沟通的必要，处于不相往来的状态。比如，两人虽然彼此认识，但在工作、生活中基本没有交集，也就没有沟通的必要。

（二）沟而不通

沟而不通是指人们之间，一方不管怎么说，另一方都根本没听见，或者听见了也没有任何反应，或者听后有反应，但所表现的反应与信息传递者的目标相悖。这种现象就是“沟而不通”。事实上，现实生活中的很多沟通都停留在沟而不通的层面上，达不到沟通的效果。

（三）沟而能通

沟而能通是沟通中人们所期望达到的效果，不管是误会还是分歧，只要沟而能通，就能化解。

（四）不沟而通

不沟而通是一种高超的艺术，人们非常讲究相互之间默契地配合，高度的默契便是不沟而通的境界。不沟而通的关键在于双方的默契，而要形成默契，就要密切地关注对方，注意对方的一举一动，不需要对方的言语表达，就能主动地捕捉到对方的需要。毫不关心对方，不注意对方的举动，当然无法达到不沟而通的境界。只有将心比心，才能达成心与心的感应、心与心的交流。

二、老年沟通的基本类型和原则

（一）老年人沟通的基本类型

1. 按沟通的方向可以分为上行沟通、平行沟通和下行沟通

1）上行沟通

上行沟通即向上的沟通，指居下者向居上者传递沟通的信息，如家庭中子女向父母、晚辈向长辈传递沟通的信息，在单位下级向上级传递沟通的信息，古代的臣民向君王传递沟通的信息。

2）平行沟通

平行沟通是指同一阶层人员的横向联系，如向邻居家的老人传递沟通的信息、在公共场所向同行的老人传递沟通的信息就属于平行沟通的范畴。

3）下行沟通

下行沟通即向下的沟通，是居上者向居下者传递沟通的信息，与上行沟通是相反的。比如，家庭中父母向子女、长辈向晚辈传递沟通的信息，养老机构中管理者向工作人员传递沟通的信息。

2. 按信息发送者与接收者的位置是否变化可以分为单向沟通和双向沟通

1）单向沟通

单向沟通是指信息的发送者与接收者之间位置基本不发生变化的沟通，即信息的交流是单向的流动。例如，在养老机构中，工作人员向新入院的老人做入院介绍；在家庭中，父母电话告知自己的子女已经决定了的想法。单向沟通的优点是信息传递快；缺点是缺少信息反馈，沟通的信息准确性差，当接收者不愿意接受意见或任务时，容易引起不满与抗拒。

2）双向沟通

双向沟通是指信息的发送者与接收者的位置不断地发生变化的沟通，即信息的交流是双向的活动。例如，在养老机构中，一位老人找到管理者说，他不想与现在的室友同住了，需要更换房间，但是管理方暂时不能满足老人的愿望，双方只有经过不停地协商和交流才能达成一致的意见。双向沟通的优点是能及时获得信息的反馈，沟通信息的准确性较高，通过沟通有助于化解双方的矛盾、解决问题；缺点是信息的完整传递速度比较慢，接收者可以反对信息发送者发出的信息所表达的意见，在一定条件下可能给发送者造成心理上的压力。

3. 按沟通是否直接展开可以分为直接沟通和间接沟通

1）直接沟通

直接沟通是指信息发送者与信息接收者直接进行信息交流，无须第三者传递的沟通方式。例如，打电话、面对面地交流等。直接沟通的优点是沟通迅速，双方可以充分交换意见、交流信息，迅速取得相互了解；缺点是信息的有效传递需要时间和空间的一致性，有时直接沟通存在一定的困难。

2）间接沟通

间接沟通是指信息发送者必须经过第三者的中转才能把信息传递给接收者。其优点是不受时间和空间的限制；缺点是比较浪费人力和时间，而且可能使传递的信息失真。

4. 按沟通媒介可以分为口头沟通和书面沟通

1）口头沟通

口头沟通是指以口头语言为媒介的沟通，例如向父母口头汇报自己在医院体检的结果、养老机构护理人员向老人做自我介绍和讲解有关的规章制度等。口头沟通是沟通过程中最常用的一种形式。人们借助口头语言的表达方式彼此传递着不同的信息、思想、情感。其优点是信息发送与反馈快捷、及时；缺点是信息传递过程的中间环节越多，信息被误解的可能性就越大。

2）书面沟通

书面沟通是以文字形式为媒介的沟通，例如书信、备忘录、通知、文件等。书面沟通与口头沟通都属于语言沟通的方式，但书面沟通更加规范、正式和完整。书面沟通的优点是内容比较具体、直观，沟通信息能够被保存，便于查询；缺点是所需要的时间长，缺乏及时的反馈，而且不能保证接收者对信息的正确理解。书面沟通常用于与听觉缺失老人、失语老人的沟通。

（二）有效沟通的原则

沟通的关键是人，沟通作为人类最基本、最重要的活动方式和交往过程之一，不仅在管理中占据首屈一指的地位，在其他的人类行为中也扮演着十分重要的、不可或缺的角色。人类社会及其中的任何一个基本组织，都是由两个或多个个体所组成的群体，沟通是维系组织生存、保持和加强组织联系、创造和维护组织文化、提高组织效率和效益、支持和促进组织不断进步发展的主要途径。可以说，天下没有不需要沟通的组织。没有沟通就不可能形成组织和人类社会。家庭、企业、国家，都是十分典型的人类组织形态。人类在社会组织如企业中要实施管理，必须通过沟通，沟通是管理的核心和本质。

通过探讨一般沟通的定义、过程及其要素，我们了解到沟通并不是一个永远有效的过程。要达成有效的沟通，人们必须遵循一定的原则，只有遵循这些基本原则，才能将信息进行有效传递。

1. 信息被感知

有人曾提出过一个问题：“若林中树倒时无人听见，会有声音吗?”答曰：“没有。”树倒了确实会产生声响，但如果没人听见，树倒的声音又有什么意义呢？有声与没声的结果都是一样的。沟通只有在有接收者接收时才会发生，所以无论采用什么样的渠道，沟通的第一要素都是这一信息在接收者接收范围之内，被接收者收到并理解。

2. 接收者的期望

在进行沟通之前，要了解接收者的需要，这样可以知道是否可以利用其需要来进行沟通。

3. 发送者的目的

一个人一般不会做不必要的沟通，沟通总是会产生要求，它需要信息接收者成为什么样的人、完成什么样的事、相信什么理念，也经常是为了激励。总之，当沟通能够符合接收者的期望、价值与目的时，它就具有说服力，这时候信息发送者的目的才有达成的希望。反之，当沟通违背了接收者的期望、价值与目的时，其沟通的信息可能一点儿也不会被接收，甚至可能遭到接收者的拒绝。

4. 渠道的畅通

渠道是信息传递给接收者的途径。畅通的渠道就像畅通的高速公路一样，信息像飞驰的汽车一样在上面迅速传递，很快就被接收者接收。相反，如果高速公路上停满了事故车辆，再好的车也无法通行。同样，信息传递的渠道被堵塞，信息就无法被接收者接收，有效的沟通就无从说起。

拓展阅读

女儿对父亲抱怨她的生活，抱怨事事都那么艰难。她不知该如何应对生活，想要自暴自弃。她已厌倦抗争和奋斗，好像一个问题刚解决，新的问题就又出现了。她的父亲是位厨师，他把女儿带进厨房。他先往三只锅里倒入一些水，然后把它们放在旺火上烧，不久锅里的水烧开了。他往一只锅里放些胡萝卜，第二只锅里放只鸡蛋，最后一只锅里放入碾成粉末状的咖啡。他将它们浸入开水中煮，一句话也没有说。女儿咂嘴，不耐烦地等待着，纳闷父亲在做什么。大约20分钟后，父亲把火关了，把胡萝卜捞出来放入一个碗内，把鸡蛋捞出来放入另一个碗内，然后又把咖啡倒到一个杯子里。做完这些后，他才转过身问女儿：“亲爱的，你看见什么了？”“胡萝卜、鸡蛋、咖啡。”她回答。

父亲让她靠近些并让她用手摸摸胡萝卜。她摸了摸，注意到它们变软了。他又让女儿拿一只鸡蛋并打破它。将壳剥掉后，她看到了一只煮熟的鸡蛋。最后，他让女儿喝了咖啡。品尝到香浓的咖啡，女儿笑了。她怯生生地问道："父亲，这意味着什么？"父亲解释说，这三样东西面临同样的逆境——煮沸的开水，但反应各不相同。胡萝卜入锅之前是强壮的、结实的，毫不示弱，但进入开水之后，它变软了。鸡蛋原来是易碎的，它薄薄的外壳保护着它呈液体的蛋清蛋黄。但是经开水一煮，它的蛋清蛋黄凝固了。而咖啡粉则很独特，进入沸水之后，它们反而改变了水。"哪个是你呢？"他问女儿。"当逆境找上门来时，你该如何反应？你要做胡萝卜、鸡蛋，还是咖啡？"

启发： 这位父亲运用了高超的沟通技巧，把想要告诉女儿的人生哲理通过一系列的行为传达出来，充分实现了"沟而能通"的效果。

任务三　掌握老年沟通的意义与相关理论

案例导入

某家庭里，有一对老年父母、四个子女，平常两位老人与其中一个女儿居住在一起。一天，母亲病了，卧床、大小便失禁，孩子们与往常一样忙于工作，一时来不及找保姆，照顾母亲的重任就落到了老父亲的肩上。老父亲照顾了两天，也累得生病了。那时，一家人就乱成了一锅粥，四个子女决定开一个家庭会议，商量怎么照顾二老的问题。通过讨论大家一致决定，送父亲去某大型养老机构养老，送母亲去医院治疗，住院期间每个子女轮流照顾母亲。大家商议过后将这个决定告诉了父亲，这时父亲不同意了。父亲不同意的理由是："我身体好的时候就让我在家里帮这帮那，我一动不了就把我丢到养老院去，你们真是不孝。"最后虽然父亲没有同意，子女们还是将父亲送到了养老机构。父亲在养老机构非常不配合，整天吵着要回家。

知识内容

一、老年沟通的目的和意义

（一）老年沟通的目的

老年沟通的目的主要体现在以下几个方面。

（1）说明事物、陈述事实、引起思考、影响见解、化解矛盾。

（2）表达情感、表示观感、流露感情、产生感应。希望通过沟通得到一些好的感觉，或摆脱一些不好的感觉。

（3）建立关系、暗示情分、表达友善或不友善的态度。

（4）说明或者暗示别人从而达到传递信息的目的，达成目标。

不论什么时候的沟通，沟通双方之间都会有理解与不理解的问题，人们希望通过沟通让对方明白自己的想法。通过沟通不论得到的反馈是肯定的还是否定的，都会让双方感觉到彼此的思想与情感，为进一步的配合奠定了基础。同时，通过沟通还可以澄清双方存在的误会，从而化解矛盾，建立友谊。通过沟通还可以捕捉到对方友善或不友善的态度，从而决定进一步沟通的方向。

（二）老年沟通的意义

1. 协调的意义

沟通可以调节人们的行为，消除人们之间交往的障碍，使人们的内心得到满足，以消除隔阂、误会和矛盾，增进相互的了解和感情，促进团结、协作与配合，使相互之间的关系更加和谐。

2. 保健的作用

老年人是社会中的人，他们有着各种各样的需要。沟通也是老年人的一种特殊的需要，沟通可以让老年人宣泄内心的孤寂与不满，可以与他人分享曾经的美好，有益于老年人的身心健康。人们保持充分的思想与情感的交流，会更容易获得幸福感、满足感，这样有益于身心健康、有益于长寿。这就是沟通的保健作用。

3. 交往的需求

老年人都是生活在一定的社会群体之中的人，沟通是老年人之间交往与协助的纽带。良好的沟通可以让他们获得更多的朋友，同时获得更多的理解与支持。老年人不是生活在真空中的，不是生活在孤岛上的，只有与他人保持良好的沟通，才能使自己不至于越来越脱离社会、脱离人群，才能让他们的老年生活过得更加充实、更有意义。

4. 社会发展的需要

我国社会已经步入了老龄化社会，养老将在很长时间内影响整个社会的发展，老年人与社会的沟通、与养老行业之间的沟通、与养老产业链之间的沟通将在养老事业的发展中起着指导性的作用。老年人需要什么？老年人需要怎样的生活才能感觉更加舒适与幸福？老年人需要什么样的服务与保障才能让他们的晚年生活过得更有尊严？这样的话题不是一两个人说了算的，而是需要让千千万万的老年人自己说了算。所以，与老年人沟通也是社会发展的需要。

二、老年沟通的相关理论

（一）家庭沟通理论

家庭沟通是家庭成员彼此传递信息与分享信息的过程。沟通有利于家庭成员解决家庭矛盾冲突、缓和紧张关系，促进家庭成员角色的实施和家庭功能的正常发挥。随着社会生活内容的丰富，各家庭成员在家庭中扮演的角色也不是单一的，比如对一个男性而言，他可能拥有丈夫、父亲、儿子等三种角色。社会生活的紧张和角色扮演者对角色把握的能力，影响着家庭成员的角色认同、角色扮演和角色实现，而沟通有助于家庭成员的角色认同、角色扮演和角色实现。比如，夫妻沟通对于提高婚姻质量具有十分重要的意义。夫妻沟通可以找到并消除夫妻冲突或关系紧张的根源。通过沟通，可以解释原因，感受彼此的心意，了解对方的看法从而改变自己的想法。夫妻沟通还可以寻求冲突或紧张的合理有效的解决办法，从而把冲突的消极功能降到最低。沟通有助于夫妻冷静而理智地分析冲突的根源，共同协商解决方案。通过沟通，夫妻双方还可以促进彼此之间的了解，维护、加深夫妻感情，使双方的认知和谐一致。有效的夫妻沟通是提高婚姻质量的根本途径，是增进夫妻了解、加深夫妻感情的重要机制。沟通除了用语言的方式，还可以用表情、动作、声调，甚至文字交流、符号暗示等信息发送的方式，因为它们都在表达信息传递者的意思。在不同场合下，不同身份的人在交往时，沟通的方式会有所不同。但是，在家庭沟通中，应当注意不要随心所欲、不计后果，把家庭当作自己所有不良情绪的宣泄站，因为这会使家庭无法承载如此巨大的负面压力而出现冲突和危机。美国家庭治疗大师 Satir 列举了 5 种常见的沟通形态：破坏人与人之间真实坦诚相处的讨好型、责备型、电脑型、打岔型，以及可以建立起真诚良好人际关系的一致型。一致型的沟通有利于家庭成员之间良好关系的建立和促进家庭的稳定和谐。

（二）人际沟通理论

人际关系是社会心理学的概念，心理学将人际关系定义为人与人在交往中建立的直接的心理上的联系。而社会学将人际关系定义为人们在生产或生活过程中所建立的一种社会关系。我们每一个人都脱离不了人际关系，我们的亲人、同事、同学、朋友等，构成了我们的人际关系网络。人际关系的处理是一个很复杂的问题，同时人际关系的处理，也是一个基本的问题。只要我们生活在社会中，就需要处理自己的人际关系。

心理学家认为，人际关系的好坏，是判断一个人是否心理健康的标准。而对于人际关系如何处理，有什么样的人际关系，就有什么样的处理方式，所以细分起来会很复杂。今天我们所说的人际关系如何处理，主要是讲一些处理人际关系的原则与技巧，希望能帮助大家更好地处理人际关系。

人们在劳动生产中发现，人的积极性对提高劳动生产率的影响和作用逐渐在生产实践中显示出来，这引起了许多企业管理学者和实业家的重视。但是对其进行专门的、系统的研究，进而形成一种较为完整的全新的管理理论则始于20 世纪20 年代美国哈佛大学心理学家梅奥等人所进行的著名的霍桑试验。

（三）管理沟通理论

管理沟通是指社会组织及其管理者为了实现组织目标、履行管理职责、实现管理职能过程中的有计划的、规范性的职务沟通活动和过程。

管理沟通理论经历了萌芽阶段和发展阶段。

1. 萌芽阶段：管理沟通理论伴随“科学管理”的出现而出现

在科学管理理论和古典组织管理理论阶段出现了对初始下行沟通的研究，沟通理论聚焦于提高工作效率，代表人物有泰勒、埃莫森、韦伯等。此阶段的沟通实践和研究集中在非个人性沟通——组织沟通上，并以上下沟通和行政沟通为基本对象。

2. 发展阶段：管理沟通理论伴随“行为科学”的盛行而发展

20 世纪20 年代，伴随着人际关系理论的提出，行为科学理论逐渐产生。行为科学以不同于传统管理理论的研究为出发点，不再单纯地把组织中的人作为“经济人”，而是作为“社会人”来研究，并集中在非正式群体规范以及对需要层次理论的研究上。此阶段对管理沟通理论的研究也取得了很大的进展。管理沟通理论研究以横向沟通和人际沟通为对象，同时注重了非正式组织沟通和文化沟通，代表人物有梅奥、巴纳德、明茨伯格等。

1924—1932 年，梅奥在芝加哥西方电气公司霍桑工厂进行了著名的霍桑试验。这是一项由美国国家研究委员会赞助的研究计划，最初是要研究企业中工作环境与工人劳动生产率之间的关系，但试验的结果却出人意料地促成了人际关系学说的诞生。梅奥认为组织中的人不是孤立存在的，而是属于某一团体并受其影响的，由此提出了非正式组织的概念，指出人所追求的不单纯是金钱收入，还有实现自我价值的社会需求。人际关系学说的这一系列观点其实正体现了管理沟通的思想，强调人与人之间的相互沟通，包括上下沟通和人际沟通。其中非正式组织理念的提出拓宽了后人对于组织沟通领域的研究范围。可以说，人际关系理论的创立是管理沟通史上具有重要意义的事件，为管理沟通的理论研究奠定了基础。也有学者认为是梅奥首次正式提出沟通在管理中的作用。

（四）双向沟通理论

沟通按照是否进行反馈，可分为单向沟通和双向沟通。在双向沟通中，发送者和接收者之间的位置不断交换，且发送者以协商和讨论的姿态面对接收者，信息发出以后还需及时听取反馈意见，必要时双方可以进行多次重复商谈，直到双方共同明确和满意为止，如交谈、协商等。

沟通愿景的实现如此之困难，很容易就演变成噪声充斥下的单向传播，并忽略反馈过程中的好意见，也让接收者有不受重视的感觉。而成功的变革行动很少出现这些情形，原因是它们让沟通维持双向的互动。

笔者看过一些案例，领导团队提出不是很妥当的愿景，可惜只有部分员工看出来，他们的意见也没有充分反映到领导团队，问题也就一直被搁置着。因为主事者未能广纳意见，错误一直放到变革后期才修正。比如在资讯科技上错误的投资，如果业务部门事先向精通电脑的年轻业务代表简单说明他们在电脑软硬件上的更新计划，对方可能马上就会指出采购方案的基本概念有问题。问题是他们直到新设备送来才知道有问题。那时，电脑知识不足的中级主管早已采用并完成一个错误的愿景，而事后补救的代价是惊人的。

双向沟通还有一项更重要的作用：帮助团队解答变革行动中的所有问题。清楚、简单、易记、反复、混声全唱般的信息，以及主管的示范动作等，对沟通也有很大帮助。但是，对大多数人而言，习惯等到问题棘手时才处理。棘手指的是，出现公开质问、挑战以及争辩。当然，这应该是领导团队一开始拟定愿景时会出现的情况。

有时候，变革发动者考虑到成本，不愿做双向沟通。他们的逻辑是直线的，以为单向的资讯流通需要多少成本，双向沟通至少得加倍。他们说得对，不可能要求每个人都和领导团队一样付出。但是这时他们忽略了当越多主管能从新愿景的角度来审视日常活动时，收获就越大。一旦大伙共同投入，一定能找到几十种低成本的方法，来制造有关愿景的对话。比如午餐时谈五分钟、路上寒暄两分钟、一场演讲结束前讨论十分钟，而这些分分秒秒，累积下来可达几千个小时。

当员工和领导不接受你的愿景，转型过程中接下来的授权员工参与以及创造进程战果，这两个阶段都将失败。员工无法发挥授权的优势，也不会努力争取战果。更糟糕的是，如果他们接受一个规划不当的愿景，而且还像先前提过的资讯科技案例般，企图努力去实现时，不但会浪费宝贵的时间和资源，结果还将造成很多人的困扰。双向沟通的短期影响是反馈可能指出我们的方向是错误的，必须重新建立愿景。但是，就长期而言，虚心求教并重新检讨愿景，远比朝着错误的方向或其他人不愿追随的方向前进对事业的帮助更大。

（五）跨文化沟通理论

跨文化沟通是指跨文化组织中拥有不同文化背景的人们之间的信息、知识和情感的互相传递、交流和理解过程。

1. 跨文化沟通影响因素

影响跨文化沟通的主要因素有感知、成见、种族中心主义、缺乏共感。

1）感知

感知与文化有很密切的关系。一方面，人们对外部刺激的反应，对外部环境的倾向性、接受的优先次序，是由文化决定的；另一方面，感知形成后（指感知过程的结果——知觉），它又会对文化的发展和跨文化的沟通产生影响。

在跨文化沟通过程中，研究感知或知觉对沟通的影响具有十分重要的意义。人们在沟通过程中存在的种种障碍和差异，主要是由感知方式的差异造成的。要进行有效的沟通，我们必须了解来自异文化环境中人们感知世界的不同方式。

2）成见

当突然进入一种有着很少我们所熟悉的符号和行为的情境的时候，我们就会经历一种很强烈的令人烦恼不安的情境——文化冲击。我们会因此而感到焦虑不安，甚至茫然不知所措。在这种情况下，成见常常就油然而生了。成见不是不可避免的，但它常比悬而未决或模棱两可的状态容易接受得多。由于我们大多数人都很怠惰，不愿意发展了解不同境遇中其他人的必要的能力，所以我们就心安理得地根据错误的信息来减少悬念状态带来的不安和痛苦。然而，问题是成见作为我们头脑中的图像，常常是僵化的、难以改变的，以其作为防卫的机制则是不妥当的，而且常常是极为不利的。我们必须认识到，凡此种种的成见，对于成功地进行跨文化的沟通是全然无益的。

3）种族中心主义

种族中心主义是人们作为某一特定文化中的成员所表现出来的优越感。它是一种以自身的文化价值和标准去解释和判断其他文化环境中的群体——他们的环境、他们的沟通的一种趋向。

所有的人都经历了促使民族中心主义心态发展的社会过程。人们通过受教育知道了“如何行事”的准则，通过观察知道了周围人的行为方式，对某一特定的制度和体系也越来越熟悉。从一种文化的角度来看，另一种文化能选择“最好的方式”去行事似乎是不合理的。因而，我们对与拥有很大文化差异的人们之间的沟通，在早期是抱着否定态度的。

4）缺乏共感

缺乏共感的主要原因是人们经常站在自己的立场而不是站在他人的立场上去理解、认识和评价事物。缺乏共感也是由许多原因造成的。首先，设身处地并不容易，尤其是加上文化的因素就更不容易了。其次，显示优越感的沟通态度阻碍了共感的产生。如果一个人总是强调自己管理方法的科学性，固执己见，那么我们就很难与之产生共感。再次，缺乏先前对于某个群体、阶级或个人的了解也会阻碍共感的发展。如果从来没有在国外的企业工作过或从事过管理，也就没有机会了解他人的文化，我们就很容易误解他人的行为。这种知识的缺乏可能导致我们从某些不完全与行为背后的真正动机相联系的行为中得出结论。最后，我们头脑中所具有的跟人种和文化相关的成见也是形成共感的潜在的抑制因素。

2. 跨文化沟通障碍

跨文化沟通主要存在以下几方面的障碍：①言语和非言语；②信仰与行为；③文化的多样性；④价值观比较。

要克服跨文化沟通的障碍，主要应从以下几方面着手。

（1）从态度和认识方面提高敏感度，提高我们的全球意识。人是文化动物，难免用自己的价值观来分析和判断我们周围的一切，比如人家批评几句，就什么都听不进去，总觉得我们的文化比别人的优越，或者有种族偏见和歧视，这些都是跨文化沟通的严重障碍。只有带着虚心和平静的心态才能真正听得进去，有效沟通才可能真正发生。就如布莱斯·帕斯卡所说的名句："在比利牛斯山这边是真理的东西，在比利牛斯山那边就成了谬误。"要学会培养接受和尊重不同文化的意识。

（2）掌握不同文化的知识和外语工具，多了解自己的文化与其他文化的差异，这样会增强跨文化沟通的有效性。

（3）在行为上不断训练自己和拥有不同文化背景的人交往，锻炼自己的能力，尤其是倾听能力，确认自己听到的是对方真正的意思。这些都是我们每个人需要不断去追求的。

拓展阅读

一条裤子的启示

有一位教授精心准备了一个在重要会议上的演讲，会议的规格之高、规模之大都是他平生第一次遇到的。全家都为之高兴，妻子专门为教授买了一套新西装。吃饭时，妻子问教授合身不，教授说上身很好，只是裤腿长了那么两厘米，倒是能穿，影响不大。

晚上教授早早就睡了。教授的母亲却睡不着，琢磨着儿子参加这么隆重的会议，西裤长了怎么能行，于是就翻身下床，把西裤的裤腿剪掉两厘米，缝好烫平，然后安心地入睡了。

早上5点半，教授的妻子睡醒了，因为家有大事，所以起来得比往常早些，想起丈夫西裤的事，心想时间还来得及，便拿来西裤又剪掉两厘米，缝好烫平，然后惬意地去做早餐了。

过了一会儿，教授的女儿也早早起床了，看妈妈的早餐还没有做好，就想起爸爸西裤的事情，寻思自己也能为爸爸做点儿事情了，便拿来西裤，再剪短两厘米，缝好烫平……

这个故事可能在我们的生活中时有发生，有的可能是衣服的问题，有的可能是鞋子的问题，或者还有其他的问题，为什么我们会遇到类似的问题呢？

当我们的生活或者工作中出现了某些问题的时候，我们常常会说：你怎么不早跟我说呢？你跟我说的可不是这样的，你说的是……所以我才会……

这一系列问题的发生都源于沟通出现了问题。有时是没有沟通，就像故事里的教授的母亲、妻子和女儿剪裤腿的时候都没有向任何人说过；有的是沟通不畅或者发送的信息出现了偏差；还有的是信息接收者对信息的理解与信息发送者的目的大相径庭等。

课后练习

【名词解释】

沟通

【填空题】

1. 沟通的要素有传递者与接收者、（　　）、渠道、（　　）、（　　）。
2. 沟通的四个层次：第一个层次是不沟不通；第二个层次是沟而不通，无论你怎样沟通就是无法得到想要的结果；第三个层次是（　　），比较顺利；第四个层次是（　　），这是比较高的境界。
3. 沟通的类型：上行沟通、（　　）、下行沟通。
4. 书面沟通常用于与（　　）老人、（　　）老人的沟通。

【单项选择题】

1. 下面哪项不是有效沟通的原则？（　　）

A. 信息被感知　　B. 发送者的目的

C. 渠道的畅通　　D. 发送者的期望

2. 老年沟通的意义是（　　）。

A. 工作的需要　　B. 保健的作用

C. 生活的需要　　D. 社会发展的需要

3. 下面哪种理论不是老年沟通的相关理论？（　　）

A. 家庭沟通理论　　B. 人际沟通理论

C. 管理沟通理论　　D. 社交理论

4. 下面哪位科学家是人际关系理论的创始人、美国艺术与科学院院士，进行了著名的霍桑试验？（　　）

A. 梅奥　　B. 西蒙

C. 马斯洛　　D. 恩格尔

【能力体现】

李爷爷，85 岁，听力下降但仍有微弱听力，他想拜托你为他代购一些水果。想一想并写出沟通要素，需要采用的沟通语言有哪些？

参考答案

项目二
老年人的身心特征

学习目标

- 知识目标
  - ◇ 了解老年人生理系统的老化改变；
  - ◇ 熟悉老年人常见的健康问题与应采取的措施；
  - ◇ 掌握老年人的心理特点；
  - ◇ 熟悉影响老年人心理变化的因素；
  - ◇ 了解老年人心理发展的主要矛盾；
  - ◇ 掌握老年人常见的心理问题，以及维护和促进老年人心理健康的措施。
- 技能目标
  - ◇ 能够在日常生活中观察到老年人在生理、心理方面发生的变化，发现问题并及时采取应对措施。

情景导入

随着人们进入老年期，一方面，由于老化，人的各种生理功能逐渐进入衰退阶段，形成老年期特有的生理变化；另一方面，老年人对于社会角色的改变、丧偶等生活事件，必须努力去面对与适应。在面对和适应的过程中，老年人常常会出现一些特殊的心理变化，这些特殊的心理变化影响着他们老年期的生活质量。人们需要去熟悉与了解老年人的身心特征，在这个基础上才能让沟通变得更加通畅与有效。

任务一　了解老年人的生理特点

案例导入

王阿姨这两天看上去心情不太好，原来是前天好久没照镜子的她突然发现自己的脸上多了几条皱纹，头上的白发好像也更明显了。联想到原来轻轻松松就能爬上楼梯，最近也显得有点儿吃力了，王阿姨心里嘀咕："真的是岁月不饶人，唉，老了！"

知识内容

顾名思义，老年人的典型特征就是"老"，人的老化、衰老首先都是从生理方面开始的，这种生理方面的衰老主要体现在人体的外表和人体内部细胞、组织、器官以及各项功能系统的变化上。

一、老年人的形态变化

老年人形态上的变化包括细胞的变化、组织和器官的变化以及整体外观的变化。

（一）细胞的变化

老年人细胞的变化主要是指细胞数逐渐减少，这一变化是人体衰老的基础。随着年龄的不断增长，死亡细胞数越来越多而再生细胞数越来越少。生物学家研究认为，再生细胞数下降是导致人体衰老的主要因素。

人体衰老的最根本变化发生在细胞上，它决定了由亿万个细胞组成的人体的不同组织、器官和系统的衰老进程。

（二）组织和器官的变化

由于老年人的再生细胞逐年减少，内脏器官会发生萎缩、重量减轻。据测定，70～75岁老年人的脏器和肌肉细胞数目相当于20～30岁年轻人的60%左右，脾脏和淋巴结的重量则为中年人的一半。器官在长期活动中的消耗和劳损也引起了功能减退。例如，心脏每时每刻都在不断地搏动，日久天长，弹性就会减弱，心肌发生萎缩，功能不断衰退。

（三）整体外观的变化

老年人衰老的最直观的表现就是身体外观的整体变化。具体体现在以下几个方面。

1. 头发

头发变白是老年人最明显的特征。少数人在30岁之前也有白发，随着年岁日增，有白发的人数不断增多，70岁以后基本都会有白发。很多老年人还会出现脱发和秃顶的现象。

2. 皮肤

由于皮下脂肪减少、皮肤弹性减退，面部的皮肤随着增龄而出现皱纹。皮肤因皮脂腺分泌减少而变得没有光泽，甚至粗糙。由于脂肪和弹力纤维的消失，皮肤变得松弛，眼睑、耳及面部皮肤开始下垂。眼窝脂肪的消失可引起眼球凹陷。脂褐素沉积在皮下，形成突出的、清楚的、隆起的棕色斑，即老年色素斑。

3. 身高

人到老年，会逐渐变矮。老年人在增龄过程中身高下降，主要是由于椎间盘逐渐脱水变薄，出现萎缩性变化，脊柱缩短所致。统计数据表明，50至90岁期间，男性身高平均降低2.5%，女性平均降低3.0%。老年人还会出现弯腰驼背等情况。

4. 体重

在大多数情况下，由于老年人的再生细胞逐渐减少，钙代谢异常导致内脏器官与骨骼变轻，从而使老年人体重减轻，变得清瘦。我国40～60岁男性体重下降3.3千克，女性下降4.1千克；60～80岁男性下降4.8千克，女性下降3.7千克。但是也有部分老年人体重会逐渐增加，这是因为脂肪代谢功能减退致使脂肪沉积，无法排出体外。女性在更年期内分泌功能发生退化后这种变化更为显著。

5. 其他

其他外观变化还包括肌肉松弛，牙齿松动脱落，语速缓慢，耳聋眼花，记忆力减退，手脚哆嗦等。

需要说明的是，上述这些老年人生理特征的变化的个体差异较大，不同体质、不同生活方式、不同营养条件、不同精神状态下的人体在进入老年期之后，所产生的变化各有不同。同时，遗传因素和伤病因素也对以上的这些变化起着一定的作用。比如，脱发、白发有着一定的遗传因素，一些家族有脱发遗传史，他们可能在很年轻的时候就头发稀少甚至秃顶，从而显得老相。再比如，重病在身或者大病初愈的人，身体虚弱，精神不振，年纪轻轻却未老先衰。这些和年龄不相称的老化现象是一种病理表现，不能算作判断老年人生理特征的标准。

二、老年人生理功能的减退

（一）老年人的衰退趋势

在生理功能方面，老年人也表现出了明显的衰退趋势。

1. 贮备能力减弱

一旦环境发生变化或出现意外事故而处于紧张状态时，老年人的肌体就难以应付，从而影响正常的生理功能，老年人因此难以承担重负荷的工作或应对意外事件。

2. 适应能力减弱

老年人肌体多种生理功能的减退，往往导致体内环境稳定性失调而出现各种功能障碍，如短期内改变老年人的生活环境，可能会导致老年人出现水土不服、肠胃不适、睡眠不佳等情况。

3. 抵抗力下降

老年人更容易患上某些传染性疾病、代谢紊乱性疾病、恶性肿瘤等。

4. 自理能力降低

随着肌体的衰老，体力逐渐下降，老年人往往动作迟缓、反应迟钝，容易出现意外事故，如摔倒、割伤等。

（二）老年人的主要器官功能的老化

在老化过程中，生理功能的降低同样存在个体差异，衰退情况各不相同，而且，同一个体的各个器官功能的衰退情况也不尽相同。但总体说来，肌体的生理功能随着年龄增长而发生的变化是有规律的，各个组织、器官系统将会出现一系列慢性退行性的衰老变化，并呈现出各自的特点。下面按照人体的功能系统，简单介绍一下老年人的主要器官功能的老化情况。

1. 心血管系统：主要包括心脏和血管的功能变化

心血管系统的老化一般从 30 岁左右开始。随着年龄增长，心脏重量逐渐增加，平均每年增加 1.0 ~1.5 g，30 岁为 240 g 左右，60 岁可增至 300 g。部分老人的心脏可萎缩或保持不变。随着心脏的老化，心肌逐渐萎缩、脱水，心瓣膜钙化，心脏变得肥厚硬化，弹性降低，这些变化使得心脏的收缩能力减弱，不仅心跳频率降低，心脏每次搏动排出的血量也会减少。心排出量随年龄增长而减少，到 80 岁时其功能减退约为 35% 。心排出量减少，肌体组织及心脏供血不足，特别是对心脏本身的供血不足，加速了肌体的老化；同时，输送到各器官的血流量也在减少，供血不足则会影响各器官功能的发挥。

另外，动脉硬化是心血管系统老化的又一重要特征。随着年龄增长，动脉弹性降低，动脉硬化逐渐加重，从而使肌体主要器官——心、脑、肾的供血不足，导致相应功能障碍，还会引发高血压。例如，冠状动脉硬化造成心肌供血不足时，就会引发冠心病。

2. 呼吸系统：主要包括肺脏和参与呼吸运动的肌肉与骨骼的功能变化

一方面，老年人的肺泡总数逐年减少，肺组织萎缩，柔软性和弹性减弱，膨胀和回缩能力降低，呼吸效能降低。另一方面，老年人出现骨质疏松，脊柱后凸，肋骨前突，胸腔逐渐趋于桶状，加上呼吸肌肉收缩力减弱，限制了肺脏的呼吸运动，就会造成肺通气不畅，呼吸幅度变小，肺活量下降。一般人到 70 岁时，肺活量会减少 25%，气体交换减少，换气效率降低。所以，老年人从事强体力劳动和体育活动时容易出现呼吸困难的现象。

老年人的呼吸功能明显退化，肺的通气和换气功能减弱，造成一定程度的缺氧或二氧化碳滞留现象。气管、支气管纤毛运动能力减弱，呼吸道自卫能力降低，因而容易发生肺气肿呼吸道并发症，如老年慢性支气管炎、肺炎，肺癌等。

3. 消化系统：主要包括口腔和胃肠的功能变化

1）口腔

老年人齿龈萎缩，牙齿组织老化，容易松动脱落。牙釉质逐渐丧失，容易磨损，导致龋齿、过敏。舌和咀嚼肌发生萎缩、运动能力减弱，咀嚼无力，碎食不全，使咀嚼食物时难以搅拌均匀，不能与消化液充分混合，影响食物消化。口腔内的唾液腺逐渐萎缩，分泌功能下降，唾液的分泌减少，消化酶等含量降低，加重了下消化道的负担。

2）食管

由于食管肌肉萎缩，收缩力减弱，舒张幅度变小，食物在食管内的蠕动幅度降低而使吞咽缓慢。

3）胃

胃壁的血管硬化使供血不足，胃黏膜萎缩，胃液分泌明显减少，消化酶活性也有不同程度的降低。胃平滑肌随年龄增长而变薄或萎缩，收缩力降低，使胃蠕动能力减弱，导致消化能力减弱，容易引起消化不良，易患胃炎。

4）肠道

老年人小肠重量减轻，收缩蠕动无力，黏膜上皮细胞减少或萎缩，使小肠的吸收功能明显减退。随着年龄增长，小肠腺也逐渐萎缩，小肠液分泌减少，各种消化酶活性下降，导致小肠的消化功能也显著降低。大肠黏膜萎缩，黏液分泌减少，平滑肌层萎缩，张力降低，肠蠕动缓慢或不动，容易造成便秘。

5）肝、胆、胰腺

老年人的肝脏体积变小，重量减轻，血流量减少，肝细胞发生退行性改变，再生能力减退，合成血蛋白的数量减少，解毒功能降低。

胆囊及胆管黏膜萎缩，肌层变厚，弹性纤维减少，弹性降低，管壁松弛，导致收缩和排空能力减弱，胆囊充盈缓慢，胆汁黏稠，胆固醇增多，容易因胆汁淤积而发生胆结石。

胰腺重量逐渐减轻，分泌功能下降，胰液分泌减少，酶量及活性下降，影响对脂肪的消化吸收。胰岛萎缩，胰岛素的分泌量也随之降低，是老年人容易患有糖尿病的原因之一。

4. 运动系统：主要包括肌肉、骨骼和关节的功能变化

1）肌肉

随着年龄的增大，肌纤维逐渐萎缩，数量减少，肌肉弹性降低，收缩力减弱，肌肉变得松弛，失去弹性，肌运动和腿反射减弱，使老年人动作缓慢，容易疲劳和腰酸腿痛，耐力减退，难以坚持长时间的运动。

2）骨骼

骨骼中的有机物明显减少，无机盐增加，致使骨的弹性和韧性减弱；骨外层变薄、强度减弱，内层的松质骨多孔，骨小梁减少变细，导致骨质疏松，容易出现骨折。

3）关节

关节逐渐发生软骨变性与骨质增生，关节囊和韧带因蜕变而僵硬，关节灵活性降低，活动范围减小，容易出现骨质增生、关节炎等疾病。

5. 内分泌系统：主要包括脑垂体、甲状腺、肾上腺、性腺和胰岛等内分泌组织的功能变化

老年人内分泌器官的重量随年龄增长而减轻。一般到高龄时，脑垂体的重量可减轻 20%，供血也相应减少。此外，内分泌腺体发生组织结构的改变，尤其是肾上腺、甲状腺、性腺、胰岛等组织的激素分泌减少，可引起不同程度的内分泌系统的紊乱。例如，甲状腺功能减退，代谢水平降低，血液中胆固醇含量增高，可使动脉硬化加重；肾上腺皮质功能减退，对外伤、感染等有害刺激的应激能力减弱；性腺萎缩常导致老年人更年期综合征的出现；胰岛细胞的功能降低，以及细胞膜胰岛素受体的减少，可使血糖水平增高，易患糖尿病。

6. 神经系统：主要包括大脑和神经的功能变化

进入老年期后，人的大脑逐渐萎缩，脑重量减轻，脑细胞数相应减少，70 岁以上老年人神经细胞总数减少达 45%。老年人易患脑动脉硬化，导致血管供应区缺血。脑内某些中枢神经递质减少，引起记忆力减退。另外，老年人神经传导功能下降，传导减慢，对刺激的反应时间延长，对温度和痛觉的敏感性降低，感觉减退、迟钝甚至消失，在日常生活中容易发生意外伤害。

这些改变标志着老年人的脑力劳动能力减弱，只能从事节律较慢的活动、负荷较轻的工作。由于神经中枢机能衰退，老年人变得容易疲劳、睡眠欠佳、睡眠时间减少。此外，由于脑功能失调而出现的智力衰退还易引发阿尔茨海默病。

7. 感觉系统：主要包括视觉、听觉、味觉、嗅觉、皮肤感觉等感官的功能变化

1）视觉

老年人均会出现不同程度的视力障碍，比较常见的是远视（即老花眼），主要原因是视觉感官的调节功能减退。此外，还会出现视野狭窄、对光亮度的辨别力下降以及老年性白内障等。

2）听觉

老年人对声音的感受性和敏感性持续下降，表现出生理性的听力减退乃至耳聋。

3）味觉

舌面上的味蕾数量逐渐减少，使得老年人味觉迟钝，常常感到饮食无味。研究表明，50 岁以前人的味蕾数为 200 多个，70 岁时减少到 100 个以下。

4）嗅觉

老年人鼻内感觉细胞逐渐衰竭，导致嗅觉变得不灵敏，而且对从鼻孔吸入的冷空气的加热能力减弱，因此老年人容易对冷空气过敏或患上伤风感冒。

5）皮肤感觉

皮肤感觉包括触觉、温度觉和痛觉。由于皮肤内的细胞退化，老年人的触觉和温度觉减退，容易造成烫伤或冻伤。另外，痛觉也会变得相对迟钝，难以及时躲避伤害性刺激的危害。

6）其他

老年人维持身体平衡的器官也出现功能减退，容易因失去平衡或姿势不协调而摔跤，造成意外事故。

总之，所有以上变化都标志着老年人感觉器官系统的老化、各种感觉能力和功能的衰退，他们对外界各种刺激往往表现出感受性较弱、反应迟钝等。

拓展阅读

任务二 认知常见的老年人健康问题与处理措施

案例导入

“路上有老年人跌倒，扶还是不扶？”这是近年来一个比较受人关注的社会道德问题。但在道德问题背后，是老年人因跌倒引发的严重后果。老年人跌倒最易发生骨折，骨折不仅会对老年人的生活及行动造成不便，更有可能引发褥疮、坠积性肺炎等并发症，导致住院时间延长甚至危及生命。

知识内容

一、跌倒

跌倒是最常见也最严重的老年人健康问题之一，在65岁以上老年人的死因中排在第六位。由于年老而引起的肌体各器官生理功能的衰退，尤其是骨骼肌肉系统的生理性退化，骨质疏松，加上多数老年人患有各种慢性疾病、平衡功能失调，虚弱、眩晕、视力障碍、心悸、直立性低血压、药物不良反应（尤其是服用止痛药、抗高血压药和利尿剂等）、骨关节系统疾病等，都可能导致老年人身体平衡失调而跌倒。环境因素也是引起老年人跌倒的主要原因，如地面潮湿不平整，室内家具的摆放位置不合理，室内障碍物过多，缺少扶手，光线过于昏暗或过强，居住环境的改变如搬迁到新的环境等。跌倒后可发生软组织损伤、骨折、关节脱位等，严重的可导致脑部组织损伤、肢体瘫痪和意识障碍。跌倒造成的长期卧床可能导致多种并发症，如褥疮、栓塞、肺炎等。跌倒带来的严重后果，使老年人产生对再跌倒的恐慌，部分老年人因此减少活动，生活质量和自理能力下降。

预防与处理措施如下。

（1）积极防治可能诱发跌倒的疾病。

（2）清除易致跌倒的环境因素，改善环境。

（3）指导老年人进行步态训练，加强肌力，改变体位时速度要缓慢，行路不稳者加用合适的辅助工具，如拐杖、助步器。

（4）老年人穿着不宜过大过肥，鞋子应合脚、防滑。

（5）跌倒后要做详细体检。对软组织损伤按一般外伤处理，对疑有骨折或硬膜下血肿者送医院做进一步检查。

二、疼痛

疼痛是由感觉刺激而产生的一种生理、心理反应及情感上的不愉快经历，是老年人中最为常见的症状之一。疼痛并非老化的正常反应，往往提示一种或多种疾病。老年人的疼痛大多是由内脏（如大脑、心脏、胃、肠等脏器）的急慢性疾病或肿瘤引起的，以及运动系统疾病造成的四肢关节、背部、颈部疼痛。老年人疼痛的特点表现为：持续性疼痛的发生率高于普通人群；骨骼肌疼痛的发生率增高，疼痛程度加重；功能障碍与生活行为受限等症状明显加重。老年人疼痛经常伴有抑郁、焦虑、疲劳、睡眠障碍、行走困难和康复缓慢的特点。对慢性疼痛的忍耐性强者，可导致诊治的延误。持续的疼痛，可使生活质量明显下降，出现抑郁和残疾。疼痛常使老年人服用过多的药物，社会交往能力减退。

预防与处理措施如下。

（1）老年人疼痛以慢性疼痛最为常见，疼痛的治疗需要综合性的干预措施（药物、非药物方法联合应用）以减轻疼痛、恢复肌体的功能，并有效缓解病人的焦虑、抑郁、愤怒等不良情绪。

（2）因以慢性疼痛多见，药物治疗最好选择长效缓释剂。

（3）运动锻炼对缓解慢性疼痛非常重要，应鼓励老年人保持一定的活动量。

（4）纠正对疼痛的错误认识，及时采取措施有效控制疼痛。

三、便秘

便秘是指大便在肠腔内滞留时间过长，水分被过分吸收，排出过干、过硬的粪便，且排便困难。老年人因咀嚼能力下降，肌肉的收缩力下降以及肌体对排便反应的敏感性降低等因素，易造成便秘。其他原因，如进食含纤维素的食物减少，食物过于精细或食量过小，水量不够，脂肪摄人过少；生活习惯不好，睡眠不足，情绪紧张、抑郁或过度激动；缺乏体力锻炼或年老体弱久病卧床；经常有意憋便，或经常服泻药等，均可引起便秘。

预防与处理措施如下。

（1）改正饮食习惯：食物中增加含纤维素较多的蔬菜、水果及豆制品、粗粮、杂粮，适当食用些脂类食物。多饮水，每天 1500 ~ 2800 mL，最好早晨空腹饮一些白开水或加蜂蜜，注意补充维生素 B。

（2）合理安排生活：注意生活规律，避免长时间坐着工作，每天要有适量运动，注意膈肌、腹肌和盆腔肌的锻炼，进行腹部按摩。身体欠佳的老年人，可让家属帮助进行被动运动。有高血压、心脑血管疾患的老年人要避免用力排便，以防发生意外。

（3）养成每天排便的习惯。

（4）症状严重者，按医嘱使用缓泻剂，或用手指将粪便抠出。必要时给予灌肠，以缓解便秘腹胀的痛苦。

四、大便失禁

大便失禁是指在不恰当的时间或不合适的场合的无意识排便。老年人常因肌体的老化、排泄系统的功能减退、肛门括约肌松弛、大脑皮质控制能力下降或因疾病导致意识障碍而发生失禁。失禁在老年人、重危病人及瘫卧床病人中发生率很高，不仅容易造成老年人身体发生多种并发症，如得褥疮、感染等，也给老年人带来了很大的心理压力，如忧郁、自卑甚至自我厌恶等。

预防与处理措施如下。

（1）根据老年人失禁的原因，采取适当的措施，以减轻和改善失禁的状态。若经过各种努力后仍不能解决失禁的问题，就要使用相关用品。掌握卧床老年人排便的规律，定时给予便盆设法接便。

（2）保持会阴部和肛门周围皮肤的清洁干燥，防止发生破溃，及时更换尿垫、床单，排便后用温水清洗肛周、会阴，必要时使用油膏或消炎药涂擦。

（3）排泄频繁者应卧床休息，减少活动，减少能量的消耗。失水严重时应及时补充水分，防止水、电解质失衡。

五、尿失禁

尿失禁是指老年人不能自我控制膀胱排尿功能，使尿液不自主地流出的现象。尿失禁可能由神经系统疾病、阻塞性损伤、泌尿系统感染、神经精神因素、环境因素所致，也可能是由年龄增长，排尿功能减退、膀胱容量减小、盆底肌肉组织松弛等原因造成的。尿失禁在女性老年人中尤为多见，卧床不起的老年人几乎半数以上都有尿失禁。尿失禁不仅损伤老年人的外阴皮肤，增加尿路感染的可能性，还容易使老年人产生心理压力，影响老年人的正常生活。

预防与处理措施如下。

（1）提高老年人日常生活能力，指导老年人有意识地进行收腹提肛动作，以加强盆底肌肉的张力。

（2）告知老年人应及时排尿，避免长时间憋尿。

（3）对尿失禁的老年人应指导其保持会阴部皮肤的干燥、清洁，以防止局部皮肤因尿液刺激而糜烂等。生活不能自理的老年人可使用尿片或尿不湿，每天两次用温水清洗会阴部，并保持会阴部的干燥。必要时，使用一些油膏或消炎药膏擦拭臀部及外阴部，防止发生褥疮。

六、听力障碍

随着年龄增大听觉器官逐渐老化而出现的听力障碍，称为“老年性耳聋”。老年性耳聋是以双耳听力对称性、进行性下降，高频听力减退显著和语言分辨能力差为特征的感应性耳聋。除老化因素外，老年性耳聋还与遗传因素、长期高脂肪饮食、接触噪声、多年吸烟饮酒、使用了易损伤听力的药物、精神压力和代谢异常等有关，高血压、冠心病、动脉硬化、高脂血症和糖尿病等是加速老年性耳聋的重要危险因素。65 岁以上老年人中约 1/3 听力下降，75 岁以上老年人几乎一半有听力障碍。老年性耳聋妨碍了老年人与他人沟通，常导致老年人孤独、抑郁，甚至加速认知功能减退。

预防与处理措施如下。

（1）建立健康的生活方式，清淡、低脂饮食，尤其要注意减少动物性脂肪的摄入。坚持体育锻炼，进行耳部按摩，使内耳的血液供应得到改善。避免过度劳累和紧张，避免戴耳机听音乐，避免经常挖耳垢，应戒烟。

（2）创造有助于交流的环境，避免噪声刺激。

（3）定期做听力检查，及早发现治疗，必要时佩戴助听器。

七、视觉障碍

随着年龄的增大，老年人会出现不同程度的视力下降、视物模糊等现象，这多数是生理性的衰老过程，也有部分是病理原因所致，糖尿病、心血管疾病和老年性眼科疾病可加重或加速老年人的视觉障碍。视力减退的主要原因是屈光不正和白内障，其次是青光眼、黄斑变性、视网膜病变等。视力障碍直接影响老年人的日常生活和身心健康。

预防与处理措施如下。

（1）定期接受眼科检查，及早发现问题，积极治疗眼科常见疾病和相关慢性疾病。

（2）创造良好的环境，方便老年人。

（3）爱护眼睛，避免用眼过度，必要时可佩戴眼镜。

（4）日常生活中要注意安全，防止意外伤害的发生。

八、皮肤瘙痒

皮肤瘙痒是由于皮肤释放的一些化学物质刺激皮内感觉神经末梢而出现的一种症状，多见于60岁以上的老年人。老年人往往因皮脂分泌减少，皮肤水分丢失增多，角质层内水合能力降低，汗腺和皮脂腺萎缩，分泌功能减退，皮肤表面水脂乳化物减少等因素，皮肤干燥，从而诱发皮肤瘙痒，或继发于其他疾病，如糖尿病、肝胆疾病、肾病、甲状腺疾病、血液病、慢性胃肠病及恶性肿瘤等。有些皮肤感染、局部炎症也可发痒。瘙痒多发生于晚间入睡前，多为阵发性，持续时间不等，可为几分钟或长达数个小时；常见部位为四肢和背部。皮肤瘙痒不仅会影响老年人的睡眠，还会给老年人的生活带来烦恼和痛苦，甚至引发焦虑、失眠等。

预防与处理措施如下。

（1）积极治疗原发皮肤疾病。

（2）进行心理护理。

（3）进行健康教育，如饮食宜清淡，忌烟酒、辛辣、刺激性食物；生活环境中温度、湿度适宜；内衣用全棉衣料；瘙痒严重时只能用手轻轻拍打，不要用手抓；沐浴次数不宜过勤、时间不宜过长、水温不宜过高、不使用碱性强的肥皂；在瘙痒部位涂抹护肤剂。

拓展阅读

任务三　了解老年人的心理特点

案例导入

“我刚才放哪里了？好像就在这儿啊。”张大爷着急地在房间里转悠，原来是刚刚戴过的老花镜想不起来放到哪里了。这种事这两年在张大爷身上已经司空见惯了，记忆力的下降给老年人的生活带来了不少麻烦。

知识内容

一、老年人的心理特点

大量研究表明，老年人的心理功能也会伴随生理功能的减退而出现老化，某些心理功能或心理功能的某些方面出现下降、衰退，而另一些心理功能或心理功能的某些方面仍趋于稳定，甚至产生新的适应代偿功能。老年人的心理变化是指心理能力和心理特征的改变，包括感知觉、智力和人格特征等的改变。老年人的心理变化特点主要表现在以下几方面。

（一）智力的变化

智力是学习能力或实践经验获得的能力。老年人在限定时间内加快学习速度比年轻人难，老年人学习新东西、新事物不如年轻人快，学习过程也易受干扰。人的智力与个体因素（如遗传、身体状况等）、社会环境因素（文化水平、职业等）有密切关系。

（二）记忆的变化

随着年龄的增长，老年人的记忆变化的总趋势是逐年下降的。但下降的速度并不一样，记忆衰退的速度和程度也因记忆过程和个体因素的不同而存在差异。老年人的记忆以有意识记忆为主、无意识记忆为辅，辨认能力尚好，回忆能力较差，表现在能认出熟人但叫不出名字。老年人靠理解意义保持的记忆较好，对于自己理解的材料的识记与青年人相比，没有多少差别；但机械记忆（如人名、地名、数字等）不如年轻人，对自己不理解的材料或无意义联系的材料记忆能力下降。另外，老年人在规定时间内速度记忆能力衰退。从提取过程来看，和回忆相比，老年人的再认能力下降得不是太多。老年人可以“知道”很多事情，只是不能很快地把这些事情从大脑中提取出来。如果给他们一些提示，或者时间长一些，他们就能想起来。记忆与人的生理因素、健康状况、精神状况、记忆的训练、社会环境都有关系。

（三）思维的变化

思维是人类认识过程的最高形式，是更为复杂的心理过程。思维是对事物进行分析、综合、比较、抽象、概括的过程。记忆力的减退，无论在概念形成、解决问题的思维过程，还是创造性思维和逻辑推理方面，都对老年人产生影响，而且个体差异很大。

（四）人格的变化

人到了老年期，人格（即人的特性或个性，包括性格、兴趣、爱好、倾向性、价值观、才能和特长等）也相应地会有些变化，如对健康和经济的过分关注与担心所产生的不安与焦虑，因各种能力下降产生的保守，因社会交往减少产生的孤独，因把握不住现状而产生的怀旧和易发牢骚等。这些变化是由于人的生物学老化，老年人“自我老化”，脱离社会，交往减少以及社会家庭等因素造成的。所以，和睦的家庭、良好的社会环境是老年人安度晚年的基本保证。

（五）情感与意志的变化

老年人的情感和意志因社会地位、生活环境、文化素质的不同而存在较大差异。老化过程中情感活动是相对稳定的，即使有变化也是生活条件、社会地位的变化所造成的，并非年龄本身所决定的。

二、影响老年人心理变化的因素

（一）各种生理功能减退

随着年龄的增长，各种生理功能减退，并出现一些老化现象，如神经组织尤其是脑细胞逐渐发生萎缩并减少，导致精神活动减少、反应迟钝、记忆力减退，尤其表现在近期记忆方面。视力和听力也逐渐减退。由于骨骼和肌肉系统功能减退，运动能力也随之降低。

（二）社会地位的变化

社会地位的改变，可使一些老年人发生种种心理上的变化，如产生孤独感、自卑、抑郁、烦躁、消极等。这些心理因素均会促使身体老化。

（三）家庭人际关系

在退休后，老年人的主要活动场所由工作场所转为家庭，家庭成员之间的关系对老年人影响很大，如子女对老年人的态度、代沟产生的矛盾等，对老年人的心理都会产生影响。

（四）营养状况

营养物质是维持人体组织与细胞的正常生理活动所必需的，尤其是神经组织和细胞，更需要充足的营养。当营养不足时，可能会出现精神不振、乏力、记忆力减退、对外界事物不感兴趣，甚至发生抑郁或其他精神及神经症状。

（五）体力或脑力透支

体力或脑力透支均会使记忆减退、精神不振、乏力、思想不易集中，甚至产生错觉、幻觉等异常心理。

（六）疾病

有些疾病会影响老年人的心理状态，如脑动脉硬化，使脑组织供血不足，使脑功能减退，促使记忆力减退加重，晚期甚至会患阿尔茨海默病等。还有些疾病，如脑梗死等慢性疾病，常可使老年人卧床不起，生活不能自理，以致产生悲观、孤独等心理。因此，为了使老年人保持良好的心理状态，应加强锻炼以减缓各种生理功能老化速度，经常保持心情舒畅，坚定信念，培养情操，合理安排生活等都可以培养良好的心理状态。

三、老年人心理发展的主要矛盾

（一）角色转变与社会适应的矛盾

这是老年人退休后带来的矛盾。退休本身是一种正常的角色变迁，但不同职业群体的人，对退休的心理感受是不同的。据对北京市退休干部和退休工人的对比调查可知，工人退休前后的心理感受变化不大。他们退休后摆脱了沉重的体力劳动，有更充裕的时间料理家务、消遣娱乐和结交朋友，并且有足够的退休金，享受公费医疗待遇，所以内心比较满足，情绪较为稳定，社会适应良好。而退休干部的情况则不同。这些老干部在退休之前，有较高的社会地位和广泛的社会联系，其生活的重心是机关和事业，退休以后，从昔日紧张有序的工作中突然松弛下来，生活的重心变成了家庭琐事，广泛的社会联系骤然减少，并因无所事事的现状与他们强烈的社会责任感发生冲突而使他们感到很不习惯、很不适应。

（二）老有所为与身心衰老的矛盾

具有较高的价值观念和理想追求的老年人，通常在离开工作岗位之后，都不甘于清闲。他们渴望在有生之年能够再为社会多做一些贡献，退而不休，老有所为，便是这些老年人崇高精神追求的真实写照。然而，很多年高志不减的老年人，身心健康状况并不理想，他们或者肌体衰老严重，或者身患多种疾病，有的在感知、记忆、思维等心理能力方面的衰退非常明显。这样，就使得这些老年人在志向与衰老之间产生了矛盾，有的人还为此而陷入深深的苦恼和焦虑之中。

（三）老有所养与经济保障不充分的矛盾

根据国外的一些研究可知，缺乏独立的经济来源或可靠的经济保障，是老年人产生心理困扰的重要原因。一般来说，由于缺乏经济收入，社会地位不高，这类老年人容易产生自卑心理。他们的心情也比较郁闷，处事小心，易于伤感。如果受到子女的歧视或抱怨，性格倔强的老年人常常会滋生一死了之的念头。所以，老有所养与经济保障不充分的矛盾，既是社会矛盾，也是心理矛盾。

(四) 安度晚年与意外刺激的矛盾

老年人都希望平平安安、幸福美满地度过晚年，而且大多数老年人都希望健康长寿，但这种美好愿望与实际生活中的意外打击、重大刺激往往形成强烈的对比和深刻的矛盾。当老年人突然遇到丧偶的打击，若是缺乏足够的社会支持，容易引发疾病，甚至导致早亡。除丧偶之外，夫妻争吵、亲友亡故、婆媳不和、突患重病等意外刺激，对老年人的心理打击也十分严重。

拓展阅读

任务四　认知常见的老年人心理问题与处理措施

案例导入

王奶奶原本是一个积极向上的老人，可半年前老伴突发心肌梗死，她也随之出现烦躁、坐立不安、爱哭等症状，常担心自己和老伴的身体，以及以后的生活。她失眠，常常半夜两三点钟就起来，双眼发直地呆坐着；白天精神很差，什么都不想干，也不能照顾老伴；不想吃饭，人也消瘦了。家人带王奶奶到医院看病，做了许多检查也没发现异常。经过详细评估后，王奶奶被诊断患有老年抑郁症，并有较严重的轻生倾向。与家属协商后，王奶奶入院系统治疗。两个月后，她又变回了原来那个乐观、积极的老人。

知识内容

一、常见的老年人心理问题

(一) 焦虑

焦虑是一种较为常见的情绪状态，每个人都难免会有焦虑的时候。适度的焦虑是一种正常的生理反应，能在人们处于危险时，激发人的潜能，有益于个体更好地适应变化。这种焦虑是一种保护性反应，也称为“生理性焦虑”。当焦虑的严重程度和客观事件或处境明显不符，或者持续时间过长时，就变成了病理性焦虑，称为焦虑症状。

如果符合相关诊断标准，就会被诊断为焦虑症。

在日常生活中，我们经常可以看到有些老年人心烦意乱，坐立不安，有的为一点儿小事而提心吊胆，紧张恐慌。这种发生在老年人群中的焦虑称为“老年焦虑”，老年焦虑发展到严重的程度就会成为老年焦虑症，对老年人的健康有很大的影响。老年焦虑症原本是较易治疗的心理疾病，但因为容易被忽视而导致精神致残、轻生率高，成为老年人健康的一大杀手。

焦虑症可分为急性焦虑和慢性焦虑两大类。

1. 急性焦虑

急性焦虑主要表现为急性惊恐发作。老年人会突然感到惊慌、紧张、惊恐、激动、心烦、不安或有一种不舒适的感觉，常伴有潮热、大汗、口渴、心悸、气促、脉搏加快、血压升高、尿频尿急等躯体症状。严重时，老年人还会出现阵发性气喘、胸闷，甚至濒死感，并产生妄想和幻觉。急性焦虑发作一般可以持续几分钟或几个小时，经过一段时间后会逐渐趋于缓解。

2. 慢性焦虑

慢性焦虑表现为持续性精神紧张，焦虑程度也会有波动。老年慢性焦虑症一般表现为经常提心吊胆，有不祥的预感，平时比较敏感、处于高度警觉的状态，容易发脾气、生闷气，生活中稍有不如意的事就心烦意乱，注意力不集中、健忘等。

（二）抑郁

抑郁和焦虑一样，也是人的一种正常的情绪反应。当人遇到不高兴或伤心难过的事情时就会表现出抑郁情绪，伤心落泪。但是这种情绪变化短时间就会过去，如果这种抑郁情绪持续超过两周，而且影响正常的工作生活，就有可能得抑郁症。抑郁症是一种比较严重的心理疾病，没有年龄的限制，任何年龄段的人都可能患抑郁症。它是老年期最常见的功能性精神障碍之一，抑郁情绪在老年人中更常见。现实生活中很多人都有患抑郁症的隐患，只是很多没被及时发现，因此在患抑郁症初期错过了治疗时机。

抑郁的症状主要包括情绪低落、思维迟缓和行为活动减少三个主要方面。老年人抑郁的表现特点为大多数以躯体症状作为主要表现形式，心境低落表现不太明显，称为“隐匿性抑郁”，或疑病症的症状比较突出，可出现“假性痴呆”等。

抑郁症患者通常表现出情绪低落，不想说话，不想动，对以往自己感兴趣的事缺乏甚至失去兴趣，少言少语等状态，脑子里想的常常是悲观、不愉快的事情，对未来失去希望，觉得生活无意义，出现睡眠障碍，还常伴有不同程度的焦虑情绪。严重抑郁症老年人的轻生行为很常见，也较坚决，如疏于防范，轻生成功率较高。

（三）孤独

孤独在现实生活中经常被人提到，它是一种主观上的社交孤立状态，伴有个人知觉到自己与他人隔离或缺乏接触而产生的被疏远、被抛弃、不被接纳的痛苦体验。一般来说，短暂或偶然的孤独不会造成心理行为紊乱，但长期或严重的孤独可引发某些情绪障碍，降低人的心理健康水平。孤独感还会增强与他人和社会的隔膜与疏离，而隔膜与疏离又会强化人的孤独感，久而久之势必导致个体的人格失常。

孤独感的产生，通常与老年人的社会角色与家庭成员变化有关。老年人在退休后远离社会生活，儿女长大离家使老年家庭空巢，加上自己行动不便，与亲朋来往减少，这种人际交往的改变是老年人孤独感产生的主要原因，在失去配偶后孤独和寂寞的感受会更显著。除了这些客观因素外，还有老年人主观上的原因，有些老年人除了吃饭、睡觉便是看电视，没有自己的兴趣爱好，更容易感到孤独。孤独的程度受个人性格及过去家庭生活形态和谐幸福程度等因素的影响。

孤独的老年人精神萎靡不振，常常顾影自怜，有时甚至会偷偷哭泣，因孤独感而产生的烦躁无聊情绪在高龄老年人中更为严重。孤独也会改变老年人的生活方式，如有些老年人变得喜欢吸烟、喝酒，不爱活动等。不良的生活方式与心脑血管疾病、糖尿病等慢性疾病的发生关系密切，进而影响老年人的健康。老年人孤独感强烈时还可能患上抑郁症，出现轻生倾向。

“常回家看看”被写入法律

2013年7月1日起，修订后的《中华人民共和国老年人权益保障法》施行，其中规定，家庭成员应当关心老年人的精神需求，不得忽视、冷落老年人。与老年人分开居住的家庭成员，应当经常看望或者问候老年人。这也被媒体解读为“常回家看看”被写入法律，不常看望老人将属违法。调查表示，六成网友认为目前空巢老人面临的最大问题是心理孤独。

（四）自卑

自卑即自我评价偏低，也就是自己瞧不起自己，它是一种消极的情感体验。一个人形成自卑心理后，往往从怀疑自己的能力到不能表现自己的能力，从而怯于与人交往最终封闭自我。本来经过努力可以达到的目标，也会认为“我不行”而放弃追求。当人的自尊需要得不到满足，又不能恰如其分、实事求是地分析自己时，就容易产生自卑心理。

老年人产生自卑心理的原因通常为身体老化引起的生活能力下降；疾病引起的部分或全部生活自理能力和适应环境能力丧失；退休后，角色转换障碍以及家庭矛盾等。

自卑心理最容易引发老年抑郁症这类心理障碍，给老年人的身心健康带来严重威胁，需要及时加以调整。

（五）失落

失落是原有的希望不能实现而产生的一种对生活失去信心的消极情绪，可能转变为孤独和抑郁等心理障碍。老年人由于社会角色的改变、家庭角色的改变、经济收入的降低、多病、丧偶等因素，心理上会产生一种失落感，从而表现出两种情绪：沉默寡语，表情淡漠，情绪低落，凡事都无动于衷；或者急躁易怒，易发脾气，对周围的事物看不惯，为一点儿小事而发脾气。这两种情绪均可引起一系列哀伤反应，影响老年人的心理状态。

性格开朗的老年人，较易通过心理调整重新找到自己在生活中的位置，退休后仍然做一些力所能及的事，发挥余热，重新发现自我，从而克服失落感；性格内向孤僻、兴趣狭窄、不善交往的老年人则难以克服失落感。

（六）多疑

多疑是一种不良心理个性，表现为极度的神经过敏，遇事好疑神疑鬼。从心理学角度来看，多疑是一种不符合事实的主观想象，是一种消极的自我暗示。多疑的人，往往先在主观上假定某一看法，然后把许多毫无联系的现象通过所谓的“合理想象”拉扯在一起，用来证明自己看法的正确性。为了达到这一目的，他们甚至能无中生有地制造出一些现象，就像俗话所说的，“疑鬼就有鬼”“疑心多见鬼”。多疑与猜疑不同，猜疑只是一般性的怀疑，这种怀疑有可能毫无道理，纯粹是神经过敏所致，但也可能有一定道理并符合客观事实。正常的猜疑，人皆有之，不属于心理问题。多疑则是猜疑的极端状态，绝大多数都是无端生疑。在日常生活中，我们遇到意料之外的事时，常常表现出猜疑、坐立不安等，一旦事情的原因搞清楚了，这种猜疑也就自行消失了，这属于正常范围内的猜疑。而老年人感觉能力衰退，对外界进行认识较困难，易于凭主观去猜测。多疑的老年人总是在自寻烦恼中苦熬，疑虑越积越深而不能自拔。

疑邻偷斧

有个人丢失了一把斧头，怀疑是邻居家的孩子偷的。他看那孩子走路的动作，鬼鬼祟祟，像偷了斧头；瞧那孩子脸上的表情，慌慌张张，像偷了斧头；听那孩子说话，吞吞吐吐，也像偷了斧头。总之，那孩子的一言一行、一举一动，没有一点儿不像偷了斧头的。不久，这个人在山沟里挖地的时候，找到了他丢失的那把斧头。他再见到邻居家的孩子时，看到孩子的动作神态，没有一点儿像偷了斧头的了。

二、促进老年人心理健康的措施

（一）帮助老年人树立正确的健康观

老年人常对自己的健康状况持消极评价，对疾病过分忧虑，常常怀疑自己得了什么不治之症，甚至生病后还会产生濒死的恐怖感。过度担心自己的疾病和不适会导致疑病症、焦虑、抑郁等心理问题，加重疾病和躯体不适，对健康十分不利。因此，应当帮助老年人树立正确的健康观、生死观，保持乐观、豁达的心境，养成良好的生活方式，注意身心保健。

（二）指导老年人做好退休的心理调节

老年人到了一定的年龄，从原来的工作岗位上退下来，这是一个自然的、正常的、不可避免的过程，退休必然会带来社会角色、地位、人际关系等一系列的变动。对此，老年人应有足够的心理准备，正确看待退休，为退休做好心理上的准备。退休并不意味着人生之路已走到了尽头，而是人生新的开始，是人生的第二个春天。

（三）鼓励老年人勤用脑

老年人退出工作岗位后，仍然需要学习，学习不仅是老年人的精神需要，而且可以增长知识，活跃思维，开阔眼界，端正价值观等，也有益于身心健康。完全不用脑或很少用脑会导致脑力衰退，“勤用脑可以防止脑力衰退”。从这个角度来说，老年人也应该学习和用脑，应指导老年人根据自身的具体条件与兴趣学习和参加一些文化活动，如阅读、写作、绘画、书法、音乐、舞蹈、园艺、棋类等，不但可以开阔视野、陶冶情操，丰富精神生活，减少孤独、空虚和消沉之感，而且是一种健脑、健身的手段，有人称之为“文化保健”。它既可以通过使用大脑来锻炼大脑的思维、逻辑、想象、识别、运算、感知觉等功能，而且由于大脑、眼睛、四肢等的并用，人的感官和肌肉、关节也都得到了锻炼。因此，合理用脑既可以促进大脑健康，提高人的智力水平，也是一种适合老年人的健身方法。

（四）要善于处理家庭关系

家庭是老年人晚年生活的主要场所，老年人的精神状态和他们与家人的关系、家庭气氛息息相关，良好和睦的家庭气氛能使老年人精神放松，有利于其健康长寿，家庭的和睦是老年人身心健康的基础；相反，家庭不和、家庭成员之间关系恶劣对老年人的身心健康极其有害。

拓展阅读

老年抑郁量表（GDS）专用于老年人抑郁的筛查，针对老年人一周以来最切合的感受进行测评。由于老年人躯体主诉多，所以许多老年人的躯体主诉在这个年龄阶段属于正常范围，却被误诊为抑郁症。设计 GDS 是为了更敏感地发现老年抑郁患者所特有的躯体症状。另外，其“是”与“否”的定式回答较其他分级量表也更容易掌握，其 30 个条目代表了老年抑郁的核心。在对老年人的临床评定上，它比其他抑郁量表有更高的符合率，在年纪较大的老年人中这种优势更加明显。

本量表为 56 岁以上者的专用抑郁筛查量表，而非抑郁症的诊断工具，每次测评需要 15 分钟左右。临床主要评价 56 岁以上者的以下症状：情绪低落、活动减少、易激惹、退缩，以及对过去、现在和将来的消极评价。但 56 岁以上主诉食欲下降、睡眠障碍等症状属于正常现象，使用该量表有时易被误评为抑郁症，因此分数超过 11 分者应做进一步检查。

老年抑郁量表（GDS）

选择最切合您一周来的感受的答案，在每题前［　　］内答“是”或“否”。

您的姓名（　　）性别（　　）出生日期（　　）职业（　　）文化程度（　　）。

1. ［　　］　你对生活基本上满意吗？
2. ［　　］　你是否已放弃许多活动与兴趣？
3. ［　　］　你是否觉得生活空虚？
4. ［　　］　你是否感到厌倦？
5. ［　　］　你觉得未来有希望吗？
6. ［　　］　你是否因为摆脱不掉脑子里的一些想法而烦恼？
7. ［　　］　你是否大部分时间精力充沛？

8. [ ] 你是否害怕会有不幸的事落到你头上？
9. [ ] 你是否大部分时间感到幸福？
10. [ ] 你是否常感到孤立无援？
11. [ ] 你是否经常坐立不安，心烦意乱？
12. [ ] 你是否愿意待在家里而不愿去做些新鲜事？
13. [ ] 你是否常常担心将来？
14. [ ] 你是否觉得记忆力比以前差？
15. [ ] 你觉得现在活得很惬意吗？
16. [ ] 你是否常感到心情沉重、郁闷？
17. [ ] 你是否觉得像现在这样活着毫无意义？
18. [ ] 你是否总为过去的事忧愁？
19. [ ] 你觉得生活很令人兴奋吗？
20. [ ] 你开始一份新的工作很困难吗？
21. [ ] 你觉得生活充满活力吗？
22. [ ] 你是否觉得你的处境已毫无希望？
23. [ ] 你是否觉得大多数人比你强得多？
24. [ ] 你是否常为些小事伤心？
25. [ ] 你是否常觉得想哭？
26. [ ] 你集中精力有困难吗？
27. [ ] 你早晨起来很快活吗？
28. [ ] 你希望避开聚会吗？
29. [ ] 你做决定很容易吗？
30. [ ] 你的头脑像往常一样清晰吗？

每个提示抑郁的回答得 1 分（问题 1，5，7，9，15，19，21，27，29 和 30 回答“否”，其他问题回答“是”提示抑郁可能）。

课后练习

【名词解释】

1. 尿失禁
2. 焦虑

【填空题】

1. 老年期形态上的变化包括（　　）、（　　）、（　　）。
2. 老年人的心理变化特点主要表现在以下几个方面：（　　）、（　　）、（　　）、（　　）、（　　）。
3. 老年人心理发展的主要矛盾：（　　）、（　　）、（　　）、（　　）。

【简答题】

谈谈常见的老年人心理问题。

参考答案

项目三
与老年人沟通

学习目标

- 知识目标
  - ◇ 学习沟通心态的相关知识；
  - ◇ 掌握与老年人有效沟通的步骤、与老年人沟通的环节与方式；
  - ◇ 掌握各种与老年人沟通的技巧与方法。
- 技能目标
  - ◇ 能自觉培养与老年人进行沟通的心态；学会按照有效沟通步骤与老年人进行有效沟通；
  - ◇ 在与老年人进行沟通的过程中能灵活应用适合的沟通方式、把握各沟通环节的重点；
  - ◇ 能使用各种沟通技巧与方法和老年人进行有效的沟通。

情景导入

沟通无处不在，与老年人进行沟通不仅可以减少甚至消除误解、加强了解、联络感情、提高老年人的健康水平，甚至可以打开老年人的心结，挽救老年人的生命。每个人都有自己的喜怒哀乐，都有着与别人不同的心理活动；高质量的沟通，让我们从心灵开始。一天，某养老机构新入住一对夫妇，爷爷生活能自理，婆婆奄奄一息，入院时其子女和爷爷都介绍：婆婆不吃饭了，背上还有一个很深的褥疮，全身多处骨折，也就是活一天算一天，相当于临终护理，已经没有存活的希望了。后来，经过养老机构精心的治疗与护理，婆婆的状况有所好转。

任务一　养成良好的沟通心态

案例导入

李奶奶，76 岁，“三无”老人，现住在某养老机构。一天，李奶奶突然生病了，经医生诊断为急性肺炎，需要立即输液治疗。当护士把所有输液治疗用的药物准备齐全去给李奶奶输液时，李奶奶却非常恐惧地说："这是什么？我不要，不要害我，我没病，一会儿就好了。"无论护士怎么解释，李奶奶就是不配合。

知识内容

沟通从心开始，心态决定未来；每个人都有自己的喜怒哀乐，都有着与别人不同的心理活动；高质量的沟通，必须从正确的心态开始。

在与人的交往中，我们需要有个什么样的心态？对于不同的人，我们要用不同的心态与之交流。

沟通从心灵开始。沟通的目的是让别人明白你的想法。交流需要心与心的交流，才能走进对方的心里，才能做到真正的沟通。良好的沟通需要稳定的情绪和比较健康的心态，以及对于沟通对象的尊重。

一、养成敬人之心

尊重是一种礼貌，是增进人与人之间友谊的桥梁；尊敬别人是自己获得尊敬的前提，无敬人之心，必无受人之敬。只有尊重别人，才能把别人的话听进去，才能进入进一步的沟通程序。

平等是一切交往的基础，失去平等的交流必然不会走进别人的内心，失去平等的沟通也必然产生不了好的沟通效果。我们不能因别人的兴趣、爱好、人生观和价值观与自己不同而降低对别人的评价。

二、养成宽容之心

宽容的心态，是消除人际障碍的润滑剂，是人际交往中的一种艺术，是立身处世的一种态度，也是人格的一种涵养。任何一句话都有其道理。人们往往不在乎某种道理，而是听其是否好听。俗话说"忠言逆耳"，有时候，不好听的话往往是最需要听的话。在沟通的过程中，只要双方都认真地听，沟通也会顺畅。

三、养成真诚之心

在与人交往的过程中，每个人都希望得到别人的真诚相待，而要想得到别人的真诚相待，我们首先应当主动真诚地对待别人。

四、养成平等之心

在社会中，有人地位高，有人地位低；有人富有，有人贫穷。但从人格上讲，每个人都是平等的。因此，平等待人，是人与人相处时应该持有的一种正确的态度。

五、养成自信之心

美国作家艾默生说过，“自信是成功的第一秘诀”。在与他人进行沟通时，自信可以在很大程度上影响别人对你的态度，如果自己都看不起自己，怎么让别人赏识你？增强自信心，克服自卑感，是我们在沟通过程中必须学习的课程。

六、养成同理之心

同理之心是指在与他人交往的过程中，能够站在他人的立场去体会他人的感受，站在他人的立场去思考和处理问题。“己所不欲，勿施于人”以及“将心比心，心同此理”强调的就是同理之心。用自己的心去推理别人的想法，自己希望怎样，其实别人也是希望怎样的，自己不愿意的别人也同样不愿意。无论在生活还是工作中，凡有同理心之人，都善于体察他人的意愿、乐于理解和帮助他人。这样的人也最受大家的欢迎，最值得大家信任。

不吸烟

病房里，住进了一个患有肺脓肿的孩子，他只有5岁。医生给他下了雾化吸入的医嘱。护士带着雾化吸入器和药水去了孩子的床前，准备给孩子进行雾化吸入的治疗。孩子觉得好玩就吸了一口，紧接着就不愿意了，怎么说都不愿意，给玩具不行，给糖也不行，每次都是边哭边说，我不吸烟，我不吸烟！怎么解释都没用。这一天，轮到我去给那个孩子做雾化，听了前面护士们的介绍，我就抱着试试的心态去了病房。我走进病房的时候，发现孩子斜躺在病床上，无助地看着周围的大人。我走过去就轻轻地对他说：“小弟弟，你真乖！在床上躺着很不舒服，是吧？”“嗯！”小孩看了我一眼答道。

“来，我们坐到椅子上舒服点好吗？”我问道。

“嗯。”小孩又答了一声。

“吸烟烟有一点点苦，但是只吸一会儿。吸了烟烟后，身体会舒服一些，病病就会好一点点。咱们吸烟烟好吗？”

“嗯。”孩子居然就这样答应了。

然后，我就把他抱到椅子上，顺利地完成了这次工作。自那以后，这个孩子每一次做雾化吸入都只要我去帮他。

这个故事发生在17年前，我当时只是一名临床实习的学生，那时的我不懂什么是同理心，只是把孩子可能会想到的但是无法表达出来的想法说了出来，理解他的想法，这样就获得了孩子的认可与配合。在后来的工作中，我也用同样的方法对待我的服务对象，他们中有年龄大的、有年龄小的，有学生、有老师，有专家、有教授，有男的、有女的。不论是谁，我都站在他们的角度去体会他们的感受，然后给予理解与支持、关心与爱护，往往都能收到较好的效果。

拓展阅读

沟通心态测试

请根据自己的实际情况回答下列问题。

1. 你现在对自己抱有信心吗？

   不是　　基本不是　　说不准　　基本是　　是

2. 当你情绪不好时，你会进行调节吗？

   不是　　基本不是　　说不准　　基本是　　是

3. 你有明确的人生目标吗？

   不是　　基本不是　　说不准　　基本是　　是

4. 你有业余爱好吗？

   不是　　基本不是　　说不准　　基本是　　是

5. 对于生活中出现的问题，你能往积极乐观的方向想吗？

   不是　　基本不是　　说不准　　基本是　　是

6. 你经常进行体育锻炼吗？

   不是　　基本不是　　说不准　　基本是　　是

7. 当事情没做好时，你也不会为此否定自己吗？

   不是　　基本不是　　说不准　　基本是　　是

8. 你能以幽默的态度对待生活中的许多事情吗？

   不是　　基本不是　　说不准　　基本是　　是

9. 你已不过分关注自己的心理问题或症状而去做你该做的事情吗？

不是　　基本不是　　说不准　　基本是　　是

10. 你的惧怕心理越来越少，胆量越来越大吗？

不是　　基本不是　　说不准　　基本是　　是

11. 你只关注着自己的进步，而不和别人盲目比较吗？

不是　　基本不是　　说不准　　基本是　　是

12. 你能把学到的理论运用于自己的生活实践中吗？

不是　　基本不是　　说不准　　基本是　　是

13. 你是否认为你应该对自己的人生负责，而不应该归咎于父母等外界因素？

不是　　基本不是　　说不准　　基本是　　是

14. 你有可以相互交流、相互倾诉、相互帮助的朋友吗？

不是　　基本不是　　说不准　　基本是　　是

15. 当别人提出你不愿意接受的要求时，你敢不敢拒绝？

不是　　基本不是　　说不准　　基本是　　是

16. 你是否能理解别人和关心别人？

不是　　基本不是　　说不准　　基本是　　是

17. 你是否能静下心来专心地做事？

不是　　基本不是　　说不准　　基本是　　是

18. 你对生活充满热情而不是无聊消沉吗？

不是　　基本不是　　说不准　　基本是　　是

19. 你已明确了自己的长处和短处并能辩证地看待吗？

不是　　基本不是　　说不准　　基本是　　是

20. 你能保持对外界的关注，而不是盯着自己的心理症状吗？

不是　　基本不是　　说不准　　基本是　　是

21. 你对自己出现退步或反复能加以宽容吗？

不是　　基本不是　　说不准　　基本是　　是

22. 你能把生活安排得井井有条吗？

不是　　基本不是　　说不准　　基本是　　是

23. 你是否已不十分在意别人的看法？

不是　　基本不是　　说不准　　基本是　　是

24. 你是否已不拿一些无关紧要的事情来否定和考验自己？

不是　　基本不是　　说不准　　基本是　　是

25. 你的情绪基本上处于稳定和良好的状态吗？

不是　　基本不是　　说不准　　基本是　　是

积分方法：完全否定为0分；基本否定为1分；说不准为2分；基本肯定为3分；完全肯定为4分。

解析：总分65分以上为及格；66～80分为基本合格，81～95分为良好，96分以上为优秀。低于65分则要引起注意，应进行调整。

任务二　掌握与老年人沟通的步骤、环节与方式

案例导入

夏婆婆，82岁，入住某养老机构时是由救护车用担架抬着来的，据一同来的家属向医生介绍："婆婆已经吃不下任何东西了，几乎处于半昏迷状态，背上还有一个四期褥疮，全身多处骨折。属于临终护理的老人。"机构管理人员经过仔细的观察与评估，发现老人不是进不了任何饮食，而是不想进食，是觉得生命没有了希望而拒绝进食。通过有效的沟通，夏婆婆开始进食。经过精心的喂养与护理，夏婆婆重新对生活充满了希望，截至笔者将其记入案例的这一天，她已经快乐地生活了整整三年了。

与案例中的老人进行沟通的步骤如下。

第一步：了解老人的现状，前往夏婆婆的床前仔细观察和评估，发现她的现状不像家属与医生说的那样。不是夏婆婆吃不下任何东西，而是感觉到生命没有希望了而拒绝进食。

第二步：确定老人的现实情况——心理问题，即因失望、绝望而放弃生命。

第三步：明确我们的目的——让老人进食，慢慢让老人好起来；确认老人的需要——老人表达了想活下去的愿望。

第四步：进行沟通。

①建立希望。告诉夏婆婆："您的情况还不是很差，只要配合我们的护理，就有办法让您慢慢地好起来。"问老人："婆婆，您愿意配合吗"？婆婆回答："愿意配合。"

②制定针对夏婆婆的个性化护理方案。

③告知婆婆针对她的个性化护理方案内容，以及在这个护理方案中她应该怎样去配合护理人员的工作。

④与家属取得联系，告知其老人的现状和老人的愿望；告知家属护理方案以及家属在这一方案中要怎样配合护理人员的工作。

⑤告知老人和家属，这个方案的预期目标和不可预见的风险。

⑥老人和家属表达意愿，表示愿意配合并接受预期的目标和一切不可预见的风险。

第五步：共同实施达成的共识，实施相应的护理方案。

第六步：信息反馈——效果比预期的还要好，不可预见的风险没有出现。

结果：婆婆活过来了，存活的时间已经超过了三年。

知识内容

一、与老人有效沟通的步骤

（一）事前准备

事前准备就是在沟通前做的准备工作。沟通前的准备工作做得越充分，沟通成功的可能性就越大。反之，盲目的沟通，不但达不到预期的目的，有时还会激化矛盾，与沟通的目的背道而驰。

沟通前的准备工作主要包括：了解和分析沟通对象的情况；明确沟通的目标；制订沟通的计划；预测可能出现的异议和争议。

1. 了解和分析沟通对象的情况

沟通之前要去了解老人，了解他最近怎么了，发生了什么样的事情，老人有什么特殊的表现和举动，有什么样的想法和目的，说了些什么，做了些什么，其家属有什么想法和举动等。然后对这些情况进行分析，发现需要通过沟通去解决的问题。

2. 明确沟通的目标

在与老人进行沟通之前，一定要确定一个沟通的目标，也就是通过沟通想达到什么样的预期效果。

3. 制订沟通的计划

在与老人进行沟通前有了沟通的目标，也了解了老人的具体情况，接下来就要对沟通的过程进行计划，决定选择什么样的沟通环境、采用什么样的沟通方式、先说什么后说什么等一系列的具体事宜。

4. 预测可能出现的异议和争议

在沟通过程中出现异议和争议是很正常的事情。如果在沟通前能正确地预测出这些异议和争议，预先周密地做好各种应对准备，就可以在较短的时间内迅速而妥善地解决这些问题。这样做一方面可以增强在沟通中的主动性，另一方面也有利于在较短时间内让沟通顺利进行。

（二）确认需要

确认需要是指在沟通过程中要确认沟通双方的需要，明确双方的目的是否一致。

我们在沟通过程中首先要确认对方的需要是什么，如果不能确认需要就无法通过沟通达成协议。要明确彼此的需要，就要在沟通过程中采用问、听、说、观察等方法去获得。其中提问是一种非常重要的沟通行为，因为提问可以帮助我们了解更多、更准确的信息，还能够帮助我们控制沟通的方向和谈话的内容。其次要积极聆听，要设身处地地去听、用心和脑去听，以理解对方的意思。最后还要及时确认，当你没有听清楚或者没有理解对方的意思时要及时提出，一定要完全理解对方所要表达的意思才能达到有效沟通的目的。

（三）表达信息

表达信息就是要向沟通对象发送和表达自己的思想、情感和信息。怎样才能把自己的信息更好地表达出来，反馈给对方，这是沟通中非常重要的环节。也就是我们把想法和意思说出来，对方是否听到了，听到了之后是否理解了，理解了之后是否能够接受，接受了之后是否有能力去完成。因此，在表达信息的时候我们要选择适合老年人的沟通环境、适合老年人的沟通方式，采用让老年人容易理解和接受的沟通技巧等。例如，我们的沟通对象的听力受损，我们说的话他可能只有三分之一能听到或听懂，但他识字，可以通过书写的方式进行交流。与这样的老人沟通就需要选择一个相对比较安静的环境，采用语言沟通与图片、书写沟通相结合的多元化的沟通方式，以确保沟通的有效性。

（四）处理异议

沟通中出现异议或者争议表示对方不认同自己的观点，或者不认同自己某些方面的观点。这个时候应该如何处理呢？在后面的沟通技巧中会进行介绍。

（五）达成共识

有效的沟通需要沟通双方在某方面达成共识或协议，但共识往往不是一次或两次的沟通就能达成的，有时需要反复的、多次的沟通才能达成，而沟通的结束也意味着实施工作的开始。

（六）共同实施

达成共识是有效沟通的结果，但是在工作中，任何沟通的结果都意味着某项工作的开始，即沟通双方要按照所达成的共识去实施，如果一方没有实施，或者没有完全按照共识去实施，彼此间的信用将受到考验。所以，我们一定要注意，信任是沟通的基础，如果彼此失去了对方的信任，那么下一次的沟通将变得非常困难。

（七）反馈

在沟通达成某种共识后，双方会共同去实施，实施的效果如何，是否完成了最终的目标，这就要求双方进行信息反馈。反馈能检验沟通的目的达到与否，沟通的过程畅通与否，此次沟通是不是有效的沟通。

二、与老年人沟通的环节

在与老年人进行沟通的过程中有三个非常重要的环节：信息的表达与发送、信息的接收与理解、信息的反馈。每一个环节缺一不可，否则沟通就会出现障碍，影响沟通的效果。在信息发送的环节，要掌握好如何表达信息和如何发送信息；在信息的接收环节，要掌握好如何接收信息和理解信息；在信息的反馈环节，要掌握好如何给予反馈以及如何接收反馈。

（一）信息的表达与发送

1. 与老年人进行沟通的时候如何进行信息的表达

要根据老年人的特点进行信息选择，比如：听觉良好的老人，我们可以采用语言表达方式；听觉受损的老人，我们可以采用非语言的表达方式，如文字、图片、手势、表情、动作等进行沟通。其中语言沟通能比较准确地传达自己的信息，容易让对方接受和理解。有效表达有以下几点要求。

（1）使用合适的语法，把话说正确。

（2）使用合适的词语，把话说清楚。

（3）使用合适的修饰，把话说好听。

（4）使用合适的语气，把话说实在。

（5）站在合适的角度，把话说“活”。

2. 在沟通中信息成功表达后还需要有效的发送才能被对方所接受

在信息发送的过程中还需要注意以下几个问题。

1）选择有效的信息发送方式

信息可以是语言，可以是文字，可以是情感，可以是思想，我们应该根据不同的内容来选择不同的信息发送的方式。

> 大家回想一下，日常生活与学习中我们采用了什么样的方法来传递信息？你没有生活费了，怎么让父母给你生活费呢？周末想约同学出去郊游，你们怎么联络呢？老师让你们完成某项作业，你们怎样交给老师呢？这些方法有什么优缺点？在什么样的情况下，选择怎样的发送方式最好？

2）选择信息发送的时间

在与老年人沟通时，应思考什么时候发送信息会更好，会让老年人更容易接受和理解。

> 早上，老年人刚睡醒精神矍铄，此时，我们向老年人发送信息，老年人可能会很高兴地接受。晚上，老年人疲倦了想休息的时候，你还喋喋不休地给他说这说那，老年人可能一句话都没听进去。

3）确定信息内容

发送信息内容有两种形式，一种是口头语言，另一种是肢体语言。在与老年人进行沟通的过程中，你说的什么很重要，但如果加入相应的肢体语言，你所传递的信息内容可能会更加确切。口头语言中有没有载入肢体语言，其沟通效果会大相径庭。

> 某位老人今天去某养老机构咨询入住的情况，两位接待的工作人员都说了一句“欢迎光临”，其中一位工作人员面无表情，而且说完就转身离开了。这时候老人可能会想，这哪里是欢迎我，明摆着就是赶我走吧。而另一位工作人员面带微笑，说完后马上扶老人坐在椅子上。这时候，老人一定会非常高兴地坐下来认真地咨询入住的程序等。所以，在选择具体的内容时，我们一定要确定说哪些话、用什么样的语气去说，用什么样的肢体语言去配合，这样才能起到良好的沟通效果。

4）由谁接收信息

在与老年人沟通的过程中，要考虑我们发送的信息由谁来接收，是沟通对象，还是沟通对象的家人，或是沟通对象的照顾者。同时，还要考虑信息接收者的观念、接收者的需要、接收者的情绪等，这些都是沟通过程中的影响因素。

周末，奶奶和爷爷吵嘴了，情绪不好。孙女好不容易休息一天，就想趁周末接爷爷奶奶一起出去郊游。此时奶奶正在生爷爷的气，便不想和爷爷一起出去。这时，孙女与爷爷奶奶的沟通就失败了。

5）在何处发送信息

在与老年人进行沟通的过程中，信息的发送还要考虑环境和场合，一般在比较安静、整洁、温度适宜、光线明亮的环境下发送比较好。

现在沟通场地的选择已经越来越引起人们的重视，大家都认识到环境对沟通效果的影响是非常大的。大家想一想，在什么样的环境中发送信息会更好一点儿？发送信息时需要注意哪些方面的问题呢？

（二）信息的接收与理解

1. 选择性注意

在与老年人进行沟通的过程中，信息接收者总会不由自主地、自动地把那些自己认为毫不相干的信息排除掉，也会主动回避那些与自己观点相悖、自己不感兴趣的信息，只注意那些与自己观念一致的以及自己需要的、关心的或者对自己有用的信息。因此，影响信息接收者选择性注意的因素有信息接收者原先的态度和立场、信息内容同信息接收者的关系程度。

2. 选择性理解

选择性理解就意味着不同的接收者会以不同的方式对同样的信息做出不同的选择和反应。通常情况下，人总是依照某些经验来接收和理解传播的内容，或者根据自己已有的观念来理解信息，对于那些与自己观念相反的内容加以排斥或者歪曲，使之符合自己的观念和立场。因此，影响选择性理解的因素有信息接收者的情绪状态、原有的态度、需要和动机以及其个性特点。

两位偏瘫的老年人进餐时，工作人员将同样的饭菜放在老人的面前，告诉他们，你们先吃着，一会儿我再来喂你们。其中一位老年人就说，这个工作人员太懒了，叫我们自己吃饭，我都瘫痪了，怎么能自己吃？另一位老年人就尽量地拿着勺子一点一点地自己吃饭，结束了还告诉另一位老年人，你看这里的工作人员多有耐心啊，多有知识啊，知道怎样对我们的功能进行康复训练。同样的工作方式对于不同观念的老年人有截然不同的解释。

3. 选择性记忆

信息接收者的选择性记忆是指对信息的记忆受到需要、态度及其他心理因素的影响，从而使记忆结果表现为对自己关心的信息印象深刻，或者只记住了其中对自己有利的部分，或者只记住了自己愿意记住的那一部分，其余的部分就被忽略了。

怎样才能让老年人增强对重要内容的记忆呢？通常可以运用以下这些方法：创造良好的环境，使信息接收者不受其他信息的干扰和刺激；尽量为老年人带去最好的、最初和最后的印象；组织座谈讨论；给予适当的奖惩等。

4. 从众行为

从众行为是指沟通对象是一个群体，群体成员中的个体放弃自己的意见和态度，采取与大多数成员相一致的行为，也叫“随大流”。信息接收者在信息传播活动中经常表现出从众行为，即接收者不知不觉地受到一个群体的真实的或臆想的压力的影响，从而按照群体中大多数人的意愿去接受和理解信息。

为什么会产生从众行为呢？首先，信息接收者对自己的判断不是十分有信心，需要得到指导，这时候往往需要借助别人的意见或效仿别人的行动，尤其是那些缺乏自信心的人更容易产生从众行为。其次，便是群体规范的压力。个人之所以遵从群体，最主要的原因是他们不愿意被称为“越轨者”和“不合群的人”，也不愿意惹人注目或丢面子，于是便与群体规范保持一致，归根结底是由于群体规范的一致性要求所致。

5. 逆反心理

逆反就是人们对某种观点、立场或结论等具有抵触情绪，进行反方向的考虑，对此表示怀疑和不信任，然后得出与之相反的结论，表现出相反的行为。在沟通过程中，信息接收者在逆反心理的作用下，对于传递所极力倡导的观念和行为加以反对，而对于传递所批评和禁止的东西加以赞赏和接受。信息接收者的逆反心理可以表现为：强化原有的心态，表现为更加坚定不移地确信自己原来的立场和态度；做出逆向的选择，对传递的内容和观点反着听、反着看、反着想、反着做，反正就是唱反调；对信息传递者进行贬损或攻击。

（三）信息的反馈

反馈就是沟通双方都期望得到信息的回流。反馈信息有正面的，也有反面的，还有建设性的信息。正面的反馈信息就是对自己认可的信息予以肯定、褒扬，希望再次出现这样的信息；反面的反馈信息就是对自己不予认可或者反对的信息予以批评甚至反对。建设性的反馈信息是指信息接收者对信息发送者做得不足的方面提出意见或建议。

在反馈的过程中，我们需要注意有的情况并不是反馈。比如，指出正确或者错误的地方；对于他人言行的解释；对于未来的建议。我们怎样做才算反馈呢？以下几点或许能给予我们启示。

（1）反馈应该明确、具体、提供实例。

（2）反馈应不具有判断性。

（3）反馈应该集中于可以改变的行为。

（4）应在正确的时间给予反馈。

（5）反馈应充分考虑信息接收者的需求。

（6）反馈应具有平衡性、积极性与建设性。

在与老年人进行沟通的过程中，我们应该如何去接收反馈呢？仔细认真地聆听；总结接收的反馈信息并确认理由；表明我们将考虑如何去行动；提出问题、澄清事实、询问实例。

三、与老年人沟通的方式

在与老年人进行沟通的过程中，都有什么样的沟通方式呢？一种是语言沟通，它包含口头语言、书面语言、图片以及其他的语言；另一种是非语言沟通，即肢体语言，它包括动作、姿态、表情、态度、眼神以及手势等。

（一）语言沟通

语言沟通在词语发出时开始，它利用声音这个渠道传递信息，它能对词语进行控制，是结构化的，并且是被正式教授的。

在与老年人进行的沟通工作中，最常用的就是语言沟通。语言沟通又包括口头语言、书面语言、图片或图形等。口头语言的形式多种多样，例如会谈、电话、会议、广播、对话等。图片包括如电影、幻灯片等。书面语言是指借助文字进行的信息传递与交流。书面沟通的形式也很多，例如通知、文件、信件、布告、报刊、备忘录、书面总结、汇报等。在沟通的过程中，语言沟通更有利于信息的传递。

1. 口头沟通的优缺点

口头沟通的优点在于快速传递和快速反馈。在这种方式下，信息可以在最短时间里进行传送，并在最短时间内得到对方的回复。同时，沟通者可以互相提问来澄清不清楚的情况，可以减少误会。

口头沟通的缺点在于没有文字的记录，时间长了可能会被遗忘；浪费时间；也有不方便的时候，比如正在进行沟通的时候被其他的人或者事情打断；有时会把沟通变成闲聊。

2. 书面沟通的优缺点

书面沟通的优点：有形而且可以核实；发送者与接收者双方都拥有沟通记录，沟通的信息可以无限期地保存下去；如果对信息的内容有所质疑，完全可以过后进行查询；书面沟通更加正式；书面沟通更为严谨、逻辑性强，而且条理清楚。

书面沟通的缺点：耗费时间，同是 1 个小时的测验，通过口试，你向他人传递的信息远比笔试多得多，事实上，花 1 个小时写出的文章只需 10 ~ 15 分钟就能说完；缺乏反馈，书面沟通无法确保发出的信息能够被接收到，即使被接收到，也无法保证接收者按照发送者的本意理解信息；书面沟通要求沟通者具备较好的写作能力。

（二）非语言沟通

非语言沟通又称为“肢体语言沟通”，指的是人们在沟通过程中，不采用语言作为表达意见的工具，而运用其他非语言的方式传递信息。非语言沟通一般可以分为动态和静态两种。静态非语言沟通包括容貌、体态、衣着、服饰以及仪表。动态非语言沟通可以根据所使用的符号系统分为四类：①动觉系统，如手势、表情、体态等；②超语言（额外语言），如音质、振幅、音调、停顿、流畅、语气、速度等；③时空接近，如时间、空间、朝向、距离等；④视觉沟通，如目光接触等。

非语言沟通具有传递信息、沟通思想、交流感情的功能。

（1）使用非语言沟通符号来重复语言所表达的意思或加深印象，具体如人们使用自己的语言沟通时，附带有相应的表情和其他非语言符号。

（2）替代语言，有时候某一方即使没有说话，也可以从其非语言符号比如面部表情上看出他/她的意思，这时候非语言符号起到了代替语言符号表达意思的作用。

（3）非语言符号作为语言沟通的辅助工具，又称为“伴随语言”，能使语言表达得更准确、有力、生动、具体。

（4）调整和控制语言，借助非语言符号来表示交流沟通中不同阶段的意向，传递自己意向变化的信息。

不同的肢体语言有着不同的行为含义，例如：

来回走动	发脾气或受挫
扭绞双手	紧张，不安或害怕
向前倾	引起注意或感兴趣
眯着眼	不同意，厌恶，发怒或不欣赏
懒散地坐在椅子上	无聊或轻松一下
抬头挺胸	自信，果断
避免目光接触	冷漠，逃避，不关心，没有安全感，消极，恐惧或紧张等
正视对方	友善，诚恳，外向，有安全感，自信，笃定等
点头	同意或者表示明白了、听懂了
摇头	不同意，震惊或不相信
晃动拳头	愤怒或富有攻击性
打呵欠	厌烦
轻拍肩背	鼓励，恭喜或安慰
咬嘴唇	紧张，害怕或焦虑
抖脚	紧张
环抱双臂	愤怒，不欣赏，不同意，防御或攻击

身体语言信息是潜意识的外在表现，最接近真实的内心。因此，身体语言信息在沟通中具有重要作用。

此时无声胜有声

某养老机构有一位老人因不满院方的费用调整，整天破口大骂。一波又一波的工作人员与老人进行了大量的沟通，均不见成效。有一天早上，老人又敞开嗓子开始大骂的时候，该科室的领导就静静地站在他的面前，认真地听老人大骂。大约过了十几分钟，老人中途休息了，科室领导平静地给老人端来一杯水，柔和地问道："爷爷累了吗？请喝口水吧。"老人不好意思地笑了一笑，说了声"不用了"。从此以后再也没有听见这位老人骂人了。

这个故事告诉我们，当老年人在情绪激动的时候，安静地听他宣泄，也许比讲什么样的大道理都更有效果。恰当的肢体语言的配合在沟通中起着不可估量的作用。

任务三　掌握与老年人沟通的技巧

案例导入

杨婆婆，75岁，听到老伴在医院里病逝的消息后，情绪非常低落，常常一个人无声地流泪，饮食也差，健康状态一天不如一天。这时，应该与杨婆婆进行怎样的沟通？采用哪种沟通方式比较妥当？

知识内容

在与老年人进行沟通的过程中，应该注意些什么呢？需要采用什么样的沟通方式才能让沟通更顺利地进行呢？

一、选择适合自己和沟通对象的沟通方式

在与老年人进行沟通之前，我们要先对老年人进行评估，了解老年人的身心状况，再根据老年人的身心状况来选择适合自己也适合老年人的沟通方式。沟通方式的选择不是单一的，为了达到良好的沟通效果，往往需要同时采用两种或多种沟通方式。比如，我们在与一位有听力损伤的老年人进行沟通的时候，可以采用口头语言向老年人进行讲解，老年人听不清楚的地方，我们可以采用书写的方式让老年人看，还可以借助手势、表情、行为礼仪、眼神等多种沟通方式进行补充。

（一）口头语言中配合着声音语言的表达

在与老年人进行口头语言交流时，声音的表达方式在沟通效果中具有非常重要的意义。声音包括语速、音调、音量、节奏、声音补白等。据研究者估计，沟通中38%的含义受声音的影响，即不是语言的本身，而是沟通表达方式中的声音语言的影响。

1. 语速

在与老年人交流的过程中，应尽量放慢语速，语速过快老年人可能会听不清楚，就算勉强听清楚，也有可能反应不过来。

2. 音量

在与老年人沟通的过程中，由于他们听力受损，我们说话的时候音量有所升高，但是过高的音量可能会让人感觉带有不满的情绪，此时应用柔和的表情、关心的语气等方式加以配合，这样才不会使声音变得生硬从而让人产生误解。

3. 节奏

应抑扬顿挫，保持均衡、规律。

4. 声音补白

在与老年人的沟通过程中需要加入如“啊、嗯、呀、哦、好的、行、是吧”等感叹词，这样会让老年人感受到你的反应和态度。

5. 发音

在与老年人进行沟通时一定要注意发音的准确性，吐字要清楚、音节要清晰。

（二）口头语言中以文字语言进行配合

在与老年人进行沟通的过程中，配合以文字进行沟通会显得更加直观、清晰、简洁、恰当。

（三）口头语言配合肢体语言

由于老年人的听力减退，对语言、声音的感知能力降低，因此在与老年人进行沟通的过程中配合肢体语言会达到更好的效果。肢体语言包括形象、仪态、表情、礼仪、目光、手势、触摸等。

1. 形象

形象应该整洁、美观、大方、朴实。

2. 仪态

仪态反映了一个人的精气神，应“站如松、行如风、坐如钟”。

3. 表情

真诚的微笑是最美、最有效的沟通语言。

4. 礼仪

招呼、握手、递接名片、倒茶、让座等是一个连贯的过程，这个过程必须以热情、微笑为基础。

5. 目光

要与人保持目光交流，热情、友好、亲切、坦诚。

6. 手势

手势应明确、精练、自如、和谐，但千万不要使用错误。

7. 触摸

触摸是与老年人的一种特殊的沟通语言，不同的部位、不同的触摸方式所表达的意思有所不同，要注意场合、情景而正确运用。比如，在老年人伤心时，可以轻轻地触摸老年人后脑的头发；在需要提醒老年人、告知老年人事情的时候，可以轻拍老年人的肩背以引起老年人的注意。

二、与陌生老人的初次沟通

沟通是一个从陌生到熟悉的过程。怎样了解一个陌生的老年人呢？当然从沟通开始。首先我们以善意的微笑、诚恳的态度、尊重的称呼为起点，再以巧妙的起始语将老年人引入一个恰当的话题，从而开始我们的沟通旅程。

（一）微笑

微笑在与老年人的沟通中能发挥极大的作用，它能展示一个人独特的魅力。无论在家里、在办公室，甚至在路途中，不管你碰到的是牙牙学语的婴孩，还是老态龙钟的老奶奶，不管是亮丽的姑娘，还是满身臭气的乞丐，只要你不吝惜微笑，就会为你带来意想不到的良好效果。微笑是人类的特权，也是我们的宝贵财富。它是自信的标志，也是礼貌的象征。陌生的老年人往往会根据你的微笑来辨别你是善是恶，是真情实感还是虚情假意，从而决定对你采取何种态度。只要我们献出一份微笑，我们与老年人之间的距离就会变小，也会因此而忘掉年龄上的隔阂。微笑是人类最美丽的表情，它可以给人以自信、给人以坚强、给人以勇气、给人以温暖。微笑的人给人的感觉是成熟、稳重、有安全感的，值得信赖。

（二）诚恳热情

诚恳热情的态度是一个人由内而外表现出来的一种气质，具体表现为待人平等、举止大方，从容不迫而不扭捏和拘束。和蔼可亲的面部表情、关心体贴的语言和行为都能表达出诚恳的态度。诚恳的态度会更容易得到老年人的信赖。

（三）尊重

尊重是一种美德，尊重别人也是尊重自己，在与陌生的老年人的初次沟通中，尊重可以温暖老年人的心，从而让沟通更加顺畅。由于退休、身体衰老，老年人从曾经的工作岗位上退了下来，社交能力降低，心理障碍增加，有时甚至失去家庭的帮助，会经常感到不被尊重，因此对尊重的需要更为迫切。

（四）巧妙的开场白

在与陌生的老年人首次进行沟通交流的时候，巧妙的开场白对于打开老年人警惕的心扉非常重要。在不同的环境中、不同的场合里需要采用不同的开场白。

> 在养老机构里，陌生的老年人来参观或者咨询入住的情况，我们可以以这样的话语开启沟通历程：“爷爷（或婆婆），您好，我叫××，是这里的工作人员，欢迎您的到来，请问您贵姓呢？”这样，一下子就抓住了老年人的心。热情诚恳的态度，尊重的语气，加上巧妙的开场白，将老年人的心一下子就热了起来。接下来的沟通也就比较顺利了。如果是在大街上、广场里，我们应该怎样去开启沟通之门呢？可以以请教问题的方式作为开场白。老年人拥有丰富的人生阅历和工作经验，希望与别人分享，也喜欢对年轻人进行指导和教育，因此谦虚的受教也是一种巧妙的沟通方式。

（五）恰当的话题

在与陌生老年人的首次谈话中选择恰当的话题非常重要，恰当的话题往往是沟通中的难点。如果我们能找到源源不断的话题，那么我们的沟通就能顺利地进行下去。反之，开展沟通就比较困难。老年人不同性别之间的关注度差别不是太大，他们所关注的大多是关于子孙、休闲、健康、社区活动之类的话题。探索式的提问可以找到老年人的兴趣点。所谓“探索式的提问”就是通过提问来获得对对方日常生活的了解，通过对老年人日常生活的了解进而获知他们的兴趣和爱好。

> 对老年人这样提问：“爷爷（奶奶），您平常吃完饭，都干些什么呀？整天的时间怎么打发呀？”老年人可能告诉你：“我们呀，可忙了，早上起床洗漱后先去什么什么地方遛个弯，回来吃完饭就在家里看看书，上上网（别认为现在的老年人不会上网，他们的学习能力不可小觑），然后……”这时候你就可以知道老年人的兴趣中有着年轻人的元素，于是就有了沟通的话题了。另外，老年人比较喜欢教导年轻人，可以通过让老年人给你传授经验的方式激发他们的兴趣。

另外，与陌生老年人的沟通还要注意循序渐进，先从老年人容易回答的问题入手，等他们健谈后，再慢慢深入深层领域。比如，和陌生老年人首次沟通的时候，可以先从“您有几个子女啊？您以前是做什么工作的啊？您现在身体还不错啊？”之类的话题入手，慢慢解除对方的戒心，然后再提一些与之关系密切的话题，他们也就可以比较自然地接受了。

拓展阅读

聪明的宰相

从前有位很好的宰相，知道广东发生了大水灾，请求皇上让广东的百姓那一年不用上缴粮食，也就是免税。可是皇帝不置可否，只说“让我想想”，就把事情搁下了。这个宰相每天都要陪皇帝下棋，唱着“锵、锵、锵，广东免解粮”。一天唱、两天唱，有一天皇帝也跟着他敲着棋盘：“锵、锵、锵，广东免解粮。”宰相立刻跪在地上谢主隆恩。因为君无戏言，广东当年真的不用上缴粮食了。

请回答：案例中这位宰相采用了哪种沟通方式呢？沟通方式还有哪些？如何选择恰当的沟通方式呢？

任务四　掌握听的技巧

案例导入

在某养老机构里，一位老年人告诉护理员：“我治疗心脏病的药快服完了，请给管理人员说一声，帮我给女儿打电话，过几天给我带点儿治疗心脏病的药来。”护理员告诉管理人员：“某老人的心脏病发了，老人请你给其女儿打电话带治疗心脏病的药来。”管理人员给其女儿打电话没人接，给其孙子打电话说了，其孙子告诉其女儿：“爷爷心脏病发了，养老院打电话叫你带爷爷去买药。”其女儿非常着急地打车赶到养老院，准备把老人送医院，结果老人才说他治疗心脏病的药快要服完了，不是心脏病发作了。其女儿非常气愤地去找养老机构的领导说这里的管理太混乱了。

知识内容

一、听的意义

（一）听是了解老年人最基本的方法

在与老年人的沟通过程中，听老年人说，听老年人的家人、朋友和邻居说，是了解老年人最基本的方法。倾听可以尽可能多地掌握信息。每个人表达信息的层次是不一样的，有的人开门见山，有的人半天也说不到正题。比如经常有老年人向我们提出各种问题、各种抱怨，但很多时候老年人只是想找个对象发泄一下，并不想怎么样，或者是由于生活中心情不好，看什么都不顺眼，抓到什么就拿什么来说事。这些情况都需要我们用心地去倾听，只有这样我们才能掌握尽可能多的信息，以便处理和解决问题。倾听也是获取老年人信息最直接、最有效的办法。获取老年人的信息种类又可以分为以下两种。第一种是直接的信息，即讲话者直接说出来的内容，如时间、地点、发生什么事等。第二种是间接的信息，如讲话者的口头禅，可以体现他是不是伪装；他想表达一个请求，但又有太多的情况想说明，体现了他的不自信。

（二）耐心地倾听能表达对老年人的尊重和诚恳的态度，从而获得老年人的信任

在与老年人的沟通中，耐心地倾听老年人说话可以给他们满足感，从而激发他们的表达欲望。当他们滔滔不绝的时候，一定是感觉很棒的时候，这时他们甚至可以把你当成朋友来信任你。

（三）此时无声胜有声的倾听可满足老年人倾诉的需要

耐心的倾听可以缓解老年人心中的压抑，打破老年人心中的壁垒。每个人在烦恼和喜悦后（特别是深层次的烦恼和巨大的喜悦后）都有一份渴望，那就是对人倾诉，尤其是对最亲近的人倾诉。倾诉的方式各种各样，在遇上烦恼和痛苦时，有的会是一味地“生气”和“责骂”，目的就是希望得到理解和安慰，然后能和他/她共同面对和承担……如果对方不懂得倾听这样的“生气”甚至严加责备、批评和训斥，大讲特讲一些“道理”，一定会适得其反。

二、听的障碍

请问你家有蜡烛吗?

一位单身女子刚搬了家，她发现隔壁住了一户穷人家，一个寡妇与两个小孩子。一天晚上，那一带忽然停了电，那位女子只好自己点起了蜡烛。过了一会儿，她忽然听到有人敲门。原来是隔壁邻居的小孩子，只见他紧张地问：“阿姨，请问你家有蜡烛吗?”女子心想：“他们家竟穷到连蜡烛都没有吗？千万别借他们，免得被他们依赖了!”于是，对孩子吼了一声说：“没有!”正当她准备关上门时，那个穷小孩露出关爱的笑容说：“我就知道你家一定没有!”说完，竟从怀里拿出两根蜡烛，说：“妈妈和我怕你一个人住又没有蜡烛，所以让我带两根来送给你。”那一刻，女子的心里是从未有过的感动!

在与老年人沟通的过程中，沟通障碍来自环境、信息发送者和信息接收者三个方面。倾听作为与老年人沟通的一个重要环节，其障碍也存在于环境、倾诉者和倾听者三个方面。存在于环境、倾诉者和倾听者的倾听障碍根据其客观性与主观性还可以分为客观障碍和主观障碍。

（一）客观障碍

倾听的客观障碍是指在倾听的过程中客观存在的障碍，它是不以人的意志为转移的。客观障碍有环境障碍、倾听者的理解能力和倾诉者的表达能力。

1. 环境障碍

环境对倾听的影响是显而易见的，也是客观存在的。例如，在养老机构中，管理者与老年人进行沟通的时候，如果是在办公室，老年人说话会有所顾忌，想倾诉的话不敢或不愿意说出来。但如果是在老年人的房间，老年人就会随心所欲地倾诉自己的想法。同时，环境中的噪声也会妨碍倾听者完整地倾听。

环境之所以影响倾听，是因为环境能产生两个方面的作用：一方面，环境干扰信息的传递过程，使信息发生消减或歪曲；另一方面，环境影响倾听者的心境。

2. 倾听者的理解能力

在倾听老年人诉说的过程中，倾听者的知识水平、文化素质、职业特征及生活阅历往往与其本身的理解能力和接受能力紧密联系在一起，具有不同理解能力的倾听者必然会有不同的倾听效果。因此，倾听者的理解能力就成了倾听障碍中的客观障碍了。

3. 倾诉者的表达能力

在倾听老年人诉说的过程中，老年人的知识水平、文化素养、职业特征、生活阅历以及健康状况都会影响其语言表达能力，影响其是否能够把自己的思想和情感准确地表达出来。所以，倾诉者的表达能力也是倾听障碍中的客观障碍。

（二）主观障碍

主观障碍是指在倾听过程中讲话者与倾听者的主观心理所造成的倾听障碍，包括倾听者和倾诉者的性格、气质、态度、情绪、见解等。例如，倾听者在倾听的过程中不专心，甚或三心二意、心不在焉，在这个时候，倾听就形同虚设。另外，倾听者如果具有拒绝异议、喜欢发言、存在偏见以及感到厌倦或消极的心理，倾听的效果也会不好。

倾诉者如果对倾听者不信任甚至心怀抵触，也不会敞开心扉进行诉说，从而就会干扰倾听者对信息的理解与判断。

有的人喜欢听和自己意见一致的话，偏向和自己观点相同的人。这种拒绝倾听不同意见的人，不仅拒绝了许多通过沟通获得信息的机会，而且在倾听的过程中很难集中精力，自然也难以和别人愉快交谈。

在每个人的心里，都存在有意或无意的某种程度的偏见。人都有根深蒂固的心理定式和成见，很难以冷静、客观的态度接受倾诉者的意见，这样就会大大影响倾听的效果。

如果在倾听的过程中倾诉者的说话速度与倾听者的理解速度有差距，人们往往容易在倾听的过程中感到厌倦，思维往往会在空闲时“寻找”一些事情，或者停留在某处，拒绝进一步的思考，这也成了倾听的主观障碍。

三、克服倾听障碍

在与老年人进行谈话时，要尽量减少倾听障碍，进行有效沟通，主要从以下几个方面入手。

（一）创造和选择良好的倾听环境

倾听环境是否适宜，对倾听效果具有重要的影响。在与老年人进行沟通时我们要尽量选择并创造一个良好的环境，才能够在很大程度上改善倾听效果。一般情况下，良好的环境包括适宜的时间、适当的地点和平等而和谐的谈话氛围。

（二）改善倾诉者的表达能力或表达方式

在与老年人沟通的过程中，倾诉者需要向对方传达自己的思想、情感等信息，倾诉者能否准确地表达自己的思想和情感也是影响沟通效果的重要因素。沟通过程中最基本的要求就是倾诉者说出来的信息能让对方听懂，同时也要懂别人。如果倾诉者说话的时候让别人听不懂在说什么，就成了白说。所以，倾诉者在倾诉的过程中，一定要注意说话的方式。比如，语速尽量不要太快，太快可能会让人听不明白或者反应不过来；尽量不要使用方言或者使用大家都能听得懂的方言；倾诉的过程中不要太注意细节等。说话之前要先想一想，用什么样的词语、用什么样的口气才能准确地表达自己的想法。

（三）提高倾听者的倾听能力

在与老年人进行沟通的过程中，倾听者是倾听过程的主体，倾听者所具备的知识水平、理解能力、主观态度以及其精神和情绪的状态直接影响着倾听的效果。因此，克服倾听障碍，提高倾听者的倾听能力非常关键。提高倾听者的倾听能力可以从以下几个方面人手。

（1）调整倾听者的情绪和态度，以平静的心情和关心的态度去倾听。

（2）克服固有的偏见与对异议的排斥，以客观的思维去面对倾诉者所表达的意思。

（3）安排好时间和工作，排除杂念，专心致志地倾听，防止注意力分散。

（4）加强学习，优化倾听者的知识结构，提升倾听者的理解能力。

（5）训练倾听者的沟通技巧，掌握适时适度的提问技巧和信息的反馈技巧。

四、有效倾听

在与老年人进行沟通的过程中，有效的倾听是一种技巧，是一种富有警觉性与费心思的过程。在与老年人面对面的沟通过程中，倾听要达到“耳到、眼到、心到、脑到”的境界。集中注意力把老年人所说的每句话都听清楚；用眼神去注视和观察老年人的表情、神态、动作、手势与姿势等，以此来判断老年人的所说、所想的真实含义；用心去思考、站在老年人的角度与立场去体会他们的处境与感受；用大脑去分析对方的动机，以理解其话中是否还有话，是否还包含其他的意思。

与老年人进行有效倾听的技巧如下。

（一）诚恳的态度——同理心

同理心就是站在讲话者的角度去思考问题、去体会他们的感觉和处境，以积极的心态、诚恳的态度去倾听。在倾听的同时要思考，老年人想要说明什么样的内容和观点，哪些内容和观点自己可以借鉴，在他们的身上我们学到了什么，怎样面对与自己观点相悖的内容，怎样关注自己不感兴趣的话题等。在倾听的过程中，我们不能以自己的好恶进行取舍，而不愿意听取自己不感兴趣的内容。

（二）耐心、专心地倾听

由于记忆力衰退、牙齿脱落，有的还患有中风等疾病，许多老年人在说话的过程中同一个问题、同一件事情会反复说许多遍，并且吐字不清楚，说话停顿，甚至出现前后矛盾的情况。作为倾听者，我们要表现出耐心的状态、专注的神情，不能三心二意，心不在焉，以免引起老年人的反感。

（三）做笔记，不打断说话

在与老年人进行谈话的过程中要注意记录，记录可以表示我们对这次谈话的重视，还可以向老年人传递一个信息——“他会将自己的建议或意见付诸实施，会解决自己的问题”。这样，老年人就会对自己说的话予以肯定，从而激发他们继续往下说的兴趣。

不打断老年人的谈话，一方面，既是表达对老年人的尊重，也是礼貌的象征；另一方面，老年人由于记忆力减弱，思维敏捷性降低，如果说话的时候被突然打断，再度开始谈话时，前面所说的事情或者已经忘了，或者要说的话失去了方向。这样就会让老年人感到无所适从，甚至愤怒。

（四）复述、停顿、询问、沉默及信息反馈

1. 复述

复述是指用自己的话来重新表达讲话者所说的内容。在与老年人谈话的过程中，由于年代的差异、文化背景的不同、生活阅历的区别，我们对老年人所说的某些话或表达的某些观点的接受程度不高，从而怀疑自己是不是听错了，或者疑惑是不是老年人自己表达错了。这时候，为了确定老年人说的话或表达的意思是其真实想法，我们往往需要予以复述。比如“我听您刚才说的话是……”“您的意思是不是……”“您刚才说的是不是……”等。复述是核查我们是否认真倾听的有效手段，也是确保倾听信息精确性的保障机制，还可以表达对讲话者的尊重。这样可以赢得讲话者的信任，拉近彼此之间的距离。

2. 停顿

在与老年人进行交谈的过程中，当老年人滔滔不绝地一个接一个地抛出问题时，我们要适当地示意老年人停顿下来调整一下自己的情绪。停顿不是打断老年人的说话。因为老年人在向你诉说委屈的时候，不满的情绪会将细小的问题扩大化，很小的委屈会化成天大的冤屈，这样不利于老年人的身体健康和正常宣泄。适当的停顿，在停顿的过程中回顾一下前面所提到的问题，将老年人觉得委屈的地方换个角度去重复，然后可以将某个问题一再重复。最后，老年人就会觉得刚才提出的问题不再是问题了，受的委屈也可能不那么委屈了，而是被误解了的关心与爱护。

有位偏瘫老人，在中风前与子女同住，中风后去医院治疗后就被送进了养老机构。老年人不理解子女为什么这样做，觉得子女抛弃了自己，觉得自己辛辛苦苦养育了他们，最后落得了被抛弃的下场。老年人越想越委屈，越想越难过。这时我们该如何倾听老人的诉说呢？

当听到老年人不停地诉说自己的委屈、不停地骂孩子们不孝的时候，我们可以换个角度把这件事说出来，告诉他：如果我是您的孩子，您生病的时候我的感受是怎样的呢？当您那天生病的时候，我吓坏了，您那么痛苦，我非常自

责，我责怪自己平常怎么就没有把您照顾好呢？我怎么就没有提前发现您中风的迹象呢？因为我不懂医学，因为我所谓工作的忙碌忽略了您。您生病了，我害怕失去您，所以送您去最好的医院找最好的大夫为您医治。当医生说您可以出院了，我又担心，您回家后我怎么照顾得了您？怎么能照顾好您？我不想失去我最爱的亲人，于是到处打听，找到了大家公认的最好的养老机构照顾您。我们希望您过得好一点儿，但是我们没有来得及向您征求意见就送您去了养老机构，让您受委屈了。对不起，这是我们的错。希望您能理解我们对您的爱护与不舍。

其实，这样的想法也是大多数子女的想法，但父母不一定理解。听到我们站在孩子的角度来解答这一疑惑的话后，老年人的心胸豁然开朗，顿时将委屈的心情变成了幸福的感叹。

3. 询问

在与老年人进行沟通的过程中，我们作为倾听者，主要任务是听老年人说，但在听的过程中适时地询问可以表示对其倾诉的话题感兴趣，表示我们对他的话很重视。但是询问要做到适时适度、多听少问。

4. 沉默

在与老年人进行沟通的过程中，我们有时需要保持沉默。当老人表达的观念和想法与自己的观点和想法有出入时，我们不宜马上反对，要学会控制自己的情绪。有时保持沉默也可以向老年人传递反对的信号，这样不至于引起争执，同时沉默也可以提醒老年人调整自己的说话方式。

5. 信息反馈

有效的倾听不仅会对听到的信息表现出兴趣，也能够利用各种让对方理解的动作与表情给予反馈。例如，积极的目光接触与恰当的面部表情相配合、赞许的点头可以向老年人表示我们在认真倾听；皱眉、迷惑不解的表情可以为倾诉者提供准确的反馈信息，以利于老年人及时调整。

五、积极聆听

在与老年人沟通的过程中，积极聆听是有效沟通的关键，其目的是清楚地向对方表达自己对其遭遇有同感，可借此一方面鼓励对方表达得更清晰，另一方面使对方明白自己的感受。

积极聆听并不是默默地听，应适时提出开放性问题、鼓励、译意、反映感受及进行总结。

（一）提出开放性问题

在与老年人进行沟通的过程中，开放性的提问是比较常用的沟通方法与技巧。其具有灵活性强、适应性强的特点，有利于发挥老年人的主动性和创造性，使他们能够自由表达意见。开放性问答能提供更多的信息，甚至会发现一些超出预料的、具有启发性的信息。

（二）鼓励

老年人在交谈期间遇到难以继续倾诉的地方，可能是因为表达能力不足，也可能是犹豫是否应透露更多，还可能是因为疾病。这时，我们可以以简短的字句，如“哦，原来是这样子”或“还有呢”这类表示愿意倾听的话去鼓励他继续倾诉。

（三）译意

为了弄清对方的意思或者为了向对方表示你真的明白他的意思，可以用自己的言语重述对方所说的话。对老年人来说，他可以借此知道我们的确在用心倾听他的心里话，会收到很好的效果。

（四）反映感受

老年人的语言表达有时未必很准确，我们如果能在言语上反映他的感受，不但能使老年人知道我们产生了同感，还可以帮助老年人，充分处理自己的感受。

（五）进行总结

在老年人进行了较长的表达后，我们不妨用一两句话总结一下其处境或感受，以表示对他所说问题的关注，也可以使之后的对谈聚焦于问题的核心，使他知道我们对其情况有一定的掌握。

任务五　掌握说的技巧

案例导入

杨奶奶，79岁，听力下降，性格有点儿倔强，脾气有点儿古怪。如果早上10点钟还有人问她吃早饭没有，她会说：“你认为我很懒吗？这个时候还没吃早饭。”如果12点以前有人问她吃中午饭没有，她会说：“你认为我是猪吗？整天只知道吃，离吃午饭的时间还早得很呢！”人们担心她听不见而大声地与她说话时，她会说：“我又不是聋子，说那么大声干什么？想吵架吗？”声音小点儿的时候她又会认为是不是有人在说她的坏话，怕被她听见。面对这样的老人，我们应该怎样沟通呢？

知识内容

一、语速与声音

在与老年人说话的过程中，普通话标准、吐字清晰，只是能让倾听者理解说话的内容，并不一定能达到说话的目的。具体说来，当需要强调一件事时，语速不应该过快，即使普通话相当流利，也应该在重点强调处加强语气、放慢语速，这样倾听者才能有一个接受的过程。另外，在不同的场合，面对不同的人，语速也是不一样的。在与老人说话的过程中，语速要不急不缓，娓娓道来，使老年人更能领会其中的意思。

另一方面，大多数老年人的听力或多或少地存在一定程度的减弱，在与老年人说话时，我们说话的声音要比与年轻人说话时的声音高一些，洪亮一些，但需要在大声说话中加入委婉、关切的元素。这样就不会显得生硬、有拒人千里之外的感觉。说话的时候要注意温和的面部表情和柔和的肢体语言。

邻居家有一对老夫妇，平常总听到其子女吼话，但老人家总是笑眯眯的，显得异常慈祥与温和。外人总觉得其子女对老人不好，这么好的父母怎么舍得大声地呼来喝去呢？经过近距离的接触我们才发现，这对老夫妇听力很差，又不愿意佩戴助听器，需要大声说话才能听得见。其子女也非常温和，虽然和父母大声说话，但总是面带微笑，一举一动中尽显对老人的关爱与呵护。

二、适宜的称呼与距离

老年人拥有丰富的人生阅历，有的曾经在权力的核心位置上，有的可能是高级知识分子，但有的也可能只是普通老百姓。现在他们虽然已经退出了工作的舞台，但昔日的风光仍是他们的美好回忆。我们在与老年人说话的时候，适宜的称呼可能会唤醒老年人对过去的美好回忆，激发他们的沟通热情。

在普通的人际交往过程中，我们强调交流过程中人们之间的距离，不同的距离代表着不同的人际关系。但是，我们在与老年人说话的过程中，与老年人的距离要视老年人的状况而定。在老年人的听力、视力正常的情况下，我们可以像与年轻人说话一样保持适当的社交距离。但是当老年人的听力、视力有损伤的时候，我们在与老年人说话时要尽量靠近他们，有时可能还要俯在他们的耳边说话。有时要面对老人，让他们看清楚你美丽的微笑、听清楚你关切的话语，给他们带去温暖与希望。说话时要拉近与老年人的空间距离，但并不是没有距离，没有距离的说话也容易引起他人的误解。另外，在与老年人说完话之后，需要保持一定的空间距离。

在一个家庭中，爷爷生活完全不能自理了，奶奶基本还能自理，但是也不能照顾爷爷的日常生活起居。在这种情况下，子女就为老人请了一位女保姆，每天照顾爷爷的饮食起居，夜间也住在爷爷房间以方便照顾爷爷翻身和大小便。刚开始的几天，奶奶还能接受，但是几天过后，奶奶就不高兴了，无论如何也不让保姆工作了。

三、简洁与重复

由于老年人的听力、记忆力、思维能力和理解能力都有不同程度的减退，因此我们在与老人说话时，要尽量使用简洁的语言，并予以重复，这样既有利于老年人听清楚，又有利于老年人的记忆与理解。

四、恰当的赞美

人人都喜欢被赞美，老年人也是需要赞美的。美国的一位学者这样提醒人们：努力去发现你能对别人加以夸奖的极小事情，寻找你交往的那些人的优点，那些你能够赞美的地方，要形成一种每天至少五次真诚地赞美别人的习惯，这样，你与别人的关系将会变得更加和睦。

古时有一个说客，当众夸口说："小人虽不才，但极能奉承。平生有一愿，要将1000顶高帽子戴给我最先遇到的1000个人，现在已经送出了999顶，只剩下最后一顶了。"一位长者听后摇头说道："我偏不信，你那最后一顶用什么方法也戴不到我的头上。"说客一听，忙拱手道："先生说的极是，不才从南到北，闯了大半辈子，但像先生这样秉性刚直、不喜奉承的人，委实没有！"长者顿时手拈胡须，扬扬自得地说："你真算得上是了解我的人啊！"听了这话，那位说客立即哈哈大笑："恭喜恭喜，我这最后一顶帽子刚刚送给先生你了。"

这虽然只是一则笑话，但却有着深刻的寓意。其中除了那位说客的机智外，更包含了人们无法拒绝赞美之词的道理。

五、把逆耳的话说好听

（一）明褒暗贬

有一位老年人，喜欢把剩饭倒在窗台边喂鸟，剩饭常常掉落在楼下住户的窗边，让楼下的住户非常恼火。一天，我们无意中又碰到他正往窗边倒剩饭，便微笑着对老年人说："您真是一位有爱心的爷爷啊，经常喂外面的小鸟，我们都非常非常敬重您"。这时老年人非常高兴。紧接着我们又说，"但是爷爷，您倒在窗边的剩饭都掉到楼下婆婆家里去了，她天天打扫，非常辛苦，最近都生病了"。"哦"，爷爷忽然醒悟，腼腆地说，"以后不把剩饭倒在窗户边了"。

（二）有"难"同当

有一位刚刚担任后进生班级班主任的老师，开学第一天，亲切地对学生们说："有人说我们是放牛班、垃圾班，我很生气！我们班的同学，有热情，有爱心，为什么会被人叫成'垃圾班'？不就是每次考试平均分比别班差一点点吗？我不愿意再受这种侮辱了，我们一起脱掉这个枷锁，好吗？"

（三）代人受过

有一位老年人总是不喜欢整理房间，因此房间里经常是乱糟糟的。护理人员给他整理好之后，不一会儿又被他弄得乱糟糟的。有一天，科室领导去了他的房间，和蔼地说："爷爷，领导们都说我们科室脏乱差，老年人的房间一个比一个乱，这都是我的管理不善造成的，我去向领导背书去。"老年人听了非常过意不去，自觉地把房间整理了。

（四）提意见时先提供假设

在向老年人提意见时，与其直接说"这样不好"，不如说"如果……是不是更好一些呢？"为他们提供一些假设、意见，比直接而生硬地提意见更容易让人接受。同样的意思，只是换了一种说法，结果就截然不同。

六、根据老人的特征进行相应的交流

在与老年人说话的过程中，抓住老年人的特征进行交流，会显得更有针对性。俗话说，"上什么山唱什么歌"，碰到什么样的老年人就要说什么样的话。说话时要观察老年人的性别特征、兴趣爱好以及心理需求来确定该说什么、不该说什么，什么时候该说、什么时候不该说。

某人是一个爱说奉承话的人。

一日，4个人到他家来做客，他分别问他们是如何来的。

A说："我坐轿来的。"

他说："威风、威风。"

B说："我骑马来的。"

他说："潇洒、潇洒！"

C说："我走路来的。"

他说："从容、从容！"

D实在听不惯他的奉承之词，便说："我爬着来的！"

他笑眯眯地朝D伸出大拇指说："稳当、稳当！"

这虽是一则笑话，但告诉我们一个说话的道理：与人说话要观察其特征。

拓展阅读

测测你的说话技巧

1. 好友向来不修边幅，这次更是一身邋遢地出现，你会对他说什么？

你是不是想令生人勿近？打扮一下好吗？	2分
你怎可穿成这样，快去换件衣服吧。	1分
你这样子穿，很可爱。	0分

2. 同事心血来潮做了个新发型，回来问你好不好看，你怎样说？

不予置评。	2分
若搽上定型水，一定迷死人。	1分
这发型很适合你。	0分

3. 相熟的按摩师以新的手势为你做推拿，但你完全不觉得舒适。你会如何向他示意？

有礼貌地说：请轻力一点。	1分
只是大叫：哇！	0分
不客气地说：放轻一点，太大力呀！	2分

4. 你认为自己说话有多诚实？

言语间从不轻易得罪人。	0分

为了不令人听了不悦，偶尔会说善意的谎言。 1分

有话直说。 2分

5. 你将爱人介绍给好友认识，见面后爱人说感觉你的好友不喜欢他。事实上，好友的确对你的爱人无甚好感。你听了爱人的话会如何回应？

是真的，你没见到刚才你说笑时，他那副不以为然的样子吗？ 2分

不是的，他只是对陌生人比较慢热吧。 1分

你这个笨蛋，你看不出他很喜欢你吗？ 0分

6. 一位有业务往来的客户向你表示好感，并问你要家中电话，你会：

当面跟他说你对他无感觉。 2分

把电话号码给他，但心里却希望他别打来。 0分

跟他说他虽然不错，不过你是从来不跟业务上认识的异性约会的。 1分

7. 请完成下列句子：若真相会给他人造成伤害……

那也没办法。 2分

那就不说出来。 0分

把话说得好听一点。 1分

8. 热爱音乐的他，为你弹奏一曲，你听了觉得他不是搞音乐的料。当他询问你的意见时，你会说：

这不是我喜欢的音乐，低音部分很重。 1分

很好！你有资格录唱片。 0分

亲爱的，你千万别辞了正职不做哦。 2分

9. 上司听闻有人对公司不满，于是向你打听真实性，你如何回应？

有谁会想离开公司啊？ 0分

最近有人频频发表意见。 2分

我不太清楚，不过，的确有同事不满意新的管理层。 1分

10. 假设你是一名时装店售货员，遇上一位有大肚腩的顾客，你会说：

用皮带束紧一点儿就行了。 0分

很好看，不过，你或者该将裤头拉低一点儿？ 1分

我们没有你的尺寸。 2分

结果分析

16分或以上：

“老实”不是你待人处世的策略，你以自己诚实而自豪，但老实已成为你手中的“机关枪”，随时可以伤人，令人难堪。你以为有话直说就是老实，事实上，这只是你

贬低别人的一种手段。如果你说话有技巧一些，能多顾及别人的感受，别人才会把你的话听入耳。你必须分清楚直率和鲁莽是两回事。不妨易地而处地想一想，若别人以同样的方式对待你，你将有何感受？如何控制这直肠直肚的个性？你必须试图说服自己，没将真相道出，并不代表你不诚实，你这么做只是在帮人而已。例如，朋友问你："我的裙子好看吗？"若她的打扮并不怎么样，可以这样回答："很好呀！不过我还是觉得你那套红色套装的剪裁好一点儿。"这句话就很有技巧地把应该说的话说了出来，但又不会令人难受。这样人们才不会被你"口没遮拦"的话吓到。

8～15分：

你很圆滑，是个交际高手，直率却不令人讨厌，说话不会让人听了难受。所以，大家事无大小都爱向你讨教意见。你何以如此懂得说话的技巧？可能是因为你聪明、明白事理，懂得为他人设想，知道怎样说话才不会伤人。你既诚实也敏锐，说话的分寸拿捏得很准，坦白而善解人意，是个人见人爱的人。

7分或以下：

你十分害怕说实话会给人留下不好的印象，所以为了赢得他人的欢心，你经常说些无伤大雅的谎言。你渴望全世界的人都是你的朋友，所以常会想办法说些你以为别人爱听的话，哪晓得到头来却害了自己。没有人会跟你交心，因为你经常掩饰自己的真实感受和想法。不要再虚伪了，否则没有人会理你。提醒自己不能再撒谎，每天记下自己说谎的次数，这样你就能看清自己有多"虚伪"。不妨奖励一下老实的自己，一周说谎不超过三次就给自己买一份礼物，以此慢慢戒掉撒谎的习惯。诚实才会受到别人的尊重，得人欢心。

你是一个会说话的人吗？会说话的人左右逢源，如鱼得水；不会说话的人将处处受阻，寸步难行。

人生一世，我们不可能生活在一个孤立无援的空间里，无论我们将怎样度过漫漫人生，选择怎样的生活方式，实现什么样的目标，都无可避免地要与人交往、沟通以及和谐相处。因此，成为会说话的人，也许是生命中最基本、最重要的一件大事。

任务六　实现共鸣

案例导入

孙大爷，79岁，高级工程师，卒中后遗症左侧偏瘫，语言表达困难，总觉得自己被子女抛弃在养老机构不管他，想方设法找借口、编理由回家。昨天说护理员态度不好，今天说饭菜难吃，过两天又说同寝室的老人影响他休息等。作为养老机构管理人员，你该怎样与他进行沟通呢？

知识内容

在与老年人进行沟通交流的过程中，实现共鸣是沟通成功的重要标志，也是沟通能够持续的标志。相反，如果缺乏共鸣，沟通将难以持续下去。如何实现共鸣呢？我们可以采用以下方法。

一、融入

在与老年人进行沟通的过程中，将自己的经历、兴趣与爱好、感受与想法巧妙地融入，凸显彼此之间的相似性，可以营造出共鸣的交谈气氛。例如，在与一位老年人交谈的过程中，获知他的老家在安徽，我们就可以告诉他我们去过安徽的黄山，雄伟壮丽，非常想再次前往。老年人听后肯定会非常骄傲与自豪，然后就会滔滔不绝地向我们介绍黄山各个景点的特点、游览的注意事项，交谈的气氛也会非常融洽。

二、顺向求同法

顺向求同法就是在交谈的过程中寻找与对方的共同语言，渲染共同体验，缩短双方之间的心理距离，引起心理共鸣。例如，有一位老年人年轻的时候是一位高级工程师，修铁路虽然非常辛苦，但是收入还比较可观，现在退休了，收入少了一大截，他觉得家人是因为自己的收入减少了才疏远了自己。我会对他说，您真是了不起，我的某某亲人也是一位高级工程师，在工地上上班非常辛苦，虽然收入比您退休后拿得多一点，但是面临的危险也很多。现在您虽然退休了，但是退休金仍然比我现在上班要多很多，我相信您的子女不是因为您的收入减少了而与您疏远，你们之间可能产生了一些误会让您觉得他们对您疏远了。我相信只要您和您的子女进行坦诚的沟通，一切问题都会迎刃而解。之后他和他的子女进行了一次面对面的沟通，所有的误会都解开了。

三、对比法

在与老年人沟通的过程中还可以采用对比法强调自己的观点。例如，有一位老人突然生病了，非常难受，一切日常生活都需要别人的帮助，进而产生了轻生的念头。这时候我问他，爷爷，您经历过20世纪60年代吗？他说经历过。我又问他，在那个年代，您生过病吗？他说生过病。我又问他，那个时候更难受还是现在更难受？他说，那个时候更难受。我又问，那个时候更难受、更困难都活过来了，现在就活不下去了吗？他说活得下去。于是我们都说，珍惜现在的幸福生活，好好活着才更重要。

拓展阅读

为了生存

一次海难中生还的5个人漂流到了一个小岛上，他们为了生存，必须建造一栋房屋，以抵御野兽与即将到来的寒冬。幸好，这个小岛曾经有人居住过，留有很多残存的建筑物，还有大量的石料可以使用。但是，这些石料都非常巨大且沉重，每块都需要4个人各抬一角，才能移动，想把这些石料搬运到适合盖房子的地方实在是一件很辛苦的事。漂流到小岛上的一共有5个人，大家都相互推诿，谁都不愿意去抬石料，即使是去抬石料，也都不愿意出力气。眼看寒冬将至，盖房子的工作却没有一点儿进展。

这时候，又有一个人遭遇海难漂流到了这个小岛上。当知道大家在为严冬将至却依然没有盖起房子而苦恼时，这个人先是在小岛上转了一圈，而后把大家召集起来，对大家说："我已经调查并估算过了，我们盖房子大约需要480块石料，每块石料要4个人抬，那么就是要1920人次。我们是6个人，每人抬320次，每天每人抬32次石料，一天就可以抬48块，10天全部抬完。用不了一个月，我们的房子就能盖起来。那时候刚好是这里的冬天，我们在屋子里温暖地过冬，也不用担心野兽的袭击，来年春天就会有船经过，我们就都能得救"。

听到这里，大家都非常兴奋。这个人接着说："大家的劳动付出是一样的，不计先后，每天完成这个工作量就可以休息。但是，有一点必须强调，每个人都必须全力以赴，因为搬石料时，四个人中如果有一个人偷懒，石料就很可能落地，砸伤其他人的脚，这样一来虽然自己没有受伤，但是打破了这个劳动分工的平衡。如果受伤的人超过两个，我们将无法再完成房子的建造，只能冻死，或者被野兽吃掉。所以，为了自己，大家也要全力以赴。"大家都由衷地点头表示赞同。"好，既然是我的提议，那么我就第一个去搬石头。"说罢，这个人甩掉上衣走向巨石。因为已经有了明确的分工，大家也就不再推诿，也都抢着去搬运，同时都很卖力气，生怕同伴受伤，因为谁都不希望这个计划失败。

果然，10天时间石料就全部如期搬运完了，这个人用同样的方法解决了后面建造中的团队分工合作问题。不到一个月，一栋温暖、结实的房子便建了起来，他们顺利挨过冬季，第二年春天有航船经过，他们都顺利获救。

任务七　巧妙地提出建议、意见和批评

案例导入

杨奶奶，82岁，曾是某知名大学的教授，备受学生们的敬仰。但是杨奶奶的生活非常糟糕，衣裤鞋袜很脏了也不愿意换洗，每天想什么时候起床就什么时候起床，想怎么吃饭就怎么吃饭。我们应该怎样给杨奶奶提一些意见和建议，让她的生活更整洁、更规律、质量更高，又不会伤害其自尊呢？

知识内容

老年人拥有丰富的人生经历与阅历，在生活中形成了比较固定的思维模式和想法，对年轻人的意见、建议或批评不是那么容易接受。我们在向他们提出意见、建议和批评的时候，一定要注意方法与策略。

一、巧妙地提出建议和意见

（一）在闲聊中不经意地暗示

当我们与老年人进行闲聊时，他们的戒备会暂时降低，这时是我们影响其潜意识、投射有效信息的最佳机会。

> 一天早上，一位爷爷在广场上悠闲地散步，但是他的衣服却很脏了，我们想建议他把衣服换换，但又担心引起老人家的反感。这时候我们可以这样做：加入老年人的散步行列，再与老人家闲聊“爷爷，这么早就出来锻炼身体了啊？”老人家：“是啊，你也早啊！”我们说：“您真不错啊，身体这么好啊！”老人家说：“还可以。”我们说：“哦，您如果换件衣服，看起来会更精神一些。”这时候老年人就会注意到自己的衣服确定有些脏了，是该换了。

（二）居安思危的建议

当老年人意识到问题的严重性的时候，才会更有意愿去接受我们的意见或建议。在老年人的潜意识里都有追求幸福和快乐的愿望，但任何人都有碰到挫折的时候，当老年人在挫折中感到迷茫与痛苦的时候，可以扩大这种痛苦的感觉，从而让他们接受你的建议。

有一位跌倒后骨折的老年人，需要卧床三个月，由于骨折后的疼痛，老年人不愿意翻身、没几天臀部就出现了一个早期褥疮。给他换药时有一点点疼痛，老年人又大吵大闹地不愿意换药。我们知道，早期褥疮出现后如果不及时换药、还不坚持翻身，很快就会向深度发展，最后造成坏死、感染，甚至危及老年人的生命。于是就将褥疮的发展经过与结果告诉老年人，同时告诉他，如果配合治疗与护理，其早期褥疮几天就会好了，否则，肯定就只有坏死、感染，那时候的痛苦比现在的强烈好几倍。老年人听后，强烈的求生欲望和怕痛的情绪让其妥协了。

（三）赞美后的建议

想让老年人接受意见和建议，还有一个巧妙的方法就是先要承认他的“可取之处”，然后顺势就说：“如果怎样的话可能会更好。”

（四）用商量的口气提出意见

在实际生活中，以商量的口气向老年人提出意见或建议，老年人会感觉自己受到了尊重而不是责怪，可能会收到意想不到的效果。

有位老人喜欢把什么东西都放在自己的床上，包括零食之类的，目的是方便自己拿取，但又不愿意整理，床上总是乱糟糟的一团。这时候如果要建议老人不要将所有的东西都放在床上。我们不妨试试这样做：我们去到老人的房间，慢慢坐下来对老人说：“爷爷，我想跟您商量一件事情，您看行吗?”“行呀，你说吧。”“爷爷，您看，您的衣服、零食还有被子，全部裹在床上，您需要的时候又找不到，不需要的时候床上又看起来乱哄哄的，而且吃的东西放在床上还容易招来老鼠、虫子之类的，对您的身体不好，您看可不可以整理一下您的房间和床，弄得干干净净，整整齐齐的，您住着也舒服、看着更舒服，怎么样?”这样一来，老人可能就能欣然接受了。如果换个方式效果可能就差一些，有时还可能会引起争执。例如，还是这位老人，你一去就说，“爷爷你看你的床上多乱啊，快整理一下。”老人可能会马上反对，“不行不行，这些东西不能动，动了我就找不到了，千万不能动啊。”

二、巧妙地批评

（一）认可后的批评

在现实生活中，没有任何人愿意让别人批评自己。所以批评人一定要讲究方法和技巧，做到既不伤害别人的自尊又要使别人接纳你的建议。

> 有一位老人平常爱管点儿闲事，对看不惯的事情张口就骂，邻居们都很看不惯。这种情况下我们可以这样对老人说："婆婆，你平常对大家的事情都很热心，也敢说，这点大家都觉得您挺好的。但如果因此而骂人，大家就觉得不是那么好了，以批评教育为主嘛！您说呢？"这时候，老人可能会认真地想想平常自己是不是有爱骂人的习惯，然后加以节制。

（二）自责式批评更能让老人接受

批评要能服众才能起到良好的效果，不然只会适得其反，引起被批评者的不满和排斥，反而使事情变得更糟。要使自己的批评能服众，首先要敢于自我批评。有一天，一位老人因一点点小事，就与其他部门的领导大吵大闹，还说因此要去上访。这时，我找到这位老人，对他说："爷爷，真是对不起，都怪我平常没有注意到您的需要，您看可不可以将您的想法和我谈谈，我想我应该能帮到您。"老人因此就平静地与我谈论起这件事情的来龙去脉，最后问题得以解决。

（三）学会给老人台阶下的批评

没有人愿意接受别人的批评，哪怕自己已经犯了错误。特别是老年人，在大庭广众之下接受批评，更是他们不愿意发生的事情。因此，如果发现老年人在某些方面出现了错误，而且也意识到了自己犯了错误并有悔改之心时，我们可以帮他们找个借口，给对方一个台阶下，他也会知道我们在维护他的尊严。我们一旦给了他们尊严，他们也会自觉地维护我们给他们的尊严。

> 有位老人在晨练的时候无意中错拿了其他老人的衣服，有位老人就来告诉养老机构的工作人员说这位老人偷了别人的东西。这位老人也意识到了自己的疏忽而可能引来的误解，便把那件误拿的衣服交给了工作人员。第二天晨练的时候工作人员当着大家的面问这是谁的衣服，××老人拾到后交给了工作人员，并让工作人员帮着找失主。这样，他在老人中的误会就被消除了。如果在众多老人面前说是这位老人误拿的，大家都不会认同的，因为他们先入为主地都已经认为是这位老人偷的了。

拓展阅读

哲理故事：客人的建议

有位客人到某人家里做客，看见主人家的灶上烟囱是直的，旁边又有很多木材，就告诉主人说，烟囱要改曲，木材须移去，否则将来可能会发生火灾。主人听了没有做任何表示。

不久主人家里果然失火，四周的邻居赶紧跑来救火，最后火被扑灭了，于是主人烹羊宰牛，宴请四邻，以酬谢他们救火的功劳，但是并没有请当初建议他将木材移走、烟囱改曲的人。

有人对主人说："如果当初听了那位先生的话，今天也不用准备宴席，而且没有火灾的损失。现在论功行赏，原先给你建议的人没有被感恩，反而救火的人成了座上客，真是很奇怪的事呢！"

主人顿时醒悟，赶紧去邀请当初给予建议的那个客人来吃酒。

一般人认为，足以摆平或解决经营过程中的各种棘手问题的人就是优秀的管理者，其实这并不是绝对的。"预防重于治疗"，防患于未然，更胜于治乱于已成，由此观之，问题的预防者要优于问题的解决者。

任务八　掌握拒绝和安慰老年人的技巧

案例导入

李奶奶，92岁，与老伴非常恩爱，两人同时住进某养老机构。一周前老伴生病住院，李奶奶非常担心和着急，想去医院照顾与陪伴。李奶奶三番五次去找管理人员，请管理人员给她写张出门条，要去医院照顾老伴。作为养老机构的管理人员，应该怎样拒绝与安慰李奶奶呢？

知识内容

一、拒绝老年人的技巧

（一）表达同理心后的拒绝

在与老年人进行沟通的过程中，有时老年人提出的建议或者要求会让我们觉得很难接受，即使这样，我们也不要急于说"不"，可以试着从老年人的角度出发，首先对他的想法表示理解，然后在对他表示理解的基础上予以拒绝。这样的拒绝会使老年人觉得更好接受一些，也能争取到对方的理解。

有一位婆婆想自己出去买东西，要求我们给她开个出门条，但按照规定和家属的要求，这位婆婆不能独自出门。对此，我们在拒绝婆婆的时候可以这样说："婆婆，您的心情我非常理解，我也知道您很需要出门，我也很想开个出门条给您。可是，我不能违反院里的规章制度，也不能违背您孩子们的要求。如果我私自给您开了出门条，您出门发生了意外，我会愧疚一辈子的，也是我对您的不负责任啊！"这样，婆婆也许就不那么坚持了。

（二）建议式拒绝

当我们在拒绝老年人的某些要求或意见时，如果能给他们一些其他有用的建议，这也算是对他们的一种"补偿"，由此可以减少他们因为我们的拒绝而带来的不良情绪。

某养老机构中有一位老人，要求我们给他提供超过其护理级别的服务。我们在和老人沟通的过程中，可以试着这样告诉老人："爷爷，您的护理级别是……这个护理级别我们应该给您做……的工作。您说的那种服务是……护理级别的护理内容，如果您确实需要这样的服务，我给您的孩子们打电话征求一下他们的意见，把您的护理级别调整一下，您看行吗？"老人听了以后可能就不会再提不合理的要求了。

（三）拒绝老年人时表示遗憾

在拒绝老年人的某些要求时，一定要向他们表示遗憾，不能生硬地、冷冰冰地拒绝，这样才不会给我们带来不好的影响。表示遗憾时最好能够获得对方的理解，这样的拒绝会更加委婉，更加不容易伤害对方。这样的表达可以让老年人感觉到我们是有心帮助他的，但确实无能为力。只要成功地传递给老年人这样的信息，那么我们的拒绝就不像"拒绝"了，而只是在表现自己的无力而已。

一位老年人说，今天下午我能坐你的车去某商场买……吗？如果要拒绝他，我们这样说可能会好一点儿："非常遗憾啊，爷爷/婆婆，我也想顺便把您送到商场，可是今天下午我要去……，这个地方与您要去的商场不在一条路上啊！"

（四）幽默地化解老年人的拒绝

幽默可以缓解紧张的气氛，当我们与老年人交谈的时候，出现了比较紧张尴尬的气氛，不妨幽默一下，从而缓解紧张尴尬的气氛。

有一位老人不小心把裤子尿湿了一点点，怕麻烦就不想换裤子，但这样总是有一股尿臭的味道从他的身上散发出来。我们想让老人换掉这条裤子，可老人就是不换，一见到我们就骂："你们滚，不要管我。"这时候我们如果按照常规的做法根本就靠近不了老人，更谈不上让老人换裤子了。这时我们换了一种比较幽默的方式："爷爷，您叫我们滚啊，那我们就滚过来了，同志们都给爷爷滚过来，快点滚啊，滚过去把爷爷的裤子找出来。爷爷，您看我们都滚去把您的裤子找出来了，您还是换了算了，换了后我们滚去把您的裤子洗了您才有的穿啊！"爷爷本来是在骂人，但当我们将他骂人的话幽默地化解后，他的怒气也就消了。

二、安慰老年人的技巧

（一）当老年人难受时，别说"我早就给您说过了"之类的话

老年人跌倒了，发生了骨折，非常疼痛与难受，后悔自己不听话，擅自去做某件事情。这时候，我们给予老年人的不应是"您看啊，我早就给您说过了……"之类的话，这样会让老年人越来越伤心和自责。我们应该表示关心和爱护，这样说："爷爷/婆婆，别怕，我们正在通知医院和您的家人，他们一会儿就来送您到医院检查治疗。您现在感觉怎么样？需要喝水吗？需要其他什么吗？"这样的安慰会让老年人的心里好受一点儿，身体的疼痛也许会减轻一点儿。

（二）理解和接纳老年人的感受

理解和接纳老年人的感受会让其心理得到慰藉。当老年人在为某件事情担心、难

过的时候，我们不宜说“不用担心，不用难过”这样的话，他们不会因为我们的一句“不用担心、不用难过”就真的不担心、不难过了，因为这样的话语其实是在否定别人的感受，暗示他们这没什么可难过，没什么可担心的。这也表明我们根本不理解和不接纳他们的感受。这时我们可以说：“我知道您很担心……不过您之前已经克服过类似的困难了，因此我相信您一定会渡过这个难关的。”这样可以增强他们克服困难的信心。

（三）多聆听老年人的真实想法，默默陪伴，轻轻握住老年人的手

当一位老年人正在为某件事情感到无比伤心、难过的时候，我们默默地陪伴，轻轻地握住他的手可能比任何语言都有用。关于老年人对痛苦的倾诉，要多聆听老年人的真实想法。

（四）关爱式拥抱和触摸

当一位老年人伤心、害怕、生病，特别是需要温暖和关爱的时候，关爱式的拥抱和触摸可以让老年人感到温暖和关爱，从而得到心灵上的慰藉。

有一位老人，突然听到住院的老伴去世的消息，顿时失声痛哭，伤心无比。这时，他们会有死亡离自己也越来越近的想法，进而感到无比恐惧。这个时候我们可以轻轻地扶住老人的肩膀，给予他关爱式的拥抱，用手轻轻地拍拍老人的肩背，轻轻地触摸老人后脑以下的头部，以表示关心和爱护。这时老人的内心才会慢慢恢复平静。

（五）当老年人陷于情绪或身体的痛苦之中哭泣时，请允许对方哭泣

面对哭泣的人，人们最自然的反应，就是希望对方停止哭泣，并对他说：“别哭了，事情一定可以解决的！”其实，这并不是最适当的反应。当对方哭泣时，我们通常会对自己的无助而感到坐立难安。然而，哭泣是人体尝试将情绪毒素排出体外的一种方式，而掉泪则是疗伤的一个过程。所以，请别急着拿纸巾给对方，只要让他知道你支持他的心意即可。

（六）感同身受

面对面安慰别人，和我们内心真正的状态，有很大关联。因为对他们的遭遇感同身受，我们不仅可能分担对方的痛苦，也需要忍受自己内心的煎熬。不论面临的处境如何，善意的现身与安慰，都是给予对方的一份礼物。

（七）勇敢挺身而出

不论身处何种状况，对自己不知该说什么而感到困窘是无妨的；让我们想帮助的人知道我们的感觉也是无妨的。甚至可以老实地说："我不知道你的感觉，也不知道自己该说什么，但是我真的很关心你。"即使自己觉得这样的表达很可笑，还是可以让对方知道，你不急着现在和他交谈。你或许可以选择用书写的方式，来表达感觉和想法。除了言语的表达之外，疗效对话尚有许多不同的形式。

（八）设身处地，主动帮忙

老年人遇到困难，伤心难过的时候，需要得到别人设身处地地去理解和帮助，这时候不要吝啬你的同情心与爱心，伸出你的援助之手。

（九）善用同理心

即使我们遭遇过类似的经验，也无法百分之百地了解别人的感受，但是我们可以善用同理心去关怀对方。切记，要先耐心听完别人的故事，再考虑有没有必要分享自己的故事，分享的结果是否于对方有益。

拓展阅读

任务九　掌握避免冲突的沟通及反馈的技巧

案例导入

黄大爷，91 岁，身体健康，住在某养老机构。老人和家属都认为老人的身体还可以，就选择了基础护理的服务内容。与黄大爷同住一室的爷爷身体差些，选择了介助一级的服务内容，护理人员每天给同室的老人送饭，饭后清洗餐具。而黄大爷根据护理内容需要自己去餐厅进餐，进餐后也要自己清洗餐具。黄大爷觉得自己受到了欺负，于是去找管理人员理论。黄大爷觉得自己这么大年纪了，护理员居然不给他送饭洗餐具，而同室的老人还年轻些都享受了这样的待遇，凭什么这样欺负人？作为机构管理人员，应该怎样与黄大爷进行沟通呢？

知识内容

一、避免冲突的沟通

在与老年人进行沟通的过程中，往往一句话没有说好，便会引起冲突，造成沟通无法持续，因此要尽量避免。

（一）避免说出绝对语言

所谓绝对语言，就是指诸如“从不”“总是”“从来没有过”之类表示绝对意思的话。这些话大多不符合事实，但人们在抱怨的时候很容易说出这样的话。比如，我们不能向老人说“您从来都不遵守院里的规章制度”“你总是不讲卫生”“你从来都不讲道理”之类的话，这样的话很容易引发老人的反感情绪，导致冲突的发生。

（二）养成同理心的思考习惯

我们之所以会与老年人发生冲突和误会，最重要的原因就是缺乏同理心，冲突双方都坚信自己是对的，这也是人的自然倾向，因为人总是习惯于给自己找理由。

要建立同理心，当我们在面对分歧的时候需要从以下几个方面去考虑。

1. 这件事情是否重要

有时候与老年人之间会因为一件很小的事情发生争执，从而影响大家的关系，因此我们需要判断正在争执的这件事是否重要。

2. 争执的事情我对你错

也就是说我们是对的，老年人是错的，这是人的自然倾向。

3. 争执的事情我错你对

在争执的过程中承认“自己错了”，这需要勇气，需要找理由证明“自己是错的，别人是对的”，这比找理由证明“自己是对的，别人是错的”要难得多。但是我们必须认识到这一点，每个人都认识不到自己的错误才会发生争执。因此，我们要努力试着这样做，才能建立同理心，才能真正理解老年人的出发点。

4. 争执的事情你我都有错

大家都有对的地方，也都有错的地方，很多时候大家都有一部分道理，也都有没道理的地方，大家都要正确的认识。养成站在老年人的角度看问题的习惯，会为我们与老年人的沟通带来很多益处。

（三）转移注意力

在为老年人服务的工作中，我们常常碰到这种情况：老年人或者家属怒气冲冲地闯进我们的办公室，或者老人怒气冲冲地走到我们的面前准备和我们理论。这时，我们该如何做才能减少他们的怒气呢？

我们可以试试这样做。首先，我们应该从办公桌后面走出来。其次，走出来的时候稍微弯下自己的身体，这样可以使老年人感觉到自己的高大，心理的压力可以减轻不少。在这样做的时候摊开自己的手掌，这样可以表示自己的真诚，并向对方和颜悦色地解释，同时礼貌地请他坐下，然后抱着请教的语气说："爷爷/婆婆，我正想找您呢，想向您请教一些问题。您必须得教教我，要不然我都不知道该怎么办了。"老年人的注意力一下子就转移到了怎样指导我们的问题上来。不可以握住双拳或者将双臂抱于胸前看着他/她，这样表示愤怒和拒绝与老年人的沟通，矛盾可能会因此而升级。

（四）冷静地化解愤怒

冷静思考可以调整自己的情绪，也可以感染愤怒的人，让其激动的情绪慢慢平静下来。

> 当一位老人怒气冲冲地冲进我们的办公室的时候，我们马上冷静地迎以关切的面孔，柔和地问道："您怎么啦？什么事情把您给气成这样？慢慢说，别把身体气坏了，这样不值得。"

（五）用沉默来化解冲突

当我们与老人说话出现冲突的趋势时，可以用沉默来化解。这时候，就让老人一个人说，我们就看着他/她的眼睛。等老人把一肚子的不满情绪说出来后，我们可以发现，他/她的情绪也就慢慢平静下来了。

（六）认真的态度来处理冲突发生的原因

我们与老人之所以发生冲突有时是因为老人与其他人发生冲突后没有得到很好的处理。这种情况下我们要认真听老人说话，之后与老人一起分析之前冲突发生的原因，然后要对冲突发生的原因进行认真分析。整个过程都要表现出认真负责的态度，不能敷衍了事。这样才能获得老人的信任和理解，冲突才会得以化解。

一位老人非常生气地向我们投诉："你们护理人员的态度太差了，我叫她帮我洗洗脚都不愿意，还叫我加钱。你们是钻进钱眼里了吗？太不像话了，我是老人呢。"

针对这种现象，我们就要认真地老人来共同分析原因了。在我们认真地把原因分析出来后，老人发现自己理亏了。当然我们不能责怪老人，我们会检讨自己，是我们的工作做得不够细致才让老人出现了这样的误会。我们首先要向老人表示歉意，然后要积极认真地去处理这些问题。当发现我们已经认识到了自己的失误并且认真负责地去处理时，老人可能已经在心里原谅了我们。

二、反馈的技巧

在与老年人进行沟通的过程中，当我们作为信息的接收者时，需要对老年人的信息进行反馈，这里我们简单地说说信息反馈的技巧。

（1）总是以称赞作为反馈的开始，对老人传递过来的信息，我们首先要对正确的信息予以肯定性的赞扬，然后再谈需要改进的地方。

（2）称赞要针对本人，提出的建议不要针对本人，而是针对某件事情或某种行为等，也就是对事不对人。

（3）反馈不要加入责备的情绪，反馈绝对不是责备。

（4）不要将自己凌驾于他人之上，不要给别人施加压力，这会让其他人感到压抑。只要把问题解释清楚了，然后请求对方在实施的过程中予以帮助即可。

（5）总是以积极的方式结束反馈，要确保每次反馈都在友好的氛围中结束，达到解决问题、双方都满意的效果。

（6）别对某件事情唠叨个不停，对于某一件事情或者某一种情形说一次就行了，一旦解决了问题就不宜再提。

（7）校正性的反馈需要加入保密的成分，这意味着除了当事人之外，不能让其他人在场，最好选择在一个关着门的房间里进行。

任务十　掌握与听力、视力障碍老人沟通的技巧

案例导入

林大爷，78岁，听力减弱，声音洪亮，住在某养老机构。最近由于机构调整费用，

老人对此极度不满，每天见到管理人员就扯开嗓子大骂。由于老人声音洪亮，其骂声几乎响彻全院，在其他老人中造成了非常不好的影响。假如你是该机构的管理人员，你将采取怎样的方法与其进行沟通？

知识内容

一、与听力障碍老年人的沟通

（一）环境的选择

老年人如果出现了听力障碍，我们在沟通时应该选择在安静、气氛良好的环境中进行。

（二）触摸

老年人听力下降或者出现听力障碍时，常常感觉不到旁人的到来。当我们来到身边时，可以轻轻地触摸或拍拍老年人的肩膀或上臂让其知道我们来了。

（三）面对面地进行沟通

在与听力受损或者仅有残余听力的老人进行沟通时，在老年人没有看见我们的时候不要说话，在老年人能够很清楚地看到我们的面部和口型后，再开始说话，同时增加身体语言的表达，以弥补由于老年人听力受损引起的沟通障碍。

（四）其他技巧的应用

非语言沟通技巧包括用面部表情、手势、眼神或者书面语言如书写卡片、图片等与老年人进行沟通。如果老年人只是听力受损而视力良好，我们还可以采用写字板、画图片、符号、标志等方式进行信息的传递，再辅以身体语言如手势、表情等。

（五）倾听

在与有听力障碍的老年人进行沟通时一定要掌握倾听的方法。倾听要做到“耳到”“眼到”“心到”“脑到”，以开放的心态和积极的态度倾听；倾听时要注视老年人的眼睛；以点头的方式传递接纳老年人话语的信息；用开放式的动作传达对老年人话语的接受、容纳、尊重与信任，如手托下巴表示倾听的诚恳态度；用及时的动作和表情表示对老年人的话语感兴趣，如赞许性地点头、恰当的面部表情与积极的目光接触相配合，向老年人表示自己在认真倾听。

二、与视力障碍老年人的沟通

当我们与有视力障碍的老年人进行沟通时，沟通的开始与结束都要告诉老年人，并作自我介绍，告知老年人我们的姓名，这一点对于有视力障碍的老年人非常重要。

我们可以用触摸的方式表达对老人的关心和体贴，要时刻为视力障碍的老年人着想，尽可能地向他们传递有关的信息。与尚有残余视力的老年人进行沟通时，要面对老年人，与老年人保持较近的距离，以便老年人观察非语言沟通的意思。

要鼓励老年人表达自己的感受，特别是视力减退、失能的老年人，他们很容易产生被嫌弃的心理进而表现出焦虑、烦躁或郁闷的情绪，这不利于老人的身心健康。因此，我们要鼓励老人表达自己内心的感受和需要。

与有视力障碍的老年人进行沟通时，要给老年人足够的时间进行反应。由于视力差，对信息的反应比较缓慢，要给他们足够的时间去理解与回答，不要催促，不要表现出不耐烦的情绪。说话的声音要柔和，语速要慢，语调要平缓。

在与有视力障碍的老年人进行沟通的过程中，要认真倾听老年人说话，用语言及时向老年人传达信息，让老年人知道我们在认真倾听。倾听过程中同意老年人的看法时，要及时说"是这样的""不错""本来就是这样""哦，原来我不知道"等，鼓励老年人继续说出自己的看法与感受。还要在倾听的过程中学会复述，通过复述来证实自己听到的话语和所表达的意思是否相符。在倾听的过程中适时适当地进行提问也可以向老年人表明我们在认真倾听。

三、特殊的沟通技巧

在与老年人进行沟通的过程中还有一些特殊的沟通技巧，但是运用这些技巧不容易掌握好分寸，而且也不常用。只有在特殊的情况下，面对特殊的老年人才能使用。

（一）争吵

在与老年人沟通的过程中，争吵本身就是一种冲突的表现，是沟通双方不想看到的情形。但是在一些特殊的情况下，我们不得不采用争吵的形式来进行沟通。当老年人无理取闹的时候，当老年人什么话都听不进去的时候，我们不妨试试争吵的方式。

在工作中我碰到了一位这样的老年人，他因不满养老机构调整费用，天天对机构里的领导进行谩骂，他认为调整费用是这些领导把钱拿去了。我们采用了许多方法进行沟通他都听不进去。最后，我只有试试以争吵的方式告诉老人调整费用的真相，然后再告诉他，我们不像他想象中的那么不堪，我们可以保证，不管以何种方式检查，我们均可以保持清白，请老年人对自己说过的话负责任。老年人也因此对这次的调整费用的情况有所了解了。

（二）先抑后扬的沟通

先抑后扬的沟通方式也是一种特殊的沟通方式，只有在特殊的情况下才能采用，表现为：先对老年人的行为进行严厉的批评，安静下来后再向老年人对我们这种严厉的批评表示歉意。因为经过严厉的批评后，老年人会静下来做一些反思，反思自己的行为是否有不妥当的地方。老年人一旦认识到了自己的不妥之处，便会产生自责、悔悟的情绪，这时我们可以对他“言之有理”的地方加以肯定、对他不正确的地方予以指出，同时对我们之前给予的严厉批评表示歉意。

上面提到的那位老年人，在经历争吵后，基本理解了费用调整的真相，但是对领导的不满情绪还是没有消除，仍然指桑骂槐地谩骂领导。这时候我们就对老年人的这种谩骂行为予以严厉批评，同时指出，他的有些言论已经触犯了法律，作为一名具有完全民事行为能力的人要对自己的言行负责。如果再这样不休不止，我们将会考虑采用法律的方法来维护我们自己的合法权益。这就是先抑。第二天，老年人还是继续骂，但形势稍有缓解，这时我就安静地站在他的面前看着他骂。在他骂够了之后，我关心地问他：“爷爷，累了没有？我给您倒水喝，好吗？”然后再心平气和地跟他说：“其实您骂的这些现象在现实社会中确实是存在的，我也知道您是一位刚直不阿的老年人，但您骂的这些现象我可以保证，我没有，我们单位的领导也没有，您这样骂我们对我们是不公平的。昨天我对您进行了严厉的批评，今天我向您对昨日的严厉批评表示歉意。希望您保重身体，好好生活。”这就是后扬。通过这样先抑后扬，终于使这位老年人消除了不满情绪，过上了安静的生活。

（三）树立权威

树立权威的目的是让老年人从心里接纳你，相信你的能力。老年人只有从心里接纳你，对你产生了信任，才愿意毫无顾忌地采纳你的意见和建议，才能从内心出发地配合工作，否则就可能只是嘴上应付，行动上予以敷衍。可以从以下几个方面树立权威。

（1）在交谈的过程中有意或无意地表露出知识和经验的丰富性。

（2）介绍成功的典型案例。

（3）直接或间接地让老年人知道自己的职务。

（4）介绍自己在行业中取得的成绩。

有一位老年人刚出院，回家后一直不思饮食，导致身体越来越差。再次进医院的时候医生说她的病已经治好了，不能收她住院，老年人只好又回家了。家人无论怎么照顾她，都没办法让她多进一点儿食，于是向我咨询。我接到咨询后，首先了解老年人的情况，确定老年人是因住院后身体虚弱，没有胃口导致不思饮食。于是我与老年人进行了如下交谈：首先问老年人有没有不想好好活着的想法，得到的回答是否定的；然后做了自我介绍，告诉老年人，我是华西医科大学护理系毕业的高才生，在养老行业工作了十几年，见识和解决过很多老年人方面的问题，您的问题是我常常处理的问题之一，××老年人和您是一样的情况，经过调养后生活得非常好。我一针见血地指出老人现在的问题所在：您现在的问题是住院后脾胃虚弱导致的不思饮食，也就是没胃口，这个问题只能通过两种方法来解决，一是中药调理，但中药很难喝、很苦；另一种就是食疗，通俗一点儿就是吃饭，只有多进饮食，营养跟上了，才能让身体慢慢地好起来。老年人说她就是不想吃啊。我告诉她：就把饭当成药来吃吧，饭总比药好吃一点儿吧。这样老年人就容易接受了。之后，老年人每餐就把饭菜当作药一样来吃，老年人的身体慢慢好了起来，精神也好了，胃口也随之好了起来，吃什么都香。沟通的效果达到了，问题也解决了。

在这个案例中，所用到的技巧就是权威的树立，要让老年人相信，我们给出的建议是行之有效的，老年人才能配合着把饮食当成药来服用。

课后练习

【名词解释】

1. 宽容之心
2. 非语言沟通

【填空题】

1. 良好的沟通需要（　　）和（　　），以及对于沟通对象的尊重。
2. 美国作家艾默生说过：“（　　）是成功的第一秘诀。”在与他人进行沟通时，自信的程度可以在很大程度上影响别人对你的态度，如果自己都看不起自己，那么你让别人怎么赏识你。
3. “己所不欲，勿施于人”以及“将心比心，心同此理”强调的都是（　　），用自己的心去推理别人的想法，自己希望怎样，其实别人也是希望怎样的，自己不愿意的，别人也同样不愿意。

4. 表达信息就是要向沟通对象发送和表达自己的（　　）、（　　）、（　　）。怎样才能把自己的信息更好地表达出来，发送给对方，这是沟通中非常重要的环节。
5. 在与老年人进行沟通的过程中有三个非常重要的环节：（　　）、（　　）、（　　）。
6. 在与老年人进行的沟通过程中，最常用的就是（　　）。
7. 不同的肢体语言有着不同的行为含义：抖脚表示（　　）。
8. 触摸是对老年人的一种特殊的沟通语言，不同的部位、不同的触摸方式所表达的意思有所不同，要注意场合、情景而正确运用。比如老人伤心时，可以（　　）。
9. 当老人的听力、视力有损伤的时候，与老人说话要（　　）。

【单项选择题】

1. 在打禅故事中，苏小妹斩钉截铁地告诉苏东坡，人家和尚心中有佛，所以看你如佛；而你心中有粪，所以看人如粪。当你骂别人的同时，也是在骂自己。这个故事教育人们在与人沟通的过程中要常怀（　　）。

   A. 宽容之心　　B. 自信之心

   C. 真诚之心　　D. 敬人之心

2. 俄国作家屠格涅夫在街上散步的时候将碰到的乞丐称作兄弟，这一声“兄弟”让乞丐感到这世间还有真情在，也给了他活下去的勇气。这个故事告诉我们，不论面对谁时都应该怀有一颗（　　）。

   A. 真诚之心　　B. 宽容之心

   C. 平等之心　　D. 敬人之心

3. 沟通前的准备工作主要包括：了解和分析沟通对象的情况；明确沟通的目标；制订沟通的计划；（　　）。

   A. 了解和分析沟通对象的情况　　B. 明确沟通的目标

   C. 预测可能遇见的异议和争执　　D. 以上都不是

4. 选出下面不是口头沟通的缺点项（　　）。

   A. 没有文字的记录，时间长了可能会被遗忘

   B. 浪费时间

   C. 信息不能在最短时间里进行传送

   D. 有时会把沟通变成闲聊

5. 非语言沟通一般可以区分为动态和静态两种。下面不属于动态非语言沟通所使用的符号的是（　　）。

   A. 体态　　B. 目光接触

   C. 音调　　D. 表情

6. 在与陌生老年人首次进行沟通交流的时候，（　　）对打开老年人警惕的心扉非常重要。

A. 微笑　　B. 巧妙的起始语

C. 尊重　　D. 诚恳热情的态度

7. 了解老人最基本的方法是（　　）。

A. 向老人的家人打听　　B. 倾听老人的诉说

C. 观察老人的一举一动　　D. 向老人的亲戚朋友了解

8. 倾听的客观障碍是指在倾听的过程中客观存在的障碍，它是不以人的意志为转移的。下面哪项不是倾听的客观障碍？（　　）

A. 倾诉者态度　　B. 倾听者的理解能力

C. 环境障碍　　D. 倾诉者的表达能力

9. 选出下面说话的技巧中描述错误的一项。（　　）

A. 在与老年人说话的过程中，要抓住老年人的特征进行交流，会显得更有针对性。

B. 当老年人的听力、视力有损伤的时候，与老年人说话，要尽量地靠近老年人，有时可能还要俯在老年人的耳朵边上说话，有时要面对老年人。

C. 在与老年人说话时，我们的声音要比与年轻人说话时的声音高一些、洪亮一些，但需要在大声说话中加入委婉、关切以及可接受的元素。

D. 老年人虽然人生阅历丰富，但与年轻人之间存在鸿沟，所以在与老年人说话的时候要尽量详细详尽，就算啰唆几句也没什么。

【能力体现】

邱大爷，79 岁，年轻时是一位高级工程师，修铁路虽然非常辛苦，但是收入非常可观，就算退休了还经常有人请他出面解决难题，当然也会因此获得丰厚的报酬。两月前邱大爷突发中风，致左侧肢体偏瘫，语言表达受限，再也不能投入工作中了，因此收入也少了很多。这时邱爷爷觉得：①自己的收入减少了，生活出现了困难（其退休金远远超过了所在城市的平均工资水平）；②感觉家人因为自己收入减少就立即疏远了自己，把自己抛弃在了养老机构，子女非常不孝；③想回家，但家人无力接回家照顾。老人出现了拒绝饮食的行为。

1. 请为这位老人列出沟通计划。

2. 在与这位老人进行沟通的过程中需要运用哪些沟通技巧？

3. 实践题：将与老人进行沟通的技巧表现出来。

项目四
与老年病人沟通

学习目标

- 知识目标
  - ◇ 了解老年病的概念和特点；
  - ◇ 认知老年病人的心理特征和应急行为；
  - ◇ 掌握与老年病人沟通的步骤；
  - ◇ 掌握在老年人慢性病发作期的沟通技巧。
- 技能目标
  - ◇ 学会如何与处于老年病发作期的老人进行沟通；
  - ◇ 学会如何与老年病人进行沟通。

情景导入

老年病，又称“老年疾病”，是指人在老年期所患的与衰老有关的，并且有自身特点的疾病。一般认为，人的年龄在 45 至 59 岁为老年前期或初老期，60 至 89 岁为老年期，90 岁以上为长寿期。老年人患病不仅比年轻人多，而且有其特点，主要是因为人进入老年期后，人体组织结构进一步老化，各器官功能逐步发生障碍，身体抵抗力逐渐减弱、活动能力降低和协同功能丧失。

任务一　认识老年病

案例导入

张××，男，61 岁，身体肥胖，不爱运动，在 40 岁左右时曾时常出现前胸及左侧后背不适，近三个月自觉胸闷、心悸，并伴有胸部灼热感，活动后气短、乏力，曾在医院被诊断为缺血性心脏病、心绞痛，服用药物后，病情有所好转。但因节日家庭聚会，儿女陪他聚餐叙旧，打扑克，玩麻将，使得他病情突然加重，呼吸困难，大汗淋漓，被急救车送往医院。通过以上案例，我们能否判断出其患病的原因？休闲娱乐时他的病情为何突然加重？

知识内容

一、老年病的概念

老年病是指老年人特有的或多发的疾病，一般分为三类：第一类是多发于老年期的疾病，如白内障、阿尔茨海默病等；第二类是老年前期已患的病而延续进入老年期，如慢性支气管炎、冠心病、糖尿病、骨质疏松症等；第三类是老年人和年轻人都易患的疾病，如感冒、一般的外伤等。

二、老年人患病的特点

老年患病的特点如下：患病率高，起病隐蔽，发病缓慢，症状表现不典型，同时患多种疾病，病程长，恢复缓慢，易出现药物不良反应，易发生并发症。

三、老年病常见的症状和体征

（一）跌倒

跌倒是老年人最常见的症状，指突发的、不自主的、非故意的体位改变，倒在地上或更低的平面上。按照国际疾病分类对跌倒的分类，跌倒包括以下两种：一是从一个平面至另一个平面的跌落；二是同一平面的跌倒。跌倒是中国伤害死亡的第四位原因，而在65岁以上的老年人中则为首位。老年人跌倒死亡率随年龄的增长而急剧上升。跌倒除了导致老年人死亡外，还导致大量残疾，并且影响老年人的身心健康。如跌倒后的恐惧心理会降低老年人的活动能力，使其活动范围受限，生活质量下降。

老年人跌倒的发生并不是一种意外，而是存在潜在的危险因素。老年人跌倒发生率高、后果严重，是老年人伤残和死亡的重要原因之一。

（二）疼痛

老年人疼痛是老年人晚年生活中经常存在的一种症状。随着老龄人口的增多和生活节奏的加快，以及在65岁以上的老年人群中约80%的人至少有一种慢性疾病，老年人较其他年龄阶段的人群更易诱发疼痛，故各种疼痛的发病率升高。风湿、关节炎、骨折、胃炎、溃疡病、糖尿病、心绞痛、中风和癌症等许多疾病都可以诱发老年人疼痛的发生。许多老年人常年生活在各种疾病的疼痛之中，这不仅严重影响了老年人的生活质量，也增加了全社会的负担。因此，老年人疼痛已经成为一个全社会都应当关注的普遍性的社会问题。

老年人疼痛的特点如下。

（1）老年患者常有多种疾病同时并存，其中任何一种疾病都可以解释老年患者的症状。

（2）老年患者的反应不敏感，而且他们的精神因素也起着很大的作用。所以，他们有时会较少诉说疼痛感觉和影响疼痛的因素。

（3）有些疾病的隐蔽性可延误诊治，如风湿性多肌痛、不典型的心绞痛。

（4）老年病人的疼痛由不可治愈性疾病引起的较为多见，如晚期癌症。

（三）便秘

正常人每天排便 1 ~2 次或 2 ~3 天排便 1 次，便秘患者每周排便少于 2 次，并且排便费力，粪质硬结、量少。老年人便秘是指排便次数减少，同时排便困难，粪便干结。约有 1/3 的老年人会便秘，严重影响他们的生活质量。

（四）大小便失禁

大便失禁泛指消化道下端出口处失去正常的控制的现象，这包括不同的内涵和不同的程度，如睡眠时不能控制排便，排气时出现漏粪和不能控制稀便，直至完全不能控制排气和排便等。由于肛门或神经损伤，老年人不能控制粪便和气体排出，又称排便失禁或肛门失禁，一般女性多于男性。

小便失禁，也叫“尿失禁”，即不能控制膀胱内的尿而自行流出。尿失禁可发生于各年龄组的病人，但以老年病人更为常见。老年人尿失禁较常见，致使人们误以为尿失禁是衰老过程中不可避免的自然后果。但其实老年人尿失禁的原因有很多，其中有许多原因可控制或避免。压力性尿失禁在女性群体中较为常见，这是由于女性在围产期造成的盆底支持组织损伤引起的。

（五）视听障碍

老年人由于身体老化而出现老视、视敏感和对比视敏感下降的情况，主要表现在老人视物的精细感下降、暗适应能力下降和视野缩小。当老人出现白内障、青光眼、糖尿病性视网膜病变等眼科疾病时，老年人的视力会明显减退甚至失明。

老年性耳聋除因生理性人体器官老化，造成听力减退外，还与高血压、高血脂症、脑动脉硬化、糖尿病等疾病有关。某医院查体中心近三年来对全市4 000余名 65 岁以上老年人的查体结果表明，有近 30% 的老年人有不同程度的听觉障碍。

（六）皮肤瘙痒

皮肤瘙痒为老年人常见皮肤病之一，与老年人的皮肤干燥和皮脂腺萎缩有关，冬季多见。

（七）眩晕、晕厥

老年性眩晕通常表现为眩晕感、平衡紊乱及失衡感。患者睁眼时感觉自身旋转、晃动，犹如坐船一般。发作时不能站立，伴有恶心、呕吐、耳鸣、出汗、心动过缓及血压下降等症状，一般持续数分钟至数个小时，有时达数天。当内耳的前庭系统、视觉系统及位于关节的本体感受器传入位于前庭神经节的信号不对称时，可使位于小脑和大脑皮质的控制中枢产生眩晕感。

老年性晕厥常见的原因有直立性低血压、颈动脉窦过敏、反射性晕厥和心律失常等，主要是由主动脉瓣狭窄、肺栓塞或有心脏病基础的心律失常引起的。高龄患者晕厥的临床表现多种多样，常不典型。老年性晕厥是老年人跌倒的主要原因之一。

（八）睡眠障碍

老年人睡眠障碍主要表现在以下几个方面。

1. 入睡和维持睡眠困难

由于多种病因或干扰因素的影响，老年人常常入睡困难，而且不能维持睡眠，表现为睡眠潜伏期延长、有效睡眠时间缩短。由于白天活动减少或小睡，夜间睡眠——觉醒周期缩短，早起或猫头鹰式的夜间活动在老年人中十分常见。另外，受增龄或疾病影响，老年人睡眠的昼夜节律障碍愈加明显，表现为昼夜颠倒、时间差性睡眠障碍和夜间工作所致的昼夜节律紊乱。

2. 睡眠呼吸障碍

50岁以上人群中，睡眠后均可能发生呼吸障碍，如睡眠呼吸暂停、睡眠加重呼吸疾病、夜间吸入或夜间阵发性呼吸困难。睡眠呼吸暂停综合征（SAS）是老年人最常见的睡眠呼吸障碍，占睡眠疾患的70%，且随着增龄而发病率增加，男女发病之比为5:1至10:1。睡眠呼吸暂停综合征又分为三种类型，即阻塞性睡眠呼吸暂停（OSA，指口鼻气流停止，但胸腹式呼吸运动存在）、中枢性睡眠呼吸暂停（CSA，指口鼻气流停止，同时胸腹式呼吸运动也暂停）和混合性睡眠呼吸暂停（MSA，指一次呼吸暂停中，先出现CSA，继而出现OSA）。OSA的特点是鼾声响，呼吸间歇超过10秒后发生喘息或鼻音、梗阻缓解。OSA反复出现，可使血氧含量显著减少、血压升高，轻者表现为打鼾（习惯性打鼾即使不是呼吸暂停，也可加重心脏病或高血压，是OSA的常见症状）、烦躁不安、白天嗜睡、抑郁、头痛、夜尿、阳痿，重者则可出现夜间睡眠心律失常、猝死、卒中、肺动脉高压、抽搐及认知功能下降等。SAS 发生者的脑血管病发病率升高，尤其缺血性卒中的发病率升高。

3. 嗜睡

嗜睡是老年人睡眠障碍的另一种常见现象，其原因有脑部疾病（脑萎缩、脑动脉硬化、脑血管病、脑肿瘤等）、全身病变（肺部感染、心衰、甲状腺功能低下等）、药物因素（安眠药）及环境因素等。由于老年人对身体病变的反应迟钝或症状不明显，有时仅表现为嗜睡，因此，了解老年人嗜睡的意义就在于明确嗜睡的原因，并使之尽早得到治疗。

（九）呼吸困难

夜间突然发生的呼吸困难多提示左心衰竭、肺淤血等疾病。

另外，吞咽困难、意识障碍和精神错乱、发热、易疲劳等都是老年人常见的症状和体征。

拓展阅读

家住北京市的吴老先生，有多年高血压病史，一直坚持服用降压药。虽然有高血压，但一向喜欢早起晨练的他仍然坚持每天锻炼。一天早上，天空下起了大雨，正值秋季，俗话说，一场秋雨一场寒，再加上到了秋冬交替的时候，早晨的北方还是比较寒冷的。吴老先生晨练完回到家后，吃饭时突然感到头晕，拿着筷子的手不停地颤抖，去捡掉在地上的筷子时，四肢麻木，一点儿力气也没有，整个人不能自控便一头栽倒在地上。

思考： 如果你在老人的身边，你认为吴老先生怎么了？该如何预防和施救？

任务二　认知老年病的特点

案例导入

李××，男，69岁。2天前晚上洗澡后突感畏寒、发热，测体温38℃，无流涕、鼻塞，无咳嗽，亦无其他不适，到医院确诊为“感冒”，给予静脉点滴和感冒中成药口服治疗，无明显好转，仍发热，最高体温达39℃，伴有全身关节酸痛，食欲下降，尿少、尿黄。治疗三天后，患者突然出现恶心、呕吐、腹痛、腹泻。为此老人进一步住院治疗。住院后经医生全面检查，发现老人除感冒症状突然加重外，同时诊断有高血压病13年，前列腺增生、腰椎退行性变、慢性支气管炎等。

知识内容

老年人由于生理功能减退，肌体的抗病能力和对疾病的反应性也会出现不同程度的降低，因此老年人的疾病与中青年不同，即使患同一种疾病，老年人和中青年的临床表现也不尽相同。

一、临床症状及体征不典型

老年人神经系统和免疫系统发生退行性改变，代偿能力差，感觉、体温、呼吸、咳嗽、呕吐等神经中枢的反应性降低，使一些老年疾病的临床症状极不典型。如急性心肌梗死时老年人可无典型的心前区疼痛，仅表现为心律失常、心力衰竭，甚至只有一般性的衰弱或意识障碍，或表现为上腹不适、恶心等消化道症状，或表现为肩痛、牙痛等。无痛性急性心肌梗死也显然较年轻人多，特别是伴有糖尿病者有更多的无痛心肌梗死，故容易延误诊断而丧失最佳的治疗时机。老年人肺炎的临床症状和体征均不明显，其临床表现多种多样，甚至缺乏呼吸道症状，更缺乏典型的肺炎症状，因此有人称其为“无呼吸道症状的肺炎”，常无发热或寒战，可表现为食欲缺乏、腹胀、腹泻、腹痛等消化系统的症状，也可能一开始就出现表情淡漠、嗜睡、躁动不安甚至昏迷等神经精神系统的症状，还可能出现心慌、气短、心律失常、休克等心血管病的症状，尿频、尿失禁、尿潴留、脱水等症状亦常见。因此，诊治老年患者时，必须全面地检查、仔细地观察，以免漏诊误诊，延误治疗的最佳时机。

二、多病共存

老年人的器官组织结构和功能先后发生变化，故往往有多种疾病同时存在。老年人患多种疾病可能是中青年时期疾病的延续和逐渐累加，也可能是老年期的新发病。多病共存的表现形式可以是同一器官的多种病变，以心脏为例，冠状动脉粥样硬化、肺源性心脏病、传导系统或瓣膜的退行性病变可同时存在；也可以是多系统疾病同时存在，如不少老年人患高血压、冠心病，同时患有糖尿病、慢性支气管炎或伴有肾功能减退等。20世纪90年代北京医院统计，80～89岁的住院患者平均患9.7种疾病，90岁以上患者平均患11.1种疾病，没有一例患者仅患一种疾病，提示老年人患病的种类随年龄增长而增加。老年人的多病性在感染、创伤或出血诱发之下，很容易发生多脏器功能衰竭，给治疗带来一定困难。在治疗老年疾病时必须全面了解和掌握患者的全部病史，抓住主要矛盾，权衡利弊缓急，多位专业医师参与诊断，制定个体化、多学科的综合治疗方案，多学科团队参与康复和护理。

三、病情重，变化快

老年人对疾病的反应差，临床表现不典型，当出现明显的症状或体征时，往往病情严重或迅速趋于恶化。由于组织器官的储备能力和代偿能力差，在急性病或慢性病急性发作时，老年人容易出现各种危象和脏器功能衰竭等。如老年人的消化性溃疡，平时无明显胃肠道症状，直至发生消化道大出血时才就诊，发现时已并发出血性休克和肾衰竭，病情迅速恶化。老年心肌梗死发病时仅感疲倦无力、出汗、胸闷，但很快出现心力衰竭、休克、严重心律失常甚至猝死。因此，诊治老年患者时应对诊断及治疗问题进行全面考虑，高度重视并严密监护，千万不能掉以轻心。

四、易发生意识障碍

老年人不论患何种疾病，都易发生意识障碍，这与老年人患有脑血管硬化、脑供血不足，加之各器官功能减退有关。老年人发生感染、发热、脱水、心律失常等时，容易出现嗜睡、谵妄、神志不清甚至昏迷等症状，一旦原发疾病得到控制，意识障碍也会消失。意识障碍的出现给诊断和治疗带来很多困难。此外，在分析老年人意识障碍时，必须排除医源性因素，如服用安眠药、抗抑郁药物等，要及时进行鉴别，明确诊断，以免延误治疗。

五、并发症多

老年患者尤其是高龄老人患病后常可发生多种并发症，这是老年病的最大特点。

（一）水、电解质和酸碱平衡紊乱

老年人的脏器呈萎缩状态，细胞外液明显减少，细胞内液绝对量减少，而且在体液中所占比重亦明显降低。同时，老年人的内环境稳定性差，代偿能力减退，稍有诱因就可导致水电解质紊乱。另外，老年人口渴中枢的敏感性降低，因此饮水量不多，即使体内缺水也无口渴感，容易发生脱水，水分的丧失必定伴有电解质的紊乱，同时常有酸碱平衡失调，其发生率高且进展迅速。由于老年人口渴感觉不灵敏，在照顾他们时更应注意舌的干燥与否、皮肤弹性如何以及有无少尿或体重减轻。老年人的肾脏处理钾的能力降低，如有腹泻或呕吐容易产生低血钾，如因便秘使用泻药或需利尿而使用利尿剂时，必须小心防治失钾；而肾功能减退伴有感染时，又容易发生高血钾。

（二）多脏器功能衰竭

老年人的脏器储备功能低下，免疫力减退，适应能力减弱，肌体的自稳性差，在没有意外打击的情况下，尚可保持平衡，进行正常活动；但在疾病或应激状态下如感染、创伤、出血时，很容易发生功能不全或衰竭现象，其中以心、肺、肾和脑的功能较易受影响。感染诱因中以跌倒、大面积烫伤、手术为主要因素，出血诱因以上消化道大出血为多见。老年人一旦发生多脏器功能衰竭，其病死率除与年龄有关外，还与受累器官的数目相关，受累 3 个器官的老年患者的病死率为 57.1%，受累 4 个及 4 个器官以上者几乎 100% 死亡。

（三）感染

由于老年人的免疫功能减退，在慢性疾病的基础上容易并发呼吸道、胆道及泌尿系统的感染。感染的高危因素包括高龄、瘫痪、肿瘤、长期卧床，应用化疗药及抗生素者更易发生多种病原体感染，包括真菌感染。感染既是老年人常见的并发症，又是其重要的死因，故要高度重视老年人并发感染的防治，以防发展为败血症和多脏器功能衰竭。

（四）血栓和栓塞

老年人常因各种疾病或手术长期卧床，易发生深静脉栓塞和肺栓塞，严重者可致猝死。这与老年人的肌肉萎缩、血流缓慢及血液黏稠度增高有关。故应注意卧床老年人的主动和被动的肢体活动与翻身。

六、病程长，康复慢

老年人全身反应迟缓，发病较隐匿，症状不典型，往往经过一个较长的演变过程，症状和体征才会出现，且容易并发感染，水电解质紊乱及多脏器功能衰竭等并发症。故老年人发生急性病变后，受损组织的修复和器官功能的恢复过程较年轻人缓慢。例如，当老年人发生急性心肌梗死后，由于心血管基础情况较差，心梗后功能恢复常不理想，泵衰竭较多见，中远期预后较差。恢复期卧床时间大多较长，卧床本身可能带来一系列问题，如情绪不佳、消化不良、食欲减退、排便困难、排痰不畅及肺炎、褥疮、静脉血栓的形成和肺栓塞，甚至成为猝死的诱因等。正因为病程长、康复慢、并发症多，老年人及其家属容易对疾病康复失去信心，容易产生悲观消极情绪。因此医务人员要耐心，对预期目标切勿操之过急，以免短期内达不到明显效果而动摇；同时，应鼓励患者和家属树立信心，做好有关宣传教育和说服解释，使患者和家属积极参与配合治疗。

七、药物不良反应多

老年人的肝肾功能减退导致药物代谢与排泄能力降低，药物在体内代谢速度缓慢，使药物在肌体内的半衰期延长，长期使用易引起蓄积中毒；同时，老年人对药物的耐受性和敏感性与中青年不同，加之多药合用等，很容易发生不良反应，甚至危及生命。年龄越大，应用药物种类越多，药物不良反应的发生率越高。所以，老年人用药剂量宜小，对肝肾功能有影响的药物需慎用，可用可不用的药物最好不用，以免造成不良后果。老年人一旦发生药物不良反应，其程度往往较年轻人严重。药物不良反应常发生在体型瘦小，患有心衰、肝肾功能损害和糖尿病等疾病的老年人中。药物不良反应多见于应用中枢神经系统药物、心血管系统药物、降糖药、非甾体类抗炎药、糖皮质激素及抗生素等药物。不同的药物引起的不良反应各不相同，但临床上以神经精神症、消化道症状、低血压等表现最为多见。

八、对治疗的反应不同

一方面，伴随增龄老年人肌体内环境的稳定性降低，表现为代谢水平下降，耐受能力降低和个体间的差异扩大，药物易在体内积蓄、治疗量与中毒量更加接近，应用于一个老年患者毫无反应的剂量，对另一个老年患者可能会发生猝死的副作用，故更应强调治疗剂量的个体化；另一方面，同样的一种治疗药物，在年轻人与老年人之间反应不同，疗效不同，副作用也不同。

任务三　了解老年病人的心理特点

案例导入

赵大妈，68 岁，患慢性胃炎、肠炎 20 余年，10 年前因腰背部疼痛明显而检查就诊，结果显示为重度骨质疏松，腰肌劳损。6 年前开始出现头晕、头疼、胸闷等表现，颈部多普勒超声显示：颈动脉粥样硬化，心电图提示心肌供血不足。赵大妈育有 5 个子女，一生为供养儿女省吃俭用，性格温和，积极乐观。子女长大成人后各自成家立业，每天忙忙碌碌，很少回家陪老人。现赵大妈驼背明显，长期站立后腰背疼痛难忍，且在天气变化时膝关节疼痛不适，进食稍不慎即胃胀、腹痛。这几天，老人经常唉声叹气，晚上久久不能入睡，因为一点儿小事就跟老伴大发脾气。

知识内容

一、抑郁心理

抑郁心理由慢性疾病的困扰及死亡的威胁而产生，表现为病人情绪低落、少语，食欲下降、持续失眠，严重者出现轻生行为。

二、恐惧焦虑心理

表现为病人对自己的病情不了解，过分担心，心慌意乱、情绪不稳，脾气暴躁、睡眠及食欲不佳等。

三、敏感猜疑心理

病人怀疑医护人员刻意隐瞒病情，极为关注医护人员的讲话内容，易受暗示，情绪波动大。

四、自尊心过强心理

病人退休后，由于社会地位改变，容易出现性格和行为的改变，表现出固执、自私、幼稚、生闷气等不良情绪。

五、孤独寂寞心理

病人住院时间较长而又缺少家人陪护，表现出卧床不动、情绪低沉、怨天尤人、易怒易烦等行为。

六、自责心理

家境较困难的老年病人较容易产生这种心理。表现为自责内疚，总觉得生病后自己是家人的累赘，增加了家庭经济负担。

拓展阅读

老年患者抑郁症心理测试

为了测试自己是否患有老年抑郁症，请回答下列问题。

1. 你是否大部分时间感觉精神不好？

2. 你是否认为现在活着很不惬意?

3. 你是否更愿意待在家里而不愿去做些新鲜事?

4. 你是否觉得记忆力比大多数人差?

5. 你是否觉得生活空虚?

6. 你是否害怕会有不幸的事落到你头上?

7. 你是否大部分时间感到不快乐?

8. 你是否时常感到厌倦?

9. 你对生活基本上满意吗?

10. 你是否常感到有无助的感觉?

11. 你是否放弃了许多活动和兴趣爱好?

如果出现5个以上的肯定答案，就说明你可能患上了抑郁症。在这里，我们还必须要强调的一点是，老年抑郁症心理测试题所得出的结果只是一种参考依据，不能作为正规的诊断结果。如果哪位老年朋友对于自己的症状表现有疑问或不解的地方，可以直接到医院进行咨询。

任务四 认知老年病人的应急行为

案例导入

患者李××，女性，65岁。13年前，患者因患有肠梗阻而住院手术治疗，以后肠梗阻多次复发，患者反复入院接受手术、禁食等治疗措施。近几年，患者出现失眠现象，有时整夜睡不着觉，食欲下降，厌食，身体消瘦，体重35 kg，什么也干不了了。情绪低落，自觉自己脑子坏了，反应慢，自己的病也治不好了。自责，认为一家人全让她给拖累了，整天担心孩子和家人的生活；有时坐立不安，心慌，口干，烦躁，易怒，见什么都烦，在家自己打自己，打完后就哭；症状晨起较重，晚上较轻，经常觉得活着没意思。昨天晚上，趁家人熟睡后，轻生而亡。通过以上案例，我们能否判断出老年人轻生是什么样的行为反应？造成老年人轻生的原因是什么？

知识内容

一、消极行为反应

消极行为反应常表现为焦虑，心烦意乱，坐卧不安，行为重复，小动作多，无法控制；犹豫不决，不知所措，容易急躁和发脾气，性格变化明显；敏感多疑，平素有修养的老人也会一反常态不能客观评价外界事物；严重者出现高度紧张、恐惧，失眠多梦，情绪低落，萎靡不振；有强烈的孤独感、失落感和衰老无用感，对未来生活失去信心，感到悲观失望；行为退缩，兴趣减退，不愿主动和人交往，甚至出现抑郁症状。老年抑郁症与青年患者之间常见表现没有本质的区别，但因受老年心理和生理变化的影响仍具有一些特点。

（一）抑郁焦虑的混合状态

老年病人对忧伤的情绪往往不能很好表达，常说“没有意思，心里难受”或表现为对外界的事物无动于衷，也会否认或掩饰心情不佳，甚至强装笑脸。使其亲属和熟人可能意识不到他患有严重的情感疾病，而只以为是一些躯体的“不舒服”。老年病人见到医生就抓住双手不停地诉说躯体不适，有时对躯体状况的焦虑完全掩盖了抑郁，也有的无故报怨人们对自己不好，以致使人无所适从。

（二）兴趣索然

病人不能体验乐趣是较常见的特点，不但对以往生活的热情和乐趣下降，也越来越不愿意参加正常活动，如社交、娱乐，甚至闭门独居，疏远亲友。

（三）精力下降

主观上感到精力不足，疲乏无力，严重者终日卧床，事事需人扶持，因此常被误认为患有严重的躯体疾病而被送到综合医院接受昂贵的医学检查，导致延误治疗时机。

（四）自我评价低

病人对自身的状态评价过低，认为自己一无是处，自责自罪。甚至有轻生观念和行为。老年人常不明确地表达，如可能说“打一针让我死吧”，却否认有轻生的念头。老年抑郁症有慢性化趋势，也有的会不堪忍受抑郁的折磨，轻生念头日趋强烈、以死求脱。

（五）心境昼夜节律改变

病人心境昼重夜轻的节律变化常作为内源性抑郁诊断指征之一，特别是伴有早醒、病情轻些的老年人，入睡前会感到轻松些，讲“一天可过来了”或在晚上电灯打开后心情平稳些。

（六）躯体或生物学症状

情绪反应不仅表现在心境上，并且总是伴有肌体的某些改变，食欲减退是最常见的，无饥饿感，勉强进食也是食之无味，多伴有体重下降。约有 80% 的老年人有睡眠障碍、躯体不适的主诉，主要表现为心慌气短、出汗、胸闷等。

二、积极行为反应

随着年龄的增长和人生阅历的不断增多，老年人对生活中的很多事都看得很开。主动寻找乐趣，不使生活枯燥乏味，学习一种技艺使自己沉浸在艺术情趣之中，使胸襟开阔，情调高雅。为他人着想帮助别人，不图报酬，在奉献中找到人生真正的乐趣，使生活过得更有意义。遇到不幸，善于调节自己的心情，善于安慰自己，设法从不幸中尽快解脱出来，保持乐观情绪。

三、过度行为反应

厌世情绪，甚至有轻生倾向。

拓展阅读

例 1

一位著名科普作家在一次研究脑炎病毒的过程中，不幸被病毒感染了，从此留下了终生不治的残疾。但他没有被病魔吓倒，而是带着重病的身体坚持读完了医学研究院的博士课程。挫折和不幸培养了他坚毅的人格特征，成为著名的儿童科普作家。还有一位女士在年轻时由于突如其来的类风湿病，造成脊柱强直，四肢变形，大小便不能下蹲，吃饭不能举筷，生活不能自理。在经历了最初的打击之后，她在家里办起了外语补习班，以超出常人的毅力和辛苦走上了自谋生活的道路。至今几十年过去了，她已年近花甲，她自强不息的事迹多次见诸报端。她成为“残联”的理事。多年的疾病，不但未能击垮她，使她过早地产生“老年人意识”，反倒培养了她坚强的性格。

例 2

一位老年知识分子，由慢性肾炎发展为尿毒症。在医生向他讲明病情，要对他进行透析治疗时，遭到了他的拒绝。他坚持认为自己的病根本没有那么严重，不过是肾炎加感冒而已。他固执地认为自己一旦进行血液透析治疗就真的成了尿毒症患者，就是废人了。由于不配合医生治疗，他很快就酸中毒，出现了昏迷症状。在昏迷的呓语中，他毫无遮掩地表达了自己潜意识中对死亡的恐惧。他喊道：“我没得尿毒症，我不透析，我不死，医生，你救救我吧，我不想死。”

针对以上两个实例，我们不难发现，老年病人对疾病的态度在某种程度上决定着病患的结局。因此，在得知自己患病时要积极诊治，不要惧怕，不要恐慌。哪怕得了严重的疾病，也要遇事不惊，沉着冷静，认真配合医护人员，积极治疗，争取早日康复，切不可陷入恐惧之中。医学心理学研究，患者对于疾病过于恐惧，失去信心和勇气，便会进一步打乱或摧毁肌体的免疫功能，加速病情恶化。坚强的意志和与疾病做斗争的决心与勇气是身体康复的关键。

任务五　掌握与老年病人沟通的步骤

案例导入

患者李××，女，58岁，因患慢性支气管炎收入呼吸内科病区住院。护士小张接到住院处的电话通知，提前为患者准备好了病床。当患者李××由其丈夫搀扶着走进病房时，小张微笑着迎上前说："您好，我是护士小张，您是李××吧？我已为您准备好了病床，请跟我到病房。"说着，接过入院病历，搀扶着李××来到病床旁，帮助她躺下后并为她盖好被子。李××微笑地看着小张，感激地说："谢谢您！"小张微笑着摇摇头，俯下身用手轻轻抚摸了一下李××的额头，关切地说："您有点发热，先喝点儿水，躺着休息，我马上通知医生来看您。"说着，拿起杯子为她倒了一杯温开水，并向患者简单介绍了病区的基本情况后，离开病房。

知识内容

一、沟通前准备

（一）选择双方合适的交谈时间

不同的时间和环境氛围会影响沟通的效果，最好选择双方都感到方便的时间。明确交谈的目的和任务，减少不能确知的事情发生，增强相互关系，指点病人和家属行动的方向。复习病人已有的资料，记住病人的姓名，并以最快速度熟知病人的治疗方案、护理计划、饮食和睡眠习惯、个性特征、文化背景，尊重个人的生活习惯和信仰；应用恰当的称谓，增强相互之间的亲切感。

（二）环境的准备

安静典雅的地方，保证隐私性，谢绝会客，避免电话、手机的干扰。保持环境的安静，尽量减少环境中容易影响患者注意力的因素，如关掉电视或停止手中正在进行的工作等，这也是为保护病人隐私提供环境上的保证。如病人希望单独交谈，应该把交谈安排在单人房间进行，便于病人放心说出某些不愿意被他人知道的信息。

（三）工作人员的准备

工作人员要求着装整洁、素雅、得体，不要过分修饰打扮；举止稳重端庄，态度和蔼亲切，目光柔和安详，表情自然真挚，情绪饱满，出现在病人面前时力求给病人带来美感、舒适和愉悦。

（四）心理上准备

工作人员应开诚布公，换位思考，善于设身处地地站在病人的角度考虑问题，不主观，不武断。

二、沟通开始阶段

与患者开始交谈时，不要过于急促，应采用礼貌优先和循序渐进的方式，给患者留下良好的第一印象。在交谈之前工作人员应有礼貌地称呼对方，给患者一种平等、被尊重的感觉。工作人员可根据患者的具体情况选择不同的称呼方式，切忌直呼患者床号或房间号。对于政府官员、单位领导、企业主管等可称其职务，如××局长、××经理等；对在医疗、教育等岗位工作的人可称其为×教授、×老师等；也可称阿姨、伯父、大叔、大婶等。

开始交谈时应主动介绍自己的姓名并握手，让患者确实感到自己被关心，有依靠和寄托。要坐下来表明有时间倾听，向对方说明本次交谈的目的和大致需要的时间并对其隐私保密，让患者在身体上和心理上做好准备。为了使交谈能够顺利进行，在交谈前工作人员应帮助患者采用尽量舒适的体位，以减少影响交谈的不利因素。

三、沟通进行阶段

（一）使用支持性言语

营造起信任、理解、温馨、接受的气氛，减轻病人的焦虑，真诚照顾并给予温暖，使病人开放自己并坦率地表达自己的思维情感，顺利开始及进行沟通。采用提问的方式是引导交谈的一种较好的沟通技巧。如果时间允许，可选择开放式提问；如果希望得到明确的回答，可选择对提问内容有所限制的闭合式提问；如果想得到患者的支持，可使用商量的语气。提问时应注意四个要点：一是一次最好只问一个问题；二是提出的问题应该简单明了，让患者能够回答自如；三是问题内容应符合患者的职业、文化程度、年龄，不要让患者无法回答；四是尽量使用患者能够听懂的语言。

要想很自然地开始交谈，可根据不同的情况采取下列方式。

（1）问候式，如“您今天有什么感觉？”

（2）关心式，如“这两天天冷，添点衣服别着凉了”。

（3）夸赞式，如“这束花真漂亮，是您爱人刚刚送来的吗？”

这些技巧既可以使病人感受到工作人员的关心爱护，又可使病人自然放松，消除紧张戒备的心理，此时便可自然地转入主题。注意开场白的使用一定要符合情境习惯，不可随心所欲，避免使用医学术语，避免问及年龄、婚姻、收入、地址、经历、工作、信仰等。

（二）注意非语言沟通

与患者交谈时，工作人员应该关注患者的表情、眼神、手势、语音语调等，观察患者是否表露出厌烦情绪或痛苦表情，是否需要休息。同时，护士还应该注意自己的非语言行为，不要让患者产生其他不利于沟通的感觉。

（三）及时反馈

交谈过程应该是双向的、互动的，护患双方在交谈时应注意彼此之间的信息回应。首先，护士应注意观察患者是否听懂了自己想要说明的问题，是否赞同自己的意见；其次，对患者提出的问题要给予及时答复，对不能及时答复的问题，应在尽可能短的时间内向患者做出回应，切不可拖延或遗忘，以免使患者因得不到答案而胡思乱想，增加心理负担；最后，还应该注意反馈的内容要准确，方式要得当。

四、沟通结束阶段

结束交谈时既要考虑交谈的计划，也要考虑当时的实际情况。在准备结束时，一般不要再提新问题。如果需要，可以与患者约定下次交谈的时间和内容。如“我看您今天有些累了，我们就先谈到这里。如果您还有什么问题我们约时间再谈，好吗？”最后，要对患者的合作表示满意和感谢，如“谢谢您对我的信任，跟我说了这么多您的心里话，非常感谢您！”

拓展阅读

患者李××，男，79岁，退休干部。在某养老院居住12年，由于中风导致半身瘫痪，经过一段时间的治疗和康复锻炼，可以借助助行器缓慢行走。近期检查发现患有白内障，养老院与医院联系后，将其送往医院进一步治疗。医生向老人及其家属介绍需手术治疗及治疗的相关情况，家属同意及早进行手术治疗，并与医生商量择期手术。但老人顾虑重重，犹豫不决，一时拿不定主意。近来老人入睡困难，易惊醒，心神不宁，食欲差，不断向医护人员询问手术的风险情况……

责任护士与患者沟通：这个病对您来说是意料之外的事，您能坚强地应对很不容易。现在医生已经为您制定好了手术的最佳方案，这是治愈疾病的好机会，您的家人决定尽快为您做手术不是没有道理的。我也非常理解您的顾虑和担忧。医生说这种手术在他们这已经做了很多次，都很成功，我负责的一位病人也是刚做完这样的手术，他住在另一个房间，我会领您去认识他，让他给您介绍一下手术前后的情况，您看怎样？

评价：护士针对该患者进行的沟通具有移情性，是针对老人的要求、情感需要和内心愿望所进行的回答，充满了对老人的关注、理解和同情，故能有效缓解老人的焦虑。

课后练习

【名词解释】

跌倒

【填空题】

1. 老年病的特点是（　　　　）、（　　　　）、（　　　　）、（　　　　）、（　　　　）、（　　　　）、（　　　　）、（　　　　）。
2. 老年人因肝、肾功能减退，自身药物代谢与排泄能力降低，药物在体内（　　　　），使药物在肌体内的半衰期延长，长期使用易引起（　　　　）；同时，老年人对药物的（　　　　）和（　　　　）与中青年不同，加之多药合用等原因，很容易发生不良反应，甚至危及生命。年龄越大，应用药物种类越多，药物不良反应的发生率（　　　　）。

【单项选择题】

1. 老年人最常见的症状是（　　）。

   A. 跌倒　　B. 便秘　　C. 失禁　　D. 疼痛
2. 压力性尿失禁常见于（　　）。

   A. 男性老年人　　B. 女性老年人

   C. 产妇　　D. 前列腺手术后的男性
3. 关于老年病人的心理特点以下说法不正确的是（　　）。

   A. 自责　　B. 孤独　　C. 缺乏自尊　　D. 焦虑
4. 关于老年病人消极的行为反应以下说法不正确的是（　　）。

   A. 犹豫不决　　B. 心烦意乱　　C. 自我评价低　　D. 轻生
5. 在与老年病人进行沟通过程中，关于提问应注意的事项以下说法正确的是(　　)。

   A. 问题内容可以不受限制

   B. 一次最好问一到两个问题

C. 提出的问题应该简单明了，让患者能够回答自如

D. 尽量使用普通话

6. 这句话提出了在与老年病人进行沟通的过程中需要采用什么样的沟通技巧。（　　）

A. 规范性语言，维护老年人的自尊心　　B. 非语言沟通

C. 体触的应用与职业修养　　D. 同理心

【能力体现】

根据案例导入叙述沟通步骤和与老年病人的沟通技巧。

参考答案

项目五
与患阿尔茨海默病老人沟通

学习目标

- 知识目标
  - ◇ 掌握阿尔茨海默病的概念，了解阿尔茨海默病相关基础知识，熟悉阿尔茨海默病早期迹象和常见的行为症状，理解阿尔茨海默病的行为语言；
  - ◇ 掌握与患阿尔茨海默病老人沟通的原则，熟悉与患阿尔茨海默病老人沟通的障碍和原因，掌握与患阿尔茨海默病老人沟通的禁忌；
  - ◇ 掌握与患阿尔茨海默病老人沟通的有效方法。
- 技能目标
  - ◇ 能够及时发现老年人出现阿尔茨海默病的早期征兆，能与患阿尔茨海默病老人进行有效沟通。

情景导入

随着人口的老龄化，老年人中的阿尔茨海默病患者总数随之增高。据国外报道，65 岁及以上老人有明显阿尔茨海默病症状者占 4%~5%，每增加 5 岁，患病的风险也将翻倍，也就是说如果到 70 岁，患病的风险将达到 8%~10%，而到 85 岁以后这种风险将达到 35%~40%，其中半数为病因未明的原发性变性痴呆（即阿尔茨海默病）。按照目前的发展趋势，预计到 2040 年，我国阿尔茨海默病患者人数将超过所有发达国家阿尔茨海默病患者人数的总和。阿尔茨海默病已成为当今老年医学和精神医学的一个重要课题，也是一个亟待解决的社会问题。

任务一　认识阿尔茨海默病

案例导入

不知从何时起，本来沉默的郑大爷变得更加沉默，每天都要出去爬山的他不再愿意出门：不知从何时起，他开始弄不清时间，弄不清自己吃没吃饭。再后来，他不会自己穿好衣服，睡觉不会盖好被子，不会自己洗漱，吃饭会洒得满地都是。他开始出现幻觉，把身边所有的人都当作坏人，他愤怒地吼叫、骂人、摔东西。或许他只是在无助地自卫，只是我们弄不懂他看到了什么可怕的东西。他开始步履蹒跚，弯腰驼背，有时还会尿失禁。他不会清楚地表达自己的要求，也不能正确理解别人的意思。由于沟通困难，他常常发怒，行为古怪。医生告诉家属，郑大爷得的是阿尔茨海默病。现在的郑大爷变成了一个地地道道的难以照护的“老小孩”。

知识内容

一、阿尔茨海默病的概念

阿尔茨海默病是指神经退行性变、脑血管病变、感染、外伤、肿瘤、营养代谢障碍等多种原因引起的，以认知功能缺损为主要临床表现的一组综合征，通常多见于老年人群。阿尔茨海默病本质上是一种慢性临床综合征，而不是特指一种疾病或神经病理过程。阿尔茨海默病除表现有定向、记忆、学习、语言理解、思维等多种认知功能损害外，多数病人还表现有行为异常。

二、阿尔茨海默病的基本症状

阿尔茨海默病的基本症状包括认知损害症状、非认知性神经精神症状/体征、社会生活功能减退三个方面，其中社会生活功能减退是认知损害和非认知性精神症状的后果。

（一）认知功能损害症状

1. 记忆障碍

记忆障碍是阿尔茨海默病的核心症状，开始时很轻微，在相当一段时间内不被人注意。一开始是对新近发生之事的记忆（近事记忆）减退，以前发生的事情的记忆（远事记忆）则保持。表现为东西常常放错或丢失、购物忘记付款、交谈开始后就忘了开头说了什么，因此难以进行语言交流。患者常常因为记忆障碍而忘记赴重要约会、忘记回电话等。早期学习新知识、掌握新技能的能力减退，只能从事简单刻板的工作。随着病程进展，远事记忆也逐渐受累，并随着时间的推移而逐渐加重，记不住自己的出生年月、家庭住址、结婚时间、参加工作时间等生活经历，严重时连家里有几口人以及他们的姓名、年龄都不能准确回答，日常生活和工作能力全面下降，不能适应周围环境。

2. 语言障碍

语言是通过应用符号达到交流的能力，包括对符号理解和运用（表达）的能力。符号包括口头的和书面的文字符号，亦包括姿势语言（手语或哑语、手势）。阿尔茨海默病患者可出现各种语言障碍，主要表现为语言内容空洞、重复和累赘。其中找词困难是首先表现出来的语言障碍，经常忘记简单的词语，以致说出的话和写出来的句子让人无法理解。几乎各种类型的失语都可以在不同类型的阿尔茨海默病患者中发现，包括主动交谈、复述、命名、听理解、阅读和书写功能的减退，常表现为主动谈话少、口语量减少、找词困难、回答问题语速变慢，或自发谈话多，语量正常、发音正常但缺乏实质意义。所有失语者均有不同程度的命名障碍和听理解障碍，出现错语症，交谈能力减退，阅读理解受损，最后完全失语。阿尔茨海默病后期可能出现无法言语或总是缄默不语现象。

3. 失认及失用

1）失认

失认即排除意识障碍、感官功能不全、注意力下降，以及过去未接触过等原因，在面对某物时不能以相应感官认识该物。阿尔茨海默病患者通常患有视觉失认和听觉失认，其中以视觉失认较常见。

（1）视觉失认表现为对物体或人物形象、颜色、距离和空间环境等失认。轻症患者容易在陌生的地方迷失方向，严重者对熟悉的地方也会迷路，不能辨别物品，不能辨认亲友甚至自己。

（2）听觉失认主要表现为患者不能识别周围环境声音的意义，对语言的语音、语调不能辨认，从而不能理解语言的意义。

2）失用

失用则是指感觉、肌力和协调运动正常，但不能进行有目的的动作。如不能按口头指令完成动作，不能模仿动作。严重者可表现为诸如穿外套时手伸不进袖子，铺台布不能把台布的角和桌角对齐，不能画最简单的几何图形等。阿尔茨海默病患者的失用多见观念失用和观念运动性失用，简单的动作可以完成，但是稍微复杂或技巧性的随意运动完成困难，动作笨拙，显得很不连贯、不确定。患者进食不会使用餐具，而是用手抓或直接用嘴去吃。

4. 失算

计算力障碍常表现为算错账、付错钱、不能回忆以前所学的乘法口诀、没有量的估价、对数字和运算符号认识障碍，最后连最简单的计算也不能进行。

5. 视觉空间感知障碍

视觉空间感知功能是指认识物与物之间的方位关系、物与观察者之间的空间关系及景物的方位的能力。由于视觉造成物体在空间内的各种特性的认识障碍称为视觉空间感知障碍，亦称视空间功能障碍。患者表现为不能找到自己住的房间，不认识非常熟悉的路，弄不清衣物的上下、左右等，对明显可见的物体不能凭视觉来判断定位，也就是在所见的两个物体中，不能判断哪个物体距离自己更近；在画图测验（如画钟测验、描图测验等）时不能准确临摹简单的图形。

6. 定向障碍

患者可能出现时间、地点、人物以及自我定向障碍，如不知何年、何月、何日，不知道现在是上午还是下午，因而可能深夜起床去进行刷牙、洗脸等早晨做的事情。

7. 执行功能障碍

执行功能障碍是阿尔茨海默病的常见表现，与额叶或有关的皮质下通路功能障碍有关。执行功能包括动机、抽象思维、复杂行为的计划和组织等高级认知功能。执行功能障碍表现为日常工作和学习能力下降，组织、计划和管理能力减退。分析事物的异同、连续减法、词汇流畅性测验和连线测验等神经心理测验可反映执行功能的受损情况。

（二）非认知性神经精神症状/体征

1. 思维内容障碍

多为非系统的思维内容障碍，可出现妄想症状，如被窃妄想、被害妄想、贫穷妄想以及嫉妒妄想。其中，阿尔茨海默病患者由于容易忘记物品的放置位置，因此认为物品被窃是最常见的妄想，严重时确信有人入室偷窃。阿尔茨海默病患者的妄想往往不系统、结构不严密，时有时无，变化多端。

2. 幻觉

各种幻觉都可能出现，但以视幻觉较为常见，也可能有其他言语性幻听。视幻觉往往看见偷窃者或已故亲人，与之对话；几乎所有患者都有失眠或夜间谵妄。较少见的幻觉有嗅幻觉和味幻觉，如闻到物质燃烧的异味等。

3. 情感障碍

情感迟钝和情感淡漠是阿尔茨海默病患者的常见症状。早期呈现情绪不稳症状，有时情感失去控制能力，变得肤浅而多变，表现为焦虑不安，忧郁消极，或无动于衷，或勃然大怒，易哭易笑，不能自制。在疾病演进中逐渐变得淡漠和迟钝，患者对外界刺激表现平淡或完全缺乏相应情感反应。对周围事物漠不关心，细微情感丧失最为明显。患者内心体验极为贫乏，往往不愿意交谈，对家人漠不关心。部分病人在患病的早期可能以抑郁、焦虑、心率快和易激怒等为主要突出表现。

4. 人格改变

额叶、颞叶受累患者常有明显的人格改变，患者表现为懒散、退缩、以自我为中心、言语粗俗、行为不符合社会规范、不修边幅，耻辱感消失，当众脱光衣服等。阿尔茨海默病患者的人格障碍有时可在疾病早期出现，患者变得缺乏活力，容易疲劳，对工作失去热情，对往常爱好的活动失去兴趣，对人对事都显得漠不关心，有时会开一些不合时宜的拙劣玩笑，对衣着和仪容也不如以前那样注意，会变得不爱整洁，不修边幅。有时会发生对年幼儿童的猥亵行为或暴露阴部等违反社会道德准则的行为。有些人变得多疑、固执、斤斤计较。

5. 进食、睡眠和行为障碍

患者食欲常减退，也有部分患者饮食不知饱足，饮食过多，导致体重增加。还有极少数患者出现嗜异食，吃一些通常不吃的东西。患者可能有睡眠节律紊乱或颠倒，表现为晚上觉醒次数增加。随着病情的发展，夜晚睡眠减少，白天睡眠增加，最后睡眠节律完全打乱。患者的行为异常在傍晚时更明显，称为“日落综合征”。患者出现异常行为，如反复步、反复开拉抽屉、玩弄衣扣等重复刻板行为，动作笨拙，或回避交往，表现为退缩。阿尔茨海默病患者还可能出现攻击行为，表现为抗拒为其料理生活，例如洗澡、穿衣等。常见的躯体攻击行为有咬、抓、踢等。偶尔，患者可有不适当的性行为和性攻击行为。少数患者还可能有尖叫、扯衣服和其他怪异行为等，怪异行为有时与患者的病前职业或业余爱好有关。

（三）社会生活功能减退

阿尔茨海默病患者由于记忆、判断、思维等能力的衰退而造成日常生活能力明显下降，逐渐需要他人照顾，对他人的依赖性不断增强。

早期由于近事记忆受损，患者学习新知识、掌握新技能的能力下降，遇到不熟悉的工作时容易感到疲乏、沮丧与激怒。此时受到损害的主要是职业活动和社交活动。阿尔茨海默病进一步发展，患者使用工具的日常生活能力受到损害，患者此时已不能独自打电话、理财、乘车外出、按时按量服药等，买东西时搞不清价钱，做饭菜也做不好，洗衣也洗不干净，只能做些扫扫地、拣拣菜等简单的家务。此时阿尔茨海默病老人虽然已不能独立生活，但基本生活尚能自理。到了中晚期，患者的基本生活自理能力逐步受损直至丧失，包括穿衣、梳洗、行走、洗澡、上厕所等都困难，生活需要人照顾。最后，病人就像婴儿一样，吃、喝、拉、撒都不知道，终日卧床，最终因感染、内脏疾病或衰竭而死亡。

三、阿尔茨海默病的分期

阿尔茨海默病对不同的患者有着不同的影响方式，其临床表现由于受到病人过去的人格、身体状况及生活方式的影响而有所不同。阿尔茨海默病是一个进行性的病程，目前根据病情严重程度和了解的各种症状的演变大致划分为三个连续的阶段：早期、中期和晚期。但三期的症状并无明确的界限，各期症状均有重叠和发展。比如都有记忆受损、性格和行为改变、生活自理能力减退等。我们必须了解，并不是每位患者都会出现所有上述症状，而且每个患者之间的症状表现也各不相同，任何患者之间都不会经历同样的病情演变过程。病情的某些临床表现可以在病程中的任何阶段出现。例如，有些在晚期才会出现的异常行为也可能在中期就会发生。此外，照料者也应该意识到患者在各个阶段中都有可能出现短暂的、头脑相对清楚的状况。

（一）早期

第一阶段即发病的早期，一般 1 ~ 3 年，主要表现是记忆力减退。最初出现的是学习新知识困难，对一些事情“记得不如忘得快”，但通常还能进行正常的社会交往，所以经常不被患者和家属注意。此时老人突出的症状是记忆障碍，尤其是近期记忆，患者经常忘记刚刚发生过的事情，而对以前陈芝麻烂谷子的事却记得颇为清楚，生活料理能力基本正常，家属有时还会误认为患者记忆力不错。此期脑电图及头颅 CT 检查多为正常或仅在 CT 检查中发现轻度脑萎缩，智能检测常可以发现记忆力明显下降。

值得注意的是，在阿尔茨海默病早期，尽管有明显的记忆力下降、语言空洞、概括和计算能力有障碍等情况，但仍有不少患者能继续工作，这是由于他们在做很熟悉的工作。当向他们提出新的要求时，其工作乏力才会被发现。

（二）中期

第二阶段为中期，病程较长，一般在发病后 2 ~ 10 年。此阶段记忆力下降更为明显，不仅不记得最近发生的事，甚至远期记忆也明显下降，无法正确地回忆以往生活中发生的重大事件，如哪年结婚的、孩子的生日、事业上的成功，甚至连使用多年的电话号码等都忘记了。认识、判断能力也发生严重障碍，不知道当天的年、月、日，不知道季节；不会随冷暖而更换衣服，不会穿衣和鞋袜，如大热天穿着厚毛衣，或同时穿着好几件衬衫或短袖衬衣，把内衣穿在毛衣外等；将东西放在不合适的地方，如将电熨斗放在冰箱里，把手表放在糖碗里；严重时大小便不知如厕；不认识同事和邻居，分不出男女性别，甚至连镜子中的自己也不认识。思维混乱，说话时答非所问，文不对题，别人难以理解他要表达的内容是什么。此阶段后期已基本无法料理自己的生活。

行为、性格及人格障碍也是此阶段病变的特点。有些患者表现出明显的性格和行为改变，如以前脾气温和、为人宽厚，现在变得脾气暴躁、心胸狭窄；以前脾气很坏，现在却特别听话。有的终日无事忙、无目的地徘徊、收集废物、无原因地傻笑；有的患者则活动很少，呆坐一隅，对周围任何事物都毫不关心；有的患者焦虑不安，甚至不分白天黑夜地吵闹不休；有的出现四肢痉挛、动作不灵活等神经系统的症状。有些患者走得稍远一点就有可能迷路，有的甚至在很熟悉的环境中迷路。此期脑电图检查可见到慢波明显增多。脑 CT 检查常可发现脑室增大、脑沟增宽、皮质轻度萎缩等异常。智能检测提示记忆力、定向能力、思维判断能力都明显降低。

（三）晚期

第三阶段为晚期阶段，一般在发病后 8～12 年。主要表现为非常明显的智能障碍，患者与周围环境已无法正常接触，语言支离破碎，毫无意义，最多只能记起自己和配偶或照料者等一两个人的名字。多数患者表情淡漠，终日少语少动，可出现肢体强直、挛缩，步态不稳，约有 1/3 的患者会发生癫痫大发作，生活完全不能自理，需要他人 24 小时看护。此期脑电图检查可见到全面的慢波化、重度异常。脑 CT 检查可发现广泛的脑萎缩。记忆和智能检测已无法进行。

四、阿尔茨海默病的早期信号

与其他疾病一样，阿尔茨海默病也必须进行早期治疗和干预，而且越早治疗效果越好。但是早期的一些症状表现经常会被医生、患者家属或朋友所疏忽，或者将一些临床表现误解为年老所致，甚至认为是衰老的正常现象。由于这些症状多是逐渐发生的，因此很难确定患者是从何时开始发病的。

由于阿尔茨海默病患者早期看起来都很健康，其行为举止等表现基本上与常人无异，社会技能也比较完好，可以正常与同事和邻里交往，还可以参加一部分社会活动，因此他们在从事日常生活活动出现困难时很容易让人以为他们只是“变懒”了。但细心的家属和子女以及关系较好的老朋友才可能会觉得其中有些不对劲的地方。下面是阿尔茨海默病的 10 个早期常见的表现。

（一）记忆力减退

尤以近事遗忘最为突出，是阿尔茨海默病早期最常见的症状。患者对当天发生的事不能记忆，刚刚做过的事或说过的话不记得，熟悉的人名记不起来，忘记约会，忘记贵重的物品放何处。

（二）难以完成熟悉的工作

患者难以胜任日常家务。例如，患者可能不知道穿衣服的次序、做饭菜的步骤。

（三）语言障碍

患者可能经常忘记简单词语或以不常用的词语来代替，结果说出来的话让人无法理解；叫不上日常物品的名字；口语量减少。

（四）计算力减退

患者常算错账、付错钱。

（五）时间和地点定向障碍

患者忘记今天是星期几，记不清具体的年、月、日，熟悉的地方也会迷路。

（六）空间定向力障碍

穿外套时手伸不进袖子，迷路或不认得家门，不能画简单的几何图形。

（七）判断力受损，抽象思维困难

患者反应迟钝，很难跟上他人交谈时的思路。

（八）情绪或行为改变

患者的情绪可能变得极不稳定，较以往抑郁、淡漠或易激动、焦躁不安、注意力涣散。

（九）人格改变

患者的为人处世较病前不同，如怀疑家人偷窃自己的钱财或把一些不值钱的东西也藏起来。

（十）兴趣丧失

患者可能变得消极，缺乏主动性，长时间坐在电视机前消磨时光或终日昏昏欲睡，对以前的爱好也失去了兴趣。

这些都是阿尔茨海默病的一些早期信号。当然不是早期阿尔茨海默病患者都会出现上述表现，也许只出现某几种，也许部分症状更为突出一些，但家属一定要注意这些征兆，当老年人出现记忆力下降和情感改变等症状时，应尽早去医院检查，以免延误治疗的时机。

任务二 掌握与患阿尔茨海默病老人沟通的技巧

案例导入

李婆婆，75岁，入住某养老机构。入院评估：简易智力状态量表（MMSE）结果为1分，主要表现为：对时间、空间的定向力障碍；计算能力、注意力、命名能力、结构能力及书写能力严重退化等。记忆力、回忆能力、理解能力与阅读能力尚可。跌倒风险因素评估结果为高危。作为工作人员，应该怎样对该老人进行入院宣讲？怎样教老人预防跌倒的方法？采用什么样的沟通方法与技巧才能达到有效的沟通？

知识内容

对阿尔茨海默病患者的护理是一项繁杂的工作，护理者不仅需要付出极大的爱心、耐心、细心和毅力，还需要正确地理解患者的特点，采取积极的态度，使患者能生活在一个充满亲情和关爱的环境中，通过与患者的有效沟通，采取有效措施，才能提高患者的生存时间和生活质量，减轻家庭负担，使其家人得到慰藉。

一、与患阿尔茨海默病老人沟通的原则

（一）原则

与患阿尔茨海默病老人沟通的原则如下。

（1）尊重老人及老人的感受。

（2）接受而不是改变。

（3）保持同情心。

（4）给老人表达的机会。

（5）不要任意哄骗老人。

（6）关心与爱护。

（二）注意事项

与患阿尔茨海默病老人沟通时应谨记以下几点。

（1）患者出现的症状包括不恰当的举动都是由病情发展引起的而不是故意的，病人自己也很痛苦，所以不能因沟通不好而对病人生气，而应非常同情和理解他们。

（2）患者不论病情轻重都还有心理功能，要有极大的耐心和爱心，而不是用简单

粗暴的方法排斥，以避免伤害他们的自尊心，要充分发挥其留有的心理功能。

（3）虽然病情逐渐剥夺了患者的认知能力，但是他们依然保留情感，保留对美好事物的感知能力。疾病最后损害的是皮层功能，阿尔茨海默病患者对情感的感受和表达是最后消失的，也就是说即便是患病晚期的老人依然能感受到亲友的关爱。虽然在和老人讲话的时候他不一定能听明白，但他会从微笑、抚摸、温和的语音语调来感受照护者的友好、尊重和体谅。

二、阿尔茨海默病患者常见的沟通障碍

（一）患者的因素

记忆力衰退使患者的判断能力和理解能力降低，导致不能执行较复杂的指示；集中精神的能力降低，情绪较易波动，易发怒。

（二）照顾者的因素

说话太快、声调太高，对患者构成压力。说话内容过多，令信息变得太复杂。太多不必要的动作，使老人分心或误会。由于身心疲累，老年人易产生沮丧失望或不耐烦的情绪。不适当的语调，例如大声呼喝，会使老人误会受到责备和遭受不礼貌对待。

（三）环境的因素

噪声干扰、光线不足等。

三、与患阿尔茨海默病老人沟通的方式

与患阿尔茨海默病老人的沟通包括非语言沟通和语言沟通两大类。

沟通者应掌握其特点和方法以及注意事项，更好地帮助有认知障碍的老年人通过沟通表达感情和要求，得到安全感，提高生活质量。除了一般与老年人沟通的技巧外，还应该注意以下内容。

（一）非语言沟通

非语言沟通对于越来越无法表达和理解谈话内容的老年人来说极其重要。虽然老年人可能较为依赖非语言交流，但并非意味着其心理认知状态也退回孩童阶段。所以，要注意观察何种沟通模式是老年人反应良好的特定方式，并予以强化和多加运用。

1. 倾听

要善于听老年人讲话，要注意其讲话的声音、声调、流畅程度及选用的词句，老

人的面部表情、身体姿势及动作，尽量理解其想表达的内在含义。在倾听过程中，要全神贯注、集中精力、注意听讲。要注意保持眼神的接触，做到“心领神会”；双方保持的距离以必须能看清对方的表情、说话不费力但能听得清楚为度；距离也可随说话的内容而调整，以自然为要。双方位置平持，稍向患者倾斜，切勿使患者处于仰视位。要使用能表达信息的举动，如点头、微笑等。用心倾听，不仅表达了对老年人的关心，还表达了对话题的兴趣，以鼓励老年人继续说下去。

2. 面部表情

面部表情常清楚地表明人的情绪，在某种程度反映内心隐衷。面部表情反应极为灵敏，能迅速而真实地反映各种复杂的内心活动。应保持脸部表情平和、不紧绷或皱眉，说话声音要略低沉平缓且带有欢迎的热情，可适时夸大面部表情以传达惊喜、欢乐、担心、关怀等情绪。微笑是人际交往的“润滑剂”，对老年患者的精神安慰可能胜过良药。在微笑中为老年患者创造出一种愉悦的、安全的、可信赖的氛围。

3. 触摸

沟通者适当的触摸可表达对老年人的关怀之情，而老年人通过触摸他人或事物也可帮助其了解周围环境。触摸是一种简单的表达情感的方式，有助于我们与患阿尔茨海默病老人交往。当我们倾听或者和他们谈话时，握着他们的手或胳臂是一个显示我们感兴趣或引起他们注意的方式。但是如果触摸使用不当，可能会增加老年人的躁动或触犯老年人的尊严。要避免不适宜的拍抚头部等让老年人感觉不适应和难以接受的动作，而且，因为老年人常处于意识不清的状态，容易对触摸做错误的理解。因此，在沟通过程中要掌握以下注意事项。

（1）让认知障碍的老年人知道沟通者的存在方可触摸。

（2）老年人因为视、听力的渐进丧失，常容易被惊吓，所以应尽量选择从功能良好的那一边接触老年人，绝不要突然从背后或侧面给予触摸。

（3）渐进地开始触摸，持续地观察老年人对触摸的反应。逐渐从单手握老年人的手到双手合握；与老年人交谈时，应保持适当的距离，从 1 米左右开始，渐渐拉近彼此的距离。离得太远，患者听不清楚，靠得太近，患者又会感到害怕。在触摸的过程中还要注意观察老年人的面部表情和被触摸的部位是松弛还是紧绷，身体姿势是退缩地向后靠还是接受地向前倾，以判断老年人是否接受与舒适，为下一步措施的选择提供依据。

（4）注意适宜的触摸位置。最易被接受的部位是手，其他适宜触摸的部位有手臂、背部与肩膀，头部则一般不宜触摸。

（5）注意保护老年人易脆破的皮肤。避免使用拉扯或摩擦力，可适当涂抹乳液。

（6）要尊重与了解老年人的个别性和文化传统背景，以免触怒老年人。涉及老年人的隐私检查时，应事先征得老年人的允许。

（7）对老年人的触摸应予以正确的反应。应学习适当地接受老年人用抚摸头发、手臂或脸颊来表达谢意。到了阿尔茨海默病的最后阶段，老人可能不再说话。我们可以做什么呢？从研究中得知，抚摸、拥抱和爱抚非常重要。因为得了阿尔茨海默病，虽然大脑多处受到损伤，但在病程的最后阶段，患者仍然能得到触觉刺激，触觉持续的时间最长。所以，最好通过触觉与后期患者进行接触。

4. 身体姿势

当言语无法清楚表达时，身体姿势能适时有效地辅助表达。日常生活中能有效强化沟通内容的身体姿势有：挥手问好或再见；把手转过来做向内舀的样子表示召唤、伸手指出物品所在地、指认自己或他人；模仿和加大动作以指出日常功能活动，如洗手、刷牙、梳头、喝水、吃饭；竖起大拇指表示支持和赞同等。在沟通过程中要掌握以下注意事项。

（1）与认知障碍的老年人沟通前，必须先让他知道沟通者的存在，以免惊吓到老人。

（2）沟通时要面对老年人，利于他读唇，并加上缓和、明显的肢体动作来有效地辅助表达。

（3）对于使用轮椅代步的老年人，应适时地坐或蹲在旁边，并维持双方眼睛于同一水平线，以利于平等的交流与沟通。

（4）鼓励无法用口头表达的老年人，以身体语言来表达，并及时给予反馈，以利于双向沟通。

（5）身体姿势与导向：说话时倾身向前以表示对对方的话题有兴趣，但是注意不要让老年人有身体领域被侵犯的不适。

（6）如果老人不介意的话，在他觉得舒适的情形下，可以借一个拥抱来表达爱及温暖的关怀。

5. 重视眼神的交流

眼神的信息传递是脸部表情的精华所在。与患病老人交谈时，要看着他们的眼睛，微笑、亲切的目光和表情，会给老人以鼓励。眼睛接触时必须坦诚且温柔，但患病老人往往因知觉缺损而对所处情境难以了解，容易走神，故保持眼对眼的接触对沟通的效果是非常重要的，必要时可以正面触摸老年人以吸引其注意力回到沟通的情境中来。但有的老人会觉得直接眼对眼的接触具有威胁感，则需特别处理。

6. 沉默

沟通中利用语言技巧固然重要，但这并不是唯一的可以帮助患病老人的方法。不是所有的时间都应该说话，有时待在一起就足够了。当患病老人不愿意说话或者受到情绪打击时，沟通者可以和对方说：“如果您不想说话，您可以不说，我希望能坐在这儿陪您一会儿，好吗？”这时沟通者以沉默的态度表示关心，也是尊重老人的意愿，会很有效。它可以表达沟通者对老年人的同情和支持，起到此时无声胜有声的作用。此外，沉默片刻还可以为沟通双方提供思考和调适的机会。

7. 沟通环境

由于患阿尔茨海默病的老人的沟通交流能力和处理外部刺激的能力往往存在缺陷，故应为其创造一个适应其沟通能力的舒适环境：安全、安静、相对固定、相对独立。另外，沟通的空间距离最好保持在 90 ~ 120 cm。

（二）语言沟通

良好的语言沟通可以正确地表达情感、意念、信仰与态度，促使沟通双方能够互相理解和接受。虽然患病老人的语言沟通能力有不同程度的减退或障碍，但良好的语言沟通仍然是促进其与外界交流和了解的重要途径，沟通者也能清楚而迅速地将信息传递给老年人。沟通者要以对老年人真诚相助的态度，同时应估计老年患者的受教育程度和理解能力，以便选择合适的语言。

语言沟通的方式很多，口头沟通对外向的老年人，是抒发情感和维护社交互动的好途径，而书信沟通则更适合于性格内向的老年人。患病老人由于其语言表达能力、理解能力、判断力、适应能力等均有所减退，人格也发生了一些变化，故可能使其变得退缩、寂寞和沮丧。此时，最好的解决方法是提供足够的社交与自我表达的机会，予以正向鼓励。

1. 口头沟通

口头沟通是与患病老人沟通的重要方式，采取不同的方法、角度、频率与其进行沟通，能有效地鼓励其增强战胜疾病的信心，以维持和保留原有的能力，延缓衰退的速度。

2. 书面沟通

对有识字能力的患病老人，结合书写方式沟通能比较好地克服老年人记忆减退，起到提醒的功能。如果患者出现表达混乱时，也可以尝试让他们写下自己想要表达的内容。

四、与患阿尔茨海默病老人进行有效沟通

做好以下几点，也许会对与患阿尔茨海默病老人进行有效沟通有所帮助。

（1）安静的环境。电视、收音机甚至电扇的噪声，都可能分散老年人的注意力，使他们在谈话中忘了自己所说的内容，安静的环境能让交流更加容易。减少环境中造成老人分心的因素，比如噪声、混乱的环境或陈设以使老年人的注意力集中。

（2）一对一交流。说话的人越多，内容会越复杂，同一时间不要多个人同时与老人交流；旁人不要随意插话和代替回答问题，以免老人目不暇接或感到回答不及时而产生焦虑和挫折感。一对一的交流能够有效减轻老人的思想负担。

（3）先要确定老人的听觉和视觉是否正常。例如老人的眼镜度数是否仍然合适，助听器的功能是否正常，必要时可进行一次全面的检查。

（4）讲话前先确定是否引起了老人的注意。直接碰触其肩膀、手臂或手掌，有助于吸引其注意力，但碰触时必须小心谨慎地注意其反应。

（5）首先向老人做自我介绍，说明你和他的关系，并且提供有助于定向感的信息，避免一再的考验或询问。要从老人的正面走近，告诉他你是谁；要以缓慢、温和、不仓促的速度接近老人，因为老人对于快速移动的物体很敏感。

（6）应亲切地称呼老人的名字，但须征得本人同意。这不仅仅是礼貌问题，也可以帮助老人进入状态并且引起注意。

（7）与老人交流时要面对面的交谈，并保持目光的接触。老人坐着或者躺着时我们不要站着，不妨坐下或蹲下，与其保持同一高度，不要居高临下。互动过程中，称呼其名字，并保持眼对眼的接触，以吸引其注意力。

（8）讲话要慢、语调要平和，语气要温和、轻松，吐字要清楚，但不要大声讲话，除非老人有听力问题。尽可能使用他熟悉的方言、俗语。永远不要喊叫，一个尖锐或过于响亮的声音会让老人觉得害怕，甚者可能发生过激反应。

（9）注意说话时的口吻，应避免用与幼儿说话的语气与老人说话，这样会伤害老人的自尊心，助长老人的孩童心智和依赖心理。

（10）与老人交谈时，尽量采用简短和易懂字句，避免使用复杂的长句子。一次只给老人一个建议或想法，每句话尽量只带有一条信息。问题要简单，每次只提出一个问题，还要避免向老人提出有多种答案可选的问题，答案不宜多于两个。例如："你吃苹果还是梨？"比"你喜欢吃什么水果？"更好。询问其问题时，应该是一些以"是"或"否"作为回答的问题而不是思考性问题。如"你想出去走走吗？"而不是"你想做些什么？"问题可附带一些选择。例如："您是在北京还是在天津出生的？"可以把问

题变成答案，试着向老人提供解决问题的方法而不是提出问题。例如您可以直接告诉他们厕所在这里，而不是问他们是不是需要使用厕所。把否定句变成肯定句，试着说“我们来这儿吧”，而不是“不要去那儿”。强调一个句子里您最想引起老人注意的关键词。比如“这是您的茶”。避免用代名词如“他”“他们”“这里”“那个”等，应以人名、地名或物件名称作直接沟通。减少用抽象的概念。例如：“饥饿”“口渴”是抽象的，“吃饭”和“喝水”是具体的。

（11）要避免不清楚的表达。给老人简单的解释，避免使用复杂的逻辑和过多的理由解释问题，仅提供给老人一个完整的、明确的、简洁的解释。

（12）假如听不懂老人所说的，应请老人再重复说一次，如果这会让老人不高兴，则可以用猜测的方式，重述您所听到的内容，然后问老人“对”还是“不对”，直到了解为止。不要假装听懂了，却又不能按老人的要求做，这样反会使老人失望。

（13）应记下每个老人表达或沟通的特殊用语和非语言技巧，以提高下一次交流的质量。

（14）尝试以当日发生的事情、人物、地点、天气等作为谈话的开始。多谈涉及具体内容的事情，找出老人感兴趣的话题，用其熟悉的方式交谈。选择老人熟悉的话题，保持对话流畅。讨论一些具体的事情而不是抽象的想法。

（15）近期记忆障碍是患者另一常见的问题。如果时常跟老人直截了当地谈他的近期记忆障碍，常会造成老人很大的挫折感。所以，与老人谈话时应由老人选择主题，或是从他远期记忆的事情开始谈起，这样沟通会进行得比较顺利。老人也常可由谈到过去而获得愉悦。但是不要问老人这样的问题：“你还记得那个时候……”也不要说“你不应该忘了啊。”不要考验老人的记忆力，老人会因回答不了而感到受挫。

（16）对老人目前的知觉障碍，处理应委婉。当老人坚信错的或不存在的事情时，不要与之争论，可针对病人情绪给予安慰。例如，当一位丧子的老人说，她盼望着儿子不久能回家，护理者适当的反应为“您一定曾经很疼您儿子，有时甚至觉得他仍在这里”。如果护理者明白或隐含地表示同意她儿子会“回家”，则会增强老人错误的期待或导致老人的失望；但若断然地告诉她“您儿子已经不在了”，则可能增加老人的焦虑。

（17）阿尔茨海默病患者说话有时找不到适当用语或应对出现困难，努力地寻找一个字或一个词来表达自己的意思，不宜马上纠正，以免令对方难堪。要尝试弄懂老人一些语意不清的语句，试着将病人说话中重要的字句加以串联组合起来，以帮助彼此沟通。可提示或转换话题。例如：“您刚刚说以前去过……”，可让老人填补未完成的句子。当老人忘记整个句子时，可以重复句子的最后部分，以作提示。如果老人感到疲劳或挫折感，可以暂停，过一会儿再尝试。

（18）重复信息或者问题。如果老人对提出的问题没有回应，稍等片刻，然后再问一遍。重复提问时应该使用同样的方式和同样的语言。

（19）耐心地等待回应，给老人一些反应的时间，让他们能够有充裕的时间思考问题。不要着急，如果我们心急，老人就会烦躁不安。

（20）不要打断老人讲话。不要去纠正老人的错误，不争论、不争吵，可针对其问题给予适当的解释和安慰。

（21）留心观察老人的表情、音调及动作，以便做出适当反应和提示。老人回答时，给予适时鼓励，如微笑、点头、口头赞赏等。要表现出对老人的话语很感兴趣，并鼓励其继续说下去。

（22）当老人不能集中精神时，可轻拍其手臂，呼叫其名字，或者休息一会，或喝杯水，使其精神缓和，恢复注意力。因为老人的集中能力差，谈话时间不宜太长。

（23）当老人一遍又一遍地重复问相同的问题或发表相同的评论时，尽量不要恼怒。那些让他们不断重复的东西可能恰恰反映他们关注的特殊事物，你要注意到这种可能性并做出合理分析，那些重复的话语可以成为你们两个交流的起点。如果必要，可以用别的事适当转移其注意力。

（24）当老人情绪愤怒、拒绝合理解释时，可以使用老人感兴趣的话题转移老人的注意力，让老人放弃坚持要做的事情，同时要尊重老人，千万不可勉强，这对沟通十分重要。

（25）给老人分步指示，把要做的事分解成简单、清楚的步骤说给老人，一步步地引导老人完成。

没有两位阿尔茨海默病患者是一模一样的，必须尊重每一位阿尔茨海默病患者的独特性。由于阿尔茨海默病患者的状况会随病程而改变，照顾者需要随其状态来调整照护方式。用接纳的态度面对阿尔茨海默病患者，只要我们愿意像对待具有健康智能的正常人一样关爱他们，保持接触，亲近他们，倾听他们的诉说，就会发现他们仍有许多话要说。尽管阿尔茨海默病患者的情感表达很直接，这对周围人来讲，有时是痛苦和尴尬的，但这使我们知道他们内心的体验，虽然有时候不知道他们在说什么，但只要细致观察，从他们的言语、表情、动作等方面，就可以了解到一些信息，感受到他们的需求，使我们更快地找出适合的照顾方式，陪伴老人继续走下去。

课后练习

【名词解释】

1. 失认

2. 失用

【填空题】

1. 在阿尔茨海默病中，最常见的类型是（　　）。

2. 阿尔茨海默病的基本症状包括（　　）、（　　）和（　　）三个方面。

【能力体现】

张大爷是一位阿尔茨海默病患者，两个月前入住养老机构。刚开始张大爷不停地吵嚷着要回家，夜间吵闹明显，根本无法入睡，还不停地乱走乱叫，情绪极度烦躁。白天茶饭不思，每天总是一个人在院子里来回走动，并出现大小便失禁的情况，对护理人员也是经常拳打脚踢。

请为张大爷列出沟通计划，充分运用学到的与患阿尔茨海默病老人沟通的技巧。

参考答案

项目六 与临终老人沟通

学习目标

- 知识目标
  - ◇ 熟悉临终老人的心理反应分期；
  - ◇ 熟悉临终老人的心理特点和行为反应；
  - ◇ 了解与临终老人沟通的意义；
  - ◇ 掌握与临终老人沟通的技巧。
- 技能目标
  - ◇ 领悟与临终老人沟通的技巧；
  - ◇ 学会与临终老人进行沟通。

情景导入

随着人口老龄化的发展以及疾病谱的转变，慢性非传染性疾病，如恶性肿瘤、心脏病、心脑血管病、糖尿病等终末期患者不断增多，社会对临终关怀的需求越来越强烈。临终关怀在整个卫生保健系统中的地位日趋重要，它与预防、治疗一起成为当代卫生保健系统的三大基本组成部分。

任务一　熟悉临终老人的心理反应分期

案例导入

李××，男性，85岁，患高血压20余年、脑癌晚期，两个月前因脑出血再次入院治疗。患者入院时意识不清，左侧瞳孔4.5 mm，右侧瞳孔4 mm，对光反射弱，左侧肢体肌力0级，右上肢肌力2级，右下肢肌力1级，左侧巴宾斯基征阳性。头部CT显示脑出血，胸片提示慢性支气管炎，两下肺感染，大小便失禁，血压175 mmHg/103 mmHg。经住院治疗，患者病情得到一定程度的控制，意识略恢复，左侧肢体偏瘫，生活不能自理。

知识内容

一、否认期

大多数病人都不能接受所面临的死亡，认为“不可能”“弄错了”。有的病人得知自己的病情加重将面临死亡时，其心理反应是“不，这不是我，那不是真的”。患者不承认自己患有绝症或者病情恶化，认为这是医生的误诊。他们常常怀有侥幸的心理到处求医，以期推翻诊断。老年人对生命的渴望不会随着年龄的增长而减弱。现实中，老年人对生的希望具有很强的渴求，他们在面临生命即将结束时往往会发出否认的呼声。老年人在临终时可能已经失去了生活自理能力，自己没办法辗转求医，但他们却非常渴望亲人们为他们选最好的医生、送最好的医院进行治疗，以期证实自己还可以继续活下去。在现实中，我们常常看见这样的老人：老人一边说着子女很忙，认为自己已经是一把老骨头了，没有治疗的价值，另一边眼神里透露出求生的渴望，告诉别人他还没有走到生命的尽头，还有生的希望。

二、愤怒期

当病情趋于严重，否认无法再持续下去时，病人常表现为生气与愤怒，对任何事情都不满意，往往将愤怒的情绪向医护人员、朋友、家属等接近他的人发泄，或对医院的制度、治疗等方面心存不满，以弥补内心的不平。

三、协议期

病人期盼能延长生命，认为许愿或者做善事能扭转死亡的命运，提出种种要求，如有的病人为了延长生命，做出许多承诺作为交换的条件，出现“请让我好起来，我一定……”的心理。此期间病人变得和善，对自己的病情抱有希望，配合治疗。例如：李大爷，78 岁，在家上厕所时不慎跌倒导致骨折，医生告知没有手术的价值，找个养老机构疗养还好些。李大爷的子女把他送去一家养老机构疗养，但由于李大爷脾气倔强、性格古怪，在养老机构不愿配合护理工作，导致入院几天后就发生了褥疮，这时李大爷仍不配合护理，也不配合换药治疗。几个月后李大爷的早期褥疮就变成了非常严重的大面积深度褥疮，感染、褥疮消耗紧随其后。李大爷渐渐感觉不行了，哭着哀求医生、护理员救救他，医生、护理员叫他怎样做他就怎样做。但不管怎样，李大爷的生命还是走到了尽头。李大爷的这种表现就是典型的临终老人协议期的表现。

四、沮丧期

病人不得已面对身患疾病的现实，身体状况日益恶化，病症愈加明显，因而产生绝望感。如有的病人发现身体状况日益恶化，协商无法阻止死亡的来临时，就会产生很强烈的失落感，常出现悲伤、退缩、情绪低落、沉默、哭泣等反应，要求与亲朋好友见面，希望由他喜欢的人来陪伴照顾自己。

五、接收期

接收期是临终的最后阶段，病人已对自己即将面临的死亡有所准备，极度疲劳衰弱，常处于嗜睡状态，感情减退，表现平静，如有的病人在经过一番努力挣扎过后变得平静，产生“好吧，既然是我，那就去面对吧”的心理，接受即将面临死亡的事实，开始喜欢独处，睡眠时间增加，感情减退，静等死亡的到来。

任务二　熟悉临终老人的反应行为

案例导入

有生便有死，死亡和出生一样是客观世界的自然规律，是不可违背的，是每个人都要经历的事实，正是死亡才显得生命有意义。而临终病人只是比我们早些面对死亡的人。死赋予生以意义，所以我们要珍惜生命、珍惜时间，要迎接挑战、勇敢面对。

知识内容

一、负罪轻生型

一些病人为内向型性格，身体状况恶化带来的痛苦，长期的检查与治疗造成的经济负担，使病人感到自己对家庭和社会是一种负担而自责。他们往往会选择轻生的方式结束生命。现阶段，我国老人轻生率还是很高的，这些轻生的老人中，很大一部分都是觉得自己老了不中用了，成了子女的累赘。特别是生病的老人，其负罪感更加强烈。负罪感是这部分老人轻生的主要原因。

二、悲观失望型

一些病人在生病前事业生活一帆风顺，对人生缺乏正确的认识，意志薄弱。当获知自己患绝症或已到临终时，病人首先会表现为紧张、恐惧，既而悲观、失望、无信心，拒绝一切治疗与护理。

三、抑郁孤独型

有些病人文化素质较高，性格偏内向，情感丰富，但是长时间的住院，远离正常生活和亲人，使他们的内心极度孤独，盼望亲朋好友能常陪伴。

四、渴望生存型

有些病人文化层次较高，信念坚定，意志坚强，能比较客观地认识人生，有强烈的求生欲望，情绪表现比较乐观，能积极配合医疗护理。

五、视死如归型

有些病人在生病前性格开朗，对人生有充分的认识，希望医生能将病情预后如实告诉他，以便在有限的时间内安排好后事。

任务三　掌握与临终老人沟通的技巧

案例导入

齐奶奶是一名骨癌患者，曾被医生告知只有半年时间，可是她打破了这个预测。在临终关怀医院住了两年后，齐奶奶决定不能再在这里浪费时间了。出院后，她跟随一个环保组织，一边参加环保活动、宣传环保意义，一边旅行，去了杭州、南京等多个地方。她乐观、豁达地面对疾病和死亡，去看没有看过的世界，去体验没有经历过的精彩，活出自己想要的人生。

生的时候，保证生活质量，体现其生命价值，当死亡不可避免时，我们尽量做到泰然处之，坦然接受，帮助老人有尊严、安详地走完人生的最后一程。

知识内容

一、临终沟通的意义

目前，较多的临终老人在生命的最后一段日子里，不是在舒适、平静中度过，而是处于现代医疗技术、麻醉以及药物的控制下，身上插着各种管子，在接受各种侵入性治疗的同时，内心充满了恐惧、痛苦和无奈。临终沟通的目的是为临终老人提供心理上的关怀与安慰，缓解他们心理上的恐惧，维护尊严，提高生命质量，使患者平静、安宁、舒适地抵达人生的终点。

二、临终沟通的技巧

（一）聆听

临终老人常需要最大的同情、支持和家庭的容忍。聆听是护理人员提供的最具同情心的礼物。研究表明，克服悲伤的最好的方法之一是谈论它，临终者对地球上每个生命的消逝伤感，而聆听能帮助他们克服死亡的悲伤。临终者总是喜欢向倾听者谈及往事，以此给予自己的人生定位。护理人员要尽可能地尊敬他们，对他们说："您有什么感觉?"并准备好聆听，允许他们从疾病最初表现，甚至几年前开始讲述和各种倾诉，包括他们对病情的看法，对家人希望以及对未来的打算。这是我们给他们最好的礼物。

1. 积极的聆听

聆听者不应打断讲话者的表达，即要持续听话而不插入任何自己的判断、建议和分析，鼓励临终者深入话题，专心听，将全身心投入，以显示对他们的关心和鼓励，以便对方能畅所欲言。比如"是的，接着讲……再告诉我一些"。微微点头，轻声应答："哦，知道了。"以表示自己正在听和很感兴趣。反之，护理人员轻易表现出震惊，急于做判断、批评或提出建议及东张西望、坐立不安等都会使沟通变得困难。临终者会关上心灵之门，把你拒于门外。

2. 反述式聆听

聆听者重复（不加任何判断的重复）或反述刚刚听到的话，即适时给予反馈。如临终者说："我不知道做什么才好，有太多的事要做决定。"护理人员可重复为："现在这种情况一定让你感到很大的压力。"这样让他知道你听到了他所讲的话，也证明你正确理解并且不打断他的思路，同时帮他清理了思路，支持他的下一个想法。

3. 有效的聆听

对于一个为死亡而苦恼的人来说，给他建议通常并不会有什么帮助，有效的聆听需要护理人员听其言观其色，力求准确地把握临终者的意图。比如"我能听出你对此很生气"，这样的话能让他深入话题，也许能帮助他找到解决的办法。反之，只会增添更多困扰。

4. 体贴的聆听

这在任何时间、任何情况下都是必要的。聆听者要全神贯注，不要随便插话，可以用体态语，目光注视对方的眼睛和面部来保持眼神交流，用适当的接触和手势来迎合临终者，以表达体贴的聆听。体贴的聆听意味着注意临终者而不是你自己所表达的想法和感情。不管他们的感受是好还是坏，它们只是“情况本来这样”而已。如果你表现出震惊、厌恶或戒备，进一步沟通的门就会被关上，他们将不再给你面对真情的机会，这会使他们感到孤独甚至消沉。相反，在分享病人的感受时，用一种充满爱意的表达方式如点点头或进行目光的接触来表示你在努力理解他说的话，这对于老年的临终者来说尤为重要。

（二）提问

在创造性和体贴的聆听中提问，是为临终者提供的最有帮助也最有必要的方式。这会给他们说出心中气恼和迷惑的机会，帮助他们形成对未来的计划，驱除心中孤单、被遗弃的感觉。护理人员要高度重视病人的尊严，绝不要不和他们商量就做决定或以命令的口吻和他们说话、提问是和他们商量的一种有效的方法，提问可填补对话中的沟壑。特别是对攻击型临终者，要主动沟通，提一些问题，引导发泄，找出症结所在；不要问带有侵犯性的不礼貌的问题，要问显示你真正关心对他们很重要的事情的问题，提问能引导交谈围绕主题展开。

1. 提问时遵循的原则

（1）中心性原则：以临终病人为中心，围绕交谈的主要目的进行。

（2）温暖性原则：提问也可以说是询问，不应是冰冷的突如其来的不良刺激。

2. 提问时注意的事项

（1）避免提连续性的问题，每次提问一般限于一个问题，待回答后再提第二个问题，否则病人会感到困惑，不知该先回答哪个问题，甚至感到紧张有压力。

（2）避免提双重性问题，如“你想吃面条，还是想吃蛋糕？”或许他都不想吃，而想吃米饭。

（3）避免提“为什么”之类的问题，如“你的肝脏不好，为什么还要喝酒？”这类问题往往隐含责备之意，容易使病人反感和紧张。

3. 回应信息

一名优秀的老年工作者总是通过对信息的回应，表达对临终者的关注、理解，拉近彼此心灵的距离，鼓励他们表达欲望，使沟通顺利深入进行。反之，老年工作者不能适时地对信息做出回应将直接影响沟通的效果。回应信息的策略如下。

（1）控制不良情绪，以宽容为原则。应暂缓激烈的反应，对方不要你的评判。对自己不感兴趣的平淡往事，也要控制好自己厌烦的情绪，耐心宽容地听下去。

（2）适当保持沉默。沟通中的沉默就像乐谱上的休止符，含义无穷，适当保持沉默常常能收到“此时无声胜有声”的神奇效果。

（3）必要的语言回应，表示听清了对方的意思和理解承认他的观点，应在适当的时候发出“哦，唔，啊”等语言回应。它们好比烹调时所加的调味料，具有独特的效果，可以加深谈话的内容。但不能运用频繁，否则可能会分散说话人的注意力。

（4）适当的非语言暗示，必要时用点头、微笑和手势等做出积极的反应，可以让临终病人感到你尊敬他，愿意听他讲话，与他沟通，从而拉近彼此的心灵距离。

（三）体态语言

1. 仪表和身体的外观

得体的仪表会带给临终者舒适愉快的感受，从而激励求生的信心，尤其是好的仪表与美的心灵相一致时会迸发出药物起不到的作用。因此，应注意自己的着装和修饰，力求给临终病人带来美感，提高生存质量。

2. 身体的姿势、步态

身体的姿势、步态可以反映一个人的情绪、健康状况和自我概念。舒适的体态姿势对病人来说尤为重要，它不仅有利于疾病康复，更能稳定他们的各种不良情绪。临终者由于复杂的心理，对外人往往态度冷漠，但在其还有知觉的情况下，对任何刺激引起的身体某个部位的不舒适，都会下意识地表达出来，有希望舒适的愿望。故老年工作者应细致地观察临终者，及时发现问题，并给予解决。同时，也该注意自己的姿势、步态，避免给临终者造成紧张的压力。

3. 面部表情

精神病学家发现，在不同的国家、不同的文化中，人们的面部所表达的感受和态度却是相似的。面部表情是内心情绪喜、怒、哀、怨的表露，可通过病人的表情及时了解临终者的需要，给予适当满足。此外，临终者也会时常仔细地观察护理人员的面部表情，特别是当他们需要帮助时。因此，应意识到自己展现在病人面前的表情，并尽可能地去控制一些会给病人造成伤害的非语言表情，如不喜欢、厌恶和敌意等，以获得较好的沟通效果。

（四）视觉沟通

眼睛是心灵的“窗户”，临终者的复杂心理状态通过目光交流会达到很好的沟通效果。目光的接触通常是希望交流的信号，表示尊重对方并愿意听对方讲述。应与临终者视线平行，并用亲切的眼神传递对他的理解和同情。目光接触的水平与时间会影响沟通的效果，交往时最好是坐在病人的对面，将目光落在对方眼部以下、衣领以上的区域，把目光放得虚一些，不要将目光聚集于某个部位，让眼睛的余光看到对方的眼睛即可；不宜注视对方的头顶、大腿，对异性而言，尤其不应注视其胸部、裆部、腿部。视线接触对方脸部的时间占全部谈话时间的30%~60%。

（五）触觉沟通

触摸是无声的语言，是一种很有效的沟通方式。安慰别人的一种最好的方式就是触摸，人在威胁生命的疾病做斗争时会感到非常脆弱并需要人来触摸。对于临终者，当任何语言都不再有意义的时候，温暖的触摸能把关心传递给他们，表达关心、理解、安慰、体贴，给予他心理上的安慰和精神上的支持，这种触摸会起到比语言更大的作用。总的来说，任何临终者都需要触摸，对于抑郁型的临终者，常到他们的床边坐坐，亲切地握住他的手，会比其他沟通方式更有效。对于有听力障碍的临终者，轻轻触摸他的臂、手和肩，直到引起他们的注意，让他知道你来了，有利于开始沟通。对于昏迷者，触摸是一种较好的沟通方式，无论他是否感知到、是否有反应，都应该反复地、不断地试图与其沟通。

临终关怀是一个沉重却又不得不面对的话题，既要让病人面对即将死亡这一现实，又要在病人的心中点燃一些希望，希望的概念就能成为一种强烈的因素，使病人敢于面对明天可能发生的任何事情。人是有思想的，其心理活动和情感主要通过语言表达，而病人在临终前，面对自己即将走完的人生路途表现不一。作为老年工作者，应该运用言语沟通和非言语沟通的技巧，结合临终者的特点进行良好的沟通，给他们一片蓝天，让他们在蓝天下无忧无虑地享受活着的每一天。临终病人是来自各行各业、五湖四海的人，每个人的经历不同、性格各异、文化情趣各有差别，会表现出不同的心理状态和承受能力。当病人肌体上饱受疾病的折磨、心中苦闷、精神上痛苦时，有效地与之沟通，能稳定病人的情绪。总之，把沟通交流技巧的运用与友好感情的注入、信任关系的建立结合起来，才能有效发挥沟通的作用，达到生死两相安、两无憾的目的。

课后练习

【填空题】

1. 老年病人在得知自己的病情加重将面临死亡时，其心理反映出“不，那不是真的”。这种表现是临终老人所经历的（　　）。

2. 老年病人经过一切努力、挣扎过后变得平静，产生一种“好吧，既然是我，那就去面对吧”的心理。这表明临终老人进入了（　　）。

3.（　　）——这种类型的老年人多数文化层次较高，信念坚定，意志坚强，能比较客观地认识人生，有强烈的求生欲望，情绪表现比较乐观，能积极配合医疗护理。

4.（　　）意味着注意临终者而不是自己所表达的想法和感情。不管他们的感受是好或者是坏，它们只是“情况本来这样”而已。

【单项选择题】

1. 如临终者说：“我不知道做什么才好，有太多的事要做决定。”你可重复为：“现在这种情况一定让您感到有很大的压力。”这样能让他知道你听到了他所讲的话，也证明你能正确理解并且不打断他的思路，同时帮他厘清了思路，而且支持他的下一个想法。关于这种沟通技巧，下面说法正确的是（　　）。

A. 反述式聆听　　B. 体贴地聆听　　C. 回应信息　　D. 聆听中进行提问

2. 在创造性和体贴地聆听临终老人讲述的过程中进行提问应该围绕主题展开，以下不正确的方式是（　　）。

A. 引导问题使之趋向于你想要听的回答，如：“今天，你有什么感觉?”

B. 封闭式提问，患者直接坦率回答是或者不是

C. 开放式提问，引导其开阔思路，鼓励其表达自己的观点、想法、担忧和感受

D. 随意问任何问题

3. 关于临终老人的行为反应类型，以下说法错误的是（　　）。

A. 渴望生存型临终老人会表现为紧张、恐惧，既而悲观、失望、无信心，拒绝一切治疗与护理

B. 负罪轻生型临终老人感到自己对家庭和社会是一种负担而内心自责，他们往往会选择轻生的方式早一些结束自己的生命

C. 视死如归型临终老人病前性格开朗，对人生有充分的认识

D. 抑郁孤独型临终老人心情极度抑郁孤独，盼望亲朋好友常来陪伴

【能力体现】

某养老机构中，一位老人感觉自己不久于人世，情绪低落，常默默流泪，念叨子女的名字。请问：

1. 该老人属于什么类型的临终老人?

2. 对这位老人可以采取哪些沟通技巧?

参考答案

项目七 与家庭养老及居家养老老人沟通

学习目标

- 知识目标
  - ◇ 了解家庭养老与居家养老的概念和意义；
  - ◇ 熟悉家庭养老老人的结构和居家养老老人的服务对象；
  - ◇ 熟悉家庭养老老人与居家养老老人的心理特点与行为；
  - ◇ 掌握与家庭养老老人和与居家养老老人沟通的技巧。
- 技能目标
  - ◇ 对家庭养老与居家养老的概念和意义有一定的认识；
  - ◇ 知道处于什么情况的老人适合家庭养老与居家养老；
  - ◇ 学会判断家庭养老老人与居家养老老人的应急心理与行为；
  - ◇ 能熟练与家庭养老老人、居家养老老人进行有效沟通。

情景导入

我国在20世纪末就进入老龄化社会。在当前形势下，家庭养老模式是最能满足社会需求的一种养老模式之一。

家庭养老是一种环环相扣的反馈模式。在经济供养上，家庭养老是代际之间的经济转移，以家庭为载体，自然实现保障功能，自然完成保障过程。父母养育儿女，儿女赡养父母，这种下一代对上一代予以反馈的模式在每两代之间的取予是互惠均衡的，在家庭单位内形成一个天然的养老基金的缴纳、积累、增值以及给付过程。

任务一　了解家庭养老

案例导入

王婆婆觉得今天是周五了，该是孩子们回来的时候了，于是下午六点未到，就准备好了一桌佳肴，稳坐在床上，等着儿女们的归来。坐着坐着，王婆婆似乎看到了她与儿女相聚的景象，多么欢乐，多么和谐。王婆婆的嘴角泛出一丝微笑，那是对儿女挂念的微笑。

“叮咚——”这一声门铃声是与6点的钟声同时响起的，王婆婆高兴了，飞快地走了过去，打开门一看，原来是个卖牛奶的。王婆婆把门一关，走进房间里，坐在沙发上苦等。

时间过得真快！时针已指向七点半，这时候，“叮咚——”，又是一声门铃声响了起来。王婆婆的心犹如冬天的炭火，又热情地燃烧起来了。她飞奔过去，兴奋地打开门一看，还是那个卖牛奶的。王婆婆失望地关上门，慢慢地走回屋里，她的希望之火熄灭了。她看到了日历，什么？今天才星期四？“唉，算了！”王婆婆失望地说！

知识内容

一、家庭养老的概念与意义

（一）家庭养老的概念

家庭养老是一种传统的养老模式，包含经济保障、生活照顾和情感慰藉，其中经济保障是最主要、最根本的内容。家庭养老虽然也是养老方式的一种，但它是就由谁提供或承担养老费用和生活服务而论的，是相对于由社会供养的一种养老形式。

（二）家庭养老的意义

1. 家庭养老是我国传统的养老模式，是大部分老人和家庭所认可与接受的

在我国，老年人退出生产领域后，基本不再创造物质财富。没有养老金的老年人，可从子女那里获得吃、穿、住、用等生活资料，日常生活可以得到照料。老年人生理机能老化，体质减弱，有时甚至生活不能自理，家庭养老便于子女的精心敬养和护理。老年人一生辛辛苦苦地抚儿育女，晚年得到子女的赡养照料，这也是他们应得到的回报。老年人长期同子女们朝夕相处，建立了深厚的感情，减少了晚年的孤独和寂寞，可以享受儿孙绕膝之乐。

2. 家庭养老对我国的养老事业发挥着巨大的作用

家庭养老服务与机构养老服务相比，具有成本较低、覆盖面广、服务方式灵活等诸多优点，它可以用较小的成本满足老年人的服务需求。更为重要的是，通过家庭养老服务，可以让一部分家庭经济有困难但又有养老服务需求的老年人得到精心照料，从而对稳固家庭、稳定社会起到良好的支撑作用。

3. 家庭养老对传承我国“孝廉悌义”的传统美德具有重要的意义

家庭养老更适应我国老年人的生活习惯和心理特征。受中华民族传统的家庭伦理观念影响，我国大多数老年人不愿离开自己的家庭和社区，到一个新的环境去养老。家庭养老服务采取让老年人在自己家里和社区接受生活照料的服务形式，适应了老年人的生活习惯，满足了老年人的心理需求，有助于他们安度晚年。

二、家庭养老老人的结构

（一）失独老人

失独老人是最近几年才出现的一个群体，是指失去独生子女的老人。这里的老人可以是一对夫妇，也可以是独身老人。在中国至少有 100 万个这样的失独家庭，每年新增失独家庭 7.6 万个。在这样的家庭中，养老、精神疾患、返贫等几大挑战同时存在。

（二）空巢老人

空巢老人，一般是指子女离家后的中老年人。随着社会老龄化程度的加深，空巢老人越来越多，已经成为一个不容忽视的社会问题。当子女由于工作、学习、结婚等原因而离家后，独守“空巢”的中老年夫妇因此而产生的心理失调症状，称为家庭“空巢”综合征。2022 年 10 月，民政部门举行第四季度例行发布会，相关领导介绍，据调查，我国老年人口中空巢老人占比目前已超过一半，部分大城市和农村地区，空巢老年人比例甚至超过 70%，大量老年人不与子女或其他家人共同居住生活，面临着居家养老的许多生活不便或困难，甚至是安全风险隐患。

为化解独居、空巢、留守、失能、重残、计划生育特殊家庭等特殊困难老年人的居家养老安全风险，更好地满足基本养老服务需求，政策早已在探访关爱方面做出制度性安排，也已明确部署“到 2025 年特殊困难老年人月探访率达到 100%”的目标。2022 年 1 月 4 日，中共中央、国务院《关于做好 2022 年全面推进乡村振兴重点工作的实施意见》中提出：健全基层党员、干部关爱联系制度，经常探访空巢老人。

（三）寡居老人

寡居老人的定义为丧偶且子女不在身边的老人，是比空巢老人更弱势的群体。寡居老人一般分为：无退休金的生活困难的寡居老人、企业退休的经济条件一般的寡居老人、事业退休的经济条件相对较好的寡居老人。

现代社会中老人和子女都要求有自己的自由空间，因此纯老家庭和寡居老人的社会现象成为社会各界关注的焦点。

在寡居老人中，男女比例失衡。城乡居民在赡养老人的观念上存在明显差异，不平衡性突出。无论是城市寡居老人，还是农村寡居老人，精神文化活动都相对匮乏，老人几乎没有什么文体活动，精神上相对空虚，缺少慰藉。

（四）正常老人

本书所说的"正常老人"是一个社会学上的概念，并非只关注生理上的健康，而是从生物—心理—社会学的角度去研究。生物—心理—社会学的主要思想是把人理解为生物的、心理的、社会的三种属性的统一体，在更高层次上实现了对人的尊重。它不仅重视人的生物生存状态，更加重视人的社会生存状态。正常老人就是指身体健康，心理、家庭与社会适应良好的老年人。

任务二　掌握家庭养老老人的心理特点、行为与沟通技巧

案例导入

十年前，一场车祸让黄英的独子强子英年早逝，更让黄英没有想到的是，丈夫在儿子去世半年之后就跟她提出离婚，分崩离析的家庭悲剧交织在一个中年妇女身上。

"我当时甚至想过轻生，因为觉得周围都是歧视的目光。"虽然已经过去十年了，但提起自己的遭遇，58 岁的黄英仍泣不成声。

知识内容

一、家庭养老老人的心理特点与行为

（一）正常心理与行为

1. 了解自我，接纳自我，有正确的自我观

一个心理正常的老人既能客观地评价别人，也能正确地认识自己和对待自己，对

于自己的潜能和长处能发扬光大，对于自己的缺点和不足也能努力改正和克服。老年人常常对自己的过去进行总结性的回顾，对自己过去满意的事情总是表现出高兴与自豪，对自己不满意的过去会表现为包容与接纳。

2. 正视现实，接受现实，有正确的生活态度

老年人退休后角色发生了转变，以往的场面已经不再。一般老年人会较好地面对现实，把握现实，有积极的处事态度，对于自己在生活中遇到的种种问题和困难，总有切实有效的方法妥善解决，不逃避。

有一位老人，退休前是一名领导兼高级工程师，每天都有大量的人员围绕着自己，同时也是家里的经济支柱。不论是在单位还是在家里，他的话就是权威，一言九鼎。退休后他虽然退出了权力的核心，但高级工程师的身份也没有使他退出职业的舞台。他生病以后，才真正地退出了历史的舞台，以往的场面不再出现，孩子们也将注意力转向了自己的核心家庭。这时候，老人非常不适应，失落、孤独与寂寞、不服气甚至怨恨的情绪常常笼罩在心里。这位老人的状态就是不能正视自己、不能接受现实、不能适应正常的生活状态。

3. 接受他人，善与人相处

心理正常的老人不仅能接受自我，也能接受他人，认可别人存在的价值，并建立良好的人际关系。

4. 能协调与控制情绪，心境良好

情绪是由适当的原因引起的，而不是“杞人忧天”，反应适度，不会过于敏感、过于冷漠，既不过分压抑，也不随意宣泄。

5. 有健康的行为

行为健康是心理正常的外部表现。

前面提到的那位老人退出历史舞台后，非常清楚工作上的地位和场面是没办法挽留的，但家庭中的地位和生活还有挽回的余力。因此，老人为了引起家人的注意，曾经离家出走，全家人满城寻找；装过病，子女们全都聚集到医院；开过煤气故意不关等。所有的行为都是为了强化自己在家中的地位。这样的行为都不是正常老人健康行为的表现。

（二）负面心理与行为

1. 绝望

绝望是有些老人最明显也最普遍的心理特征，比如失独老人，失去孩子的痛苦导致他们心情抑郁，大多数的失独老人都存在绝望情绪。如果这些失独老人不能及时摆正生活方向和心态，那么在以后的生活中更容易切断与外界的联系，丧失对生活的热情。一部分失独老人能够意识到自己会经常陷入绝望的沮丧中，希望获得帮助，而他们中的绝大多数却没有意识到自己的这种绝望状态，不能正确的面对现实、调整心态，绝望情绪长时间的伴随将会引发更大的心理问题。

2. 愤怒

有些老人的另一个心理特征就是愤怒，比如失独老人，看到孩子会莫名生气。

3. 担忧

失独老人没有孩子，担心自己的养老问题无法解决。空巢老人、寡居老人心存担忧：自己突然生病了怎么办？自己半失能、失能了又该怎么办？谁能来、谁会来照顾自己？

4. 孤独与哀伤

孤独与哀伤几乎是失独老人、空巢老人、寡居老人共同的心理特征。子女成家立业离开家庭、老伴去世或者孩子去世之后，父母一般会产生强烈的挫折感和孤独感，继而日感悲伤。

5. 敏感与焦虑

敏感与焦虑共存是一种特殊的心理现象。比如失独老人，当别人谈论孩子的时候，他们总认为是在谈论自己的孩子，总担心在与人交往的过程中提到孩子的事情，从而影响他们的人际交往。

6. 抑郁与恐惧

抑郁与恐惧是老人经常出现的情绪，比如失独老人害怕亲戚朋友在自己面前提起孩子的事情，害怕看到孩子们欢声笑语的场面，任何与孩子有关的现象对他们来说都是一种伤害。他们也担心别人因自己失去孩子而看不起自己，从而迫使自己从曾经的人际网络中疏离出来。特别是农村老人，如果发生寡居和失独的情况，在现阶段我国养老保障体系尚不健全的情况下，会更容易感到恐惧与抑郁。因此，农村老人失能后出现的轻生者越来越多。

7. 孤僻与逃避

失独老人、寡居老人在自己失去亲人以后变得越来越不愿意接触外人，越来越害怕参与亲戚和朋友的聚会，变得孤僻，生活中总是表现出逃避现实的行为。

8. 依赖与不信任

当老人出现生活不能自理或者不能完全自理的时候，他们的生活需要依赖家人、保姆甚至由社会予以照顾。这个时候老人觉得自己拥有的除了赖以生存的有限的资产以外，已经没有其他了。这时，老人对自己的财产看得非常重，生怕自己的财产被别人夺走后自己将无人照顾，他们所依赖的家人、保姆和社会也将会敬而远之。所以，这时的老人就会变得不信任人，甚至不相信自己的家人，把财产看得比亲人还重。

二、与家庭养老老人沟通的技巧

（一）接纳与倾听

从医学的角度来看，多说话有益于老人的身心健康，可以延缓老年人大脑的衰老，预防阿尔茨海默病。俗话说："树老根多，人老话多。"老年人话多是他们健康的标志。因此，面对老年人的话多，我们最好的沟通方式就是倾听。不论是子女还是其他年轻人，都要在与老年人的沟通中学会倾听，做老年人忠实的听众，听他们唠叨自己的过去，唠叨我们的不是，让他们唠叨完后变得心情舒畅。不说话的老人往往将不顺心的事埋在心里，日积月累容易导致神经系统的防御功能和脏腑器官的功能失调，让疾病趁虚而入。老年人还会经常出现自言自语的状态，这也是老年人的正常现象，他们的自言自语可能包括过去经历过并对自己影响较深刻的人、物和事，现在正在思考着的问题，以及对某事物或对自己某种言行进行申辩或解释。一方面他们可以从自己讲给自己听的过程中得到精神上的慰藉，另一方面他们的自言自语可以调节人的体温，促使人体激素的分泌，刺激末梢神经，收缩血管进而影响血液循环。

（二）闲聊

在家庭中与老人进行沟通时，闲聊是一种排遣老人寂寞与孤独感的最好方式。所谓"闲聊"，就是不设定话题的聊天。闲聊应在一种宽松悠闲的气氛中进行，可以聊人生百态、吃喝玩乐，有兴趣聊什么就聊什么，高兴聊什么就聊什么，聊天的内容有高兴的，也有不高兴甚至感觉愤怒的。无论聊什么内容，他们在这种轻松的状态下都容易出现乐观、积极的生活态度，因此会对愉快的事情表现出热情与积极，也会对不满的事情表现出宽容与接纳。

（三）同理心

在家庭养老中，有的老人会带着家长式的口吻与我们交流，他们会觉得自己就是中心，是权威；有的老人会以探寻的口气与我们交流。无论怎样，我们都应该站在老人的角度去理解和体会他们的感受。

> 有一位老人，一到周末就打电话把孩子们都叫到身边来，如有人违背，就会大吵大闹。这时在与老人沟通的时候我们首先就要站在老人的角度去体会老人的感受——“老人可能一周没有看到子女和孙子了，非常想念大家；老人可能一周都没有好好吃一顿自己认为可口的饭菜了，希望子女为自己做一次可口的饭菜解解馋”。这样在沟通的时候就更有可能得到老人的认可。

（四）默默地陪伴

有的老人可能听力和语言方面受到损伤，行动也变得不方便。他们可能很久都没有走出过家门，每天面对着枯燥乏味的家庭空间，仿佛过着与世隔绝的生活。有的老人可能因为失独、丧偶脱离了原有的人际圈子，他们因此而伤心、恐惧、失落与不满。此时，我们可以默默地陪伴在他们的身边，为他们带去无声的力量。

> 一位老婆婆，听力下降，视力模糊，因此心里产生了社交恐惧，不愿意出去与同龄人聊天，生怕别人知道自己看不见、听不到而嘲笑自己，整天待在家里不愿出去。孩子们回家的时候，她就一直不停地在孩子们的耳边诉说在家里的种种不适。作为孩子的我们，应该理解老人的这种状态，这时候只要默默地陪在她的身边，认真听她诉说，她就会觉得被理解，并感到欣慰。

（五）尊重

老年人对尊重的需要更为迫切，因为他们的社会交往能力降低，心理障碍增加，会常常感到不被尊重的威胁。被人尊重包括被人认可、受重视、有一定地位和尊严、留下好的印象和受人爱戴等。所以，在老人面前，首先要尊重他们，主动地招呼他们，细心听取他们的意见和建议，尽力帮助他们解决所提出的问题，想办法克服与他们在交流中的障碍。

（六）乐观的态度

一个人积极、乐观的人生态度会感染周围人们的情绪，因此在与老人沟通的过程中，乐观积极的态度会为老人带去正能量，让他们产生对未来的期望和对美好生活的向往。人生在世不如意之事十之八九，这是一种客观规律，不以人的意志为转移。倘若把不如意的事情看成自己构想的一篇小说，或者一场戏剧，自己就是那部作品中的一个主角，心情就会好许多。一味地沉入不如意的忧愁中，只能使不如意变得更不如意。“去留无意，闲看庭前花开花落；宠辱不惊，漫随天外云卷云舒。”既然悲观于事无补，那我们何不用乐观的态度来面对人生，守住乐观的心境呢？为老人带去乐观积极的人生态度比为老人送去补药更加重要。

五年前，某医院的神经内科住进了两位中风的老人。一位乐观积极地面对医生护士的治疗与康复训练，家属也积极配合，另一位老人却整天唉声叹气，感觉生命即将逝去而自卑自怜，子女也不懂得如何营造宽松祥和的氛围，老人因此被动地接受医生、护士的治疗与康复训练。结果乐观的老人很快出院，并在以后的生活中一直保持着乐观积极的态度，到现在仍健康地生活着，而且生活基本能自理。而悲观的那位老人，在医院里住了很久才出院，出院后就一直卧床不起，没过两年就去世了。

任务三　了解居家养老

案例导入

吴爷爷，今年78岁，农村户口，每个月只有60元养老金。有一个儿子和一个女儿，均在同一个城市工作，经济条件都不是很好。吴爷爷与儿子一家同住。两个月前老人不慎在卫生间跌倒后右侧股骨颈骨折，在医院里治疗了十几天后回家疗养。儿子和儿媳白天都要上班，就为老人请了一名钟点工专门为老人做一顿中午饭。老人翻身、大小便以及饮水等只能靠自己。老人觉得这样的生活既为儿女添了麻烦，自己也失去了尊严。为了不给儿女添麻烦，就拒绝进食，想早点儿结束生命让自己和儿女都得到解脱。

知识内容

一、居家养老的概念与意义

（一）居家养老

居家养老是以“家庭养老院”的形式帮助老年人度过健康安乐的晚年生活的一种养老模式。它以社区为平台，整合社区内各种服务资源，为老人提供助餐、助洁、助浴、助医等服务，使老年人老有所养、老有所医、老有所学、老有所教、老有所为、老有所乐。这种服务模式既解决了在养老机构养老亲情淡薄的问题，又解决了传统居家养老服务不足的难题，是介于家庭养老和机构养老之间的一种新型养老模式。

（二）居家养老的意义

1. 符合我国“未富先老”的社会特点

居家养老服务适合我国国情，符合我国“未富先老”的社会特点。我国人口老龄化是在经济还不够发达、物质条件尚不充裕的情况下到来的，因此，单靠政府的力量来发展养老福利事业是不现实的。居家养老服务与机构养老服务相比，具有成本较低、覆盖面广、服务方式灵活等诸多优点，它可以用较小的成本满足老年人的服务需求。更为重要的是，通过居家养老服务，可以让一部分家庭经济有困难又有养老服务需求的老年人得到精心照料，从而对稳固家庭、稳定社会起到良好的支撑作用。

2. 适应我国老年人传统的生活习惯和心理特征

中华民族几千年形成的传统观念，就是“养儿防老”“多子多福”“金家、银家，不如自己的穷家”。在家享受儿孙满堂的天伦之乐，出门有熟悉的邻里，互致问候；环境熟悉，闭着眼睛也不会走错路，闻着厨房的灶烟也能回到家。另外，传统的居家养老在家庭原有的平台之上进行，养老成本相对比较低。

受中华民族传统的家庭伦理观念影响，我国大多数老年人都不愿离开自己的家庭和社区到一个新的环境中去养老。居家养老服务采取让老年人在自己家里和社区接受生活照料的服务形式，适应了老年人的生活习惯，满足了老年人的心理需求，有助于他们安度晚年。

二、居家养老的模式

现阶段居家养老还没有固定的模式，各地方根据自己的特点建立适合地区特色的居家养老模式。但大体上均可以概括为两种：一是根据谁购买服务，可以分为政府购买服务的模式和老人或老人家庭自己购买服务的模式；二是根据服务方法的不同，可以分为上门服务模式和社区居家养老服务中心模式。

（一）根据谁购买服务划分

1. 政府购买服务的模式

居家养老政府购买服务，虽然是以政府为主导，但具体操作上采用了“政府购买服务，社会化运作”的方式。这种模式主要针对三无老人和家庭困难、高龄、生活不能自理的空巢老人。这种模式通过市民政局成立社区服务中心实现。为确保居家养老服务健康、持续发展，建立规范的养老服务业准入机制，中心会经过市场化筛选，确定具有较大规模的、服务质量较好的家政公司作为社区服务中心的加盟服务企业。

2. 老人或老人家庭自己购买服务的模式

老人或者老人家庭因各种原因不能或不愿意进入机构进行养老，但又不符合政府购买服务的条件时，就可以采取自己购买服务的居家养老模式。居家养老可以让老年人在自己家里和熟悉的社区接受生活照料，也能经常与子女团聚。这样既适应了老年人的生活习惯，满足了老年人的心理需求，有助于他们安度晚年，又对稳固家庭、稳定社会起了良好的支撑作用。

（二）根据服务方法的不同划分

1. 上门服务模式

不论是政府购买服务还是老人家庭或老人自己购买服务，都会与相应的社区服务中心对接。当他们需要某种服务的时候就联系社区服务中心，中心就会给加盟企业的服务网点下单派活，由服务网点的家政服务人员上门为困难老人提供一对一的服务。家政服务人员或家电维修人员上门服务后，服务对象按服务多少个小时付给相应的服务券，家政公司凭服务券向民政部门或者相应的派单机构结算费用。

2. 社区居家养老服务中心模式

在政府的积极引导下建立社区居家养老服务中心，这些服务中心开设老年人活动室、休息室、阅览室、健身室、便民食堂，配备了电脑、电视机、图书、康复训练器材、棋牌等，服务范围包括老年人的生活照料、家政服务、图书阅览、家电维修、膳食服务、法律咨询、娱乐休闲、文体健身、情感慰藉、扶老帮困、老年教育等多种项目，满足了不同层次、不同特点老年人的多样化需求。平时，社区老人只要拨打电话就可以得到居家养老服务中心（站）提供的专业服务，做到“小事不出社区，大事有人帮扶”。

三、居家养老老人的心理特点及行为

（一）感恩与乐观

居家养老既满足了老人生活照料的需要，也让老人享受了家庭的天伦之乐，还节约了费用；政府购买服务的老人和家庭解除了养老的经济负担、生活照顾以及精神慰藉等多种养老问题。他们因此而感恩社会、感恩政府，建立乐观、积极的生活态度和健康的生活行为。

> 有一位孤寡老人，因身患疾病，生活潦倒，衣不遮体，食不果腹。后经政府购买服务，老人在家里就能吃到可口的饭菜，有医务人员来为他治病，有家政人员上门料理老人的日常生活，有志愿者上门谈心，老人一天天好了起来。好起来的老人为了回报社会的关爱，以乐观积极的态度投入学习画画的过程中，后来小有成就，可以通过卖画谋生，以满足自己基本的生活需要。

（二）自卑与倔强

居家养老服务的内容和针对失能老人的服务毕竟有限，基本只能解决简单的生活服务需要。虽然也有专业人员，但其提供的专业养老服务与综合型的养老机构提供的专业服务还是存在差距的，老年人深层次的需要也许得不到更好的照顾。由于经济条件的限制或者无法获取有效的养老机构的资源信息，这些老人可能会出现自卑心理，在自卑心理的驱使下，为了维护自己的自尊而使自己的性格和行为变得倔强。

（三）依赖但也无法满足

一方面，居家养老老人由于身体、心理、物资、经济等多方面都需要社会的帮助，产生对社会的依赖心理；另一方面，居家养老的服务模式又不能很好地满足老年人多方面的需要，特别是失能老人深层次的照护需要，从而又使老年人心理上产生不满足的感觉。

> 有一位瘫痪且大小便失禁的老人，因家庭经济条件不好，综合性的养老机构进不去，只能选择居家养老。他需要1~2个小时翻一次身，定时更换纸尿裤，每天擦洗身体，定时喂水、喂药和喂饭。由于自己购买的生活照料服务满足不了这种服务需求，老人不久就出现了褥疮和营养不良以及脱水的征兆。为此，老人需要居家养老的服务，可居家养老服务又满足不了老人的需求。

（四）孤独与自尊

老年人由于身体各系统衰退，思维与行动能力不断减弱，与外界的联系也越来越少，人际交往的能力减弱。居家养老老人在接受服务的过程中与各种服务人员进行接触，但服务人员的频繁更换可能会让老年人应接不暇，虽然会不断看见不同的人员进出，但表面的认识并不能深入老年人心里，可能会让老人感觉更加孤独。虽然每一个服务人员都会对老人客客气气、备加尊重，但身心的衰弱让老人产生更加强烈的自尊，流水式的服务让老人觉得自己的需要更像一种交换而没有归属感。

有一位居家养老老人，今天需要做卫生，中心派了一位阿姨上门为其服务；明天老人需要买菜，中心又派了一位大姐陪老人买菜或者帮老人买菜；后天老人需要洗衣服，中心又联系了一位大姐来为老人洗衣服。三天来了三个陌生的面孔，这个还没记住，又来了一个新的，不同的陌生面孔让老人产生了不安全的感觉。虽然每一个服务人员都会对老人客客气气的，但老人可能会觉得：我怎么和她说不上两句话呢？想和人说两句话还必须向中心汇报，还要重新派个人来才成。老年人的自尊也因此受到伤害。

任务四　掌握与居家养老老人沟通的技巧

案例导入

林婆婆，83岁，有两个女儿，与老伴居住在单位分给他们的一套两居室的公房里，房子是20世纪80年代修的老房子，又是一楼，平常下雨后比较潮湿。老人一直抱怨房子差，身上的风湿病就是住这样的房子才得的。两个女儿都愿意把二老接去同住，但老人总认为，这个房子怎么说都是单位给他们的，住这么久了有感情，不想离开。而且，孩子们买房子他们二老也没帮忙，于是就不愿意搬出去和孩子们一起居住。

知识内容

一、聆听的技巧

（一）认真倾听而不做评价

在与居家养老老人的沟通过程中，要认真地倾听老人的诉说。老人的诉说有时会高兴，有时会悲伤，有时会客观，有时会情绪化，这些都会与他们过去或现在的生活体验有关。有时，只需要我们安静地倾听，而不对老人的诉说进行评价，只需要我们对其表示理解与接纳。因为无论评价好坏、客观与否都不是老人所需要听到的，他们只需要有人去分享他们的感受与体验。

（二）通过提问来确保正确理解和表示尊重

在与老人沟通时，在老人不停地诉说过程中，我们以适当的提问来表达我们对其说的内容表示理解，也可以让他们有一种被尊重的感觉。提问既可以把自己没有听到或没有听清楚的事情彻底掌握，也有利于老人在表达自己的看法时有所突出。通过提问也可以确定老人所述说的事情的重要性。

> 有一位老人说道："十年前××人的言行伤害了我，让我在众人面前觉得难堪，这件事我一想起就觉得不舒服。"这时我们问："什么事情让您如此不舒服啊？"此时老人说："算了，都过去那么多年了，现在想起来也没什么。"通过提问，我们发现这件事情其实对老人没有造成什么不舒服的感觉，有时只是说说而已。同时，老人也会发现我们对他的关心和爱护。

（三）选择合适的沟通环境以减少客观的沟通障碍

安静、舒适、轻松的环境是与老年人进行有效沟通的保障。老年人听力与视力的减弱和吵闹而紧张的环境是沟通中主要的障碍。在与居家养老老人进行沟通时，我们可以选择在服务中心专门设置的接待室，可以选择在老人家里，也可以选择在空气清新的公园里等，但不宜选择在喧闹的大街上、广场上、公共活动室等。

> 在社区的活动室里，有位老人想和我们说说某件事情。这时，我们不要直接在活动室里展开谈话，而要选择一个相对安静的场所进行沟通。在喧闹的活动室里，老人向我们诉说的事情，我们不一定能听清楚、不一定能理解。就算听清楚了、理解了，我们还需要向老人进行信息的反馈。老人在那种环境里，很难听清楚我们的解释或者意见。这样老人会觉得你在搪塞，或者误以为我们不想解决问题等。

二、说的技巧

（一）说话的声音、眼神、姿势与距离

有的老人听力好，有的老人听力差；有的老人视力好，有的老人视力模糊。对于不同的老人，我们说话的声音、眼神、姿势与距离也应有所差别。

> 与听力和视力都正常的老人说话时，我们可以采用社交的个人场合，即0.3～1.0米的空间距离，说话的声音高低合适、眼神柔和、姿势自如。当我们与听力和视力异常的老人进行沟通时，我们采取的说话方式要有所改变。

当老人有听力障碍时，我们应该面对面地与老人说话。当老人没有看见我们时我们不要说话，在他们看清楚我们的面部与口型时才开始说话。说话的声音要适当提高一些，语速放缓一些，不能大声喊叫，不能着急或发怒。说话的时候要配合适当的手势和面部表情，或者采用写字板、卡片写字、画画、符号等。

当与有视力障碍的老人说话时，说话的开始与结束都需要告诉老人，同时做自我介绍。说话的速度要慢一点，要给老人足够的时间反应，让他们有足够的时间进行理解与回答。说话时可以用触摸的方式表达关心和体贴，要时刻为有视力障碍的老人着想。如果他们还有残余视力，我们就要面对老人，与他们保持较近的距离，便于老人观察非语言表达的意思。

（二）适当地称赞

每一位老人都有其人生的闪光点，我们在与老人说话的时候，要尽力寻找老人闪光的地方并予以适当的称赞。真诚而适当的称赞不是奉承，称赞配上无关痛痒的批评更可信，称赞应该具体到细节。

> 比如，称赞老人是一个爽快的人："您真是一位爽快的人，我们非常喜欢您。"老人回答："是吗？谢谢。"如果换个方式可能效果更佳："你爽朗的笑声让人感觉您是一个爽快的老人家，我们非常喜欢您爽朗的笑声。"相比第一种，第二种称赞更加具体，也显得更真实可信。

（三）不评价

在与老人说话的过程中，有时我们只需要说出客观的事实而不做评价，让老人自己去判断事实中的是非曲直即可，这样更有利于维护老人的自尊，沟通的效果也会更胜一筹。

> 有一位老人喜欢晚上悄悄地将垃圾从窗户往外丢。我们与老人沟通的时候，第一种说法为："爷爷，你不要往窗户外面丢垃圾嘛，这种行为多不道德啊，请您以后不要这样了。"老人当时就生气了："谁看见我丢垃圾了？我就是没有丢。我吃的盐比你吃的饭还多呢，哼，还来教训我了。"很明显，这样的说法就没有任何意义了。而另一种说法："爷爷，您看，不知道谁往楼下丢垃圾了，昨晚有一个小宝宝不小心踩到垃圾摔了一跤，头都摔破了，真是可怜啊。您如果看见谁往楼下丢垃圾请帮忙说一声，请他以后不能再丢了。如果是老人踩着拌倒，肯定会摔成骨折，到时候这位老人就可能得在床上躺一辈子了。"老人听了脸微微一红说道："好的好的，我看见了一定说说他，让他以后再也不要往下丢垃圾了。"这就是只把事实说出来，我们不给予评价，这样既达到了沟通的效果又维护了老人的自尊。

（四）幽默地批评

当老人做错事的时候，批评只是为了让其改正错误，而不是贬低和打击对方。直接批评会给老人带来很大的心理压力。如果采用幽默式的批评，不仅不会为老人增加心理压力，还会取得更好的效果。

> 在社区活动室里，一位老人随手将手中的纸丢在地上，直接批评的话，老人脸上肯定挂不住。这时，我们走过去将地上的纸拾起来，送到老人手上说："奶奶，您把您包钱的纸掉在地上了，如果您不要了的话，就把它放在垃圾桶里好吗?"老人这时会打开纸巾看看，自我解嘲地说，"没钱了，丢了算了。"然后就将纸丢在垃圾桶里了。这种间接而幽默的批评更能让老人接受。

（五）巧妙地拒绝

在为居家养老老人进行服务的过程中，我们常常会遇到老人的一些不切实际的意见、建议和要求，直接拒绝可能会伤了老人的面子，那么要怎样拒绝才比较合适呢?

一位老人向我们提出要求或者请求时，绕着弯说出他的意思。当老人说到一半的时候，我们就知道他的意图了，并且清楚我们不能满足他的要求。我们可以及时地改变话题，在老人还没有明确说出请求时，暗示对方避免燃枪。比如老人对你说："小王，你有空吗?"小王回答："有空啊，李爷爷您有什么事情吗?"老人说："事情倒是没什么，只是觉得我医保卡里的钱不能取出来用可惜了。"这时候小王就知道了爷爷的想法，立即转移老人的注意力："李爷爷，你身体还好吗？少抽点儿烟，抽烟又要咳嗽了，咳嗽还要吃药呢。"

巧妙地拒绝老人不切实际的要求既能起到沟通的效果，也不至于引起老人的心理不适。转移注意力的拒绝、建议式的拒绝、拒绝时表示遗憾、表达同理心后的拒绝等都可以采用。

课后练习

【名词解释】

1. 家庭养老
2. 居家养老

【填空题】

1. 家庭养老是养老模式中的一种传统的养老模式，包含（　　）、生活照顾和（　　）。
2. （　　）是指失去独生子女的老人，这里的老人可以是一对夫妇，也可以是独身老人。
3. 为了避免寡居效应对老人的心理产生不良的影响，我们要注意关心老人丧偶后的生活，特别是配偶去世的（　　），包括（　　）。
4. （　　）是失独老人最明显也是最普遍的心理特征。
5. 居家养老政府购买服务主要针对（　　）和家庭困难、高龄、生活不能自理的空巢老人。

【单项选择题】

1. 家庭养老模式中最主要、最根本的内容是（　　）。

   A. 生活照顾　B. 情感慰藉　C. 经济赡养　D. 医疗支持
2. 当别人谈论孩子的时候，他们总认为是在谈论他们的孩子，总担心在与人交往的过程中提到关于孩子的事情，从而影响他们的人际交往。这种心理是失独老人什么样的心理特征？（　　）

   A. 抑郁与恐惧　B. 敏感与焦虑　C. 孤独与哀伤　D. 愤怒

3. 失独老人、寡居老人在自己失去亲人以后变得越来越不愿意接触外人，越来越害怕参与亲戚和朋友的聚会，这表现了老人什么样的心理？（　　）

A. 孤僻与逃避　　B. 依赖与不信任　　C. 抑郁与恐惧　　D. 绝望

4. 不论是子女还是其他年轻人，都要在与老人的沟通中学会倾听，做老年人忠实的听众，听他们唠叨自己的过去，唠叨我们的不是，让他们唠叨完后变得心情舒畅。这体现了沟通过程中怎样的技巧？（　　）

A. 同理心　　B. 尊重　　C. 乐观的态度　　D. 接纳与倾听

5. 一位孤寡老人，因身体疾病，生活潦倒，衣不遮体，食不果腹。后经政府购买服务，老人在家里就能吃到可口的饭菜，有医务人员来为他治病。这种情况下，老人易表现出怎样的心理特征？（　　）

A. 依赖与不满足　　B. 感恩与乐观　　C. 自卑与倔强　　D. 孤独与自尊

6. 一位居家养老老人在向你诉说的时候，总是埋怨孩子不孝顺，过节也不来看看自己。这时候如果你说“孩子们可能很忙，不能来看您”，老人会忽然不高兴地说：“我知道他们忙，不需要你来解释，你认为我是一个不通情理的老人吗？真是的。”面对这位老人，你应该怎么做？（　　）

A. 认真倾听而不做评价　　B. 巧妙地拒绝

C. 幽默地批评　　D. 适当地称赞

【能力体现】

李大爷，88 岁，“三无”老人，爱好唱歌跳舞，前几年身体健康，社区鼓励他组织社区其他老人唱歌跳舞，因此社区每个月给了老人 80 元钱的零用钱。现在老人身体不好了，政府为他购买了居家养老服务，李大爷因此非常高兴。但是李大爷由于身体日渐衰退，不能再组织社区老人活动了，社区也因此取消了每个月 80 元钱的零用钱。为此老人感觉自己的尊严受到了伤害，认为有人故意挪用了他的这笔钱。几经沟通无效，老人前往民政局反映此情况。

问题：

1. 李大爷具有哪些方面的心理特征与行为？
2. 在与李大爷沟通的过程中，应该采用哪些沟通技巧？

参考答案

项目八 与机构养老老人沟通

学习目标

- 知识目标
  - ◇ 了解机构养老的概念、意义和服务对象；
  - ◇ 熟悉机构养老老人的心理特点与行为；
  - ◇ 掌握与机构养老老人沟通的技巧。
- 技能目标
  - ◇ 能运用各种沟通技巧与机构养老老人进行有效的沟通。

情景导入

机构养老是我国现阶段养老模式的补充形式，国家提倡养老机构主要面向失能、失智老人提供专业的综合性服务。失能、失智老人生活自理能力下降甚至丧失，常常患有多种慢性病，而且病情复杂、养老风险高、养老纠纷多。加强与机构养老老人的沟通，可以更深入地了解老人的心理与行为，更好地为其提供优质服务，降低养老风险，减少养老纠纷。

任务一 了解机构养老

案例导入

顾大爷，68岁，三无老人，入住某养老机构前出了一次车祸，之后失去生活自理能力，由其姐姐照顾。某日，其姐姐将老人以自费住养的身份送入某养老机构。在养老机构的关心与帮助下，老人办理了公费住养的手续，成为一名由国家供养的三无老人。

知识内容

一、机构养老的概念

机构养老，也叫“机构照顾”，是一种让老年人离开自己的家，到各种养老机构生活，其生活照料和护理由养老机构负责提供的养老方式。目前，我国的养老服务机构主要有老年社会福利院、敬老院、养老院、老年护理院、老年公寓、托老所及老年人服务中心等。

由于年龄的增长，生理老化持续损害着老年人独立生活的能力，他们需要更多的照料和服务。一般来讲，这些提供给老年人的长期支持性的照顾主要是由老年人的家庭成员所承担的，当这种持续性的照顾造成了家庭成员的心理、生理资源的过度支出，社区的支援性服务也不能满足老年人的护理照料需求时，才会由机构专业人员提供带有医疗、保健和相应的护理照料以及日常生活起居的持续性服务。在老年人的长期护理服务中，机构养老是对老年人保持持续性照顾非常重要的一个环节。从服务内容方面来讲，机构养老服务包括医疗服务、康复保健服务、日常生活照顾和社会性服务等内容，各种不同功能的养老机构所提供的服务内容的侧重点也有所不同。

在传统观念中，我们常常认为选择机构养老的老年人是子女无暇照顾、生活不能自理的老人。实际上，随着养老机构的不断完善和工作人员的专业化发展，机构养老也为老年人的晚年生活提供了一个很好的选择。老年人接受机构养老是因为家庭养老或社区养老服务没有办法满足老年人的需求，或者老年人在居家养老中不能保持某种程度的自主性和选择性，如在家庭饮食、生活节奏等方面。也有一些老年人是为了不给家人增加负担或缺少家庭支持而主动选择机构养老。

二、机构养老老人的结构

（一）按国家收费政策划分

（1）自费代养老人。

（2）三无老人（无劳动能力、无生活来源、无赡养人和扶养人，或者其赡养人和扶养人确无赡养或扶养能力的老人）。

三无老人的服务费用一部分由政府资助，另一部分由相关福利机构义务负担。自费代养老人的所有服务费用均由其个人或家庭成员负担。

（二）按家庭结构的完整性划分

（1）完整家庭结构的老人。

（2）失独老人（唯一的子女离世的老人）。

（3）空巢老人（子女离家的老人）。

（三）按照老人的年龄划分

我国将60岁及以上者界定为老年人。根据世界卫生组织（WHO）的标准，可将60～74岁划分为“年轻老年人”，75～89岁划分为“老年人”，90岁及以上划分为“长寿老人”。

（四）按老人的生活自理能力划分

按照生活自理能力可以将老人划分为自理老人、介助老人和介护老人。

1. 自理老人

这类老人通常是指通过直接观察或者生活自理能力评估，其日常生活行为完全自理，不依赖他人的护理。

2. 介助老人

这类老人通过观察或生活自理能力评估，属于“生活自理能力轻度和/或中度依赖”，日常活动需要他人部分具体帮助或指导的老人，其日常生活行为依赖扶手、拐杖、轮椅和升降等设施帮助。

3. 介护老人

这类老人通过观察或生活自理能力评估，属于“生活自理能力重度依赖”，其日常生活行为完全依赖他人的护理。

三、机构养老的意义

（一）养老机构能提供比较专业的照料服务

养老机构，特别是综合性的养老机构，可以根据老人们不同的生活习惯、饮食要求、身体状况、老年病的分类以及生活、身体、心理的需要，提供与之适宜的饮食、专业的生活料理、康复娱乐、医疗保健甚至健康咨询与法律咨询等。特别是非生活自理的老人，可以在养老机构中获得更专业、更优质的身心照料。

有一位中度失智的老人，在家的时候，孩子们只知道老人最近状态没有以前好了，总是丢三落四，常常走出去就找不回来，但老人在穿衣、吃饭、睡觉甚至帮家里做家务等方面的能力没有太多的改变。孩子们未能认识到老人已经在智力上发生了很大的改变，没有给予老人及时的关心与照顾。有一天，老人在过马路的时候不慎跌倒导致骨折。送医院经积极治疗出院后，老人的骨折治好了，但老人的生活能力完全丧失了。回家后，由于子女在照料的过程中没有相应的专业知识，老人很快就发生了褥疮、泌尿系统的感染、坠积性肺炎等并发症。老人奄奄一息，但孩子们还不知道老人怎么了。最后，孩子们把老人送去了一家综合性的养老机构，经过养老机构专业的生活照料、心理抚慰和医疗康复，才把老人从死亡线上拉了回来。

（二）机构养老能减轻老人子女和亲友的负担

专业分工、规模经济效应，可以使家庭服务的社会供给成本低于家庭供给成本，从而减轻家庭经济负担；把亲人从对老年人繁杂的日常照料中解脱出来，可以减轻他们的压力。

从经济上计算，一方面不愿意与子女同住的自理老人的生活成本与居住成本普遍高于入住养老机构的费用，另一方面失能老人如果在家庭中照料，最少需要请一位保姆或者家里随时需要一位家人对老人进行24小时的照料，其保姆或家人的生活成本、居住成本加上老人本人的生活成本与居住成本也高于现阶段养老机构的收费标准。失能老人常常发生这样那样的疾病，如果家里没有医务人员，或者没有办理家庭病床，不论老人生了什么病都要往医院里送。这样也增加了家庭的照顾成本和经济成本。特别是独生子女家庭，如果家里有一位失能失智的老人，其家庭养老成本的高昂会更加凸显。

（三）有利于老人生活质量的改善

老人在养老机构中养老，可以享受专业化、全方位的服务；老人在养老机构中的各种社会活动和交往、丰富的文化生活有助于解除其孤独感，从而提高其生活品质；集中供养，也可以确保老年人的安全。

大部分进入养老机构的老年人都有一个共同的愿望，就是希望能在养老机构中排解孤独的心情。一方面，这些老年人与子女具有不同的生活习惯，不愿意与子女同住或者没有条件与子女同住，而自己独自生活又倍感孤独与寂寞，进入养老机构，还可以和与自己志趣相投的老人成为朋友。另一方面，与其他老人同住一室，老人之间还可以相互照料，相互依靠。比如，其中一位老人生病了或者跌倒了，另外一位老人可以帮着呼叫护理人员、医生等。就算个人单住的老人在养老机构中生病或跌倒也能在短时间里被机构工作人员发现。而在家独居的老人如果病了、跌倒了，十天半个月可能都没有人知道。因此，在养老机构中不论是老人的生活品质还是安全性，都得到了较大的提高。

任务二　了解机构养老老人的心理特点与行为

案例导入

孙大爷，78 岁，入住在某养老机构快三个月了。一天，孙大爷说想回家，不想继续住在养老机构。问其原因，老人回答说："菜太咸了，口味不好，想吃稀饭；同室老人晚上看电视看得太久，声音太大；想看书，这里没有书；冬天怕冷，衣裤鞋袜不好穿。"

当我们告知孙大爷这些都不是难题，我们都可以想办法解决的时候，孙大爷终于说出了自己的真实想法："孩子们把我丢在养老机构不管了，我想回家。"

知识内容

老人入住养老机构时的主观意愿和心理状态，将直接决定老人在机构居住的生活状态和心理状态。主动选择住进养老机构的老人，对机构内的集体生活有心理准备，有的入住前在家属的陪同下实地参观了解了情况，这样即使入住后出现一些问题也能够客观看待。而被动住进养老机构的老人，适应能力可能较差，比较消极，不容易融入集体生活。老人的各种心理状态会反映到他们在养老机构内的现实生活中，比如，有些被动住进养老机构的老人可能会产生被抛弃感，这就会导致出现很多负面的表现，如悲观、排斥他人、失落等。

但无论是哪一类，入住老年机构这样一种重新安置的结果都会给老年人带来生活环境的变化。这种变化将会给老年人带来心理上的困扰，也会对老年人的身心健康造成影响。

住进养老机构的老年人经受了一个“角色变换”的过程。在这个角色变换过程中，倘若老年人处理不当，不能很好地认同和适应自己的新角色，就会产生许多心理和生理问题。而这些在角色转变过程中出现的心理不适应问题，经常可以在刚刚进入养老机构生活的老年人身上看到，有时甚至也可以在已经于养老机构生活了很长一段时间的老年人身上发现。

一、养老机构老年人的角色变化

（一）养老机构老年人的角色转型

1. 主体角色变为依赖角色

随着年龄的增长，老年人的身体逐渐衰老，行动有所不便，身体状况特别差的老年人还需要别人对他的日常起居精心护理。另一方面，老年人的记忆力、学习能力也有所衰退，老年人扩大认识世界范围的能力逐渐减弱。进入老年期后，老年人的生活越来越需要其他人的帮助，需要借助别人来完成以前自己能胜任的任务。于是，老年人逐渐从“主体角色”过渡为“依赖角色”。

从婴儿到成人，人是在逐渐摆脱依赖的过程中长大的。可是到了老年期，几十年习惯于自己对自己负责，自己的事情自己做主的老年人，现在却不得不时时指望别人，难免会有些沮丧，对自己感到失望，这种经常依赖他人的感觉是老年人难以习惯的。

2. 有配偶角色变为单身角色

入住养老机构的老年人大多是在不幸失去老伴以后，为了缓解痛失老伴的悲伤，选择一个新的环境，来到养老机构的。这样的老年人，进入养老机构后，经历着一个从“有配偶的角色”到“单身角色”的转变。常言道：“少为夫妻老来伴。”一旦痛失老伴，对老年人的打击无疑是沉重的，这种心情是令人同情和理解的。失去老伴住进养老机构后，改变了旧的环境和生活程序，其实是有利于人的内外环境相互适应的。在养老机构这个新环境中，老年人更容易建立新的心理平衡。养老机构的工作人员可多培养老年人的兴趣，吸引他们的注意力，让老年人把主要精力放在关心自己现在的生活和关心他人方面，使老年人在思念老伴的同时，振作精神继续开始新的生活。

3. 居家生活角色变为集体生活角色

没有入住养老机构的老年人退休后的主要活动场所是家庭，老年人扮演的是一个“居家生活的角色”。进入养老机构后，老年人相应地就从居家生活角色转变为长住养老机构的“集体生活角色”。养老机构的日常生活与在家的生活有许多不同之处。养老机构是一个大集体，往往几个老年人共同居住在一个房间，一般的生活护理都由护理人员完成。在这个新环境中，有的老年人对于新的集体生活不太适应。因为老年人原来在家基本凡事都能自己做主，可进入养老机构后，往往需要互相迁就和包容，这样才能融洽相处。

4. 工作角色变为闲暇角色

工作角色是指有一份工作，担任一个职务，承担一项社会义务。老年人在家里承担的家务，如做饭、带孩子等家务都可以算作一种工作。单位的工作角色往往能给人带来成就感，工作上的成功又可以增强人的自信心。一个把工作视为生活重心的人在卸任退休住进养老机构后，往往会产生一种很强烈的失落感。家庭的工作角色同样会给老年人带来安慰感。从事家务劳动，是间接地为社会做贡献。有些老年人视做家务为一种乐趣。可到了养老机构后，一切工作都不需要做了，连最起码的家务也由护理人员代劳。习惯于做家务的老年人对于这种“闲暇”会觉得不舒服。这个阶段，老年人正在经历一个从“工作角色”向“闲暇角色”过渡的过程。如何正确引导老年人顺利度过这一过程？心理学家认为，闲暇的真正意义在于发展人性、发展人体内大量潜藏的可能性，进行创造性的自我发展。简而言之，闲暇可以使人能主动地、比以前更自由自在地选择对自己更有意义的活动，老年人应该充分把握闲暇时间充实自己的生活。

（二）养老机构老年人常见的角色错位

在日常生活中，我们每个人都在特定的情景下扮演着某个特定的角色，并受到这个角色“规范”的制约。它影响着我们的行为方式，硬性规定了我们的心理。对于养老机构的老年人来说，他们经受的角色转变对其心理错位和生理都会产生很大的影响。一些老年人入住养老机构后常常会出现角色错位。常见的角色错位有以下几种。

1. 养老机构老年人的角色混淆

在养老机构里，常常会看到这样的情景：退休前从事领导工作的老年人经常会无意识间流露出以前“当官”的做派，摆出“当官”的行为举止。在养老机构里，别的老年人生活上很节俭，对养老机构的水、电都倍加珍惜，部分老年人却在生活上大手大脚，经常倒剩菜剩饭，夜晚，房间里的灯光经常彻夜不熄，甚至对周围的护理人员或其他老年人也常常指手画脚，就像对待以前的下属，一旦别人稍有懈怠就严厉批评。因此，这样的老年人经常招致周围老年人的不满，也给养老机构的管理带来许多不便。显然，这种行为是不合时宜的，这样的老年人往往没有意识到自己所处的位置和社会环境已经发生了改变；也许有些意识，但还没有在行为上加以改变，还在扮演着以前的“官”的角色。这种老年人不切合时空条件和情景氛围，在选择角色行为上的混乱和错位，心理学上称为“角色混淆”。

2. 养老机构老年人的角色期待

老年人在进入养老机构之前都会对自己的养老生活有一个设想或者憧憬，他人也会对老年人在集体的生活和行为有一种期待。多数人和个体自己对属于某个社会位置的角色和行为方式提出的某个共同期望，叫作“角色期待”。当老年人现在的生活、行为方式与他原先所期待的角色的生活方式相差甚远时，就会产生失望、失落和沮丧的情绪。

有一位老人，曾经是一位高级工程师，生病前，即使已经退休，找他咨询、指导、检查监督工程的人仍然很多。但他生病后，即使出院了，也没有人去找他了，老人因此感到失落与失用，性格也发生了变化，经常烦躁不安，动辄斥责家人。家人不厌其烦，但老人却变得越来越不适应。最后老人自己主动要求入住养老机构。老人住进养老机构不久，又感觉与自己想要的生活方式相去甚远，他想按照自己的生活方式生活，对养老机构的管理制度、工作流程极不适应，于是又提出出院的想法。但家人一直不同意。老人因此有时情绪低落、拒绝饮食，有时情绪暴躁、骂人，有时还拨打110报警称自己被子女遗弃。

3. 养老机构老年人的角色失范

有些老年人进入养老机构后，不知道该怎样打发时间，整天“三个饱一个倒”，无所事事，既打不起精神也提不起兴趣，结果身体急剧衰老下去，既失去了旧的行为规范和标准，又不知道该如何建立新的行为规范和准则去适应新的生活方式，这种状态可以称为“角色失范”。处在“角色失范”状态，人就会觉得很迷茫，没有方向感，同时会感到自己的精力、活力逐渐在流失。这种感觉是十分痛苦而又无奈的。人是具有社会性的个体，要生存发展，与人交往是必然的。人的一生中要与各种各样的人打交道，建立起各种各样的人际关系。这种人际关系，既有正向的、积极的关系，也有负向的、消极的关系。这就像有的人你很愿意与他交往，感到两人在一起时心情愉快，而面对另一些人就会不由自主地感到压抑或厌恶。因此，人际关系的协调与否对人的心理健康有很大的影响。养老机构的老年人正处于角色转换之中，人际关系的变动甚大，因而良好和谐的人际关系及具有一定的社交能力对老年人今后的生活有重要的影响。

有一位老人，入住养老机构前精神还不错，入住养老机构以后身体与精神的状况一天不如一天。养老机构的工作人员最初认为老人生病了。经过仔细检查、交流与沟通，老人道出了自己的真实想法：“到这里来的人就是等死了。”就是这个想法，让老人对生活失去了希望，让自己以后的人生变得迷茫，不知道该怎样去面对以后的生活，心理上感到痛苦、无奈与无助，觉得自己很快就会死去。这就是典型的角色失范的例子。

二、养老机构老年人的心理变化特点

机构养老是老年人养老模式中的一种，选择合适的养老方式进行养老是老年人及其家人安排家庭生活的一部分，也是家庭生活幸福与否的影响因素之一。无论什么原因，无论老人自愿与否，老年人从熟悉的家庭环境到陌生的养老机构进行养老，或多或少都会出现心理的变化。进入养老机构养老的老年人的心理变化有正性的、也有负性的。

（一）正性心理变化特点

1. 归属感

归属感，或称“隶属感”，是指个人感觉自己被别人或被团体认可与接纳时的一种感受。心理学研究表明，每个人都害怕孤独和寂寞，都希望自己归属于某一个或多个群体，这样可以从中得到温暖，获得帮助和爱，从而消除或减少孤独和寂寞感，获得安全感。

老年人退休后远离社会生活，儿女长大离开家使老年家庭空巢，加上自己行动不便，与亲朋来往减少，这种人际交往的改变是老年人孤独感产生的主要原因，在失去配偶时孤独感和寂寞感表现更加明显。除了这些客观因素外，还有老人主观上的原因。有些老人除了吃饭睡觉便是看电视，没有自己的兴趣爱好，更容易感到孤独。有的老人入住养老机构以后，看见那么多同龄人一起生活在一个院落，有的唱歌跳舞、有的舞剑、有的打球，个个生活得有滋有味，即使失能老人也总能看到护理人员精心喂水、喂饭、喂药、擦身、洗头、交谈的情景，能感受到被这个老年团队所接纳，安全感、幸福感就会油然而生，爱与被爱都能在这里获得。

> 有一位老人入住某养老机构前，整天感觉自己无所事事，连说话的人都没有，早上起床就盼着孩子们快下班。可孩子们下了班也累了，没有更多的精力与时间陪老人说话、聊天，因此老人总是抱怨孩子们大了翅膀就硬了，不理他了。有一天，老人一家到某养老机构去看望一位亲戚，一下子就被养老机构里的生活吸引了。由于养老机构床位紧张，老人经过几番周折好不容易住了进去。入住养老机构以后，老人非常高兴，逢人便说终于找到“家”的感觉了。

2. 满足感与幸福感

满足感是指个体通过自我满足达到某种精神或物质层面的需求后，大脑所回馈的类似奖赏的终极美好感觉。可以说，它就是欲望的终点目的地。一种欲望的完成反馈一种满足感。它可以是附加产品，也可以成为最终极的追求产品。满足感既然是一种心理感受，就必然会根据个体需求程度、种类的不同而不同。所谓幸福感，就是人们根据内化了的社会标准对自己生活质量的整体性、肯定性的评估，是人们对生活的满意度及其各个方面的全面评价，并由此而产生的积极性情感占优势的心理状态。

> 有一位失能的孤寡老人，进入某养老机构之前，吃不饱穿不暖，全靠左邻右舍接济度日。经社区领导与某公办养老机构联系入住某养老机构以后，护理人员细心周到的护理，养老机构提供的可口的饭菜、温暖的衣被，一下子就把老人的心填得满满的，幸福感与满足感油然而生。

3. 优越感

优越感是一种自我意识，大多数人都会不同程度地拥有某种优越感，比如说职业优越感、长相上的优越感等，一般是指自以为在生理方面（体形、相貌或体力等）、心理方面（智力、知识、技能等）以及其他方面长于别人、强于别人的心理状态。

这里所讲到的优越感，是指养老机构中有的老年人所特有的一种自我意识，这种意识对老年人的养老具有积极的作用。因此，这里将优越感归纳为机构养老老人正性的心理变化特征。

为什么养老机构中有的老年人会有优越感呢？因为现阶段，养老资源的缺乏和养老床位供不应求的现象，将大部分老人的养老都推向了家庭与社区。能住进养老机构，特别是能住进综合性的优质养老机构的老人在老年人中占有的比例极少。因此，能入住养老机构的老人都可以认同他们的优越感。优越感的产生会让老人更加珍惜稀有的养老资源，更加顺利地融入机构养老的生活中去，让他们自觉地去改变自己适应养老机构的生活。

有一位老人，他的孩子们都很忙，无暇照顾他的日常生活。老人在家倍感孤独与难受，时不时会向孩子们发发小脾气。于是，他就想去养老机构过集体生活，一方面可以有新朋友，另一方面也能减轻孩子们的负担。但是自己看得上的养老机构床位都非常紧张，自己跑了很多次，排了好久的队才获得一个床位。老人接到养老机构可以入住的通知后非常高兴，很快就入住了。虽然养老机构中同室老人有些缺点，但老人觉得自己能入住这个心仪的养老机构已经比很多老人幸运多了，因此非常珍惜这个床位，让自己尽快适应养老机构中的集体生活。

4. 自我实现与成就感

自我实现是指人都需要发挥自己的潜力，表现自己的才能。只有当人的潜力充分发挥并表现出来时，人们才会感到最大的满足。成就感是愿望与现实达到平衡后产生的一种心理感受。

老年人由于退休，离开了人生的核心舞台，人生观与价值观的体现受到了限制而感到无用、失用、被社会抛弃。当老年人来到养老机构，养老机构为他们搭建了自我展示才华的舞台，让他们重拾信心，重新体现了生命的意义。

某养老机构中，一年一度的晚霞艺术节让老人们备感兴奋，他们早早就准备了才艺以在艺术节的舞台上一展风采。有的老人还因为没有机会展示而伤心流泪。

5. 爱与被爱

养老机构中的老年人，能得到来自不同方面的关心与爱护，如子女的探视、机构领导的关心、服务人员的嘘寒问暖、医务人员的巡诊、老人间的相互问候、青年志愿者的关爱等，这些都会让老人感到自己被爱包围。同时，老人在养老机构中养老也能减轻孩子们工作与生活的压力，也是老年人对孩子们爱的体现。养老机构中老年人之间的相互照顾与关爱，对养老机构工作人员的尊重，对养老机构的珍惜，都体现了老人无私的大爱。爱与被爱让老人的晚年生活更加幸福。

在“常回家看看”入法的调研过程中，养老机构中很多老年人被问及：“您的孩子们经常来看您吗？您想孩子们吗？”很多老年人都会这样说：“孩子们忙，不需要他们经常来看我们，我们在这里生活得很好，我们不想他们。”但是，很多人没有看到，当然也没有体会到，每逢节日的时候，多少老年人嘴上说不用来看他们，但他们渴望被亲人看望的眼神暴露了他们思念亲人的心理。这就是爱，同时他们也能感受到来自四面八方的关爱。

（二）负性心理变化特点

1. 渴望亲情

老年人无论是自愿还是非自愿来到养老机构，都离开了原来熟悉的生活环境和人际环境，生活环境的变化、生活习惯的改变、养老机构制度的遵守、人与人之间的关系重建都需要老人去学习、去适应，学习能力和适应能力差的老人在这个陌生的环境中会觉得没有安全感，渴望亲人的帮助与关爱，渴望在亲情中找到安全感。

有一位轻度阿尔茨海默病老人，入院时其家属介绍，老人在家里生活基本能够自理，偶尔需要提醒一下。老人入院后不久，护理人员就发现她悄悄哭泣说要回家，问她原因才知道老人的生活能力很差，饿了不知道在哪儿吃饭，想上厕所不知道怎么上，自己的衣服也不知道放在哪里。在这里他一个人都不认识害怕走丢了。

2. 强烈的自尊心、好胜心

有一部分老人入住养老机构的时候，对养老机构有抵触情绪，认为进养老机构养老的老人都是孤寡老人或者被子女抛弃的老人，这种想法让老人感觉自己很没有自尊，怕被别人瞧不起，为了维护自己的自尊心，处处都会表现出“要强”现象，比如高估自己的能力，常与其他老人或工作人员发生争执。有的老人怕养老机构提高自己的护理等级增加费用，但又不愿意表现出不愿花钱的心理，什么事情都不愿意让护理人员做，最终自己做不好还不愿意承认自己没有做好。

有位老人入院时，看见评估人员对其评估，立即表现出十倍的精神状态，说话声音洪亮、铿锵有力，走路时气势雄伟，问起生活起居都被告知完全能够自理。入院后，护理人员才发现老人的生活能力与生活习惯都非常差。当护理员为其提供服务时，老人总是说不用，我自己能做，但最终自己却没办法做好。

3. 被抛弃感

失能老人入住养老机构的目的都是希望能够得到更专业的护理服务，希望身体能够康复，再次回到家里。他们由于生活自理能力丧失，完全依靠外界的帮助，入住养老机构以后再回家的机会非常少。当他们想回家而被拒绝的时候，被抛弃的感觉便会非常强烈。

有位老人入住某养老机构两个月后想回家小住几天。老人把这个想法告诉孩子们后，孩子们经过商议最后仍觉得没有能力接老人回家住几天。从此以后，老人情绪低落，拒绝进食，甚至打110报警，声称孩子们抛弃自己，虐待老人。

4. 排斥与抵触

失能失智老人不能决定或不能表达自己进与不进养老机构的愿望，只能被动地入住养老机构。当子女违背老人的意愿将老人送进养老机构养老的时候，子女可能觉得这是在为老人着想、是尽孝，但老人可不这么想，老人会认为，现在他们不中用了，子女迫不及待地想把其送走。这样的想法让老人在养老机构中产生了排斥和抵触的心理，因此在护理人员的服务过程中表现出拒绝与不配合。

有一位失能且中度失智老人，入住养老机构时被动接受家人的安排。入住后，护理人员给他喂水时，老人一挥手就把水杯打翻，而且向护理人员吐口水，护理人员认为老人有精神症状，对她们有攻击行为，拒绝护理该老人。管理人员经过仔细地观察与沟通后发现了老人的心理与行为属于抵触与排斥情绪所导致。

5. 被束缚感

老人进入养老机构以后，都要学习和遵守养老机构的规章制度，适应养老机构的工作流程。很多老人，特别是生活不能完全自理的老人会有被束缚的心理，他们总想寻找机会挣脱这种束缚，重新找回家庭中的“自由”感。

有一位轻度失能失智的老人，在入住某养老机构时，家人与养老机构签订了不允许老人外出的协议。按照协议规定，养老机构就没有向这位老人发放出门卡。几天后，这位老人想去大门外看看，被门卫拦了回来，老人为此深感不满，吵着嚷着要出去，天天缠着管理人员给他开请假条，甚至撒泼打滚。

6. 焦虑与抑郁

入住养老机构以后，由于养老机构有统一的管理模式和规范，有的老年人不知道如何安排自己的生活和打发空余的时间，失望落空感油然而生。虽然身边来来往往很多老年人，但有的老人不善于结交新朋友，孤独落寞感往往会加剧，因此常常出现无故发怒，夸大自身疾病，甚至出现疑病倾向或导致焦虑、抑郁状态。

有一位老人，入住某养老机构以后，从来不与其他老人说话，也不与其他老人一起娱乐，不参加任何活动。护理人员每次看见她的时候都是形单影只地独自看风景，更换房间后行为异常。老人常喃喃自语：“我不知道该怎么办了。”

7. 恐惧不安

在养老机构中，失能失智老人离开了熟悉的家人和环境，本来就没有安全感，当他们面对疾病和死亡时，便会表现出强烈的恐惧感与不安的状态。失能失智老人常常会将上肢紧紧抱于胸前，下肢弯曲、蜷缩于腹部，抓住什么东西就不放，颤抖等。这些就是常见的、典型的没有安全感、恐惧不安的表现。

8. 忌医

养老机构中，有的老人生病了不愿意去看医生，怕麻烦、怕花钱、怕没人照顾，就这样小病拖成了大病。

某养老机构中，有位平常生活能自理的老人，由于天气降温，感冒诱发肺炎，精神食欲很差。医生诊断后准备给予静脉用药治疗，但老人不愿意输液，只让医生开了口服药服用，结果效果不理想，几天后病危转医院救治。

三、机构养老老人的行为特征

不同的老人在入住养老机构以后，具有不同的心理变化，从而表现出不同的行为特征，有积极行为，也有消极行为。

（一）积极行为

1. 适应良好

适应良好表现为老年人在入住养老机构之后，能快速融入集体生活中，结交新朋友，没有孤单寂寞感、被排斥被抛弃感，能主动解决问题等。

2. 积极参与活动

老年人入住养老机构以后能积极地参与老年人的各项活动是机构养老老年人积极行为特征之一。不论老人是否具有某方面的特长，只要老人主动参加活动，就是他们积极行为的表现，对于这种行为，养老机构的工作人员应该鼓励和支持，不能说三道四，更不能诋毁与妄谈。

3. 主动咨询

入住养老机构的老人在碰到问题的时候能主动去找有关人员进行咨询，或者告知家人，以便能及时处理。

老人入住养老机构以后，要学会主动询问什么时间在什么地方进餐，有什么问题该找谁解决，请假回家应该怎么办理手续，生病了要怎样请医生等。

4. 渴望被关注

老年人在入住养老机构以后，希望被工作人员重视，希望被关注，渴望工作人员能在最短的时间里认识并记住自己。为此他们会主动与工作人员和其他老人进行沟通与交流，积极地把自己的兴趣爱好介绍给工作人员和其他老人。

5. 自爱与关心他人

养老机构的老人关爱自己与关心他人都是积极的行为，关心自己但不过分关注自我，关心他人但不打扰他人，生病了能积极就医，天气变化能主动增减衣被，同时能在其他老人生病或碰到困难时给予积极的关心与照顾，有的丧偶老人甚至会发生黄昏恋。面对这样的老人，养老机构的工作人员要积极引导，不能直接干预，更不能嘲笑、讥讽老人。

> 有两位丧偶的老人，在某养老机构中邂逅，彼此欣赏爱慕，最后发展成为一对黄昏恋人。有的工作人员、老人对此表示不理解，背后谈论，说笑话，这些都是不正确的言行。面对这样的情况，我们可以真诚地向他们表示祝福与祝贺，但善意地提醒他们要处理好双方家庭子女的关系。

（二）消极行为

1. 适应能力减弱

适应能力减弱是与积极行为——良好的适应能力相对应的消极行为。

2. 功能退化

为什么说功能退化是老年人消极的行为表现呢？

老年人在入住养老机构之前生活尚能自理，入住养老机构以后由于不适应环境的改变，自理能力下降，但存在真性功能退化和假性功能退化之分。真性功能退化，是指由于不适应，老年人的生活自理能力下降甚至丧失；假性功能退化，是指老人认为进入养老机构是来享受生活的，所有的生活料理都应该由护理人员去完成，自己只需要张张口、说说话就行了。

有位老人在入住某养老机构时，经评估护理级别确定为介助一级，并按相应的护理级别交纳相应的护理费。老人在入住后前两天，还能遵守相应的规定接受相应的护理，几天后就开始嚷着：护理员给我倒水，我要喝水；护理员给我穿衣服；护理员给我洗脚。老人觉得自己入住养老机构是交了钱的，是来享受服务的，自己不想做的事情都应该由护理员做。他忘记了自己享受的是有偿服务，交多少费用享受多少服务。

3. 行为叛逆

一般认为叛逆行为是青春期孩子的行为，老年人怎么也会有叛逆行为呢？是的，老年人也会出现叛逆行为。养老机构里失能失智老人如果不愿意继续住养，便会出现叛逆的行为以引起工作人员的重视，从而让别人满足自己的愿望。

4. 挑剔与挑事端

在养老机构里，如果老人对服务突然出现挑剔甚至惹是生非的情况，就要注意老人的心理发生了变化，这时候要仔细观察老人的心理与行为，他可能是想家人了。

在养老机构里有一位老人，平常很喜欢某位护理人员的工作方式，突然有一天无缘无故地向这位护理人员发火，一会儿说这里给他擦痛了，一会儿说饭菜少了或者多了、咸了或者淡了，反正就是没有一样满意的。当工作人员将老人的这种行为电话告知老人的家人的时候，其家人表示尽快来探视老人。家人探视老人后，老人的行为又变得正常了。

5. 拒绝

在养老机构中自理老人或者非失智老人出现拒绝的行为时，可以通过交流与沟通去了解老人的想法。当失能失智老人出现拒绝的行为时，就要认真分析其拒绝的原因，一般有以下两种原因。

(1) 失能失智老人突然拒绝饮食时，老人生病的可能性很大，此时应该及时请医生，同时要积极观察老人的生命体征和精神状态。

(2) 失能失智老人如果对某项服务或某人员挥手或吐口水表示拒绝，表示老人对某项服务或某人不满意或感觉不安全。

6. 排斥他人

排斥他人的行为在养老机构中的自理老人和非失智老人中较为多见，有的老人先入住空房间，想一个人占用空间，又不愿意多付费用，往往会对后入住的陌生老人产生排斥心理与行为。

7. 自伤、伤及他人与轻生

如果老人的焦虑抑郁心理得不到控制，任由其发展，有的老人最终就会出现绝望的心理，导致其出现自伤、伤及他人或轻生的行为。

任务三　掌握与机构养老老人沟通的技巧

案例导入

杨大爷，82岁，失能失智、卒中后遗症老人，在某养老机构住养，长期口服降脂降压药。一天，老人的药服完了，养老机构工作人员电话通知其家人带药来。其家人非常不高兴地说：为什么不早点告知呢？今天没空，带不来了，你们做的什么工作呀？过了一段时间，家人为老人带来的药又快要服完了，养老机构的工作人员提前打电话告知其家人带药来，其家人说："我上次带了一个月的药怎么就服完了呢？你们是不是把药给老人服错了？你们要给我一个说法。"请问，在这个案例中出现了什么样的沟通问题？

知识内容

一、与机构养老老人的沟通方式、步骤与技巧

（一）机构养老老人的沟通方式

1. 面对面直接沟通

面对面直接沟通是与机构养老老人进行沟通最主要的方式。面对面直接沟通根据不同的情况采用语言、文字、图片、肢体语言以及一些特殊语言如手语、触摸等进行。

> 在某养老机构中，一位婆婆生病了。养老机构的医生诊断后发现：该老人的病在养老机构中将得不到有效的治疗，需要转入综合性医院进行进一步诊断与治疗。但老人觉得自己的病是老毛病了，只要是医生都能诊断和治疗，于是不愿意转医院。在与这位老人进行沟通的时候，首先就要采用面对面直接沟通。

（1）语言主要是以说的形式表现出来，如开会、面对面讨论等。

（2）与有听力障碍的老人进行沟通时常采用文字书写的方式，与不识字的老人进行沟通时常采用图片或画图、肢体语言进行沟通，与听力、视力均有障碍的老人采用触摸的方式进行沟通较为妥当。

（3）养老机构中还有一部分特殊的老人——先天性的聋哑老人，对于这样的老人

宜采用简单的手语进行沟通。

2. 通过第三人或媒介间接沟通

间接沟通也是与机构养老老人进行沟通的一种重要方式。主要有通过第三人——老人的家人进行间接沟通，或以书信、便条、文件、广播、内部报刊、宣传栏、意见箱、举办活动、网络等为媒介进行的间接沟通。

（1）与老人的家人进行间接沟通是与机构养老老人沟通的常见方式。在上面的案例中，如果通过与老人进行面对面沟通不能达到良好的效果，则需要通过第三者即老人的家人进行间接沟通。

（2）在养老机构里，内部报刊、宣传栏、广播、意见箱、举办活动等间接沟通的方式也很常见。养老机构里的老人总觉得社会不关心他们、机构不重视他们。养老机构可以通过内部报刊传递信息、意见箱收集意见、与社会组织联办活动等方式来体现对老人的关心。

（3）以书信、便条为媒介的间接沟通方式在养老机构里虽然用得较少，但不失为一种有效的沟通方式。在与老人进行面对面沟通失败以后，老人对直接沟通产生了抵触情绪，这时可以采用书信或者便条的方式与老人进行间接沟通，以减少对老人的刺激，对稳定老人情绪具有良好的效果。

（二）与机构养老老人沟通的技巧

1. 听的技巧

（1）耐心倾听能表达对老人的尊重和诚恳的态度，从而获得老人的信任。

（2）此时无声胜有声的倾听是老人倾诉的需要。

（3）以开放的心态和积极的态度去聆听，不仅能听到自己所需要的信息，还能容易跟上老人说话的节奏。

（4）眼睛是心灵的窗口。在聆听的过程中要注视对方的眼睛以表示“我在认真地听您说话”。

（5）倾听时可以不同意老人的看法，但要接纳老人的话语，点头并不时说“原来如此”“我都不知道呢”等，鼓励老人继续说下去。

（6）开放性的动作和姿态代表接受、容纳、尊重和信任，如倾听的过程中真诚的表情、感兴趣的语言、信任的肢体动作（如用手托着下巴）等能显示出倾听者诚恳的态度，让老人感受到支持和信任。

（7）赞许的点头、恰当的面部表情与积极的目光接触相结合，表明你在认真倾听，皱眉迷惑不解的表情给老人提供准确的反馈信息，以提示其及时调整。

(8) 应用复述如“我听你说……”“你是不是这个意思”“你刚才说的……”等方法证实自己听到的与老人说的意思是否相符。

(9) 要进行适当的提问和控制争论的念头，做到多听少说。

在听的过程中要注意：打断老人说话时要看准时机，不要随便打断老人说话；在倾听过程中不要东张希望、左顾右盼，这表示对老人不尊重；避免不必要的争执，争执会让老人打消继续说下去的愿望。

2. 实现共鸣的技巧

实现共鸣后技巧包括：巧妙的建议、意见和批评，拒绝与安慰老人的技巧、避免冲突的沟通及反馈技巧，与听力、视力障碍老人进行沟通及特殊的沟通技巧。

3. 通过第三者进行间接沟通的技巧

(1) 通过家属进行间接沟通时要注意沟通的目的要明确，一次表达一个意思和目的，避免目的众多导致沟通遗漏；沟通的语言要简单明了，避免因理解错误而导致沟通失败；运用同情心去沟通，更容易得到老人家属的支持与配合。

比如老人需要转医院治疗，而老人不愿意转医院治疗，其家属也觉得老人没必要转医院治疗，这时候的沟通需要站在老人及其家属的角度去理解他们的想法，同时要运用专业的知识让老人及其家属理解老人转医院治疗的必要性和紧迫性。

(2) 运用宣传栏作为媒介进行间接沟通时要注意：宣传栏的选址要灵活，什么地方最合适就选什么地方；栏目的设计要能吸引老年人的注意；采用彩色的图案易引起老年人的兴趣，同时可以强化其记忆和自觉性；宣传语言要简洁、生动，同时不失委婉；字体要常规化，字体大小合适，太小老年人看不清楚，太大感觉不协调。

(3) 采用意见箱作为间接沟通的方式时要注意：意见箱的位置要合适，高度以离地面 90 厘米为宜，这样既能让自理老人使用意见箱，又能让半自理老人借助轮椅活动向意见箱内投放意见和建议；意见箱的选址要从保护老人的角度出发，当老人想向意见箱内投放自己的意见稿时，如果轻易就被有利害关系的工作人员看见，老人会因此而感到不安全，从而放弃投放意见或建议的想法，这样的意见箱就形同虚设；要定时从意见箱内取出意见建议稿，同时要及时对意见和建议进行分析，并采取适当的方法给予反馈。

二、机构养老老人常见主题沟通的案例

(一) 关于老年人跌倒问题的沟通案例及其分析

1. 案例

田婆婆，89 岁，入住某养老机构特护科。某日早晨，田婆婆起床时跌倒于床边，

经养老机构医务人员简单检查后疑似左侧股骨颈骨折，养老机构立即通知其家属送老人去医院做进一步检查确诊和治疗。田婆婆在医院照 X 片后显示：左侧股骨颈骨裂。医生考虑老人年龄大，建议回养老机构进行保守治疗。老人家属将老人送回养老机构后，养老机构根据其生活自理能力评估结果调整了护理级别，增加了护理内容，家属表示无异议。一个月左右之后，家属接到养老机构的电话，要求其将老人送医院治疗，主要原因是老人出现了三到四期的褥疮并有感染，生命受到了威胁。家属将老人送医院住院治疗后发生了上万元无法报销的医疗费，而且需要继续治疗，究竟需要多少费用才能治好是个未知数。于是，家属对养老机构提出了包括医疗费、护理费、营养费、精神损失费在内共计 30 余万元的赔偿，并诉诸法律。经法院调解后，养老机构最终赔偿老人家属近 7 万元的医疗费、护理费及营养费。

2. 分析

跌倒是老年人最常见的症状，是指突发、不自主的、非故意的体位改变，倒在地上或更低的平面上。老年人跌倒的发生并不是一种意外，而是存在潜在的危险因素。老年人跌倒发生率高、后果严重，是老年人伤残和死亡的重要原因之一。

在养老机构中，老年人跌倒引发的纠纷与经营风险非常常见，现阶段已经成了养老机构不可承受之痛。养老机构如何降低老人的跌倒概率、减少因跌倒引发的纠纷和经营风险？扎实的工作和有效的沟通是行之有效的方法。

（二）关于老年人烫伤、烧伤问题的沟通案例及其分析

1. 案例

叶婆婆，89 岁，半失能老人，在某养老机构住养。某年冬天异常寒冷，为了取暖，养老机构已经给出了优惠政策，空调取暖，增加老人用电基数。但是老人及其家人还是不顾危险采用取暖器、热水壶、热水袋、暖宝宝等进行保暖。针对这些危险取暖物品（对老人危险），养老机构反复检查其安全性、反复向老人及其家人指导正确的使用方法和注意事项。但是，老人还是违规使用，造成烫伤。经过治疗，老人痊愈。老人烧伤前养老机构做了大量的沟通工作，即使老人发生了烫伤，由于属于老人个人的问题，并没有因此而造成纠纷。

2. 分析

养老机构中烫伤和烧伤的问题也是很常见的。同样，扎实的工作和有效的沟通才是化解矛盾、降低危险的有效措施。

（三）关于老年人之间矛盾问题的沟通案例及其分析

1. 案例

某养老机构同寝室的两位老人，某天早上甲老人起床后就问乙老人："昨天晚上你在干啥呢，把我都吵醒了，害得我一晚上都没有睡好。"乙老人说："你没睡着关我啥子事呢？"然后两位老人就你一句、我一句地吵了起来。上班后甲老人就去找管理人员诉说："乙老人欺负我，半夜三更专门把我吵醒，还骂人，我的水杯盖子不小心掉在地上也被乙老人捡来丢了。乙老人骂我不要紧，还骂我子孙，太坏了，我要求将乙老人换走。"

2. 分析

养老机构中的老年人处在一种群体的生活状态，人与人之间的生活习惯、成长环境、家庭背景的不同造成了养老机构老年人之间的差异。误会、矛盾、冲突不可避免。促成老年人之间的有效沟通，与误会、矛盾双方的老年人进行有效的沟通是养老机构工作人员的日常工作。在养老机构中，老年人之间有时为了很小的事情就会发生争执。要想消除误会与争执，促成老年人之间的有效沟通是关键。

（四）关于老年人与其家人超过服务要求的沟通案例及其分析

1. 案例

唐婆婆，85 岁，在某养老机构养老。几天前，唐婆婆与其家人将主管她的护理人员告到机构领导那里，原因是主管护理员向她要钱。唐婆婆与其家人都要求严惩这位护理人员。机构领导就相关工作人员进行调查发现：唐婆婆入院评估与所交纳的相关费用相对应的是介助一级的服务内容，唐婆婆与其家人都是很清楚的。但唐婆婆要求其主管护理人员为其提供介护一级的服务，其主管护理员就告诉她要多交钱才能做。于是唐婆婆与其家人一气之下将其主管护理人员告到了机构领导那里。

2. 分析

作为养老机构的工作人员，面对这种情况应该如何与老人及其家人进行沟通呢？

（1）掌握老人与养老机构签订的服务项目。

（2）深入了解老人的身体状况和需求是否与签订的服务项目相符。

（3）当老人及其家人提出超服务要求时，认真听取老人及其家人的真实想法，根据老人的真实想法给予合理的解释与沟通。

（4）向老人及其家人宣传养老机构所提供的服务是有偿服务，同时告知老人及其家人所购买的服务内容有哪些，养老机构怎样为其提供相应的服务。如果老人需要更深入的服务，请老人与其家人商议确定后通过正式的渠道申请。

（5）向老人及其家人解读养老机构的相关政策和规定，护理人员不能随便违反养老机构的相关规定进行工作。非特殊情况下，任何多提供与少提供服务都是违反规定的行为，请老人及其家人予以谅解。

（五）关于老年人生病与医疗问题的沟通案例及其分析

1. 案例

安婆婆，88岁，有结石性胆囊炎病史。一天下午，安婆婆出现腹痛、发热，体温38.8℃，经医生检查初步诊断为慢性结石性胆囊炎急性发作。医生为其处理后电话通知其家人，同时建议其家人转院治疗。其家人告知在外地，不能赶来将老人转院，医生说不行，如果不转院可能有生命危险。家人为此非常恼火，在电话里与医生吵了起来。科室管理人员立即接过电话与老人的家人进行沟通，最后平息了这场纠纷。

2. 分析

在养老机构中常常出现这样的现象，老人生病后，养老机构内设医疗机构及时为老人的疾病进行了诊治，但是老人的家人并不知情，最后不愿意交纳医疗费。因老人家人不愿交纳医疗费产生纠纷后，养老机构内设医疗机构就不愿意为老人诊治疾病了，每当老人生病的时候就要求老人的家人转医院治疗。这样老人及其家人对养老机构的行为又非常不满，认为老人生病是常有的事，动不动就叫转院，怎么叫方便养老呢?

管理人员是这样与老人的家人进行沟通的。

（1）告知老人家人。

告知老人家人老人现在的状况、医生的诊断以及医生的处理措施，并向其家人表示将对老人进行进一步观察，如有什么变化将及时告知他们。养老机构内设医疗机构的条件有限，不能对老人做进一步的检查和治疗。鉴于老人年龄较高，将可能发生许多不可预见的危险，届时如果发生不可预料的后果还请家人予以理解。

（2）征求老人家人的意见。

在详细告知老人的情况以后，征求老人的家人意见，看是否转院。经过上述沟通，老人家人立即平息了情绪，表示立即赶回来将老人转医院治疗。

另外，老人在养老机构生病以后，养老机构工作人员一方面要及时告知老人的家人，以便老人的家人能及时对老人进行关心，另一方面要告知老人生病以后，养老机构内设医疗机构对老人进行医疗产生了哪些医疗费用，老人的家人知道后自然明白该怎样处理医疗费用的问题。有时老人的家人不是懊恼为老人花了多少医疗费用，而是觉得老人在养老机构里生病了，作为子女的他们却不知道，没有向老人表示关心而内疚，然后将内疚的原因归咎于养老机构没有告知，最后闹出不愿意结算医疗费用的纠纷。

（六）关于老年人入住养老机构后短期内去世问题的沟通案例及其分析

1. 沟通失败案例

患病老人张某入住老年公寓16天后死亡，其两个女儿李燕和李颖诉老年公寓未及时送医治疗。此案在××法院开庭审理，原告要求被告返还交纳的费用及支付违约金共73 787元。此案未当庭宣判。

在庭审中，原告、被告双方都是亲自上场，其中，原告由李燕夫妇及另一名家属出庭，被告由老年公寓的院长出庭。李某称，她的母亲于10月19日午后入住益福寿老年公寓，11月5日早上8点多接到母亲去世的消息。“我们赶到时发现母亲已被穿上寿衣，化好妆，躺在冰棺里，我们对此不能谅解。”李燕说，她们并未授权被告做出这样的有偿处理。另外，老年公寓并非医疗机构，发现老人身体不适应该及时送医院治疗，而不是擅自处理，最终导致老人死亡。

老年公寓院长在庭上多次表示，老人的去世与其自身患有小脑萎缩、冠心病和糖尿病有关，这在双方签订的“免责条款”约定范围内，所以公寓方无须承担责任。未送医是因为11月5日凌晨4点40分左右发现老人有异常后，一直联系不上原告姐妹俩，再加上老人是猝死，所以没有时间送往医院。“后来考虑到时间一长不好给老人穿衣服，就处理了这事，我们是善意的。”院长说。

李某表示，行动不便的母亲平时由妹妹照顾，但因妹妹要做手术，才临时把母亲送到老年公寓。“想着过几天就把母亲接回家，没想到是这样的结果。”李某哭着说，“老年公寓一直说多次联系我们，但为什么就不打一个急救电话呢?”

2. 沟通成功案例

2015年11月，患病老人夏某入住某养老机构20天后去世，其两个儿子和一个女儿对养老机构的工作表示认同，同时对护理人员的精心照料表示感谢。他们认为，养老机构的照料让老人减轻了痛苦，获得了尊严。

（1）背景。老人入住某养老机构时，表面看起来精神很好，普通体检报告并未显示严重疾病，基本评估为“生活基本自理”。入住当晚，老人就表现为失眠、不能平卧、大小便失禁、不能自行更换衣物、身体卫生不能自行清理、生活自理能力低下。

（2）沟通过程。①办理入住手续时养老机构告知家属在联系方式栏里按与入住老人的亲疏关系尽可能多地记载联系电话、联系地址，以确保及时联系家人。②告知老人及其家人，老人对陌生的环境需要适应，因此老人会有一个观察期。观察期内，也是老人最容易急发老年病的时候，可能严重也可能不严重，甚至有可能出现生命危险。养老机构会按照相关规定予以处理，并向其告知处理程序，将处理方式载入入住协议里，家属认可签字。③当老人表现出生活自理程度与入院评估不相符且有生病迹象时，及时与老人及其家属进行沟通，采取相应措施，调整护理方法，并向家属提出转院诊治建议。④及时将老人的身体变化情况、养老机构所采取的措施、意见和建议向其家人汇报，争取老人及其家人的配合与支持。⑤老人去世后，及时通知家人，告知老人去世后的处理方案并让其选择。

3. 分析

对比两个案例，纠纷案例中存在的沟通问题如下。①在办理老人入住手续时，没有充分地预见和告知老人家人其入住养老机构后可能出现的问题，以及老人出现问题后的解决方式。如老人生病后怎么办，老人有生命危险时的处理方式，老年公寓联系不上家人时应该怎么办等。②患病老人入住后，养老公寓没有及时将老人在老年公寓的变化与其家人进行沟通。③老人突然去世前后的处理方式欠妥，如果没有医疗机构，养老机构即使发现老人为猝死，也应该叫急救车。如果养老机构设有医疗机构，医疗机构应该有相应的抢救措施和过程记载。

课后练习

【名词解释】

机构养老

【填空题】

机构养老老人的结构按国家收费政策划分为（　　　）、（　　　）；按老人的生活自理能力划分为（　　　）、（　　　）和（　　　）。

【简答题】

简述机构养老的意义。

参考答案

项目九
与老年人社会支持网络沟通

学习目标

- 知识目标
  - ◇ 熟悉老年人社会支持网络的概念和内容，掌握与老年人社会支持网络进行沟通的方式和步骤。
- 技能目标
  - ◇ 学会选择与老年人社会支持网络进行沟通的方式，理解与老年人社会支持网络进行沟通的步骤与方法，学会与老年人社会支持网络进行沟通。

情景导入

在日常生活中，每一个老年人都拥有自己一定的社会支持网络，社会支持网络是老年人生命过程中重要的组成部分，它可以帮助服务老年人解决生活中的问题。老年人所拥有的社会支持网络越强大，越能够应付各种来自环境的挑战。在日常生活与工作中，我们不仅要学会怎样与老年人进行沟通，也要学会如何与老年人社会支持网络进行沟通。这样，老年人社会支持网络才能长期、持续、有效地对老人进行支持。

任务一　认识老年人社会支持网络

案例导入

某养老机构中一位老人在夜间上厕所的过程中不慎跌倒，经机构值班医生检查，初步诊断为右侧股骨骨折，需要家属立即送老人去医院做进一步的检查、诊断和治疗。这时，机构服务人员应该怎样与老人的社会支持网络进行沟通？

知识内容

社会支持网络指的是一组个人之间的接触，通过这些接触，个人得以维持社会身份并且获得情绪支持、物质援助、服务、信息以及新的社会接触。

依据社会支持理论的观点，一个人所拥有的社会支持网络越强大，越能够应对各种来自环境的挑战。个人所拥有的资源又可以分为个人资源和社会资源。个人资源包括个人的自我功能和应对能力；社会资源是指个人社会网络中的广度和网络中的人所能提供的社会支持功能的程度。以社会支持理论取向的社会工作，强调通过干预个人的社会支持网络来改变其在个人生活中的作用。特别是对那些社会支持网络资源不足或者利用社会支持网络的能力不足的个体，社会工作者致力于给他们提供必要的帮助，帮助他们丰富社会网络资源，提高其利用社会支持网络的能力。

一、老年人社会支持的概念

老年人社会支持是由社区、社会网络和亲人为老年人提供的感知的和实际的工具性和表达性支持。社会网络只是个人可以直接接触的一些人，包括亲戚、同事和朋友。

二、老年人的社会支持网络

老年人的社会支持网络，指的是老年人在自己的社会关系网络中所获得的、来自他人的物质和精神上的帮助和支援。

一个完备的老年人支持网络包括亲人、朋友、同学、同事、邻里、老师、合作伙伴、社区等，还包括由陌生人组成的各种社会服务机构。所以说，老年人社会支持网络是他们健康生活的重要保障。当他们处于逆境之下，良好的社会支持网络可以给他们信心和能量；当他们处于顺境之中，社会支持网络同样可以带给他们快乐和充实。老年人的社会支持网络是外界提供给他们的，但老年人的性格和心理差异，他们对社会支持网络的感受度和利用度就会存在差异。但无论这个感受度和利用度是多少，我们都深知社会支持网络对于他们的重要意义。

老年人社会支持网络绝不是庸俗的关系网。庸俗的关系网是基于功利而无真诚的信任，而前者则是积极意义的人际关系，是一种“双赢”的社会网络。在这个网络中，彼此信任支持，共同成长进步。

三、影响老年人社会支持网络支持程度的因素

（一）发展因素

从发展的观点来看，老年人对关系的看法是其个人的内在特质和外在环境交互作

用的结果。对关系的不同看法会直接影响老年人人际关系的建立。

（二）个体因素

个体因素是指每个老年人的人格因素、身体健康因素对发展和使用社会支持的影响。一般情况下，高自尊的老年人可能会获得比较高的社会支持度。一个老年人的自我评价越高，越容易被人接受。另外，老年人的身体越健康，对发展社会支持网络越有利。社会性高的老人可能会获得更高的社会支持，更有利于利用社会资源来满足自己的愿望，由此也更容易建立广泛的社会支持网络。而自主性高的老人更倾向自己解决问题，利用社会支持网络的倾向也不高。

（三）社会生活环境

不同类型的社会生活环境在个人的社会支持网络形成中的作用是不同的。在开放的社会生活环境中，老年人更容易建立自己的社会支持网络，也更有利于利用社会支持网络；相反，在封闭的社会生活环境中，老年人对社会支持网络的利用就会相对减少。

四、老年人的需求与社会支持网络的矛盾

（一）老年人的需求

马斯洛把人的需求分成生理需求、安全需求、爱与归属的需求、尊重需求和自我实现需求五类，依次由较低层次到较高层次排列。老年人也具有这些需求，但老年人的需求的层次性不那么明显。很多时候老年人最基本的生理需要还没有得到满足，却具有强烈的被尊重的需要、社交的需要和安全的需要，特别是来自家庭安全的需要。这与老年人的人生经历和生活阅历是紧密相关的。各层次的需要具有不同的基本含义。

1. 生理需求

这是一切需求中最基本、最优先的一种需要。它包括人对食物、水、空气、衣服、排泄及性的需要等。如果这一类需要不能得到满足，人类将无法生存下去。老年人也有这些基本的需要，以满足其生存需要，但老年人的生理需要有其特殊之处。在服装方面，老年人需求与自己年龄相符的服饰，讲求宽松、轻便、保暖、透气和适用；在食物方面，老年人更注重保健，对饮水和空气环境的需求也更讲求洁净、新鲜、卫生；由于其身体机能衰退，老年人更需要方便、舒适、无障碍的卫生间。

2. 安全需求

在生理需求得到相对满足后，人们就会产生保护自己的肉体和精神，使之不受威

胁、免于伤害、保证安全的欲求。比如防御生理损伤、疾病，预防外来的袭击、掠夺、盗窃，避免战乱、失业的危害，以及在丧失劳动力之后希望得到依靠，等等。老年人的安全需求较之其他人群更为迫切，尤为集中在医、住和行这三个方面。在医疗康复保健方面，老年人希望老有所医、老有所乐、健康长寿。一旦生病，老年人希望能及时得到治疗，能就近看病和看好病，还希望生病期间身边有人护理和照顾；另外，老年人希望有人指导他们加强平时的健康保健，使其不生病或少生病。老年人的居室要求稍宽敞一些，以便于行走和活动，室内要求通风、干燥、透光；内部设施要便于老年人使用和行动，比如卫生间要有扶手和坐便器之类，楼道要安装栏杆和扶手，以防其摔倒；居住楼层不宜太高，以便于老年人进出和下楼活动。老年人出行的安全尤其重要，一般需要有人伴护，以防途中摔倒或犯病，公共场所和交通工具也需要设老人专座或老人通道，保障老年人出行的安全。

3. 爱与归属的需求

一个人在社会生活中，总希望在友谊、情爱、关心等各方面与他人交流，希望得到他人或社会群体的接纳和重视。比如结交朋友，互通情感，追求爱情、亲情，参加各种社会团体及其活动，等等。老年人的这些需求也是强烈的。首先，他们需要家庭的温暖，子女的孝顺，享受天伦之乐；其次，老年人也需要参与社会活动，渴望与邻里、亲朋好友的接触和交流，害怕孤寂；最后，老年人也有爱情需求，特别是一些丧偶老人，希望能有一个伴侣与之相濡以沫、共度晚年。

4. 尊重需求

一个人在社会上总希望自己有稳定、牢固、强于他人的社会地位，需要自尊和得到他人的尊重。老年人特别爱面子，自尊心强，特别需要别人对他的尊重，对于他人对自己的态度尤为敏感。这种尊重需求往往会延伸为老年人注重自己在知识和修养方面的提高，对自身形体、衣着装扮的关注，等等。

5. 自我实现需求

人们希望实现自己的理想和抱负，充分发挥个人的聪明才智和潜在能力，取得一定的成就，对社会有较大的贡献。老年人也希望为社会做一些力所能及的事情，充分发挥自己的潜能和余热，实现自身的价值或未完成的心愿，从中体验到成功的喜悦和满足感。

（二）现阶段我国老年人社会支持网络的不足

老年人日益衰老，其体力、心力和健康每况愈下，获得需求的能力日趋减退，对社会支持网络的依赖日益增加。面对需求日益增长的老年人，其社会支持网络存在的不足也日渐显示了出来。

1. 人们对老龄化观念的认识不足

面对我国人口老龄化的挑战，一些职能部门和社区管理与服务部门对开展和加强社区养老助老服务的重要性和迫切性认识不足，观念落后，服务意识差。

2. 基础设施差，硬件设备和服务水平落后已经不能满足老年人日益增长的需要

目前老年医疗保健匮乏，医疗费用高，有病不能医、不敢医；老年人购物困难，合适的商品不仅数量少，而且品种单一；老年文化体育设施缺乏，老年人没有地方休闲，精神没有寄托，而现有的养老设施使用率又相当低。

3. 为老年人提供专业服务的团队缺乏，专业的志愿者队伍尚待建立

目前活跃在养老助老服务一线的大部分是一些仅凭人道主义和经验而工作的人，没有接受过相关的专业教育或有关老年服务知识的培训。这不仅影响了养老助老服务的质量，也制约了养老事业的发展。

4. 家庭养老压力大

现阶段我国经济相对不发达，国家养老只能基本维持三无老人、部分困难失能群体老人的养老。大部分老人养老的经济来源为养老金、住房以及家庭其他成员的支持，依靠亲人料理生活。特别是农村老年人，当他们丧失劳动能力时，基本上只能依靠家庭成员的经济支持和生活料理，从而增大了家庭成员的精神、经济压力。另一方面，失智半失智老人、失能半失能老人需要专业的照料与护理，然而家庭成员因不具备专业的护理技能可能会在照料的过程中为老人带来痛苦甚至二次伤害，从而增大了老人及其家人的精神压力。

五、与老年人社会支持网络进行沟通的作用

第一，与老年人社会支持网络进行沟通可以更好地去了解老年人的个性化需求，从而为老年人提供个性化、整体化的服务，以提高老年人的生活质量和幸福感。老年人由于身体老化，身体、心理都变得脆弱，随着社会生活水平的日益提高，粗犷的服务模式已经无法满足老年人日常生活的需要，他们在追求更高更精细的服务。与老年人社会支持网络进行沟通，可以更深入地了解老年人各方面的需要，从而为其提供更深入的服务。

第二，与老年人社会支持网络进行沟通可以了解其社会支持的程度和支持方向。与老年人社会支持网络进行沟通可以了解其社会支持网络的组成结构，了解其社会支持网络能对老年人提供哪些方面的支持、支持到什么样的程度，从而让老年人明确什

么样的需求能得到满足、什么样的需求只能面对现实。

第三，养老机构与老年人社会支持网络进行沟通，可以让其知道老年人在养老机构中的生活动态，对建立和谐的养老合作关系具有重要意义。老年人在养老机构中养老，养老机构要经常与其社会支持网络进行沟通，一方面让其知道老人在养老机构中的生活动态和身体适应与身体健康状况，另一方面也让老人社会支持网络知道老人的心理需求、知道怎样配合养老机构为老人提供更好的服务。

第四，养老机构经常与老人社会支持网络进行沟通，可以减少养老纠纷的发生。养老机构经常与老人社会支持网络进行沟通可以让其了解机构为老人提供了什么样的服务；老人的状况怎样；哪些方面需要社会支持网络的配合与支持；哪些困难是机构无法解决的；哪些问题是机构、老人与老人的社会支持网络需要共同面对、共同解决的问题。这样可以让老人的社会支持网络对老人在养老机构中的养老行为有一个正确的认识和理解，从而对意外事故的防范、事故纠纷的解决起重要的作用。

拓展阅读

几根稻草的温暖

国与国之间有海隔着，家与家之间有墙隔着，人与人之间有秘密隔着。对同样一件事情，国人说：仁者见仁，智者见智。西谚说：一千个读者眼里就有一千个哈姆雷特的形象。人心隔着肚皮，看法不一致，这就需要人与人互相沟通，增进了解，消除误解，窗不擦不亮，话不说不明。

北宋时期有个理学家邵雍，精通易学，有一次在山里给人家看风水，迷了路，两天滴水未进，又饥又渴，疲惫不堪。好在遇到了一位村妇，邵雍就向她讨口水喝，顺带问问出山的路径。村妇听完邵雍说明来意，把邵雍引进家里，从自家的水缸里舀出了一瓢水递给邵雍。邵雍接过水瓢正准备一饮而尽的时候，却发现水瓢里漂着几根干草，觉得自尊心受到了极大的侮辱，气愤难当，却又不好当场发作，两天了，嗓子要冒烟了。尊严和清水，邵雍当然选择了清水，小心地慢慢喝完了瓢里的水。随后，村妇摆上山肴野蔌招呼邵雍吃饭，虽然算不上美味佳肴，但对邵雍来说，已是非常难得了。风卷残云一番饭饱后，邵雍心头的疑惑始终不解，试着问村妇："这位大嫂，之前为何在水瓢里放入干草?"村妇听了一愣，继而大笑起来："没别的意思。你可能误会了吧，当时你气喘吁吁，又饥又渴，如果我直接把水瓢递给你，你大口地喝凉水，那会呛到你的呀!"邵雍听了，满脸通红，为自己误解了村妇而羞愧，也为误解得以消除而释然。

灯不挑不亮，话不说不明，沟通能够消除误解，交流能够增进了解。

同样的道理，老年人与服务者之间，老年人与其社会支持网络之间，以及服务者与老年人社会支持网络之间对同一件事、同一种行为，因站在不同的角度，看法自然有所不同，甚至背道而驰，产生误会。如果不及时沟通，不及时消除误解，必然会导致纠纷的发生。

任务二　掌握与老年人社会支持网络沟通的方式和步骤

案例导入

老人跌倒去医院治疗结束、回到养老机构，老人家属认为该机构对老人的跌倒应该负有责任，应该承担相应的医疗费用和后期的康复与护理费用。这时机构的相关管理人员应该怎样与家属进行沟通？

知识内容

一、与老年人社会支持网络进行沟通的方式

与老年人社会支持网络进行沟通的方式根据沟通是否需要第三者的传递，可划分为直接沟通和间接沟通。直接沟通与间接沟通各有优势，直接沟通方便人与人之间情感的交流，而间接沟通则更加方便和快捷。

（一）直接沟通

直接沟通是指发送信息与接收信息不需要第三者传递。如面对面谈话、电话直接对话等。在与老年人社会支持网络的沟通方式中最常用的就是直接沟通。

直接沟通的优点是直观真切，不但能够听到语意，还能感知多方面体现出的情感。

直接沟通的缺点是有时受个人情绪影响较大，系统性较差；沟通常常会受对方所左右，难以体现信息的对等；比较适合于熟悉的人之间对分歧不大和比较简单问题的快速交流，对实际情况摸底调研沟通也很合适。

（二）间接沟通

间接沟通是指人们通过中间人或借助中介技术手段如书信、文件报告、个人媒介、电视、广播、报刊、网络等大众媒介而进行的相互沟通。间接沟通也有其优点，如比较冷静理智、沟通交流观点比较系统、相对比较委婉、不太容易受感情和氛围因素影响等。间接沟通具有缺少情感交流的缺点，因此间接沟通在与老年人社会支持网络的沟通中运用较少。

二、与老年人社会支持网络沟通的步骤

（一）与老年人社会支持网络进行沟通的背景

第七次全国人口普查主要数据显示我国60岁及以上人口为26 402万人，占总人口的18.70%。2022年《政府工作报告》提出：“积极应对人口老龄化，优化城乡养老服务供给，推动老龄事业和产业高质量发展。”应对人口老龄化已上升为国家战略。

大量老年人的涌现，为养老产业的发展带来机遇的同时也带来了挑战。社会经济发展不平衡、老年人生活水平需求高、养老信息不对称以及养老服务水平低下导致养老产业与老年人及老年人社会支持网络之间的矛盾与纠纷出现，养老机构与老人及老人家属发生的养护纠纷层出不穷。沟通是解决矛盾最好的办法，在养老产业中沟通也是解决问题最好的方法。当我们需要与老年人社会支持网络进行沟通的时候，我们应该知道与老人之间发生了什么？可能会发生什么？预期的结果怎么样？在这样的背景下决定是否与其社会支持网络进行沟通？怎样去沟通？沟通的目的是什么？沟通的效果怎样？等等。

（二）明确沟通的目的

在与老人社会支持网络进行沟通之前，要明确沟通的目的是什么，为什么要进行沟通。没有目的的沟通算不上正式有效的沟通。

养老机构中一位老人自带的口服药很快就要服完了。为了不影响老人继续用药，也为了让老人的家人有足够的时间去准备，工作人员与老人的社会支持网络进行了直接的电话沟通。也许有人会说直接告知家人带药就是了，还需要什么沟通呢？这不是自找麻烦吗？为此我们就这个问题分析一下为什么要进行沟通。纠纷一：老人的自带药今天中午服完了，晚上没药了，机构直接电话告知家人老人晚上没药服了，请在晚上服药之前带来。这时，老人的家人立即不高兴了：“怎么不早说呢？现在说了我怎么有时间去买药？就算买到药了，机构离家那么远我怎么来得及啊？你们的工作怎么做的？为什么那么让人操心啊？”脾气小的就说两句而已，脾气大的可能因不满意而更换养老机构。纠纷二：老人的药还有几天才服完，护士不说明原因就让管理人员提前打电话让家人带药。家人可能会很不高兴地质问：“我上次为老人带了一个月的药，为什么现在就没有了？你们是不是把老人的药怎么了？你们要赔偿。”甚至因此来机构大吵大闹。这种现象是经常发生的。

有时看似问题很小，最后引来的纠纷却很多。有一次，因养老机构与老人的家人就老人的贵重药品保管问题没有沟通好，最后机构发生了赔偿责任事故。因此，在沟通中需要对可能出现的问题提出预见，需要将相互之间的疑问说清楚，让彼此之间都能明白产生疑问的原因和后果，最后达成解决问题的方案，完成沟通的过程。在上面的案例中，我们不仅要告诉老人的家人药快要服完了，还要告诉他们为了让老人的服药不中断，也为了让他们有充足的时间去准备和送达，所以要提前告知。这样就达到了沟通的效果，老人的家人会感觉养老机构工作的仔细，还处处为老人家人着想，当然愿意与这样的机构长期合作了。

（三）了解沟通对象的情况

当需要与老人社会支持网络进行沟通的时候，还需要对沟通对象的情况进行了解。

1. 沟通对象与老人的关系

不同事情、不同的问题需要与不同的对象进行沟通。事情重要的、问题较严重的或事情紧急的需要与老人的直系亲属进行沟通，而一般问题或不紧急的事情则可以与其他的社会支持网络进行沟通。

2. 了解沟通对象与老人的密切程度

沟通对象与老人的密切程度越高，对老人的生活习惯、身体状况越了解，在与其对老人的问题进行沟通的时候越通畅，问题也越容易得到解决。比如，某养老机构新入院一位老人，入院时老人的某些问题未表现出来，入院后逐渐发生了这样那样的问题，这时候需要与其社会支持网络进行了解与沟通。沟通的对象与老人的关系越密切就会对老人的情况越熟悉，沟通便会越顺利。

3. 了解沟通对象的文化修养、性格特征

沟通指的是为了特定的目标，把信息、思想和情感在个人或群体间传递的过程。而情绪、情感的传递往往会被大家所忽视，也就给沟通过程带来了种种困难和阻碍。同时，我们不仅是在传递信息，还希望对方能够接受这些信息。可是对方如何才能心甘情愿地被说服呢？这就需要我们对沟通对象的文化修养和性格特征有所把握。不同的文化修养和性格特征对沟通的敏感性是不同的。例如，热心型的人的沟通关键词是情绪、合作型的人的沟通关键词是耐心、领导型的人的沟通关键词是尊重、分析型的人的沟通关键词则是资讯。如果我们能敏锐把握对方的沟通关键词，也就是对方特别在乎的点，就能用对方习惯的方式进行沟通，并能达到沟通的目的。

4. 沟通对象的其他情况

在与老人社会支持网络进行沟通的时候对沟通对象的情况了解得越多，沟通的有效性就会越强，沟通对象的其他情况包括年龄状况、经济条件、工作状况、时间状况等。

(四) 选择合适的沟通方式

与老年人社会支持网络进行沟通宜选择常用的直接沟通的方式，如面对面沟通、电话直接沟通。但有时候沟通一次两次可能仍达不到预期的沟通效果，需要采用多次甚至间接的沟通方式，如书信、微信，以及第三者的传达等。

(五) 消除沟通障碍

在与老年人社会支持网络进行沟通的过程中，一定要注意选择合适的沟通环境，采用合适的沟通方法，尽量消除沟通中的障碍以达到有效沟通。

(六) 进行沟通与处理异议

在沟通过程中要正确运用文字语言，使用对方易懂的语言，意思要明确，注意力要集中，感情要真挚，组织设计要精干有效，还要巧妙地处理各种沟通异议。

(七) 达成协议

在与老年人社会支持网络进行沟通后达成共识即完成了沟通的过程，但共识的达成并不意味着工作的结束，而是沟通的结束和另一项工作的开始。例如，上面说的与老人的家人进行沟通为老人带药的事情，当达成共识“老人的家人同意在老人的药物服完之前及时带来”后，就意味着另一项工作的开始——老人的家人抽时间去药店或医院购药，并将药送到养老机构交给医护人员。养老机构的管理人员要向医务人员反馈沟通的信息，并再次确认药物服完的确切时间等。当老人的家人把药送来后要及时联系医务人员将老人的药物分装并指导护理人员发药、喂药。

(八) 共同实施与反馈问题解决的效果

沟通结束后达成了共识，达成了协议，这时就需要沟通双方共同去完成协议的内容，解决需要解决的问题，同时反馈问题解决的效果。如果沟通双方不按照协议的内容去实施，问题也就得不到解决。这时就要为这个问题再次进行沟通，既浪费时间、精力，还会使双方的信任度降低，为下一次的沟通埋下隐患。

三、与老年人社会支持网络进行沟通的注意事项

在与老年人社会支持网络进行沟通的过程中要注意以下几点。

(一) 做好沟通前的准备工作

沟通前的准备工作是否充分直接影响沟通的效果，准备工作越充分，沟通效果越

好；反之，沟通效果就会越差。

（二）沟通具有针对性

沟通的内容要具有针对性，不能这个问题还没有解决就谈到其他的问题上去了，这样没有针对性的沟通产生不了任何效果。

（三）根据沟通的目的与程度选择合适的沟通方式

在与老年人社会支持网络进行沟通的时候，要根据不同的沟通目的或问题轻重缓急选择不同的沟通方式，能采用电话直接对话沟通的就不要将其叫来面对面地沟通，能面对面解决的问题就没必要采用公函等文件形式进行解决。这样既能充分为沟通对象考虑，也能提高工作的效率。

（四）灵活地掌握听、说、问、商议与谈判、电话沟通及处理异议的技巧

沟通需要沟通人员掌握听、说、问、商议与谈判、电话沟通及处理异议等各方面的技巧，这样才能在沟通的过程中掌握主动，才能将所要解决的问题解决好。

（五）做好相应的记录或签订协议

沟通结束后，要及时记录沟通的过程和达成的协议，以便查阅和统计。特别是有纠纷或涉及赔偿预期的沟通，更需要详细记录。如果达成了某项协议，沟通双方还需要进行签字确认。

拓展阅读

有效沟通预防事故纠纷

事故背景：在养老行业里，老人跌倒是事故纠纷里最常见的现象。老人跌倒意外也是养老行业里不可避免的问题。跌倒意外很容易演变成跌倒事故后的跌倒纠纷。如何将跌倒意外从跌倒事故、跌倒纠纷中化解出来？沟通就是最好的方法。

2014 年 8 月 22 日早上 9 点，某养老机构与往常一样进行大交班。交班时，值班医生提到某科室老人早上在床前跌倒，经检查后未发现老人受伤，因此没有告知家属老人跌倒的事情。之后的三天也没发现老人有什么异常。8 月 26 日上午，发现老人的左眼周围出现淤血现象，护理员很紧张，马上告知科室负责人。

科室负责人知道情况后也查看了老人的情况，判断老人左眼周围出现的淤血现象是由于老人于 8 月 22 日早上跌倒后前额受伤发生的缓慢皮下出血导致的，老人没有其他的问题。虽然如此，但第二天是周末，老人的家人或其他的社会支持网络成员可能会前来探视老人。由于老人跌倒后没有在第一时间将事实告知老人的家人或其他社会

支持网络成员，科室负责人预见老人的家人探视老人后会发现老人跌倒的事情，这样必然会导致老人家人的疑问和不信任，甚至可能引发事故纠纷。

科室负责人立即电话联系家人，告知老人跌倒的事实、没有及时告知家人的原因以及老人现在的状况。家人接到电话后非常着急，立即带着一大家人赶往养老机构，看到老人的情况后非常生气。于是科室负责人坐下来仔细地与每一位家人进行沟通，并就没有及时告知家人这一事实表示歉意，同时诚恳地倾听家人的意见和建议，最后得到了家人的谅解与理解。

老人的家人告诉科室负责人，如果今天没有及时进行沟通，第二天他们来探视老人时发现了这个问题，肯定会找养老机构将老人送医院做进一步检查诊断和治疗，并要求养老机构给个相应的说法。因为沟通化解了矛盾，也因为沟通预防了跌倒纠纷的发生。

课后练习

【名词解释】

老年人社会支持网络

【填空题】

1. 老年人社会支持网络包括（　　）、（　　）、（　　）、（　　）、邻里、老师、上下级、合作伙伴、社区等，还包括由陌生人组成的各种社会服务机构。
2. 老年人的需求包括生理的需求、（　　）、（　　）、尊重的需求、（　　）。
3. 与老年人社会支持网络进行沟通最常用的沟通方式有（　　）、（　　）。

【单项选择题】

1. 现阶段我国经济相对不发达，国家养老只能基本维持（　　）的养老。

   A. 离休老干部　　B. 三无老人、部分困难失能群体老人

   C. 退休工人　　D. 农村老人

2. 与老年人社会支持网络进行沟通的方式不包含（　　）。

   A. 直接沟通　　B. 书信沟通

   C. 间接沟通　　D. 以上都不是

3. 现阶段我国老年人社会支持网络的不足没有以下哪项？（　　）

   A. 基础设施差，不能满足老年人养老的需要。

   B. 人们对老龄化观念的认识不足。

   C. 具有丰富的、专业的养老服务团队。

   D. 家庭养老压力大。

4. 在与老年人社会支持网络进行沟通的过程中要注意（　　）。

A. 根据沟通的目的与程度可以随意选择沟通方式

B. 沟通具有针对性

C. 不用做相应的沟通记录

D. 可以不用做沟通前的准备工作

【能力体现】

在某养老机构中有一位老人突然生病了，需要立即送医院治疗，但急救车来后发现没有家人陪同而不愿冒风险将老人送往医院。

模拟养老机构的行政值班人员，找出该老人此时需要的社会支持网络成员，拟出应怎样与该老人社会支持网络进行沟通。

参考答案

参考文献

[1] 安航涛. 微沟通：细节决定沟通成效［M］. 北京：机械工业出版社，2013.

[2] 国际老年痴呆协会中国委员会，北京老年痴呆防治协会，享寿科技（北京）有限公司，等. 关注老年期痴呆［M］. 开封：河南大学出版社，2010.

[3] 韩恩吉，王翠兰. 实用痴呆学［M］. 济南：山东科学技术出版社，2011.

[4] 郝伟. 精神科疾病临床诊疗规范教程［M］. 北京：北京大学医学出版社，2009.

[5] 化前珍. 老年护理学［M］. 2 版. 北京：人民卫生出版社，2010.

[6] 黄耀明，陈景亮，陈莹. 人口老龄化与机构养老模式研究［M］. 长春：吉林大学出版社，2012.

[7] 冷晓红. 人际沟通［M］. 北京：人民卫生出版社，2010.

[8] 李红，陈秋华. 老年专科护士实践手册［M］. 北京：化学工业出版社，2014.

[9] 宋洁，陈惠珍. 老年护理学［M］. 北京：北京理工大学出版社，2013.

[10] 吴华，张韧韧. 老年社会工作［M］. 北京：北京大学出版社，2011.

[11] 谢红霞. 沟通技巧［M］. 北京：中国人民大学出版社，2011.

[12] 赵美玉. 老年护理学［M］. 郑州：郑州大学出版社，2011.

Project Ⅰ
Introduction

Learning objectives

- **Knowledge objectives**

◇ Understand the concept, elements, levels, basic types and principles of communication among the elderly;

◇ Comprehend the purpose and significance of communication among the elderly;

◇ Master the related theories of communication among the elderly.

- **Skill objectives**

◇ identify the elements of communication between the elderly;

◇ distinguish the level and type of communication of the elderly;

◇ adhere to the principle of communication among the elderly.

Situational lead-in

Communication is ubiquitous in our life. Communication aims to get along better. Communication can help people understand each other, shorten the distance between people's hearts, and reduce unnecessary troubles and pains in life. Due to the decline of various organ systems of the elderly, their responses to sound, light, shape and other aspects of the outside world are weakened, so the elderly have less and less contacts with the outside world, and their minds become more and more vulnerable. However, the society is constantly developing, and the number of the elderly is increasing. Aging itself makes the elderly disconnected from the society, and they are increasingly unable to adapt to the rapid development of the external environment. Strong and effective communication can shorten the distance between the elderly and the outside world, reduce conflicts, improve the quality of life, and increase happiness index of the elderly.

Task 1 Understand the concept and elements of communication with the elderly

Case lead-in

The Double Ninth Festival was coming. An elderly care home was going to hold a celebration of the Double Ninth Festival. Because too many old people had signed up to participate in artistic performances, so they couldn't perform on the stage one by one, so they held a PK competition. An old man wanted to dance a Xinjiang dance, but he was sad that he didn't have a accompaniment tape. So he went to the relevant staff and asked them to download a Xinjiang dance track for him. Because there were many old people who asked the staff to download the accompaniment tape at that time, Without understanding the needs of the old man, the staff downloaded an Indian dance accompaniment for the old man. The old man had to dance a Xinjiang dance with the accompaniment of the Indian dance. It was conceivable that the old man's program was finally eliminated.

Through the above cases, we found the reasons for the failure of communication with the elderly. What elements are involved in our communication with the elderly?

Main content

1 Understand the meaning of communication

Communication is the process of transmission and feedback of ideas and feelings between people and groups, so as to reach consensus on ideas and share feelings. It is a process of transmitting information, exchanging information and strengthening understanding.

As for the meaning of communication, many people have different opinions. According to statistics, there are about 150 kinds of meanings of communication, which can be summarized as follows.

1) Information theory

Communication is the flow of symbols or information. For example, American scholar Bererson believes that "communication is the transmission of symbols through the media".

2) Sharing theory

The communicator and receiver share information, the viewpoint of which is represented by American communicator Schramm.

3) Exchange theory

Communication is a two-way activity, such as the American scholar Hobben's view that "communication is the exchange of ideas with language".

4) Influence theory

Communication is the behavior that the communicator exerts influence on the receiver. For example, American scholars Lucie and Peterson believe that "communication is the whole process of influencing people".

In short, communication includes the transmission of information, being understood and accurately understood, and interactive feedback, with the aim of reaching agreement. Therefore, communication is defined as the transmission and feedback of ideas and feelings between people and between people, and groups, so as to reach consensus on ideas and smooth feelings. It is a process of transmitting information, exchanging information and strengthening understanding.

According to the definition of communication, we summarize the connotation of communication as follows.

1.1 Communication is not "just for you to listen"

Some scholars believe that communication is "I say and you listen". I send a message to you. After you receive the message, you can understand and process it and then take corresponding actions. But in actual situations, you are not necessarily willing to listen, and even if you listen, you may not understand what I mean. Even if you understand what I mean, you are not necessarily willing to act according to my ideas. Therefore, communication is not simply "I tell you and you listen".

1.2 Communication is not "just about listening to others"

As a Chinese saying goes, "It is always beneficial to listen to others' persuasion". Listening to others more can help you learn a lot of knowledge that you can't learn in books or in the classroom. But just saying I listen is not effective communication. Sometimes, you said, I may not hear. Even if I hear it, I don't necessarily understand it, or I think I understand it, but I actually don't understand it. Then I understand and act according to what I hear, and the result is "I did wrong". This is also not effective communication.

1.3 Communication should be the "principle" of "connecting" each other

Communication is the transmission and feedback of ideas and feelings between people and between people and groups, in order to reach agreement on ideas and smooth feelings. It is a process of transmitting information, exchanging information and strengthening understanding. This is equivalent to "I will tell you" and "you will tell me" after understanding, so as to achieve mutual understanding.

2 Master the elements of communication with the elderly

Communication between the elderly is a process of communication with the elderly, which refers to the process of the transmission and feedback of thoughts and feelings between us and the elderly, so as to achieve mutual transmission and exchange of information, thus strengthening understanding.

The communication process is composed of multiple elements: the sender and receiver of information, the information to be sent, the channels of information transmission, the noise in the process of information transmission, the feedback of information, the communication environment, etc.

2.1 Sender and receiver

In the process of communication with the elderly, people need to transmit their thoughts, feelings and information to the elderly. After receiving the thoughts, feelings and information from others, the elderly will form their own corresponding information through their own understanding and processing, and then feed it back to the original information sender. In the process of communication, the sender and receiver of information are mutually transformed, and there is no simple sender and receiver.

2.2 Information

Information is the thought and emotion that people need to communicate with each other, but only by transforming some thought and emotion into some symbol can we communicate. Communication information consists of two kinds of symbols: linguistic symbols and nonverbal symbols.

2.2.1 Linguistic symbols

Linguistic symbols are limited, but they can express indefinite meanings. Limited language signs are complex and systematic at the same time. For example, when an elderly man tells you that he wants to eat "meat", what you think of at this time will be related to food, and you will also think of some animals as a reference, such as pigs, cattle, sheep or something, rather than vegetables or fruits. Linguistic symbols can express more abstract concepts, such as thoughts and feelings, headache, trouble, home and injury. How do people understand the meanings of linguistic symbols? People make choices and decisions based on their experiences to determine the meanings of linguistic symbols.

2.2.2 Nonverbal symbols

Nonverbal symbols refer to facial expressions, standing postures, gestures, tone, etc. that people use to express themselves. Different nonverbal symbols have different meanings. A stiff attitude can indicate impatience or disgust. When speaking, holding your arms in front of your chest can show rejection or self-protection. Frowning may indicate pain or difficulty. Like linguistic symbols, different people have different understandings of nonverbal symbols.

Many nonverbal symbols also differ from culture to culture. In Western cultures, black is the color of funerals, while in Eastern cultures, white is the color of funerals. In one culture, kneeling may be a manifestation of piety, while in another culture, kneeling is a symbol of punishment.

2.3 Channels

Channels are the routes through which information passes, and the process through which information is transmitted from the sender to the receiver. In face-to-face communication, the communication channels are mainly sound and vision: people listen to and see each other. For example, TV, radio, newspapers, magazines, etc. that we are familiar with are all channels to obtain information. There are channels to transmit nonverbal signs, for example, looking at each other and nodding is used to show approval. Smiling and apologizing, sincere handshake, professional uniforms can be used to show respect, etc.

2.4 Noise

Noise is an obstacle in the communication process, which can prevent the transmission, reception and understanding of information. Noise occurs between the sender and receiver of the message. Noise can be divided into three forms: language noise, external noise and internal noise.

2.4.1 Language noise

Language noise is caused by people's emotional reaction to words. For example, profanity language will cause the disgust of most people, so it becomes the noise that interferes with people's communication and affects the transmission, reception, understanding and feedback of information.

2.4.2 External noise

Much external noise comes from environment. Internal noise occurs in the minds of communicators, when their thoughts and feelings focus on something else rather than communication.

2.4.3 Internal noise

Internal noise also comes from the beliefs or prejudices of the communicator. For example, there is a saying in many people's minds — "downy lips make thoughtless slips", which means that young people have no work experience and can not handle things properly. This kind of prejudice makes many people doubt and distrust the ability of young people. This greatly affects the communication between young people and others and makes young people run into many difficulties and get bullied everywhere.

2.5 Feedback

Feedback is the mutual reaction between communicators, which is crucial to communication. People have many opportunities for face-to-face communication. In face-to-face communication, people can get direct feedback and the feedback they get tend to be correct. In such a situation, each party of the communication has a chance to know whether he/she understands the meaning conveyed by the other party. For example, we can easily find out the real reasons of homesickness by face-to-face communication with an elderly person, and then give him/her appropriate feedback.

2.6 Environment

Environment is the place to conduct a communication. Environment can be divided into formal environment and informal environment. Formal environment is suitable for formal communication. For example, if an elderly person wants to lower his/her level of care and reduce the fees paid, a formal environment is needed for a face-to-face communication to achieve a desired effect. Informal environment can lighten some serious topics. For example, the elderly in the same dorm room may have some minor conflicts over some trivial matters. Informal environment can be used to ease the atmosphere so as to achieve an effective communication. On the contrary, if the contradiction between two elderly people is discussed in a formal environment, other old people will become suspicious of one of the people concerned and lead to the negative effect of him/her being isolated among the old man.

All communication is composed of sender and receiver, information, channels, noise, feedback and environment. These factors are different in the process of communication with the elderly. However, they are not all factors that affect communication, and communication is also affected by the content we give.

All communication is a form of interaction, including physical and psychological forms.

Task 2 Understand the level and type of communication with the elderly

Case lead-in

A said to B, "I want to leave this company. I hate this company!" B suggested, "I'm in favor of your revenge! The poor company deserves it. But it's not the best time for you to leave now. " A asked, "Why?" B said, "If you leave now, the company's loss will not be large. You should take the opportunity of being in the company, try your best to attract some customers for yourself, and become the company's independent person. Then you can take these customers to leave the company suddenly, and the company will suffer heavy losses, which is very passive. " A thought B was very reasonable. So he worked hard and did what he wanted. After more than six months of hard work, he had many loyal customers. When meeting again, B asked A: "Now is the time to jump and act quickly!" A smiled quietly and said, "The boss has talked with me for a long time and is going to promote me to assistant general manager. I have no intention of leaving for the time being. " In fact, this is the original intention of B. The work will give you more opportunities to create more profits, if you give more than you get and let the boss really see that your ability is greater than your position.

Main content

1 Levels of communication with the elderly

There are four levels of communication with the elderly listed below.

1.1 No communication

In a strict sense, no communication is not communication, even the opposite of communication. No communication means that people have no desire or need to communicate or are incommunicado. For example, although they know each other, there is no intersection between them in work and life, so there is no need to communicate.

1.2 Communication with barrier

It means that no matter what one side says, the other side simply does not hear or hear without any response. Though he hears and also reacts, the response expressed is contrary to the goal of the information transmitter. This phenomenon is "communication with barrier". In fact, many communications in real life stay at the level of "gap but barrier", which can not achieve the effect of communication.

1.3 Effective communication

People want to have the desired effect of communication. No matter misunderstandings or differences, as long as communication is possible, the problems can be solved.

1.4 Understanding without communication

Understanding without communication is a kind of superb art. People pay great attention to the cooperation of mutual tacit awards. A high degree of tacit understanding is the realm of understanding without communication. The key to communication lies in the tacit understanding between the two parties. To establish a tacit understanding, we should pay close attention to the other party, and often pay attention to their every move. We can actively capture the needs of the other party without the need for their verbal expression. If you don't care about the other party and don't pay attention to the other party's actions, you can't reach the realm of understanding without communication. Only by comparing heart-to-heart can we practice heart to heart induction and heart-to-heart communication.

2 Basic types and principles of communication with the elderly

2.1 Basic types of communication with the elderly

2.1.1 According to the communication direction: upward communication, parallel communication and downward communication

2.1.1.1 Upward communication

Upward communication refers to the communication information that the inferior expresses to the superior, such as the communication information that the children express to their parents and the younger generation express to their elders in the family, the communication information that the lower level of the unit expresses to the higher level, and the communication information that the ancient subjects express to the rulers.

2.1.1.2 Parallel communication

Parallel communication refers to the horizontal contact of people at the same level, for example, to express communication information to the elderly in the neighborhood. And to express communication information with the elderly in public places belongs to the category of parallel communication.

2.1.1.3 Downward communication

Downward communication is the communication information expressed by the superior to the inferior. It is opposite to upward communication, such as the communication information expressed by parents to children and elders to younger generations in families, and the communication information expressed by managers to elderly residents in elderly care homes.

2.1.2 According to whether the position of the sender and receiver of the information changes: one-way communication and two-way communication

2.1.2.1 One way communication

One way communication refers to the communication where the position between the sender and receiver of the information is basically unchanged, that is, the exchange of information is a one-way flow. For example, the nurses in an elderly care home do admission introduction to the elderly who are new comers. In the family, parents call their children to tell them what they have decided. The advantage of one-way communication is fast information transmission, while the disadvantage is lack of information feedback and poor accuracy of communication information. When the receiver is unwilling to accept opinions or tasks, it is easy to cause dissatisfaction and resistance.

2.1.2.2 Two way communication

Two way communication means that the position of the sender and receiver of the information changes constantly, that is, the exchange of information is a two-way activity. For example, in an elderly care home, an old man came to the manager and said that he did not want to live with his current roommate and needed to change his room, but the manager could not meet the old man's wishes for the time being. Both parties could reach an agreement only through constant negotiation and communication. The advantage of two-way communication is to get timely feedback of information. The accuracy of communication information is high, and communication is helpful to resolve the conflicts between the two sides and solve problems. Its disadvantage is that the complete transmission speed of information is relatively slow. The receiver can object to the sender's information, which may cause psychological pressure to the sender under certain conditions.

2.1.3 According to whether information communication is direct or indirect: direct communication and indirect communication

2.1.3.1 Direct communication

Direct communication refers to the communication mode in which the information sender and the information receiver exchange information directly without the need for transmission by a third party. For example, telephone calls, face-to-face exchanges, etc. The advantage of direct communication is that it can be communicated quickly. Both parties can fully exchange views, exchange information, and quickly get to know each other. Its disadvantage is that the effective transmission of information requires the consistency of time and space, and sometimes it is difficult to communicate directly.

2.1.3.2 Indirect communication

Indirect communication means that the sender of information must pass through a third party to transfer the information to the receiver. Its advantage is not limited by time and space. Its disadvantage is that it wastes manpower and time, and may distort the information transmitted.

2.1.4 According to communication media: oral communication and written communication

2.1.4.1 Oral communication

Oral communication refers to communication through oral language. For example, one orally reported the results of his examination in the hospital to his parents, and the nursing staff of the elderly care home introduced themselves and explained the relevant rules and regulations to the elderly. Oral communication is the most common form of communication. People transmit different information, thoughts and emotional information to each other by means of oral language. Its advantage is fast and timely for information sending and feedback. Its disadvantage is that the more intermediate links in the information transmission process, the greater the possibility of information being misunderstood.

2.1.4.2 Written communication

Written communication refers to the form of words, such as letters, memoranda, notices, documents, etc. Both written communication and oral communication belong to language communication, but written communication is more standardized, formal and complete. The advantages of written communication are that the content is more specific and intuitive, and the communication information can be saved for easy query. Its disadvantages are that it takes a long time, lacks timely feedback, and cannot guarantee the correct understanding of the information by the receiver. The written channel is usually used to communicate with the hearing impaired elderly and the aphasic elderly.

2.2 Principles of effective communication

The key to communication is people. As one of the most basic and important human activities and communication processes, communication not only occupies the leading position in management, but also plays a very important and indispensable role in other human behaviors. Human society or any basic organization in human society is a group composed of two or more individuals. Communication is the main way to maintain the existence of an organization, strengthen organizational ties, create organizational culture, improve organizational efficiency and efficiency, and promote the continuous progress and development of an organization. It can be said that there are no organizations that do not need to communicate. Without communication, organization and human society cannot be formed. Family, enterprise and country are all very typical human organizational forms. To implement management in social organizations such as enterprises, human beings must communicate. Communication is the core and essence of management. By discussing the definition, process and elements of general communication, we understand that communication is not a forever effective process. To achieve effective communication, people must abide by certain principles. Only by following these basic principles, can people effectively transmit information.

2.2.1 Information is perceived

Someone once asked a question: "If no one hears a tree fall in the forest, will there be a sound?" "No," he replied. A fallen tree does make a noise, but if no one hears it, what's the meaning of the sound? With or without sound, the results are the same. Communication only occurs when the receiver receives it. Therefore, no matter what channel is used, the first element of communication is whether the information is within the receiver's receiving range, whether the recipient has received the information, or whether the recipient understand the information.

2.2.2 Expectations of recipients

Before communicating, the sender should understand the needs of the receiver, so that he can know whether he would use his needs to communicate.

2. 2. 3 Sender's purpose

A person generally does not do unnecessary communication. Communication always creates requirements. It requires the information receiver to become what kind of person, accomplish what kind of thing, believe in a certain idea, which is often for motivation. In short, when communication can meet the expectations, values and purposes of the receiver, it will be persuasive, and then the purpose of the information sender will hope to achieve. On the contrary, when the communication violates the expectation, value and motivation of the receiver, the information it communicates may not be received at all, and may even be rejected by the receiver.

2. 2. 4 Smooth channel

The channel is the way for information to be transmitted to the receiver. A smooth channel is like a smooth highway. Information is quickly transmitted on the highway like a speeding car, and is quickly received by the receiver. On the contrary, the highway is full of accident vehicles, and even the best cars can't get through. Similarly, if the channel of information transmission is blocked, the information cannot be received by the receiver, and effective communication is impossible.

Extended reading

A daughter complained to her father about her life and how difficult everything was. She didn't know how to deal with life and wanted to abandon herself. She was tired of fighting and struggling, as if a problem had just been solved when a new problem appeared. Her father, a cook, took her into the kitchen. He first poured some water into the three pots, and then put them on a hot fire. Soon the water in the pot boiled. He put some carrots in one pot, an egg in the second pot, and coffee beans ground into powder in the last pot. He dipped them in boiling water and boiled them without saying a word. The daughter smacked her lips and waited impatiently, wondering what her father was doing. About 20 minutes later, he turned off the fire, fished out the carrots and put them in one bowl, fished out the eggs and put them in another bowl, and then put the coffee into a cup. After that, he turned around and asked his daughter, "Honey, what do you see?" "Carrots, eggs, coffee. " She replied.

He asked her to come closer and let her touch the carrot. She touched them and noticed that they had softened. The father asked his daughter to take an egg and break it. After peeling off the shell, she saw that it was a hard boiled egg. Finally, he let her drink coffee. Tasting the strong coffee, my daughter smiled. She timidly asked, "Father, what does this mean?" He explained that the three things faced the same adversity-boiled water, but their reactions were different. Carrots are strong, strong and strong before they are put into the pot. But after entering the boiling water, it became soft and weak. The egg was originally fragile, and its thin shell protected its liquid internal organs. But after boiling, its internal organs became hard. Powdered coffee beans, on the other hand, are unique. After entering the boiling water, they change the water. "Which one is you?" he asked his daughter. "When adversity comes, how do you react? Do you want to make carrots, eggs, or coffee beans?"

Inspiration

The father used superb communication skills to convey the philosophy of life that he wanted to tell his daughter through a series of behaviors, fully realizing the effect of communication.

Task 3 Master the significance and relevant theories of communication with the elderly

Case lead-in

In a family, there were two old parents and four children. Usually, two old people lived with one of their daughters. One day, the old mother was ill, lying in bed and incontinence. The children were busy working as usual, and had no time to find a baby sitter. The responsibility of taking care of the old mother fell to the old father, who was tired and sick after taking care of the old mother for two days. At that time, the family became a mess. The four children decided to hold a family meeting to discuss how to take care of the two elders. Through discussion, everyone unanimously decided to send the old father to a large elderly care home for the elderly, and send the old mother to the hospital for treatment. During hospitalization, each child took turns to take care of the old mother. After discussion, everyone told the old father about this decision. At this time, the old father disagreed. The reason why the old father disagreed was that when he was in good health, he was asked to help at home. If he couldn't move, he would be thrown into the nursing home. They were really unfilial. But in the end, although the old father did not agree, the children still sent the old father to the elderly care home. The old father was very uncooperative in the elderly care home, and he always quarrelled to go home.

Main content

1 Purpose and significance of communication with the elderly

1.1 The purpose of communication with the elderly

(1) Explain things, state facts, cause thinking, influence opinions, and resolve conflicts.

(2) Express emotions, show feelings, reveal thoughts, and generate ideas. Hope to get some good feelings through communication; Or get rid of some bad feelings.

(3) Establish greetings, hints, and friendly or unfriendly attitudes.

(4) Attempt to convey information and achieve goals by greeting, explaining or hinting at others.

No matter when communicating, there will be problems of understanding and incomprehension between the communicating parties. People hope to let the other party understand their ideas through communication. Whether the feedback obtained through communication is positive or negative, both parties will feel the mutual thoughts and feelings, laying the foundation for further cooperation. At the same time, communication can also clarify the misunderstanding between the two sides, thus resolving conflicts and establishing friendship. Through communication, one party can also capture the friendly or unfriendly attitude of the other party, thus affecting the direction of further communication.

1.2 The significance of communication among the elderly

1.2.1 The significance of coordination

Communication can regulate one's own behavior, remove the barriers to communication between people, and satisfy people's hearts, so as to eliminate estrangement, misunderstanding and contradiction, enhance mutual understanding, enhance everyone's feelings, promote people's unity, cooperation and combination, and make the relationship between people more harmonious.

1.2.2 The role of health care

The old people belong to a social environment with various needs. Communication is also a special need of the old people. Communication can let the old people express their loneliness and dissatisfaction, share their past beauty with others, and is beneficial to their physical and mental health. Maintaining adequate communication of thoughts and feelings between people will make people more likely to get a sense of happiness and satisfaction, which is beneficial to health and longevity. This is the health care function of communication.

1.2.3 The need for communication

The old people are all living in a certain social group, and communication is the link between them for communication and assistance. Good communication enables them to gain more friends, understanding and support. The old people do not live in a vacuum or on an island. Only by keeping good communication with others can we avoid becoming more and more isolated from the society, from the crowd and make our old life more fulfilling and meaningful.

1.2.4 The need for social development

Our society has entered the elderly society, and the elderly care will affect the development of the whole society for a long time. The communication between the elderly and society, with the elderly care industry, and with the elderly care industry chain will play a guiding role in the development of the elderly care industry. What do the elderly need? what kind of life do they need to feel more comfortable and happy? And what kind of services and guarantees they do need to live a more dignified life in their later years? This topic is not for you and me to discuss, but for thousands of old people to discuss. Therefore, the communication of the elderly is also the need of social development.

2 Relevant theories of communication among the elderly

2.1 Family communication theory

Family communication is a process of transmitting and sharing information with each other. Communication can help family members resolve family conflicts and tensions, and promote the implementation of family members' roles and the normal operation of family functions. With the enrichment of social life, the roles played by family members in the family are not single. For example, as a man, he may be a husband, father, son and other roles. The tension of social life and the ability of role bearers to grasp the role affect the role identification, role play and role realization of family members. Communication helps family members to identify, play and realize the role. For example, communication between husband and wife is of great significance for improving the quality of marriage. Couple communication can reduce and eliminate the source of marital conflict or tension. Through communication, one can explain the reasons, feel each other's intentions, and understand each other's views to correct your own views. Couple communication can also seek reasonable and effective solutions to conflicts or tensions. So as to minimize the negative function of the conflict. Communication helps couples to calmly and rationally analyze the root causes of conflict and jointly negotiate solutions. Through communication, it can also promote mutual understanding, maintain and deepen the feelings of husband and wife, and make their cognition harmonious. Effective communication between husband and wife is the fundamental way to improve the quality of marriage and an important mechanism to deepen the understanding and enhance the feelings of husband and wife. In addition to language, communication can also use expressions, actions, tones, and even text communication, symbols and hints to send information, because they are all expressing the meaning of the information transmitter. When communicating with people of different identities on different occasions, the way of communication will be different. However, in family communication, they should pay attention not to do whatever we want, regardless of the consequences, and regard the family as the outlet for all our bad emotions and misconduct, which will make the family unable to bear such huge negative pressure and lead to conflicts and crises. Satir, the American family therapy master, lists five common forms of communication: pleasing, blaming, computer, interrupting, which undermine the true and honest interpersonal relationship, and consistent type which can establish a sincere and good interpersonal relationship. Type oriented communication is conducive to the establishment of good relations between family members and the promotion of family stability and harmony.

2.2 Interpersonal communication theory

Interpersonal relationship is a concept of social psychology, which defines interpersonal relationship as a direct psychological connection established by people in communication. Sociology defines interpersonal relationship as a kind of social relationship established by people in the process of production or life activities. Each can't get away from interpersonal relationships. The relatives, colleagues, classmates, friends, etc. are all interpersonal relationships. The handling of interpersonal relationship is a very complex problem, and the handling of interpersonal relationship is also a very basic problem. As long as human being live in the society, they need to deal with their interpersonal relationships.

Psychologists believe that the quality of interpersonal relationship is the standard to judge whether a person is mentally healthy. And how to deal with interpersonal relationship is a big issue and the kinds of interpersonal relationship determine the kinds of treatment, so it will be very complex to subdivide. Today, we talk about how to deal with interpersonal relationships, which mainly concern about some principles and skills to deal with interpersonal relationships, hoping to help deal with interpersonal relationships better.

In labor production, people found that the impact and role of human enthusiasm on improving labor productivity gradually showed up in production practice, and attracted the attention of many business management scholars and industrialists. However, the specialized and systematic research on it, and the formation of a more complete new management theory, began in the 1920s with the famous Hawthorne experiment conducted by Harvard University psychologist Mayo, et al.

2.3 Management communication theory

The embryonic stage of management communication theory, the development of management communication theory in behavioral science theory, and the modern communication theory based on information revolution and network technology summarize the development of management communication theory.

2.3.1 The embryonic stage: management communication theory is emerging with the emergence of "scientific management"

In the stage of scientific management theory and classical organizational management theory, the research on initial downward communication emerged. The focus of communication theory is to improve work efficiency. Representative figures include Taylor, Emerson, Weber, etc. The communication practice and research at this stage focus on non personal communication—organizational communication, with the basic characteristics of upper and lower communication and administrative communication.

2. 3. 2 Development stage: management communication theory develops with the prevalence of "behavioral science"

In the 1920s, with the proposition of interpersonal relationship theory, behavioral science theory came into being gradually. Behavioral science takes the research different from the traditional management theory as the starting point. It studies people in organizations not simply as "economic people", but as "social people", and focuses on informal group norms and research on the theory of hierarchy of needs. At this stage, great progress has been made in the research of management communication theory, which is characterized by horizontal communication and interpersonal communication, and pays attention to informal organizational communication and cultural communication. Representative figures include Mayo, Barnard, Mintzberg, etc.

From 1924 to 1932, Mayo conducted the famous Hawthorne experiment in Hawthorne Factory of Western Electric Company in Chicago. This is a research program sponsored by the National Research Council. Initially, it was intended to study the relationship between the working environment and the labor productivity of workers in enterprises, but the results of the experiment unexpectedly led to the birth of the theory of interpersonal relationship. Mayo believes that people in organizations do not exist in isolation, but belong to a certain group and are affected by it. He also puts forward the concept of informal organization, pointing out that what people pursue is not only money income, but also social needs to realize self value. This series of views on interpersonal relations actually reflects the idea of management communication, emphasizing the mutual communication between people, including up and down communication and interpersonal communication. The concept of informal organization has widened the research scope of future generations in the field of organizational communication. It can be said that the establishment of interpersonal relationship theory is an important event in the history of management communication, which lays a foundation for the theoretical research of management communication. Some scholars believe that Mayo formally proposed the role of communication in management for the first time.

2. 4 Two way communication theory

Communication can be divided into one-way communication and two-way communication according to whether feedback is provided. In two-way communication, the position between the sender and the receiver is constantly exchanged, and the sender is facing the receiver in the attitude of negotiation and discussion. After the information is sent, it is necessary to listen to the feedback in a timely manner. If necessary, both parties can conduct repeated negotiations for many times until both parties are clear and satisfied.

It is so difficult to communicate the vision that it is easy to become a one-way communication filled with noise and ignore the good opinions in the feedback process, which also makes employees feel that they are not valued. Successful change actions rarely occur in these situations, because they allow communication to maintain two-way interaction.

The auther has seen some cases where the leadership team has put forward inappropriate vision. Unfortunately, only some employees can see it, and their opinions are not fully reflected in the leadership team, so the problem has been put on hold. Because the principal failed to accept opinions, the mistakes were not corrected until the later stage of the reform. For example, the business department made a wrong investment in information technology. If it simply explained their plan for upgrading computer software and hardware to the young computer proficient business representative in advance, the other party might immediately point out that the basic concept of the procurement scheme was wrong. The problem is that they didn't know there was a problem until the new equipment arrived. At that time, mid-level executives with insufficient computer knowledge had already adopted and completed a wrong vision, and the cost of remedial action was staggering.

Two way communication also has a more important role, which helps the team answer all the questions in the change action. Clear, simple, easy to remember, repeated, mixed voice full singing like messages, as well as the supervisor's demonstration actions, are also very helpful. However, for most people, especially those with high education level, it is customary to wait until the problem is difficult. Difficult means that people openly question, challenge and argue. Of course, this should be what happens when the leadership team starts to develop a vision.

Sometimes, the change initiators are unwilling to make two way communication because they consider the cost. Their logic is linear. They think that the cost of one-way information flow is at least doubled by two way communication. They are right. It is impossible to ask everyone to give as much as the leadership team. However, at this time, they ignore that the more supervisors can look at daily activities from the perspective of a new vision, the greater the gains will be. Once we join hands, we will surely find ten low-cost ways to create a dialogue about the vision. For example, five minutes of talk in the product lunch report, two minutes of greetings in the aisle, and ten minutes before the end of a speech. These minutes and seconds can add up to thousands of hours.

When employees and cadres do not accept your vision, the next steps in the transformation process are to authorize employees to participate and create progress results, both of which will fail. Employees are unable to take advantage of authorization and will not strive for success. What's worse, if they accept a vision that is not well planned, and try to realize it like the previously mentioned information technology case, they will not only waste valuable time and resources, but also cause a lot of trouble. The negative impact of two way communication is that feedback may point out that we are in the wrong direction and must reestablish our vision. However, in the long run, it is far more helpful for the enterprise to ask for advice and review the vision with an open mind than to go in the wrong direction or the direction that others are unwilling to follow.

2. 5 Intercultural communication theory

The so-called intercultural communication refers to the process of mutual transmission, exchange and understanding of information, knowledge and emotion between people with different cultural backgrounds in cross-cultural organizations.

2. 5. 1 Influencing factors

The main factors influencing intercultural communication are perception, prejudice, ethnocentrism and lack of common sense.

2. 5. 1. 1 Perception

Perception is closely related to culture. On the one hand, people's response to external stimuli, their propensity to the external environment, and their acceptance priorities are determined by culture. On the other hand, when perception is formed (referring to the results of the perception process-perception), it will have an impact on the development of culture and cross-cultural communication.

In the process of intercultural communication, it is of great significance to study the influence of perception or perception on communication. The barriers and differences in communication are mainly caused by differences in perception. To communicate effectively, we must understand the different ways people perceive the world from different cultural environments.

2. 5. 1. 2 Stereotypes

When we suddenly enter a situation with few signs and behaviors that we are familiar with, we will experience a very strong and disturbing situation-culture shock. We will feel anxious, even at a loss. In this case, prejudice often arises spontaneously. Stereotypes are not inevitable, but they are often much more acceptable than suspense or ambiguity. Because most of us are very lazy and unwilling to develop the necessary ability to understand other people in different situations, we can safely reduce the anxiety and pain caused by suspense based on wrong information. However, the problem is that prejudice, as an image in our mind, is often rigid and difficult to change. It is inappropriate and often extremely unfavorable to use it as a defense mechanism. We must realize that all such stereotypes are totally useless for successful cross-cultural communication.

2. 5. 1. 3 Ethnocentrism

Ethnocentrism is the sense of superiority that people show as members of a particular culture. It is a tendency to interpret and judge groups in other cultural environments their environment and their communication with their own cultural values and standards.

All people have experienced the social process of promoting the development of ethnocentrism. Through education, people know the principle of "how to act" and the behavior of people around them through observation, and they become more and more familiar with a particular system and system. From the perspective of one culture, it seems unreasonable to assume that another culture can choose the "best way" to act. Therefore, we had a negative attitude towards the communication between people with great cultural differences in the early stage.

2.5.1.4 Lack of empathy

The main reason for the lack of common sense is that people often understand, recognize and evaluate things from their own standpoint rather than from the standpoint of others. The lack of common sense is also caused by many reasons. First of all, it is not easy to put yourself in the same place, especially with cultural factors. Secondly, communication attitude that shows superiority also hinders the generation of common sense. If a person always emphasizes the scientificity of his management method and sticks to his own opinion, then it is difficult for us to have a common sense with him. Thirdly, the lack of previous understanding of a group, class or individual will also hinder the development of empathy. If we have never worked or managed in a foreign enterprise, we will not have the opportunity to understand the culture of others, and we will easily misunderstand the behavior of others. This lack of knowledge may lead us to draw conclusions from some behaviors that are not completely related to the real motivation behind the behaviors. Finally, the stereotypes related to race and culture in our minds are also potential inhibitors to achieve empathy.

2.5.2 Obstacles to inter cultural communication

Intercultural communication mainly has the following obstacles: verbal and non-verbal; belief and behavior; cultural diversity; value comparison.

To overcome the barriers to cross-cultural communication, we should mainly start from the following aspects.

(1) We should increase our sensitivity in terms of attitude and awareness and enhance our global awareness. It is inevitable to use our own values to analyze and judge everything around us. For example, if someone criticizes us, we will not listen to anything. We always feel that our culture is superior to others, or he has racial prejudice and discrimination. These are serious obstacles to cross-cultural communication. Only with an open mind and calm attitude can we really listen to it, and effective communication can really happen. As Blaise Pascal said, "What is true on the Pyrenees side becomes a fallacy on the Pyrenees side." We should learn to cultivate the awareness of accepting and respecting different cultures.

(2) Mastering the knowledge of different cultures and foreign language tools, and knowing more about the differences between our own culture and other cultures will improve the effectiveness of cross-cultural communication.

(3) In terms of behavior, constantly train ourselves to communicate with people from different cultural backgrounds, exercise our ability, especially our listening ability, and confirm that what we hear is the real meaning of the other party. These are the pursuits of each of us to improve all our lives.

Extended reading

Inspiration from a Pair of Trousers

A professor was carefully preparing a speech for an important conference. This was the first time for him to be invite to give a speech which was the first time he met in his life. The whole family was happy for it, and his wife bought a new suit for him. At dinner, his wife asked if the cast fits well. The professor said that the upper body was very good, but the trousers legs were two centimeters long, which could be worn without much influence.

He went to bed early at night. his mother couldn't sleep. She wondered how long trousers could be when her son attended such a grand speech, so she got out of bed, cut off 2cm of trousers legs, sewed and ironed them, and then fell asleep with peace of mind.

At 5:30 in the morning, his wife woke up. Because there was something important at home, she got up earlier than usual. She remembered her husband's trousers and thought it was too late. She took the trousers and cut them off for another 2cm, sewed them, ironed them, and went to make breakfast comfortably.

After a while, his daughter also got up early. Seeing that her mother's breakfast was not ready yet, she remembered her father's trousers. She thought she could do something for her father, so she took the trousers, cut them short by another 2cm, and sewed them flat.

This story may happen from time to time in our lives. Some may be the problem of clothes, some may be the problem of shoes, or there are other problems. Why do we have similar problems?

When we have some problems in our life or work, we often ask: why didn't you tell me earlier, or say that's not what you told me.

The occurrence of this series of problems stems from communication. Sometimes there is no communication, just like the mother, wife and daughter in the story never told anyone before and after the trouser legs were cut. Some communication is not smooth or the information is biased. What's more, the receiver's understanding of the information is quite different from the sender's purpose.

Assignment

【Definition】

communication

【Fill in the blanks and complete the sentences】

1. The elements of communication include transmitter receiver, (　　　　), channel, (　　　　), (　　　　).
2. There are four levels of communication. The first is no communication. The second is communication with barrier. No matter how you communicate, you cannot achieve the desired results. The third is (　　　　), which is relatively smooth; The fourth is (　　　　), which is a relatively high level.

3. The types of communication are: upward communication, (   ) and downward communication.
4. Written communication is usually used to communicate with (   ) the elderly and (   ) the elderly.

【Choose the best answer for each question】

1. Which of the following is not the principle of effective communication? (   )
   A. Information is perceived.   B. Sender's purpose.
   C. Smooth channel.   D. Sender's expectation.
2. The significance of communication with the elderly is (   ).
   A. the need for work   B. the role of health
   C. life's needs   D. social needs
3. Which of the following theories is not related to elder communication? (   )
   A. Family Communication Theory.   B. Interpersonal Communication Theory.
   C. Management Communication Theory.   D. Social Theory.
4. Which of the following scientists is the founder of interpersonal relationship theory and an academician of the American Academy of Arts and Sciences, who conducted the famous Hawthorne experiment? (   )
   A. Mayo.   B. Simon.
   C. Maslow.   D. Engel.

【Show your capability】

Grandpa Li, 85 years old, has some hearing loss but he can still hear something. He wants to ask you to buy some fruit for him. Think about the issue and write down your communication elements. What communication languages do you need to use?

Project Ⅱ
The physical and mental characters of the elderly

Learning objectives

- **Knowledge objectives**

◇ Understand the aging changes of the physiological system of the elderly;

◇ Be familiar with the common health problems of the elderly and measures;

◇ Master the psychological characteristics of the elderly;

◇ Be familiar with the influencing factors of the psychological changes of the elderly;

◇ Understand the main contradictions of the psychological development of the elderly;

◇ Master the common psychological problems of the elderly and the measures, to maintain and promote their mental health.

- **Skill objectives**

Be able to observe the physical and psychological changes of the elderly in daily life, find problems and take timely measures.

Situational lead-in

As people enter the old age, on the one hand, due to aging, various physiological functions of people gradually enter the decline stage, forming the unique physiological changes in the old age. On the other hand, due to the change of social roles, widowhood and other life events, the elderly must make efforts to face and adapt. In the process of facing and adapting, the elderly often have some special psychological changes, which affect their quality of life in old age. Communication requires people to be familiar with and understand the physical and mental characteristics of the elderly. Only on this basis can communication become more smooth and effective.

Task 1 Understand the physiological characteristics of the elderly

Case lead-in

Aunt Wang seems to be in a bad mood these days. It turns out that she didn't look in the mirror for a long time the day before yesterday when she suddenly found several wrinkles on her face, and the white hair on her head seemed obvious. She thought that she could easily climb the stairs, but recently it seemed to have a little difficulty. Aunt Wang said to herself, "It's true that time never forgives people. I'm old!"

Main content

The typical feature of old age is "aging". People's aging and senility begin from the physiological aspect first. This physiological aspect of aging is mainly reflected in the appearance of the human body and changes in various functional systems of the human body.

1 Morphological changes in old age

Morphological changes in old age include changes in cells, tissues and organs, and overall appearance.

1.1 Changes of cells

The changes of cells in the elderly mainly refer to the gradual decrease of the number of cells, which is the basis of human aging. With the increasing of age, the number of dead cells is increasing while the number of regenerated cells is decreasing. Biologists bclicvc that the decline in the number of regenerated cells is the main factor leading to human aging.

The most fundamental change of human aging occurs in cells, which might determine the aging process of different tissues, organs and systems of the human body composed of billions of cells.

1.2 Changes in tissues and organs

As the number of regenerative cells in the elderly decreases year by year, the internal organs will shrink and lose weight. According to the measurement, the number of viscera and muscle cells of 70 ~ 75 years old people is about 60% of that of 20 to 30 years old young people, and the weight of spleen and lymph nodes is half of that of middle-aged people. The consumption and strain of organs in long-term activities also cause dysfunction. For example, the heart is beating all the time. Over time, the elasticity of the heart will be weakened; the heart muscle will atrophy; and the function will continue to decline.

1.3 Changes of overall appearance

The most intuitive manifestation of the aging degree of the elderly is the overall change of body appearance. It is embodied in the following aspects.

1.3.1 Hair

Graying is the most obvious feature of the elderly. A few people have white hair before the age of 30. With the increase of age, the number of people with white hair is increasing. most people after the age of 70 would have white hair. Many elderly people still have hair loss and baldness,

1.3.2 Skin

Due to the reduction of subcutaneous fat and elasticity, wrinkles may appear on the face with age. The skin becomes dull, rough and elastic due to reduced secretion of sebaceous glands. Due to the disappearance of fat and elastic fiber, the skin is loose, eyes and faces become slack, ears and the skin of the engagement part droop. The orbital fat disappears, which may cause eyeball depression. Lipofuscin is deposited under the skin, forming prominent brown spots with clear boundary and protuberance, namely senile pigment spots.

1.3.3 Height

When people are old, their height would gradually become shorter. The height decline of the elderly in the process of aging is mainly due to the gradual dehydration and thinning of the intervertebral discs, atrophic changes, and shortening of the spine. According to statistics, the average height of men and women between 50 and 90 years old decreased by 2.5% and 3.0% respectively. The elderly would also stoop.

1.3.4 Weight

In most cases, due to the gradual reduction of the regenerative cells of the elderly, abnormal calcium metabolism leads to the weight loss of the internal organs and bones, thus making the elderly lose weight and become thin. In China, the weight of men aged 40 to 60 years decreased by 3.3 kg and that of women by 4.1 kg; The weight of men aged 60 to 80 decreased by 4.8 kg, while that of women decreased by 3.7 kg. However, some elderly people would gradually gain weight, because the decline of fat metabolism function leads to fat deposition, which cannot be discharged from the body. This change is more significant in women after the degeneration of endocrine function during menopause.

1.3.5 Others

There are also charges with aging like muscle relaxation, loose teeth, slow speech, deafness and dizziness, memory loss, trembling hands and feet, etc.

It should be noted that the individual differences of the above physiological characteristics of the elderly are large, with different constitutions and different lives. The human body in different nutritional conditions and mental states would have different changes after entering the old age. There are differences. At the same time, genetic factors and injury and disease factors also play a role in these changes. For example, grey hair has certain genetic factors. People with alopecia in some families may be young. The hair is sparse or even bald, which makes him look old. Another example is one who is seriously ill or has just recovered from a serious illness. He is weak and listless. He is young, but he has not aged yet. These aging phenomena that are not commensurate with age are a disease. Physical performance cannot be regarded as the standard to judge the physiological characteristics of the elderly.

2 Decline of physiological function in old age

2.1 The decline trend of the elderly

In terms of physiological functions, the elderly also show an obvious decline trend.

2.1.1 The reduced reserve capacity

Once the environment changes or an accident occurs. The body is in a state of tension. It is difficult to cope for the eldely, thus affecting the normal physiological function. Therefore, the elderly are difficult to bear heavy loads or deal with accidents.

2.1.2 The weakening of adaptability

The decline of various physiological functions of the elderly often leads to the imbalance of the stability of the internal environment and the emergence of various dysfunction, such as changing the living environment of the elderly in a short period of time, which may cause to acclimatization, gastrointestinal discomfort, poor sleep and other phenomena of the elderly.

2.1.3 The decrease of resistance

The decrease of resistance is easy to benefit some infectious diseases, metabolic disorders, malignant tumors, etc.

2.1.4 The reduced ability of self-care

With the aging of body, the physical strength gradually decreases. The elderly are often slow and unresponsive, and are prone to accidents, such as falls and cuts.

2.2 The decline of the major organs of the elderly

In the process of aging, there are also individual differences in the decline of physiological functions. The decline is different, and the decline of the functions of various organs in the same individual is also different. But in general, the physiological function of the body changes regularly with age, and each tissue and organ system would have a series of chronic degenerative aging changes, showing their own characteristics. Following is a brief introduction of aging of the main organ functions of the elderly according to the functional system of the human body.

2.2.1 Cardiovascular system: functional changes of heart and blood vessels

The aging of cardiovascular system generally starts from the age of 30. The heart weight gradually increases with age

The annual increase is 1.0-1.5g, about 240 g at the age of 30, and 300 g at the age of 60. The heart of some elderly people may atrophy or remain unchanged. With the aging process of the heart, the myocardium gradually atrophies and dehydrates, the heart valve calcifies, the heart becomes hypertrophic and sclerotic, and the elasticity decreases. These changes weaken the cardiac contractility, not only the heart rate slows down, but also the output of blood per beat of the heart. Cardiac output decreases with age, and the decline of cardiac function is about 35% by the age of 80. The reduction of cardiac output and the insufficiency of blood supply to the body tissues and heart, especially to the heart itself, accelerate the aging of the body. At the same time, the blood flow to the organs is also reduced, and insufficient blood supply will affect the function of the organs.

In addition, arteriosclerosis is another important feature of cardiovascular aging. With the increase of age, the elasticity of arteries decreases, and arteriosclerosis gradually worsens, which leads to insufficient blood supply to the main organs of the body-heart, brain and kidney, leading to corresponding dysfunction, and also causing hypertension. Coronary arteriosclerosis can lead to coronary heart disease when myocardial blood supply is insufficient.

2.2.2 Respiratory system: functional changes of lungs, muscles and bones participating in respiratory movement

The total number of alveoli in the elderly is decreasing year by year; the lung tissue shrinks; the softness and elasticity are weakened; the ability of expansion and retraction is reduced; and the respiratory efficiency is reduced. On the other hand, the elderly have osteoporosis, kyphosis, rib protrusion, and the chest gradually tends to be barrel shaped. In addition, the contraction of respiratory muscles is weakened, which limits the respiratory movement of the lungs, resulting in poor lung ventilation, reduced respiratory range, and decreased vital capacity. When the average person is 70 years old, the vital capacity can be reduced by 25%, the gas exchange can be reduced, and the ventilation efficiency can be reduced. Therefore, the elderly are prone to breathing difficulties when engaging in strong physical labor and sports activities.

The respiratory function of the elderly is obviously degraded, and the pulmonary ventilation and ventilation function are weakened, resulting in a certain degree of hypoxia or carbon dioxide retention. The ciliary movement of trachea and bronchus is weakened, and the self-defense ability of the respiratory tract is reduced, so emphysema and respiratory complications are easy to occur, such as chronic bronchitis, pneumonia and lung cancer in the elderly.

2. 2. 3 Digestive system: changes in oral and gastrointestinal functions

2. 2. 3. 1 Oral cavity

The gingiva of the elderly shrinks; the tooth tissue ages; and it is easy to loose and fall off. The enamel is gradually lost and easy to wear, leading to caries and allergy. The atrophy of tongue and masticatory muscle, the weakening of motor ability, the weakness of mastication, and the incompleteness of broken food make it difficult to stir the food evenly when chewing, and can not be fully mixed with the digestive fluid, affecting the food digestion. The salivary glands in the mouth gradually atrophy, the secretion function decreases; the secretion of saliva decreases; and the content of digestive enzymes decreases, which increases the burden of the lower digestive tract.

2. 2. 3. 2 Esophagus

Due to the atrophy of esophageal muscle, the contraction force is weakened, and the relaxation amplitude is reduced, so that the peristalsis amplitude of food in the esophagus is reduced and the swallowing is slow.

2. 2. 3. 3 Stomach

The vascular sclerosis of the gastric wall causes insufficient blood supply, atrophy of gastric mucosa, significant reduction of gastric juice secretion, and decrease of digestive enzyme activity to varying degrees. The smooth muscle of the stomach thins or shrinks with age, and the contractility decreases, which weakens the gastric peristalsis, leading to weakened digestive ability, easily causing indigestion and gastritis.

2. 2. 3. 4 Intestine

In the elderly, the weight of the small intestine is reduced, the contraction and movement are weak, and the epithelial cells of the mucosa are reduced or atrophied, which significantly reduces the absorption function of the small intestine. With the increase of age, the small intestinal gland gradually shrinks, the secretion of small intestinal juice decreases, and the level of various digestive enzymes decreases, leading to a significant decrease in the digestive function of the small intestine. The mucous membrane of large intestine shrinks, mucus secretion decreases, smooth muscle layer shrinks, tension decreases, intestinal peristalsis is slow or immobile, which is easy to cause constipation.

2. 2. 3. 5 Liver, gallbladder and pancreas

The liver volume of the elderly becomes smaller, the weight is reduced, the blood flow is reduced, the liver cells have degenerative changes, the regeneration ability is reduced, the amount of synthetic albumin is reduced, and the detoxification function is reduced.

The mucosa of gallbladder and bile duct shrinks, the muscularis thickens, the elastic fibers decrease, the elasticity decreases, and the tube wall relaxes, leading to the weakening of the ability to contract and empty, the gallbladder fills slowly, the bile is viscous, and cholesterol increases, which is easy to cause gallstones due to the retention of bile.

The weight of pancreas gradually decreases; the secretion function decreases; the secretion of pancreatic juice decreases; and the amount and activity of enzymes decrease, affecting the digestion and absorption of fat. Pancreatic islets atrophy, and insulin secretion also decreases, which is one of the reasons why the elderly are prone to diabetes.

2.2.4 Locomotor system: functional changes of muscles, bones and joints

2.2.4.1 Muscle

With the increase of age, muscle fibers gradually atrophy, and the number decreases; muscle elasticity decreases, and contractive force weakens; muscles become loose and lose elasticity; muscle movement and leg reflexes weaken, making the elderly slow in action, prone to fatigue and backache, pain in leg. And their endurance decreases, so it is difficult to persist in long-term exercise.

2.2.4.2 Bone

The organic matter in the bone is significantly reduced and the inorganic salt is increased, resulting in the weakening of the elasticity and toughness of the bone. The outer layer of bone becomes thinner and weaker; the inner layer of cancellous bone is porous; and the bone trabecula is reduced and thinner, leading to osteoporosis and fracture.

2.2.4.3 Joint

Cartilage degeneration and hyperosteogeny gradually occur in joints. Joint capsules and ligaments become stiff due to degeneration. Joint flexibility and range of motion are reduced, and diseases such as hyperosteogeny and arthritis are easy to occur.

2.2.5 Endocrine system: functional changes of endocrine tissues including pituitary gland, thyroid gland, adrenal gland, gonad and pancreatic islet

The weight of endocrine organs in the elderly decreases with age. In general, the weight of the pituitary gland can be reduced by 20%, and the blood supply will also be reduced accordingly. On the other hand, changes in the organizational structure of endocrine glands, especially the decrease in the secretion of hormones such as adrenal, thyroid, gonad and pancreatic islet, can cause disorders of the endocrine system to varying degrees. For example, hypothyroidism, decreased metabolic level and increased cholesterol content in blood can aggravate arteriosclerosis. The function of adrenal cortex is decreased, and the ability to stress harmful stimuli such as trauma and infection is weakened. Gonad atrophy often leads to menopausal syndrome in the elderly. The decrease of islet cell function and the decrease of insulin receptor on cell membrane can increase the blood sugar level and predispose to diabetes.

2.2.6 Nervous system: functional changes of brain and nerve

After entering the old age, the human brain gradually shrinks, the brain weight decreases, and the number of brain cells decreases accordingly. The total number of nerve cells in the elderly aged 70 years and older decreases by 45%. The elderly are prone to cerebral arteriosclerosis, leading to ischemia in the vascular supply area. The decrease of some central neurotransmitters in the brain causes memory impairment. In addition, the nerve conduction function of the elderly is decreased, the conduction is slowed, the response time to the stimulus is prolonged, the sensitivity to temperature and pain is reduced, and the sensation is decreased, dull or even disappeared, which is easy to cause accidental injury in daily life.

These changes indicate that the mental labor ability of the elderly is weakened, and they can only engage in activities with slower rhythm and work with less load. Due to the decline of the function of the nerve center, the elderly are prone to fatigue, poor sleep and reduced sleep time. In addition, the intellectual decline due to brain dysfunction is also easy to cause Alzheimer's disease.

2.2.7 Sensory system: changes in vision, hearing, taste, smell, skin sensation and other sensory functions

2.2.7.1 Vision

The elderly will have different levels of visual impairment. The most common is hyperopia (presbyopia), which is mainly due to the decline of the adjustment function of the visual senses. In addition, there will be narrowing of visual field, decreased discrimination of light brightness and senile cataract.

2.2.7.2 Hearing

The sensitivity and sensitivity of the elderly to sound continue to decline, showing hearing loss and even deafness due to birth reason.

2.2.7.3 Taste

The number of taste buds on the tongue gradually decreases, making the elderly taste dull and often feel tasteless. Research shows that the number of taste buds is about 200 before the age of 50, and it will be reduced to less than 100 at the age of 70.

2.2.7.4 Smell

The sense cells in the nose of the elderly gradually fail, resulting in an insensitive sense of smell, and the ability to heat the cold air inhaled from the nostrils is weakened, so the elderly are prone to allergies to cold air or colds.

2.2.7.5 Skin sensation

Skin sensation including touch, temperature and pain. Due to the degeneration of cells in the skin, the sense of touch and temperature of the elderly is reduced, which is easy to cause scald or frostbite. In addition, pain perception will also become relatively dull, so that it is difficult to avoid the harm of harmful stimuli in time.

2.2.7.6 Others

In addition, the organs of the elderly to maintain body balance also suffer from functional decline, which may lead to falls due to loss of balance or uncoordinated posture, resulting in accidents.

In a word, all the above changes mark the aging of the sensory organ system of the elderly, and the decline of various sensory abilities and functions. They often show weak sensitivity and slow response to various external stimuli.

Task 2 Recognize the common health problems of the elderly and the solutions

Case lead-in

"If there are elderly people on the road who fall, help or not?" It is a social and moral issue that has attracted more attention recently. However, behind the moral problems, there are serious consequences caused by falls in the elderly. Falls in the elderly are most likely to cause fractures, which not only cause inconvenience to the client's life and actions, but also may cause complications such as bedsores and pneumonia, leading to prolonged hospitalization and even endangering the lives of the elderly.

Main content

1 Falls

Falls are one of the most common and serious health problems of the elderly, ranking sixth among the causes of death of the elderly over 65 years old. The decline of physiological functions of various organs of the body caused by aging, especially the physiological degradation of the skeletal and muscular system, osteoporosis, and the fact that most elderly people suffer from various chronic diseases, balance disorders, weakness, dizziness, visual impairment, palpitations, postural hypotension, adverse drug reactions (especially taking analgesics, antihypertensive drugs, diuretics, etc.), bone and joint system diseases, can lead to imbalance and fall. Environmental factors are also the main reasons for the elderly to fall, such as damp and uneven ground, unreasonable placement of indoor furniture, too many indoor obstacles, lack of handrails, too dim or too strong light, and changes in living environment, such as moving to a new environment. Soft tissue injury, fracture, joint dislocation, etc. may occur after a fall, which would lead to brain tissue injury, limb paralysis and consciousness disorder in serious cases. Long term bed rest caused by falls would lead to a variety of complications, such as pressure sores, embolism, pneumonia, etc. The serious consequences of falls cause the elderly to fear falling again, so some elderly people reduce their activities, which reduces their quality of life and self-care ability.

Prevention and treatment measures are listed as follows.

(1) Actively prevent and treat diseases that may induce falls.

(2) Eliminate environmental factors that may cause falls and improve the environment.

(3) Instruct the elderly to carry out gait training, strengthen muscle strength, change position slowly, and use appropriate auxiliary tools such as crutches and walking aids for those who are unstable.

(4) The elderly should not wear too big or too fat, and the shoes should fit and prevent slipping.

(5) Detailed physical examination shall be carried out after falling. Soft tissue injury shall be treated as general trauma, and those suspected of fracture or subdural hematoma shall be sent to hospital for further examination.

2 Pain

Pain, one of the most common symptoms of the elderly, is a physiological, and psychological reaction and emotional unpleasant experience caused by sensory stimulation. Pain is not a normal reaction to aging and often indicates one or more diseases. The pain of the elderly is mostly caused by acute and chronic diseases or tumors of internal organs (such as brain, heart, stomach, intestine and other organs), as well as the pain of limbs, joints, back and neck caused by sports system diseases. The symptoms of pain in the elderly are listed below. The incidence of persistent pain is higher than that in the general population. The incidence of skeletal muscle pain increased and the degree of pain aggravated. The symptoms such as dysfunction and living behavior restriction increased significantly. The pain of the elderly is often accompanied by depression, anxiety, fatigue, sleep disorders, walking difficulties and slow recovery. The patient with strong tolerance to chronic pain may cause delay in diagnosis and treatment. Persistent pain can significantly reduce the quality of life, depression and disability. Pain often causes the elderly to take too much medicine and their social interaction ability to decline.

Prevention and treatment measures are listed as follows.

(1) Chronic pain is common in the elderly. The treatment of pain requires comprehensive interventions (drug and non drug methods combined) to relieve pain, restore body function, and effectively relieve the patient's anxiety, depression, anger and other negative emotions.

(2) The pain of the elderly is more chronic, and the best choice for drug treatment is long-term sustained release agent.

(3) Exercise is very important to relieve chronic pain, and the elderly should be encouraged to maintain certain activities

(4) Correct the wrong understanding of pain and take timely measures to effectively control pain.

3 Constipation

Constipation refers to the retention time of stool in the intestinal cavity is too long; the water is excessively absorbed; the dry and hard stool is discharged; and defecation is difficult. The elderly are prone to constipation due to factors such as decreased masticatory ability, decreased muscle contractility and decreased sensitivity of the body to defecation reaction. Other reasons, such as eating less food containing cellulose, food is too fine or too little; water is not enough; and fat intake is too little. Poor living habits, insufficient sleep, emotional tension, depression or excessive excitement. Lack of physical exercise or the elderly and infirm stay in bed for a long time. Constipation can be caused by deliberately holding stool or taking laxatives frequently.

Prevention and treatment measures are listed as follows.

(1) Correct dietary habits: increase vegetable, fruit and bean products, coarse grains and miscellaneous grains with more cellulose in the food, and use fat food appropriately. Drink more water, 1,500-2,800ml every day. It is better to drink some boiled water or honey on an empty stomach in the morning, and pay attention to supplement vitamin B.

(2) Reasonably arrange life: pay attention to the law of life, avoid sitting for a long time, exercise moderately every day, take the exercise of diaphragm, abdominal muscle and pelvic muscle, and carry out abdominal massage. The elderly who are in poor health can ask their families to help them with passive sports. The elderly with hypertension and cardiovascular and cerebrovascular diseases should avoid forced defecation to prevent accidents

(3) Develop the habit of defecating every day.

(4) If the symptoms are serious, use laxative according to the doctor's instructions, or pick out the feces with your fingers. If necessary, give enema to relieve the pain of constipation and abdominal distension.

4 Fecal incontinence

Fecal incontinence refers to unconscious defecation at an inappropriate time or on an inappropriate occasion. The elderly often suffer from incontinence due to aging of the body, dysfunction of the excretory system, relaxation of anal sphincter, decreased control of cerebral cortex, or disorder of consciousness caused by diseases. Incontinence has a high incidence among the elderly, critically ill patients and paralyzed bedridden patients. It not only causes many complications to the elderly, such as sores and infections, but also causes great psychological pressure to the elderly, such as depression, inferiority, and even self loathing.

Prevention and treatment measures are as listed follows.

(1) According to the causes of incontinence of the elderly, appropriate measures should be taken to reduce and improve the incontinence status. If the problem of incontinence cannot be solved after various efforts, incontinence supplies should be used. Master the rule of defecation of the bedridden elderly, and regularly give bedpans for defecation.

(2) Keep the perineum and the skin around the anus clean and dry, prevent ulceration, replace the urine pad and bed sheet in time, clean the perianal and perineum with warm water after defecation, and use ointment or anti-inflammatory drugs when necessary.

(3) People with frequent excretion should stay in bed, reduce activities and energy consumption. In case of serious water loss, timely supplement water to prevent water and electrolyte imbalance.

5 Urinary incontinence

Urinary incontinence refers to the phenomenon that the elderly cannot control the bladder urination function by themselves, which causes the urine to flow out involuntarily. Urinary incontinence may be caused by nervous system diseases, obstructive injuries, urinary system infections, neuropsychiatric factors, environmental factors, but also by aging, decreased urination function, decreased bladder capacity, pelvic floor muscle tissue relaxation and other reasons. Female elderly people are particularly common, and almost half of the bedridden elderly have urinary incontinence. Urinary incontinence not only damages the vulva skin of the elderly, increases the chance of urinary tract infection, but also easily causes psychological stress and affects the normal life of the elderly.

Prevention and treatment measures are listed as follows.

(1) Improve the ability of daily life of the elderly, guide the elderly to consciously carry out abdominal retraction and anus lifting to strengthen the tension of pelvic floor muscles.

(2) Tell the elderly to urinate in time to avoid holding urine for a long time

(3) The elderly with urinary incontinence should be instructed to keep the perineum skin dry and clean, so as to prevent local skin erosion and breakage caused by urine irritation. The elderly who cannot take care of themselves can use diapers or diapers, wash the perineum with warm water twice a day, and keep the perineum dry. If necessary, use some ointment or anti-inflammatory ointment to wipe the buttocks and vulva to prevent pressure sores.

6 Hearing impairment

Hearing impairment that occurs with the aging of hearing organs is called presbycusis. Senile deafness is an inductive hearing loss characterized by symmetrical and progressive hearing loss in both ears, significant high-frequency hearing loss and poor language discrimination. In addition to aging factors, senile deafness is also related to genetic factors, long-term high-fat diet, exposure to noise, years of smoking and drinking, use of drugs that are easy to damage hearing, mental pressure and metabolic abnormalities. Hypertension, coronary heart disease, atherosclerosis, hyperlipidemia and diabetes are important risk factors that accelerate senile deafness. About 1/3 of the elderly over 65 have hearing loss, and almost half of the 75 year olds have hearing impairment. Senile deafness hinders communication between the elderly and others, often leading to loneliness, depression, and even accelerated cognitive decline in the elderly.

Prevention and treatment measures are listed as follows.

(1) Establish a healthy lifestyle, light and low-fat diet, and pay special attention to reducing the intake of animal fat. Adhere to physical exercise and ear massage to improve the blood supply of the inner ear. Avoid overwork and tension, avoid wearing headphones to listen to music, avoid digging earwax frequently, and quit smoking.

(2) Create an environment conducive to communication and avoid noise stimulation.

(3) Conduct hearing examination regularly, find out treatment as early as possible, and wear hearing aids when necessary.

7 Visual impairment

With the aging of the elderly, there will be different degrees of vision decline, blurred vision and other phenomena, most of which are physiological aging process, but also partly due to pathological reasons. Diabetes, cardiovascular diseases and senile ophthalmic diseases can aggravate or promote the visual impairment of the elderly. The main causes of vision loss are ametropia and cataract, followed by glaucoma, macular degeneration, retinopathy, etc. Visual impairment directly affects the daily life and physical and mental health of the elderly.

Prevention and treatment measures are listed as follows.

(1) Regularly receive ophthalmic examination, find problems as early as possible, and actively treat common ophthalmic diseases and related chronic diseases.

(2) Create a good environment for the elderly.

(3) Take care of your eyes, avoid overuse, and wear glasses when necessary.

(4) Pay attention to safety in daily life to prevent accidental injury.

8 Skin pruritus

Skin pruritus is a symptom caused by some chemicals released from the skin that stimulate the sensory nerve endings in the skin. It is commonly seen in the elderly over 60 years old. The elderly often suffer from dry skin due to reduced sebum secretion, increased skin water loss, decreased hydration capacity in the stratum corneum, atrophy of sweat glands and sebaceous glands, decreased secretion function, and reduced water and fat emulsion on the skin surface, thus inducing skin itching. Or secondary to other diseases, such as diabetes, hepatobiliary diseases, kidney diseases, thyroid diseases, blood diseases, chronic gastrointestinal diseases and malignant tumors. Some skin infections, and local inflammation can also itch. Pruritus usually occurs before going to bed at night, most of it is paroxysmal, and the duration varies. It can be several minutes or up to several hours. Common parts are limbs and back. Itching skin would not only affect the sleep of the elderly, but also bring trouble and pain to their lives, and even cause anxiety and insomnia.

Prevention and treatment measures are listed as follows.

(1) Actively treat primary skin diseases.

(2) Psychological nursing.

(3) Health education should be carried out, for example, the diet should be light, and smoking, alcohol, spicy and stimulating food should be avoided; suitable temperature and humidity in living environment; cotton cloth for underwear. When the itching is serious, you can only pat it gently with your hands, not scratch it. The number of baths is not frequent; the time is not long; the water temperature is not too high; the soap with strong alkalinity is not used and the skin care agent could be applied on the itching area.

Task 3 Understand the psychological characteristics of the elderly

Case lead-in

"Where did I put it just now? It seems to be here." Uncle Zhang walked around the room anxiously. It turned out that the presbyopic glasses he had just worn could not remember where to put them. This kind of thing has been common to Uncle Zhang in the past two years. The decline of memory has brought many troubles to the old people's life.

Main content

1 Psychological characteristics of the elderly

A large number of studies have shown that the psychological changes in old age appear aging along with the decline of physiological functions, which makes some psychological functions or some aspects of psychological functions decline and decline, while other psychological functions or some aspects of psychological functions still tend to be stable, and even produce new adaptive compensatory functions. The psychological change of the elderly refers to the change of psychological ability and characteristics, including sensory perception, intelligence and personality. The psychological changes of the elderly are mainly manifested in the following aspects.

1.1 Changes in intelligence

Intelligence is the ability to learn or experience. It is more difficult for the elderly to speed up their learning within a limited time than for the young. The elderly are not as good at learning new things as the young, and their learning is also vulnerable to interference. Human intelligence is closely related to individual factors (such as heredity, physical condition, etc.) and social environmental factors (cultural level, occupation, etc.).

1.2 Changes in memory

With the increase of age, the general trend of memory changes in the elderly is decreasing year by year. However, the speed of decline is not the same, and the speed and extent of memory decline are also different due to different memory processes and individual factors. The memory of the elderly is mainly conscious memory, supplemented by unconscious memory. The ability to identify is good, but the ability to recall is poor, which is shown by the ability to recognize acquaintances but not to name them. The elderly have a better memory by understanding the meaning, and there is little difference in memorizing the materials they understand compared with young people. However, mechanical memory (such as person names, place names, numbers, etc.) is not as good as that of young people, and the ability to remember materials that they do not understand or have no meaningful connection with is reduced. In addition, the speed memory of the elderly declines within the specified time. From the perspective of retrieval process, compared with memory, the recognition ability of the elderly does not decline too much. The elderly can "know" a lot of things, but they can't quickly extract them from their brains. If you give them some hints or take a long time, they can remember. Memory is related to human physiological factors, health, mental status, memory training and social environment.

1.3 Changes in thinking

Thinking is the highest form of human cognitive process and a more complex psychological process. The thinking process is a process of analyzing, synthesizing, comparing, abstracting and summarizing things. The decline of the client's memory has had an impact on the elderly in terms of concept formation, problem-solving thinking process, creative thinking and logical reasoning, and individual differences are great.

1.4 Changes in personality

When people reach the old age, their personality (that is, their characteristics or personalities, including personality, interests, hobbies, tendencies, values, talents and specialties) also changes correspondingly, such as anxiety and anxiety caused by excessive concern and worry about health and economy, conservatism caused by decline of various abilities, loneliness caused by reduced social interaction, nostalgia and grumbling caused by inability to grasp the status quo, etc. These changes are caused by such factors as biological aging of people, " self aging " of the elderly, separation from society, reduced communication and social family. Therefore, the harmonious family and the good social environment are the basic guarantees for the elderly to spend their old age peacefully.

1.5 Changes in emotion and will

The emotional and volitional processes of the elderly are quite different due to their different social status, living environment and cultural quality. Emotional activities are relatively stable in the aging process. Even if there are changes, they are caused by changes in living conditions and social status, not determined by age itself.

2 Influencing factors of psychological changes in the elderly

2.1 Impairment of various physiological functions

With the increase of age, various physiological functions decline, and some aging phenomena appear, such as the gradual atrophy and reduction of neural tissue, especially brain cells, leading to weakened mental activity, slow reaction, and memory loss, especially in recent memory. Vision and hearing also gradually declined. As the function of bone and muscle system decreases, the exercise ability also decreases.

2.2 Changes in social status

Due to the change of social status, some elderly people may experience various psychological changes, such as loneliness, inferiority, depression, irritability, and negativity. These psychological factors maybe promote physical aging.

2.3 Family interpersonal relationship

After retirement, the main activity place of the elderly has changed from the workplace to the family. The relationship between family members has a great impact on the elderly, such as the attitude of children towards the elderly and the conflicts arising from the generation gap, which will have an impact on the psychology of the elderly.

2.4 Nutritional status

Nutrients are necessary to maintain the normal physiological activities of human tissues and cells, especially neural tissues and cells, which need adequate nutrition. When nutrition is insufficient, people often suffer from listlessness, fatigue, memory loss, lack of interest in external things, and even depression and other mental and neurological symptoms.

2. 5 Physical or mental overstrain

Physical and mental overstrain will cause memory loss, listlessness, fatigue, difficulty in concentrating, and even produce illusion, hallucination and other abnormal psychology.

2. 6 Disease

Some diseases will affect the mental state of the elderly, such as cerebral arteriosclerosis, which may lead to insufficient blood supply to the brain tissue, decline of brain function, increase of memory decline, and even senile dementia in the late stage. There are also some diseases, such as cerebral infarction and other chronic diseases, which can often make the elderly bedridden and unable to take care of themselves, resulting in pessimistic, lonely and other psychological states. Therefore, in order to keep the elderly in a good psychological state, the elderly should strengthen exercise to slow down the aging of various physiological functions, keep the elderly happy, firm beliefs, cultivate sentiments, reasonably arrange life, etc. which all promote a good psychological state.

3 The main contradictions plaguing the elderly in psychological development

3. 1 Contradiction between role change and social adaptation

This is the contradiction brought about by the retirement of the elderly. Retirement is a normal role change, but people from different occupational groups have different psychological feelings about retirement. According to a comparative survey of retired cadres and workers in Beijing, the psychological feelings of workers before and after retirement have not changed much. After retirement, they get rid of heavy physical labor, have more time to do housework, amuse themselves and make friends, and have enough retirement money and free medical care, so they are satisfied, emotionally stable and well adapted to the society. The situation of retired cadres is different. Before retirement, these veteran cadres had a high social status and extensive social contacts. Their focus of life was on institutions and undertakings. After retirement and retirement, they suddenly relaxed from the tense and orderly work in the past, and the focus of life became household chores. The extensive social contacts were suddenly reduced. Because of the conflict between the status quo of idleness and their strong sense of social responsibility, they felt very unaccustomed and unaccustomed.

3. 2 Contradiction between the intention of achieving something and physical and mental aging

The elderly with higher values and ideals are usually unwilling to be idle after leaving their jobs. They are eager to do more work for the society in their lifetime. Their retirement is a true reflection of the noble spiritual pursuit of these elderly people. However, the physical and mental health of many elderly people with high aspirations for many years is not ideal. They are either seriously aging, or suffering from a variety of diseases. The decline of mental ability such as thinking is very obvious. In this way, these elderly people have formed a contradiction between ambition and aging, and some are still trapped in deep distress and anxiety,

3.3 Contradiction between happiness in old age and inadequate economic security

According to some foreign studies, the lack of independent economic sources or reliable economic security is an important reason for the psychological distress of the elderly. Generally speaking, due to the lack of economic income and low social status, such elderly people are prone to have inferiority complex. They are also in a depressed mood, careful and easy to feel sad. If they are discriminated against or complained about by their children, the stubborn old people often have the idea of dying. Therefore, the contradiction between providing for the elderly and inadequate economic security is both a social contradiction and a psychological contradiction.

3.4 Contradiction between peaceful life in old age and sudden emotional blows

The elderly all hope to spend their old age peacefully and happily, and most of them hope to live a long and healthy life. However, such a good wish often forms a strong contrast and profound contradiction with the unexpected shocks and major stimuli in real life. When the elderly suddenly encounter the shock of widowhood, if they lack adequate social support, they are prone to disease and even early death. In addition to bereavement, accidental stimuli such as husband and wife quarrels, the death of relatives and friends, discord between mother-in-law and daughter-in-law, sudden benefit and serious illness also have a very serious psychological impact on the elderly.

Task 4 Recognize the common psychological problems of the elderly and the solutions

Case lead-in

Grandma Wang was originally a positive old man, but half a year ago, her husband had a heart attack, and she also suffered from restlessness, restlessness, crying and other symptoms, often worried about her and her husband's health and future life. She got insomnia, and often got up at two or three o'clock in the middle of the night, looking straight and sitting. She had poor energy during the day I and didn't want to do anything. She couldn't take care of her husband. Because she didn't want to eat, she lost weight. Her family took Grandma Wang to the hospital and did a lot of examinations but found nothing unusual. After a detailed evaluation, Grandma Wang was diagnosed with senile depression and had a serious suicidal tendency. After consultation with her family, Grandma Wang was admitted to the hospital for systematic treatment. Two months later, she became optimistic and positive again.

Main content

1 Common psychological problems of the elderly

1. 1 Anxiety

The internal disease sense increases, forming a nervous and nervous emotional state with fear. Anxiety is a relatively common emotional state, when everyone can't avoid anxiety. Moderate anxiety is a normal physiological reaction, which can stimulate people's potential when people are in danger and help individuals better adapt to changes. This kind of anxiety is a protective response, also known as physiological anxiety. When the severity of anxiety is obviously inconsistent with the objective event or situation, or the duration is too long, it becomes pathological anxiety, called anxiety symptoms. If it meets the relevant diagnostic criteria, it will be diagnosed as anxiety disorder.

In daily life, we can often see that some elderly people are upset and restless, and some are nervous and afraid of small things. This kind of anxiety that occurs in the elderly is called geriatric anxiety. When it develops to a serious degree, it will become geriatric anxiety disorder, which has a great impact on the health of the elderly. Anxiety disorder in the elderly was originally a psychological disease that was easy to treat. Because it was easily ignored, it led to mental disability and high suicide rate, becoming a major killer of elderly health.

Anxiety disorders can be divided into acute anxiety and chronic anxiety.

1. 1. 1 Acute anxiety

The main manifestation of acute anxiety is acute panic attack. The elderly may suddenly feel panic, tension, panic, excitement, upset, restless or have an uncomfortable feeling, often accompanied by hot flashes, sweats, thirst, palpitations, shortness of breath, rapid pulse, high blood pressure, frequent urination and other physical symptoms. In severe cases, the elderly may also have paroxysmal asthma, chest tightness, and even a sense of dying, and produce delusions and hallucinations. Acute anxiety attacks can generally last for a few minutes or hours, generally not long, and would gradually ease after a period of time.

1. 1. 2 Chronic anxiety

Chronic anxiety is characterized by persistent mental tension, and the degree of anxiety will fluctuate. The chronic anxiety of the elderly is generally manifested as being constantly apprehensive, having a sense of uneasiness, being more sensitive at ordinary times and in a high alert state, easily losing temper and sulking, upset, inattentive, forgetful, etc. when there is something unpleasant in life.

1.2 Depression

Depression, like anxiety, is a normal emotional reaction of people. When people encounter unhappy or sad things, they will show depression and cry. However, this emotional change will pass in a short time. If the depression lasts for more than two weeks and affects normal work and life, it may lead to depression. Depression is a relatively serious psychological disease. There is no age limit. Depression may occur at any age. It is one of the most common functional mental disorders in the elderly, and depression is more common in the elderly. In real life, many people have hidden dangers of depression, but many were not found in time, so they missed the treatment opportunity in the early stage of depression.

Depressive symptoms mainly include depression, thinking retardation and decreased behavioral activities. The characteristics of depression in the elderly are that most of them take physical symptoms as the main form of expression, and the expression of low mood is not obvious, which is called latent depression. The symptoms of hypochondriasis are more prominent, and "pseudo dementia" may occur.

Depression is usually manifested as low mood, not wanting to talk or move, lacking or even losing interest in things that interested him in the past, thinking about pessimistic and unpleasant things, losing hope for the future, feeling meaningless, having sleep disorders, often accompanied by anxiety of varying degrees. The suicide behavior of the elderly with severe depression is very common and resolute. If they are careless in prevention, the suicide rate is also high.

1.3 Loneliness

Loneliness is often mentioned in real life. It is a subjective social isolation state, accompanied by painful experience of being alienated, abandoned and not accepted due to personal perception of isolation or lack of contact with others. Generally speaking, temporary or accidental loneliness will not lead to disorder of psychological behavior. But long-term or serious loneliness can cause some emotional disorders and reduce people's mental health. Loneliness will also increase the separation and alienation from others and society, which in turn may strengthen the sense of loneliness, and over time inevitably lead to individual personality disorder.

The generation of loneliness is usually related to the changes of social roles and family members of the elderly. After retirement, the elderly are far away from social life. When their children grow up and leave home, the elderly family is empty. In addition, they are not able to move easily and have less contact with their relatives and friends. This change in interpersonal communication is the main reason for the client's sense of loneliness, which is more obvious when they lose their spouse. In addition to these objective factors, there are also subjective reasons for the elderly. Some elderly people watch TV in addition to eating and sleeping. They have no hobbies and are more likely to feel lonely. The degree of loneliness is affected by such factors as personal character and whether the past family life is harmonious and happy.

Lonely elderly people are listless and often feel sorry for themselves. Sometimes they cry secretly. The boredom caused by loneliness is more serious among the elderly. Loneliness can also change the lifestyle of the elderly. For example, some elderly people become fond of smoking, drinking, and inactivity. Bad lifestyle is closely related to the occurrence of chronic diseases, such as cardiovascular and cerebrovascular diseases, diabetes, and thus affects the health of the elderly. When the loneliness of the elderly is serious, it can also be converted into depression and suicide tendency appears.

"Go Home and Have a Look" Was Written into the Law

From July 1, 2013, the newly revised law on the Protection of the Rights and Interests of the Elderly came into force, which stipulates that family members should care about the spiritual needs of the elderly and should not neglect or neglect them. Family members who live separately from the elderly shall often visit or greet the elderly. This is also interpreted by the media as "going home often to see and write into the law". It is illegal to visit the elderly infrequently. According to the survey, 60% of netizens believe that the biggest problem facing the "empty-nest elderly" is psychological loneliness.

1.4 Inferiority

Self abasement means low self evaluation. That is, you look down on yourself. It is a negative emotional experience. After a person has formed an inferiority complex, he often goes from doubting his own ability to being unable to express his own ability, so he is afraid to associate with others to being lonely and self closed. The goal could have been achieved through hard work, but he may think "he can't" and give up. When people's self-esteem needs are not satisfied, and they cannot properly and realistically analyze themselves, they are prone to have inferiority complex.

The reason for the old people's inferiority complex is usually the decline of their living ability caused by aging, loss of ability to take care themselves and adapt to the environment in part or in whole caused by disease, and after retirement, role switching barriers and family conflicts.

The inferiority complex is the most likely to cause psychological disorders such as geriatric depression, which poses a serious threat to the physical and mental health of elderly friends and needs to be adjusted in time.

1.5 Sense of loss

Sense of loss is a negative emotion of losing confidence in life caused by the failure to realize the original hope, which may turn into psychological barriers such as loneliness and depression. Due to the change of social role, family role, economic income, illness, bereavement and other factors, the elderly would have a sense of loss psychologically, thus showing two kinds of emotion. Ore is silence, indifference, low mood, and indifferent to everything. The other is they are irritable and easily lose their temper. They are not used to the things around them and lose their temper for small things. These two kinds of emotion can cause a series of sad reactions and affect the psychological state of the elderly.

The elderly with cheerful personality can easily find their place in life through psychological adjustment. After retirement, they still do what they can, give play to their surplus heat, rediscover themselves, and overcome the sense of loss. With introverted and withdrawn personality and narrow interests, the elderly who are not good at communication can hardly overcome their sense of loss.

1.6 Suspicion

Suspicion is a kind of bad psychological personality, which is characterized by extreme nervousness. From the psychological point of view, paranoia is a subjective imagination that does not conform to the facts, and a negative self suggestion. Suspicious people tend to assume a certain view subjectively first, and then pull many unrelated phenomena together through the so-called "reasonable imagination" to prove the correctness of their views. In order to achieve this goal, they can even create some phenomena out of nothing, as the saying goes, "If you suspect ghosts, you will have ghosts" and "If you suspect, you will see ghosts". Suspicion is different from doubt. Doubt is just a general conccpt. But suspicion may be unreasonable and purely caused by nervousness. Sometimes it may also be reasonable and conform to objective facts. Normal doubt is common to all people and do not belong to psychological problems. Suspicion is an extreme state of doubt, most of which are unprovoked. In daily life, when we encounter unexpected things, we often show suspicion, restlessness, etc. Once the cause of the matter is clear, this suspicion will disappear automatically, which belongs to the normal scope of doubt. However, the old people's sense ability is weakened, which makes it difficult for them to know the outside world and is easy to guess subjectively. Suspicious old people always suffer from their own troubles, and their doubts become deeper and deeper.

Suspected Neighbor Stole His Axe

A man lost an axe and suspected that it was stolen by a neighbor's child. He looked at the boy's walking movements. The boy was sneaking around the table, as if he had stolen an axe. The man looked at the expression on the child's face. The boy was flustered, like stealing an axe. The man listened to the way the child talked. The boy hesitated, as if he had stolen an axe. In a word, the boy's every word and deed and every move seemed to steal an axe. Soon, the man found the axe he had lost when he was digging in the valley. When the man saw the children in the neighborhood again, he saw the children's behavior and demeanor. There was nothing like stealing an axe.

2 Measures to promote the mental health of the elderly

2.1 Help the elderly to establish a correct outlook on health

The elderly often hold a negative evaluation of their health, worry too much about their diseases, often doubt that they have an incurable disease, and even have a sense of fear of dying after illness. If you worry too much about your illness and discomfort, it will lead to hypochondriasis, anxiety, depression and other psychological problems, and aggravate the disease and physical discomfort, which is very harmful to your health. Therefore, we should help the elderly establish a correct outlook on health and life and death, maintain an optimistic and open-minded mood, develop a good lifestyle, and pay attention to physical and mental health.

2.2 Guide the elderly to make psychological adjustment for retirement

It is a natural, normal and inevitable process for the elderly to retire from their original jobs when they reach a certain age. Retirement would inevitably bring about a series of changes in social roles, status, interpersonal relationships, etc. In this regard, the elderly should have adequate psychological preparation, treat retirement correctly, and make psychological preparation for retirement. Retirement does not mean that the road of life has come to an end, but a new beginning of life, is the second spring of life.

2.3 Encourage the elderly to use their brains frequently

After the elderly lost their jobs, they still need to learn. Learning is not only the spiritual needs of the elderly, but also can increase knowledge, activate thinking, broaden their horizons, correct values, etc. , and it is also beneficial to physical and mental health. Not using brain at all or rarely will lead to mental decline. "Frequent use of brain can prevent mental decline". From this point of view, the elderly should also learn and use their brains. They should be instructed to learn and participate in some cultural activities according to their specific conditions and interests, such as reading, writing, painting, calligraphy, music, dance, gardening, chess, etc. , which can not only broaden their horizons, cultivate their sentiments, enrich their spiritual life, reduce loneliness, emptiness and depression, but it may also be a means of brain building and fitness. Some people call it "cultural health care". It can not only exercise the brain's thinking, logic, imagination, recognition, calculation, perception and other functions through the use of the brain, but also exercise the human senses, muscles and joints due to the combined use of the brain, eyes, limbs and so on. Therefore, rational use of the brain not only can promote brain health and improve people's intelligence, but also is a fitness method suitable for the elderly.

2. 4 Be good at handling family relations

Family is the main place for the elderly to live in their old age. The mental state of the elderly is closely related to the relationship between their families and the family atmosphere. A good and harmonious family atmosphere can relax the spirit of the elderly, which is conducive to health and longevity. Family harmony is the basis for the physical and mental health of the elderly. On the contrary, family discord and bad relationships among family members are extremely harmful to the physical and mental health of the elderly.

Extended reading

Geriatric Depression Scale

The geriatric depression scale (GDS) is dedicated to the screening of depression in the elderly, and measures the most appropriate feelings of the elderly for one week. Because there are many body complaints of the elderly, and many of them are in the normal range at this age. But they are misdiagnosed as depression. GDS is designed to more sensitively examine the specific somatic symptoms of elderly patients with depression. In addition, its "yes" and "no" fixed answers are easier to master than other rating scales, and its 30 items represent the core of geriatric depression. In the clinical evaluation of the elderly, it has a higher coincidence rate than other depression scales, and this advantage is more obvious in the older elderly.

This is a special depression screening scale for people over 56 years old, rather than a diagnostic tool for metropolis depression. Each examination takes about 15 minutes. The clinic mainly evaluated the following symptoms of people over 56 years old: depression, decreased activity, irritability, withdrawal, and negative evaluation of the past, present and future. However, symptoms such as anorexia and sleep disorder reported by people over 56 years old are normal, and they are sometimes mistakenly rated as depression when using this scale. Therefore, those whose scores exceed 11 should be further examined.

Select the answer that best suits your feelings in the past week, and answer "Yes" or "No" within [ ] after each question.

Name ( ) Sex ( ) Date of birth ( ) Occupation ( ) Education ( )

1. [ ] Are you basically satisfied with your life?
2. [ ] Have you given up many activities and interests?
3. [ ] Do you feel barren spiritually?
4. [ ] Are you bored?
5. [ ] Do you think there is hope for the future?
6. [ ] Are you worried because you can't get rid of some thoughts in your mind?
7. [ ] Are you energetic most of the time?
8. [ ] Are you afraid that something unfortunate will happen to you?
9. [ ] Do you feel happy most of the time?
10. [ ] Do you often feel isolated?
11. [ ] Do you often fidget and get distracted?
12. [ ] Would you rather stay at home than do something new?
13. [ ] Do you often worry about the future?
14. [ ] Do you think your memory is worse than before?
15. [ ] Do you feel comfortable living now?
16. [ ] Do you often feel weighed down and depressed?
17. [ ] Do you think it is meaningless to live like this?
18. [ ] Do you always worry about the past?
19. [ ] Do you feel life is exciting?
20. [ ] Is it difficult for you to start a new job?
21. [ ] Do you think life is full of vitality?
22. [ ] Do you think your situation is hopeless?
23. [ ] Do you think most people are much better than you?
24. [ ] Do you often feel sad about trifles?
25. [ ] Do you often feel like crying?
26. [ ] Do you have difficulty concentrating?
27. [ ] Are you happy in the morning?
28. [ ] Do you want to avoid parties?
29. [ ] Is it easy for you to make a decision?
30. [ ] Is your mind as lucid as ever?

1 point for each answer indicating depression. (The answers to questions 1, 5, 7, 9, 15, 21, 27, 29 and 30 are "No", and the answers to other questions are "Yes", indicating the possibility of depression.)

Assignment

【Definition】

1. urinary incontinence
2. anxiety

【Fill in the blanks and complete the sentences】

1. Morphological changes in old age include ( ), ( ), and ( ).
2. The psychological changes of the elderly are mainly manifested in the following aspects: ( ), ( ), ( ), ( ), and ( ).
3. The main contradictions plaguing the elderly in the psychological development: ( ), ( ), ( ), and ( ).

[Short answers]

Explain the common psychological problems of the elderly.

Project Ⅲ
Communicate with the elderly

Learning objectives

- **Knowledge objectives**

◇ Learn about communication mentality;

◇ Learn the steps of effective communication with the elderly, the three links and ways of communication with the elderly;

◇ Master various communication skills and strategies with the elderly.

- **Skill objectives**

◇ Conscientiously cultivate good mentality of communicating with the elderly, and learn to communicate effectively with the elderly according to effective communication steps;

◇ Be able to flexibly apply appropriate communication strategies and grasp the key points of each communication link in the process of communicating with the elderly;

◇ Be able to use various communication skills to communicate effectively with the elderly.

Situational lead-in

Communication is everywhere. Communication with the elderly can not only reduce or even eliminate misunderstanding, strengthen understanding, connect feelings, improve the health of the elderly, but also can open their hearts and save their lives. Everyone has his own emotions and sorrows, and has different psychological activities from others. Let's try to achieve high quality communication starting from the heart. One day, a couple of elderly people moved into an elderly nursing home. The old man was able to take care of himself, but his wife was already at the gate of death. When they just moved to the nursing home, the old man and their children both said that the old lady almost did not eat anything. There was a deep pressure sore on her back, and there were many fractures in her whole body, which meant that she was dying. Moving to the nursing home was equivalent to hospice care. Through observation and communication, however, the elderly lady saw the hope of life again. After careful treatment and nursing, to everyone's surprise, she recovered and felt rejuvenated again.

Task 1 Develop a good communication attitude

Case lead-in

Grandma Li, 76 years old, is a resident at an elderly care home. One day Grandma Li suddenly fell ill and was diagnosed with acute pneumonia by the doctor. She needed immediate infusion treatment. When a nurse brought the drugs and got ready for the infusion, Grandma Li said in great fear: "What is it? I don't want it. Please don't hurt me. I'm not seriously ill. I'll be fine in a moment." No matter how the nurse explained, Grandma Li just didn't cooperate.

Main content

Communication starts from the heart, and mentality determines the future. Everyone has his own emotions and sorrows, and everyone has own psychological activities. High quality communication must start with a correct mentality.

In communication with others, we need to choose a proper mentality. We should also regulate and change our mentality when we communicate with different people.

Communication starts from the heart. The purpose of communication is to let others understand your ideas. Communication requires heart to heart communication so that we can enter the other party's heart and achieve real communication. Good communication requires a stable mood and a relatively healthy mentality, as well as respect for the other party of the communication.

1 Cultivate a sense of respect for others

Showing respect to others is a kind of courtesy and a bridge to build friendship between people. Respect for others is the premise of gaining respect for yourself. Only by respecting others can we listen to what they express carefully and enter into further communication procedures.

Equality is the basis of all communication. Without equal communication, we will not enter the heart of others. Without equal communication, we will not acquire a good communication effect. We should not underestimate others' capability or value because their interests, hobbies, outlook on life and values are different from our own.

2 Cultivate a sense of tolerance

The tolerant attitude is the lubricant to remove interpersonal obstacles, an art in interpersonal communication, an attitude to live in the world, and a kind of self-restraint of personality. Every word has its own logic. People often don't care about a certain truth, but what matters most is whether it sounds pleasant. As the saying goes, good advice often sounds harsh to the ear. Sometimes, unpleasant words are often the most needed words to listen to. In the process of communication, as long as both parties are willing to listen to each other, communication will go well.

3 Cultivate a sense of sincerity

In the process of communication with others, everyone hopes to be treated sincerely by others. In order to be treated sincerely, we ourselves should first take the initiative to treat others sincerely.

4 Cultivate a sense of equality

In a society, some people have high status and others have low status. Some are rich, and others are poor. But in terms of personality, everyone is equal. Therefore, treating people equally is a correct attitude that people should hold when getting along with others.

5 Cultivate a sense of confidence

Emerson, an American writer, once said: "Confidence is the first secret of success." When communicating with others, the degree of self-confidence can greatly affect the attitude of others towards you. If you look down on yourself, how can you make others appreciate you? Enhancing self-confidence and overcoming inferiority complex are what we must learn in the process of communication.

6 Cultivate a sense of empathy

Empathy refers to being able to experience others' feelings and think about and deal with problems from others' positions in communication. "Do not do to others what you do not want", "Put yourself in somebody else's shoes" and "Everybody feels basically the same about something" all emphasize empathy. You can deduce what others think about with your own mind. What you want, in fact, is usually what other people want, and what you are unwilling to do is usually what others are unwilling to do. No matter where it is, in life or work, people who have empathy are good at observing others' wishes and willing to understand and help others. Such people are also the most popular and worthy of everyone's trust.

No smoking

There was a five-year-old boy with lung abscess in a ward of a hospital. He was prescribed by the doctor to have atomization inhalation. A nurse brought an atomization inhaler and liquid drugs to the child's bed. The child took a sip of it, thinking it must be fun. But when he found the smell was not pleasant, he refused to cooperate in the treatment. He did not listen to the nurse even she offered him toys or sugar. Every time a nurse came, he just cried and said, "I don't want to smoke. I don't want to smoke!" It was useless to explain. One day, it was my turn to help the child have the atomization inhalation. After listening to the accounts of the other nurses, I went to the ward with a psychology of having a try. When I entered the ward, I found the child lying on the sickbed, looking helplessly at the adults around. I walked over and said to him gently, " Little brother, you are so nice! It's very uncomfortable lying in bed, isn't it? "Hmm", the child looked at me and replied.

"Come on, shall we get a little comfortable in the chair?" I asked.

"Hmm. " The child replied again.

"The smoke does smell a little bitter, but only for a while. After smoking, you will feel more comfortable, and you will be better. Shall we smoke?"

"Hmm. " The child finally agreed.

Then I took him to the chair and completed the work smoothly. Since then, every time the child had an atomization inhalation, he liked me to help him.

This story took place 17 years ago. At that time, I was just an intern receiving clinical practice training. At that time, I didn't know what empathy was. I only knew I should speak out what a child might think about but could not express, and was luckily enough to get the child's recognition and cooperation. I continued to treat my clients in the same way afterwards, no matter who they were, men or women, young or old. There were students and teachers; there were experts and professors. No matter who they are, if we can try to understand their feelings from their perspective, and then give them understanding and support, care and love, which would surely achieve better results.

Extended reading

A Communication Mindset Test

Please answer the following questions according to your actual situation.

1. Do you have confidence in yourself now?

   No   Basically not   Not sure   Basically so   Yes

2. Do you try to regulate your mood when you are unhappy?
No Basically not Not sure Basically so Yes

3. Do you have a clear goal in life?
No Basically not Not sure Basically so Yes

4. Do you have any hobbies?
No Basically not Not sure Basically so Yes

5. Can you think positively about the problems in your life?
No Basically not Not sure Basically so Yes

6. Do you often exercise?
No Basically not Not sure Basically so Yes

7. Do you deny yourself when things are not done well?
No Basically not Not sure Basically so Yes

8. Can you treat things in life with a humorous and optimistic attitude?
No Basically not Not sure Basically so Yes

9. Can you do what you should do without paying too much attention to your psychological problems or symptoms?
No Basically not Not sure Basically so Yes

10. Are you having less and less fear and more and more courage?
No Basically not Not sure Basically so Yes

11. Do you only focus on your own progress, instead of blindly comparing with others?
No Basically not Not sure Basically so Yes

12. Can you apply the theories you have learned to your life?
No Basically not Not sure Basically so Yes

13. Do you think you should be responsible for your own life instead of blaming external factors such as parents for some problems?
No Basically not Not sure Basically so Yes

14. Do you have any friends you can communicate with, talk to and help each other?
No Basically not Not sure Basically so Yes

15. Do you dare to refuse a request that you are unwilling to accept?
No Basically not Not sure Basically so Yes

16. Can you understand and care about others?
No Basically not Not sure Basically so Yes

17. Can you concentrate on doing anything?
No Basically not Not sure Basically so Yes

18. Are you passionate about life rather than bored or depressed?
No Basically not Not sure Basically so Yes

19. Have you identified your strengths and weaknesses and can you view them dialectically?
No Basically not Not sure Basically so Yes

20. Can you keep an eye on the outside world instead of focusing on your own psychological symptoms all the time?

    No　　Basically not　　Not sure　　Basically so　　Yes

21. Can you forgive yourself for regress?

    No　　Basically not　　Not sure　　Basically so　　Yes

22. Can you arrange your life in order?

    No　　Basically not　　Not sure　　Basically so　　Yes

23. Do you care less about others' opinions than before?

    No　　Basically not　　Not sure　　Basically so　　Yes

24. Have you stopped denying yourself with some trivial things?

    No　　Basically not　　Not sure　　Basically so　　Yes

25. Are your emotions basically in a stable and good state?

    No　　Basically not　　Not sure　　Basically so　　Yes

Scoring method: 0 marks for "No"; 1 marks for "Basically not"; 2 marks for "Not sure"; 3 marks for "Basically so"; 4 marks for "Yes".

Resolution

The total score of 65 marks for D (or pass); 66 to 80 marks for C (or basically qualified); 81 to 95 marks for B (or good); 96 marks or above for A (or excellent). If the score is lower than 65, attention should be paid and adjustment should be made.

Task 2　Master the steps, links and modes of communication with the elderly

Case lead-in

An elderly lady with the family name of Xia, 82 years old, was carried into an elderly care home by an ambulance, lying on a stretcher. According to the accompanying family members and doctors, the new resident, terminally ill, could no longer eat any food or drink. She was almost in a semi coma state, with a fourth stage pressure sore on her back and multiple fractures in her whole body. After careful observation and evaluation of the nursing home, they found it was not that the elderly lady could not eat but that she did not want to eat. She refused to eat because she had lost all hope of living on. Through patient and caring communication, the elderly lady began to eat. After careful feeding and nursing, she recovered little by little. As of the day when I recorded her case, she had lived for three years.

The steps to for the caregivers in the nursing home to communicate with the elderly lady in the case were as follows.

Step 1: To understand the status quo of the old lady, the caregivers went to her bed to carefully observe and evaluate her condition. They found that her situation was not like what her family and the doctor had said. It was not that she couldn't eat anything, but that she refused to eat because she felt that she was hopeless.

Step 2: The nursing home identified the true situation of the elderly lady-psychological problem: desperate and hopeless.

Step 3: The nursing home clarified their duties: help the old lady to eat and help her to get better gradually. They confirmed the needs of the elderly lady. They must make it clear whether the old woman wanted to live on or not. She expressed her wish to survive.

Step 4: Communicate.

① The caregivers tried to build her hope. They told the client, "Your condition is not as bad as you think. As long as you cooperate with us, we can help you get better gradually". Then they asked, "Grandma, are you willing to cooperate?" She answered in the affirmative.

② They formulated a personalized nursing plan for the client.

③ They told her about her personalized nursing plan and how she should cooperate with them in this nursing plan.

④ They got in touch with the family members and informed them of the current situation of the elderly lady and her wishes. Then they informed the family of their nursing plan and how they could cooperate with the nursing home in this plan.

⑤ The elderly lady and her family were informed of the expected goals and unforeseen risks of this program.

⑥ The elderly lady and her family expressed their wishes. They expressed their willingness to cooperate and accepted the expected objectives and all unforeseen risks.

Step 5: The parties concerned jointly implemented the consensus reached and the corresponding nursing plan.

Step 6: Information feedback was collected. The effect was better than expected, and unforeseen risks did not occur.

Result: The elderly lady has survived for more than 3 years.

Main content

1 Steps to communicate effectively with the elderly

1.1 Prepare in advance

Preparing in advance refers to the preparation before communication. The more sufficient the preparation before communication, the greater the possibility of the successful communication. Blind communication will not only fail to achieve the desired purpose, but also sometimes aggravate the contradiction and run against the purpose of communication.

The preparation before communication mainly includes: understanding and analyzing the situation of the other party of the communication; defining the objectives of the communication; developing a communication plan; anticipating possible objections and disputes.

1.1.1 Understanding and analyzing the situation of the other party of the communication

Before communication, we should get to know the situation of the elderly. What has happened to them recently? Did they have any special behaviors or actions? What are they thinking about? What are their purposes in doing something? What have they said and done? What are their family thinking about? What did they do recently? Then we analyze these phenomena and find out the problems that need to be solved through communication.

1.1.2 Defining the objectives of communication

Before we communicate with the elderly, we must determine the communication goals, that is, what kind of expected effect we want to achieve through communication.

1.1.3 Developing a communication plan

Before communicating with the elderly, we must have a communication goal and understand the specific situation of the elderly. We need to plan out the communication process, decide what kind of communication environment to choose, what kind of communication strategies to use, what to say first, what to say later, and so on and so forth.

1.1.4 Anticipateing possible objections and disputes

It is normal to encounter objections and disputes in the process of communication. If we can correctly predict these objections and disputes before communication, and carefully prepare for various responses in advance, we can quickly and properly solve these problems. On the one hand, this can enhance our initiative in communication; on the other hand, it is also conducive to smooth the communication.

1.2 Confirm the needs

Confirming the needs refers to confirming the needs of both parties in the communication process and clarifying whether the purposes of both parties are consistent.

In the process of communication, we should first confirm the needs of the other party. If we don't confirm the needs of both parties, we can't reach a common agreement through communication. To clarify the needs of both parties, we need to use the strategies of asking, listening, speaking and observing in the communication process. Firstly, questioning is a very important communication behavior, because it can help us understand more accurate information, and it can also help us control the direction of communication and the content of conversation. Secondly, we should listen attentively, placing ourselves in others' position and try to understand what they really mean. Finally, we should confirm timely. When you do not hear clearly or understand the meaning of the other party's words, you should put forward your questions in time. You must fully understand the other party so that you can achieve the purpose of effective communication.

1.3 Send information

Sending information is to express your thoughts and feelings to the other party of the communication. How to better express your information and send it to the other party is a very important link in communication. We must make it clear whether we have express our ideas and meanings clearly. Has the other party heard them? Has he/she understood them? Does he/she accept them? Does he/she have the ability to complete them? Therefore, when we express information, we should choose appropriate communication environment, strategies and skills suitable for the elderly, and easy for them to understand and accept. For example, if the other party of the communication has hearing impairment. Only one third of what you say may be heard or understood, but he/she is educated and can communicate by writing. At this time, we need to choose a relatively quiet environment to communicate. We can use a variety of communication strategies that combine verbal communication with pictures and writing to ensure the effectiveness of communication.

1.4 Handle objections

Objections or disputes in communication indicate that the other party does not agree with our views, or partly does not agree with our own views. What should we do in this situation? We will introduce some corresponding communication skills later.

1.5 Reach a consensus

Effective communication requires both parties to reach a consensus or agreement in some aspects. However, consensus can not always be reached through communicating once or twice. Sometimes, repeated communication is required.

1.6 Joint implementation

Reaching a consensus is the result of effective communication. However, in actual work, any achievement of a communication result means the beginning of a new job. Both sides of the communication should implement the consensus once it is reached. If one party does not implement the consensus or does not implement it completely, the mutual credit will be damaged. So we must pay attention that trust is the basis of communication. If one party loses the trust of the other, the next communication will become very difficult.

1.7 Information feedback

When a consensus is reached through communication, both parties will jointly implement it. How effective implementation is and whether the final goal has been achieved requires both parties to provide information feedback. Information feedback can check whether the purpose of communication is correct, whether the communication process is smooth, and whether the communication is effective.

2 Links of communication with the elderly

There are three very important links in the process of communication with the elderly, namely, information expression and transmission, information reception and understanding, and information feedback. Every link is indispensable, otherwise there will be obstacles in communication, which will affect the effect of communication.

2.1 Information expression and transmission

2.1.1 How to express information when communicating with the elderly

We must make some choices when communicating with the elderly and the choices should be made according to their characteristics. For example, we can simply talk to the elderly with good hearing. For the elderly with hearing impairment, we can communicate by using nonverbal expressions, such as writing, drawing, gesticulating, by using facial expressions and other nonverbal or body languages. However, oral communication can mostly accurately convey information, making it easy for the other party to receive and understand. To ensure effective expression is achieved, we must do well the following items.

(1) Use correct grammar;

(2) Use appropriate words to speak clearly;

(3) Use appropriate modification to say something nice and pleasant;

(4) Use the right tone;

(5) Express yourself vividly from a proper point of view.

2.1.2 Besides successful expression, effective transmission is also necessary for the elderly to receive the information

In the process of sending information, we need to pay attention to several points.

2.1.2.1 Find an effective way of conveying information

Information can be verbal language or written text. It can be emotion or thought. We must choose different ways to convey information according to different content.

> Let's think about the following questions. What methods have we used to convey information in our daily life or study? How have you asked your parents for living expenses? How have you contacted me when you wanted to go out for an outing with me on a certain weekend? How have you handed your assignment in to the teacher? What are the advantages and disadvantages of the ways you used to convey your information? What is the best way to convey your intention under certain circumstances?

2.1.2.2 Convey information at the right time

In the process of communication with the elderly, we must think about when it will be the best time, so that they will understand us easily and accept our words more willingly.

In the morning, the elderly wake up after a night's sleep. They feel fresh and happy. This is a good time to convey your message to them. At night, when a client is tired and sleepy and wants to go to sleep, it's not advisable for you to talk to him/her endlessly. He/She may not hear a single word.

2.1.2.3 Confirm the content of information

There are basically two kinds of languages in communication: one is oral language, and the other is body language. In communication with the elderly, what you say is truly very important, but if you can assist your speech with some corresponding body language, the content of your message will be more accurately conveyed. Whether your speech is assisted with body language or not will surely have quite different communication effect.

One day, an old man went to an elderly care home to inquire. Two reception staff members said "Welcome". One of them was expressionless and left at once after greeting. At this time, the old man might think that he was not welcome there and it was obvious that he should leave. The other receptionist performed quite differently. She talked with a big smile and enthusiastically seated him on the chair. The old man was very happy and started to inquire about the check-in procedures. Therefore, the content does matter much in communication, and the tone of voice and body language are also essential.

2.1.2.4 Making it clear who receives the information is also very important

Is the receiver the elderly person? Are the receiver the client's family? At the same time, we should also pay attention to the receiver's mental construct, needs, current mood and so on. All these above are key factors affecting communication effect.

At a weekend, grandpa and grandma quarreled. Both of them ware in a bad mood. It so happened that their granddaughter had a day off and she wished to take the chance to pick up grandpa and grandma for an outing. However, grandma was being angry with grandpa, so she didn't want to go out with him. Therefore, the communication between grandparents and granddaughter failed.

2. 1. 2. 5 The place or the environment where the information is conveyed is also very important

In the process of communication with the elderly, the environment should be considered seriously. Generally, it is better to convey information in a quiet, clean, warm and bright environment.

> Nowadays the choice of communication environment has been attracting more and more attention. And many people have realized the importance of communication environment to communication effect.

2. 2 Information reception and understanding

2. 2. 1 Selective attention

In the process of communication with the elderly, the information receiver will automatically and involuntarily exclude the information that they think is irrelevant, and will also actively avoid the information that is contrary to their own views and that they are not interested in. And the information releiver only pay attention to the information that is consistent with their own ideas and that they need, care about or are useful to themselves. Therefore, the factors affecting the selective attention of the information receiver include the original attitude and position of the information receiver, the content of the information and how much the receiver cares for the information.

2. 2. 2 Selective understanding

Selective understanding means that different receivers will make different choices and reactions to the same information in different ways. Generally, people always receive and understand the content of the communication according to certain experiences, or understand the information according to their own existing ideas, and reject or distort the content that is contrary to their own ideas to make it conform to their own ideas and positions. Thcrcfore, the factors affecting selective understanding include the emotional state of the information receiver, the original attitude, the needs and motivations of the information receiver, and their personality.

> At lunchtime, a caregiver brought the same kind of food to two elderly people with hemiplegia, saying, "You can eat by yourself first and I will come back later to feed you. " One of the old people said, "The caregiver was too lazy and made us eat by ourselves. I was paralyzed. How could I eat by myself? Another old man tried to eat by himself bit by bit with a spoon. When he finished, he told the other old man how patient and knowledgeable the staff were and how to train our functions. The same way of working has different explanations for the elderly with different ideas.

2.2.3 Selective memory

The selective memory of the information receiver means that the memory of the information is affected by needs, attitudes and other psychological factors, so that the memory results show that they are deeply impressed with the information they care about, or only remember the part that is beneficial to them, or only remember the part that they are willing to remember, and the rest is ignored.

How can the elderly enhance their memory of important content? The following methods can usually be used: create a good environment so that the information receiver will not be interfered and stimulated by other information; try to bring the best initial and final impression to the elderly; organize discussion; appropriate rewards and punishments, etc.

2.2.4 Conformity behavior

The so-called conformity behavior means that the other party of the communication is a group, and the individuals in the group give up their own opinions and attitudes and adopt the behavior consistent with most members, which is also called "following the crowd". The information receiver often shows the behavior of following the crowd in the information dissemination activities, that is, the receiver is unconsciously affected by the real or imaginary pressure of a group, so as to receive and understand the information according to the wishes of most people in the group.

Why does conformity occur? First of all, the information receiver is not very confident in his own judgment and needs guidance. At this time, he often needs to rely on other people's opinions or follow their actions. Especially those who lack self-confidence are more likely to have conformity behavior. The second is the pressure of group norms. The most important reason why individuals follow the group is that they do not want to be called deviants and "non gregarious people", or they do not want to attract attention or lose face, so they keep consistent with the group norms. In the final analysis, it is because of the consistency requirements of the group norms.

2.2.5 Rebellion

Rebellion refers to people who are resistant to certain views, positions or conclusions, consider them in the opposite direction, express doubt and distrust, and then draw the opposite conclusion, showing the opposite behavior. In the process of communication, the information receiver, under the influence of the rebellious psychology, opposes the ideas and behaviors strongly advocated by the transmission, and appreciates and accepts the things criticized and prohibited by the transmission. The rebellious psychology of the information receiver can be shown as: strengthening the original mentality, showing more firmly convinced of their original position and attitude; making the opposite choice to listen, look, think and do the opposite to the content and views conveyed; disparaging the information transmitter, that is, the information receiver will sometimes further disparage or attack the information transmitter.

2.3 Information feedback

Feedback is the return of information that both parties expect. Feedback includes positive, negative and constructive information. The so-called positive feedback information is to affirm and praise the information recognized by oneself, hoping to see such information again. Negative feedback is to criticize or even oppose the information that you do not approve or oppose. Constructive feedback refers to the information receiver's comments or suggestions on the aspects that the information sender has not done enough.

In the process of feedback, we need to note that some situations are not feedback, such as: pointing out the right or wrong places; explanations of others' words and deeds are not feedback; suggestions for the future are not feedback. How can we do feedback?

(1) Feedback should be clear, specific and provide examples;

(2) The feedback should not be judgmental;

(3) Feedback should focus on behaviors that can be changed;

(4) Feedback should be given at the right time;

(5) The feedback shall fully consider the needs of the receiver;

(6) Feedback should be well balanced, positive and constructive.

How should we receive feedback when communicating with the elderly? Listen carefully; summarize the feedback received and confirm the reasons; indicate how we will consider to act; ask questions, clarify facts and ask examples.

3 Ways to communicate with the elderly

What kinds of communication strategies are there in the process of communication with the elderly? The first is language communication, which includes oral language, written language, pictures and other languages. The second is nonverbal communication, that is, body language, which includes action, posture, expression, attitude, eyes and gestures.

3.1 Language communication

Language communication starts when words are uttered. It uses voice as a channel to transmit information. It can control words. It is structured and formally taught.

In the communication project with the elderly, the most commonly used is language communication. Language communication also includes oral language, written language, pictures or graphics. The forms of oral language are various, such as talks, telephone calls, meetings, broadcasts, dialogues, etc. Pictures include films, slides, etc. Written language refers to information transmission and communication by means of words. There are also many forms of written communication, such as notice, document, communication, bulletin, newspaper, memorandum, written summary, report, etc. In the process of communication, language communication is more conducive to the transmission of information.

3. 1. 1 Advantages and disadvantages of oral communication

The advantage of oral communication is fast delivery and fast feedback. In this way, the message can be transmitted in the shortest time, and the other party's reply can be received in the shortest time. At the same time, the communicator can understand the question to clarify the unclear situation, which can reduce misunderstanding. The disadvantages of oral communication: there is no written record, and it may be forgotten after a long time; it wastes time; there are also inconvenient times, such as being interrupted by other people or things while communicating; sometimes it turns communication into small talk.

3. 1. 2 Advantages and disadvantages of written communication

The advantages of written communication are listed below. It is tangible and verifiable. Both the sender and the receiver have communication records, and the communication information can be saved indefinitely. If you have questions about the content of the information, you can query it later. The written communication is more formal, rigorous, logical and clear.

The disadvantages of written communication are listed below. It takes time. It is also a one hour test. Through the oral test, you can convey much more information to others than the written test. In fact, what takes one hour to write can be said in 10 to 15 minutes. In the absence of feedback, the written communication cannot ensure that the information sent can be received. Even if it is received, it cannot ensure that the receiver understands the information according to the sender's original intention. The written communication requires the communicator to have good writing ability.

3. 2 Nonverbal communication

Non verbal communication, also known as body language, refers to that people do not use language as a tool to express their opinions, but use other nonverbal ways to convey information in the communication process. Nonverbal communication can be generally divided into static and dynamic communication. Static nonverbal communication includes appearance, posture, clothing, clothing and appearance. Dynamic nonverbal communication can be divided into four categories according to the symbol system used. Kinesthetic system: gesture, expression, posture, etc. Super language (extra language): tone quality, amplitude, tone, pause, fluency, tone, speed, etc. Time space approach: time, space, orientation, distance, etc. Visual communication: eye contact, etc.

Nonverbal communication has the function of transmitting information, communicating ideas and exchanging feelings. Its functions can be summarized as follows.

(1) The role of using nonverbal communication symbols to repeat the meaning expressed by words or to deepen the impression. For example, when people use their own words to communicate, there are corresponding expressions and other nonverbal symbols attached.

(2) Substitute language. Sometimes, even if a party does not speak, its meaning can be seen from its nonverbal signs, such as facial expressions. At this time, nonverbal signs

play the role of replacing verbal signs to express meaning.

(3) As an auxiliary tool for verbal communication, and as "accompanying language", the nonverbal symbols make language expression more accurate, powerful, vivid and specific.

(4) Adjust and control the language, use nonverbal symbols to express the intention at different stages of communication, and convey the information of their intention changes.

Different body language has different behavioral meanings.

Walk around: lose temper or get frustrated.

Twist hands: nervous, uneasy, or afraid.

Lean forward: pay attention or be interested.

Squint: disagree, disgust, anger, or disapprove.

Sit idly in the chair: boring or relaxing.

Chin up and chest out: confident, decisive.

Avoid eye contact: indifference, avoidance, indifference, insecurity, passivity, fear or tension.

Eye contact: squarely, friendly, sincere, outgoing, secure, confident, determined, etc.

Nod: agree or show understanding, understand.

Shake head: disapproval, shock, or disbelief.

Shake fist: angry or aggressive.

Yawn: boring.

Tap on the shoulder: encourage, congratulate or comfort.

Bite lips: nervous, afraid or anxious.

Shake feet: nervous.

Embrace arms: anger, disagree, defend or attack.

Body language information is the external expression of the subconscious, which is closest to the real heart. Body language information plays an important role in communication.

Silence Is Better Than Sound

There was an old man in an organization who was dissatisfied with the hospital's cost adjustment and swore all day long. A lot of communicators have carried out much communication to the elderly, without any effect. One morning, when the old man opened his mouth again and began to scold, the leader of the department stood in front of him quietly and listened carefully to the old man's scolding. After about ten minutes, the old man took a break. The department leader calmly went to fetch the old man a glass of water and asked softly, "Is grandpa tired?"? Please have a drink of water. The old man smiled shamefully and said no more. From then on, I never heard the old man swear again.

This story tells us that when the elderly are excited, listening to them quietly may be more effective than any kind of great principles. Proper body language plays an immeasurable role in communication.

Task 3 Master the skills of communication with the elderly

Case lead-in

Grandma Yang, 75 years old, was very depressed when she heard that her husband died in the hospital. She often cried silently, and her diet was poor. Her health was getting worse day by day. At this time, how should we communicate with Grandma Yang and what kind of communication is appropriate?

Main content

What should we pay attention to when communicating with the elderly? What communication strategies do we need to adopt to make our communication go smoothly?

1 Choose a communication method suitable for yourself and the other party

Before communicating with the elderly, we will evaluate the elderly, understand their physical and mental conditions, and choose the communication strategies that are suitable for them and the elderly according to their physical and mental conditions. The choice of communication strategies is not single. In order to achieve a good communication effect, two or more ways of communication are often required. For example, when we communicate with an old person with hearing impairment, we can use oral language to explain to the old persons. If the old persons don't hear clearly, we can use writing to let the old person see. We can also use gestures, expressions, behavior etiquette, eyes and other communication strategies to complement each other.

1.1 The voice expression in oral language

In oral communication with the elderly, voice expression plays a very important role in communication effect. Sound includes speech speed, tone, volume, rhythm, voice white filling, etc. Researchers estimate that 38% of the meaning of communication is affected by voice, that is, it is not the language itself, but the voice in the way of communication.

1.1.1 Speed of speech

In the process of communication with the elderly, the speed of speaking should be moderate. We should try to slow down. If it is too fast, the elderly can't hear clearly. Even if they barely hear clearly, they can't react.

1.1.2 Volume

In the process of communication with the elderly, due to hearing impairment, the voice volume of the elderly should be appropriately higher than that of the young when talking to the elderly. However, the high volume voice will make people feel dissatisfied. At this time, soft expressions, caring tones, etc. should be coordinated, so as not to make the voice hard and misleading.

1.1.3 Rhythm

We should maintain balance and regularity.

1.1.4 Voice filler

In the communication with the elderly, we need to add phrases such as "ah, um, ah, oh, good, OK, right", so that the elderly will feel your reaction and attention.

1.1.5 Pronunciation

When communicating with the elderly, we must pay attention to the accuracy of pronunciation, enunciation and syllables.

1.2 Cooperate with written words in oral language

In the process of communication with the elderly, it will be more intuitive, clear, concise, appropriate and agile to communicate with written words.

1.3 Oral language and body language

In the process of communication with the elderly, due to the hearing and hearing loss of the elderly, their perception of language and sound is reduced. So it will be better to cooperate with body language in the process of communication with the elderly. Body language includes image and manners, expression and behavior etiquette, eyes, gestures, small movements, etc.

1.3.1 Image

Image should be neat, beautiful, generous and simple.

1.3.2 Manner

Manner reflects a person's spirit and attitude, and should "stand as loose, walk as wind, and sit as clock".

1.3.3 Expression

Sincere smile is the most beautiful and effective communication language.

1.3.4 Etiquette

Greeting, shaking hands, handing business cards, pouring tea, and giving up seats are all of a continuous process, which must be based on enthusiasm and smile.

1.3.5 Eyes

Keeping eye contact, we should warm, friendly, cordial and frank.

1.3.6 Gesture

The gesture clear, concise, free and harmonious, but do not use it wrongly.

1. 3. 7 Touch

Touch is a special communication language for the elderly. Different parts and different touch methods express different meanings. We should pay attention to occasions and situations, and use them correctly. For example, when an old man is sad, he can gently touch the hair on the back of his head; and remind the elderly that when they need to tell them something, they can tap the elderly on the shoulder to attract their attention.

2 The first communication with an old stranger

Communication is a process from unfamiliar to familiar. How to know a strange old man? Start from communication. First of all, we begin with a kind smile, a sincere attitude and respectful address, and then introduce the old man into an appropriate topic with a clever opening phrase, so as to start our communication journey.

2. 1 Smile

Smile can play a great role in communication with the elderly. It can show a person's unique charm. Whether at home, in the office, or on the road; whether you meet a babbling baby or an old granny; whether you meet a beautiful girl or a smelly beggar, as long as you do not hesitate to smile, you will immediately bring you unexpected good results. "Smiling is the privilege of mankind", and also our precious wealth. It is a symbol of confidence and politeness. Strange old people often judge whether you are good or bad, true feelings or false feelings according to your smile, so as to decide to take a corresponding attitude towards you. As long as we give a smile, the distance between us would become very small, and the generation gap in age would be forgotten. Smile is the most beautiful expression of human beings. It can give people confidence, strength, courage and warmth. People with smile feel mature, stable, secure and trustworthy.

2. 2 Sincere and enthusiastic attitude

Sincere and enthusiastic attitude is a kind of temperament that a person shows from the inside out, which is shown as to treat people equally, behave generously, take it easy and not be constrained. The amiable facial expression, caring words and behaviors can all express a sincere attitude. Sincere and enthusiastic attitude will be more easily trusted by the elderly.

2. 3 Respect

Respect is a virtue. Respect for others is also respect for yourself. In the first communication with the elderly strangers, respect can warm the hearts of the elderly, so that our communication becomes more smooth. Due to retirement and aging, the elderly have retired from their former power status; their social ability has decreased; their psychological barriers have increased; and sometimes they even lose the help of their families. They often feel the threat of disrespect, so the elderly need more respect.

2.4 Smart opening words

When communicating with the old strangers for the first time, the smart opening words are very important to open the vigilance of the old people. In different environments and occasions, we need to use different starting words.

In the elderly care home, we can start the communication process by saying, "Hi, Grandpa/Grandma, name is ... I'm a staff member here. Welcome. What's your name?" In this way, the old people's hearts were seized at once. The warm and sincere attitude, respectful tone and clever starting words warmed up the old people's hearts at once. The next communication will be smooth. If it is in the street, square, how should we start communication? It can start by asking questions. Because of their rich life experience and work experience, old people may want to share with others, and they also like to guide and educate young people. Therefore, modest teaching is also a clever way of communication.

2.5 Appropriate topics

It is very important to choose the right topic in the first conversation with old strangers. The right topic is often a difficult point in communication. If we can find a steady stream of topics, our communication will go on smoothly. On the contrary, it is difficult to communicate. There is not much difference in the attention of the elderly between different genders. Most of their concerns are about grandchildren, leisure, health, community activities and other topics. Exploratory questioning can find the interests of the elderly. The so-called exploratory questioning is to ask questions to get an understanding of each other's daily life, and to learn their interests and hobbies through their understanding of the client's daily life.

For example, ask the elderly, "Grandpa/Grandma, what do you do when you have dinner? How do you spend the whole day?" The old people may tell you, "We are busy. After getting up and washing in the morning, we will take a stroll somewhere. After coming back to eat, we will read books at home and surf the Internet (don't think that the old people today can't surf the Internet, and their learning ability can't be underestimated). Then what will we do?" At this time, you would know that the interest of the elderly has the young element, and we have a topic of communication. In addition, old people prefer to teach young people, which can stimulate their interest by letting old people give you experience in passing shots.

In addition, we should pay attention to the communication with the elderly strangers step by step. First, we should start with the questions that the elderly are easy to answer. After they are talkative, we should slowly deepen into the deep field. For example, when communicating with an old stranger for the first time, we can first ask, "How many children do you have? What kind of work did you do before? Are you in good health now?" People with topics like this should slowly remove the other person's guard, and then bring up some topics that are close to them. So they will naturally accept them.

Extended reading

Smart Prime Minister

Once upon a time, there was a very good prime minister who knew that Guangdong had suffered a great flood and wanted the emperor to let Guangdong not hand in grain that year, that is, duty-free. However, the emperor didn't make any comment, just said, "Let me think about it", and left the matter behind. The prime minister had to play chess with the emperor every day, singing, "Qiang, Qiang, Qiang, Guangdong is free of grain". One day, two days... the emperor followed him on the chessboard: "Qiang, Qiang, Qiang, Guangdong is free of grain." The prime minister immediately knelt on the ground to thank the emperor for his kindness. Because you have no joking words, Guangdong really didn't have to turn in grain in those years.

Questions:

What kind of communication mode did the Prime Minister use in the case?

What are other ways of communication?

How to choose an appropriate communication method?

Task 4 Master listening skills

Case lead-in

In an elderly care home, an old man told the nurse, "I'm almost finished with the medicine for heart disease. Please tell the manager to call my daughter and bring me some medicine for heart disease in a few days." The nurse told the manager, "An old man had a heart attack. The old man asked you to call his daughter and bring some medicine for heart disease." The manager called his daughter but no one answered. He called his grandson and told him: "Grandpa had a heart attack, and the elderly care home called you to take Grandpa to buy medicine." Her daughter hurriedly took a taxi to the elderly care home to send the old man to the hospital. As a result, the old man said that he was about to finish taking the medicine for heart disease, not a heart attack. Her daughter went to the leader angrily and said that the management here was too chaotic.

1 The significance of listening

1.1 Listening is the most basic way to understand the elderly

In the process of communication with the elderly, "listening" to the elderly and their families, friends, neighbors is the most basic way to understand the elderly. Listening can capture as much information as possible. The level of information expressed by everyone is different. Some people may come to the point, while others can't get to the point for a long time. For example, old people often ask all kinds of questions and complaints, but often the old people just want to find an object to vent, not really to do something. Or it's because he/she is in a bad mood in his/her life. I don't like what I see. These situations require us to listen attentively. Only in this way can we master as much information as possible in order to deal with and solve problems. Listening is also the most direct and effective way to obtain information from the elderly. The types of information obtained from the elderly can be divided as follows. The first is direct information, that is, the content directly said by the speaker, such as time, place, and what happened. The second is indirect information, such as someone's mantra, which can reflect whether he/she is disguised. He/She wanted to express a request, but there were too many explanations, which showed that he/she was not confident.

1.2 Listening with patience can express respect and sincere attitude towards the elderly, so as to gain their trust

Listening to the elderly patiently in communication can give them a sense of satisfaction and stimulate their desire to express themselves. When the old people talk too much, they must feel great. At this time, they can even trust you as a friend.

1.3 Sometimes keeping silence is better than voice, which is the need for the elderly to talk

Listening with patience can ease the depression of the elderly and release the barriers in their hearts. Everyone has a desire after troubles and joys, especially deep troubles and great joys, to talk to people, especially those closest to them. There are various ways to talk. When encountering troubles and pains, some people will simply "get angry" and "scold", hoping to get understanding and comfort, and then they can face and bear it together... If the other party does not know how to listen to such "angery" people, or even to severely blame, criticize and reprimand, and talk about some "truth", it must be counterproductive.

2 Hearing disorders

Do You Have Candles in Your House?

A single woman had just moved home. She found a poor family, a widow with two children living next door. One night, electricity suddenly stopped in that area. The woman had to light candles herself. After a while, she heard someone knocking at the door. It turned out to be a child from the next door neighbor. He asked nervously, "Auntie, do you have candles in your house?" The woman thought to herself, "Is their family so poor that they don't even have candles? Don't borrow them, otherwise they will depend on her!" So she roared at the child and said, "No!" Just as she was about to close the door, the poor child opened a caring smile and said, "I knew your family must not have!" After saying that, he took two candles out of his arms and said, "Mom and I are afraid you live alone without candles, so I bring two to give you." At that moment, the woman's heart was never so touched before!

In the process of communication with the elderly, communication barriers come from three aspects: environment, information sender and information receiver. Listening, as an important part of communication with the elderly, has its obstacles in the environment, the speaker and the listener. Listening barriers existing in the environment, the speaker and the listener can also be divided into objective obstacles and subjective obstacles according to their objectivity and subjectivity.

2.1 Objective obstacles

The so-called objective obstacles of listening refer to the barriers objectively existing in the process of listening, which is not transferred by human will.

Objective obstacles include environmental barriers, the listener's ability to understand, and the speaker's ability to express.

2.1.1 Environmental barriers

The influence of environment on listening is obvious and objective. For example, in an elderly care home, when the manager communicates with the elderly, if it is in the office, the elderly will have scruples about what they say, and will not say what they want to say. But if it is in the client's room, the elderly will freely talk about their ideas. At the same time, the noise in the environment will also prevent the listener from listening completely.

The reason why the environment affects listening is that the environment can produce two functions. On the one hand, the environment interferes with the transmission process of information, which makes the information reduced or distorted. On the other hand, the environment affects the mood of listeners.

2. 1. 2 The listener's ability to understand

In the process of listening to the elderly, the listener's knowledge level, cultural quality, professional characteristics and life experience are often closely linked with his/her own understanding ability and acceptance ability. Listeners with different understanding abilities will inevitably have different listening effects. Therefore, the listener's understanding ability has become an objective obstacle in listening.

2. 1. 3 The speaker's ability to express

In the process of listening to the elderly, the speaker's knowledge, educational background, professional characteristics, life experience and health status affect his/her language expression ability and whether he/she can accurately express his/her thoughts and feelings. Therefore, the expression ability of the speaker also exists objectively in listening.

2. 2 Subjective obstacles

The subjective obstacles refer to the listening obstacle caused by the subjective psychology of the speaker and the listener in the listening process. They include the listener and the listener's personality, temperament, attitude, emotion, opinion, etc. For example, if the listener is inattentive, or even half hearted and absent-minded in the process of listening, then listening is just like a decoration. In addition, if the listener refuses to disagree, likes to speak, has prejudice, and is bored or negative, the listening effect will be bad.

On the other hand, if the speaker does not trust the listener, or even has feelings of resistance, he/she will not open his/her mind to speak, thus interfering with the listener's understanding and judgment of information.

Some people prefer to listen to speeches that agree with their own opinions and prefer to listen to people of the same views. Such people who refuse to listen to different opinions not only refuse many opportunities to obtain information through communication, but also cannot concentrate on the process of listening and can not talk happily with anyone.

In everyone's mind, there is a certain degree of bias, intentional or unintentional. Because people have deep-rooted psychological stereotypes and prejudices, it is difficult to accept the speaker's opinions calmly and objectively, which will greatly affect the listening effect.

If there is a gap between the speed of the speaker's thinking and the speed of listening in the process of listening, people tend to get bored in the process of listening, and the thinking tends to "look for" something in their spare time, or stay somewhere and refuse to think further. This also becomes a subjective obstacle to listening.

3 Overcoming barriers to listening

When talking with the elderly, we should try to reduce listening barriers and communicate effectively, mainly from the following aspects.

3.1 Create and choose a good listening environment

Whether the listening environment is suitable or not may have an important impact on the listening effect. We should try to create and choose a good environment when communicating with the elderly to improve the listening effect to a large extent. Generally, a good environment includes an appropriate time, an appropriate place and an equal and harmonious atmosphere for conversation.

3.2 Improve the speaker's expression ability or way

In the process of communication with the elderly, the speaker needs to convey his thoughts, feelings and other information to the other party. Whether the speaker can accurately express his/her thoughts and feelings is also an important factor affecting the communication effect. The most basic requirement in the communication process is that the information that the speaker says can make the other person understand. If the way one speaks and the ability to express oneself make others unable to understand what he/she is saying, then the speech will be in vain. Therefore, the speaker should pay attention to the way of speaking in the process of speaking. For example, we should try not to speak too fast. If we speak too fast, people may not understand or react; try not to use dialects or dialects that everyone can understand; don't pay too much attention to details in the process of speaking. Before speaking, think about what words and tone one can use to express the ideas accurately.

3.3 Improve the listener's listening ability

In the process of communication with the elderly, the listener is the main body of the listening process. The level of knowledge, understanding ability, listening attitude and the state of spirit and emotion directly affect the listening effect. Therefore, it is very important to overcome listening obstacles and improve the listener's listening ability. There are five ways to improve the ability of listeners.

(1) Adjust the listener's mood and attitude, and listen with calm mood and caring attitude;

(2) Overcome the inherent prejudice and exclusion of objection, and face the meaning expressed by the speaker with objective thinking;

(3) Arrange time and work, eliminate distractions, listen attentively, and prevent

distractions;

(4) Strengthen learning, optimize the listener's knowledge structure, and improve the listener's understanding ability;

(5) Train the listener's communication skills, and master timely and appropriate questions and information feedback.

4 Eeffective Listening

In the process of communicating with the elderly, effective listening is a skill, a process full of vigilance and effort. In the process of face-to-face communication with the elderly, listening should reach the realm of "hearing, seeing, heart and brain". Concentrate on listening to everything the elderly said. Look at and observe the elderly's expression, demeanor, movement, gesture and posture to judge the true meaning of what the elderly said and thought. Think hard and experience the situation and feelings from the perspective and position of the elderly. Use brain to analyze the other person's motivation, so as to understand whether there are words and other meanings in their words.

Skills for effective listening with older people are listed as follows.

4.1 Sincere attitude and empathy

Empathy is to think about problems and understand others' feelings and situations from the speaker's perspective. Listen with a positive attitude and a sincere attitude. While listening, we should think about what content and views the elderly want to explain; what content and views they can learn from; and what you have learned from them. How to face the content contrary to your own views, and how to focus on the conversation that you are not interested in. In the process of listening, we can't choose between our likes and dislikes, and we are unwilling to listen to what we are not interested in.

4.2 Listen patiently and attentively

As a result of memory decline, tooth loss, stroke and other reasons, the elderly repeat the same question and thing many times, speak indistinctly, stop talking, and even contradict each other. As listeners, we should show patience and concentration, instead of being half hearted and absent-minded, so as not to cause the elderly's dislike and disappointment.

4.3 Take notes without interrupting

During the conversation with the elderly, we should take some notes, which can show that we attach importance to this conversation. Taking notes can also convey a message to the elderly that "caregivers will put their suggestions or opinions into practice and solve their problems". In this way, elderly people will think that their involvement in the conversation is worthwhile, which will stimulate the elderly's interest in continuing the conversation.

Don't interrupt the elderly when they are talking. This not only shows your respect for them, but it is also a symbol of politeness. On the other hand, due to the weakening of their memory, the agility of their thinking is reduced. If they are interrupted when talking, it is not easy for them to start talking again since they perhaps have forgotten what they said previously, or what they have planned to say next. This will make elderly people feel at a loss and even angry.

4. 4 Repetition, pause, inquiry, silence and information feedback

4. 4. 1 Repetition

Repetition refers to using one's own words to reexpress what he/she said. In the process of talking with the elderly, we often can't completely understand the words or opinions expressed by the elderly due to different ages, cultural background or life experience. So we often doubt whether we hear them wrong or whether the elderly themselves express wrongly. At this time, we wish to know what their true ideas are and thus repetition is needed. For example, "I heard what you said just now was…", "Do you mean…", "Did you just say…", etc. Repetition is an effective way to check whether caregivers are listening carefully. It is also a guarantee to ensure the accuracy of the information. At the same time, asking the elderly to repeat can also show your respect for them and encourage them to express themselves from another perspective. This can also win the trust of the elderly and shorten the distance between them.

4. 4. 2 Pause

In the process of talking with the elderly, we should properly signal the elderly to stop when they are pouring out questions one after another. A pause can give you a chance to adjust your mood. A pause is not to interrupt the old elderly. When the elderly tell you their grievances, due to their discontent, they tend to expand small problems into big problems, and small grievances into big grievances, which is not conducive to their health. In the process of pausing, caregivers are expected to review the problems mentioned earlier, repeat the grievances of the elderly from another angle, and then repeat the problem. Finally, the elderly will feel that the problem just mentioned is not something serious.

There was an old man with hemiplegia. He had lived with his son before he developed the stroke. After he had the stroke, he was sent to hospital for treatment and then was sent to an elderly care home. The old man did not understand why his son did so. He felt that he was abandoned. He had raised him so hard. But finally, he was abandoned. The more he thought about it, the sadder he felt. Suppose we are caregivers in this nursing home, how should we respond to the old man's complain?

When we hear the elderly person keep telling their grievances and scolding his son for being unfilial, we can talk about it from another angle. We can tell him, "If I were your child, how would I feel when you were sick? When you were sick that day, I was scared. You were so painful, I blamed myself very much. I blamed myself: Why didn't I take good care of you? Why didn't I find out the signs and symptoms of your stroke in advance? Because I don't know medicine. Because I was too busy with my work so that I ignored you. You were sick, and I was really afraid of losing you, so I sent you to the best hospital to find the best doctor to treat you. When the doctor said that you could leave the hospital, I was worried about how I could take good care of you after you came back home. I didn't want to lose you, my most loved one, so I inquired hard and finally found the best nursing facility widely recognized to take care of you. I hope you have a better life, but I didn't have time to ask you for your advice, so I saddened you. Sorry, Dad, it's all my fault. I hope you can understand the love and regret I feel for you."

In fact, this idea was also the thought of most children. But parents might not understand. When the old man heard that we stood in the perspective of children to answer this question, the old man's heart suddenly became clear, and his grievance turned into a happy exclamation.

4.4.3 Inquiry

In the process of communication with the elderly, as a listener, our main task is to listen to the elderly, but timely inquiry in the process of listening can show that you are interested in the topic of talk and that you attach great importance to talk. But the inquiry should be timely and appropriate, with more listening and less asking.

4.4.4 Silence

In the process of communicating with the elderly, we sometimes need to keep silent. When the ideas and ideas expressed by the elderly are different from their own, we should not oppose them immediately. We should learn to control our emotions. Sometimes keeping silent can also send a signal of opposition to the elderly, so as not to cause disputes. At the same time, silence can remind the elderly to adjust the way of speaking.

4.4.5 Information feedback

Effective listening will not only show interest in the information heard, but also give feedback by using various actions and expressions that can be understood by the other party. For example, the combination of positive eye contact and appropriate facial expressions, and a nod of approval can show the elderly that we are listening carefully. The frown and puzzled expression can provide the speaker with accurate feedback information to facilitate timely adjustment.

5 Active listening

Active listening is the key to effective communication with the elderly. The purpose of listening is to clearly communicate with each other. We must listen to them attentively so that we can tell them we feel the same about his/her experience, which can in return encourage them to express more.

Active listening is not only about listening silently, but also about asking open questions, encouragement, paraphrase, reflection of feelings and summary.

5.1 Asking open questions

In the process of communication with the elderly, asking open questions is a common communication method and skill. It is flexible and adaptable, which is conducive to giving play to the initiative and creativity of the respondents, so that they can freely express their opinions. Open questions can provide more information, and even find some unexpected and enlightening information.

5.2 Encouragement

During the conversation, the elderly may encounter difficulties in continuing to speak, which may be due to the lack of expressiveness, or they may hesitate to disclose more. Sometimes, it may also be due to disease, so we can use short words, such as "Oh, so it is." Or "What else?" Such words that show willingness to listen encourage to continue to express.

5.3 Translation

In order to clarify the other person's meaning or to show that you really understand his meaning, you can use your own words to repeat what the other person said. For the elderly, it is often good to know that we are really listening to their heart.

5.4 Expressing feelings

Old people's vocabulary expression may not be very accurate sometimes, such as confused, depressed, grieve, helpless, sorry or ignored. If we can express feelings in words, we can not only let the elderly know that we have the same feelings, we can feel things in their own place, but also we can help them to fully handle their feelings.

5.5 Summary

Especially after the elderly have made a long expression, we might as well summarize the situation or feelings in one or two sentences to show our understanding of their problems, and also make the following conversation focus on the core of the problem, so that they would know that we have a certain grasp of their situation.

Task 5 Master speaking skills

Case lead-in

Grandma Yang, 79 years old, has poor hearing, a little stubborn and a little strange temper. If someone asked her whether she had breakfast at ten o'clock in the morning, she would say, "Do you think I'm lazy? I haven't had breakfast at this time." If someone asked her whether she had lunch before 12 o'clock, she would say. "Do you think I am a pig? I only eat all day long, and it is still early to have lunch." When people are worried that she can't hear and speak to her loudly, she will say, "I'm not deaf. Why are you talking so loudly? Do you want to quarrel?" When her voice is low, she will think whether someone is speaking ill of her, for fear that someone will hear her. How should we talk to such an old man?

Main content

1 Speed and sound

In the process of speaking with the elderly, the standard Mandarin and clear pronunciation can only enable the listener to understand what you are saying, but not necessarily achieve your goal of speaking. To be specific, when you want to emphasize something, your speaking speed should not be too fast. Even if your Mandarin is quite fluent, you should increase your tone and slow down your speaking speed at the key points, so that the listener can have a process of acceptance. In addition, speaking speed is different for different people on different occasions. In the process of speaking with the elderly, speak slowly and slowly, so that the other person can understand your meaning better.

On the other hand, the hearing of most elderly people is more or less weakened. When talking to the elderly, your voice is higher and louder than that of young people, but you need to add euphemism, concern and acceptance elements to our loud speech. In this way, it will not make the speech appear stiff and have the feeling of repelling others. When speaking, you should pay attention to the gentle facial expression and gentle body language.

> There was an old couple in the neighborhood who always heard their children roaring, but the old couple always smiled and seemed very kind and gentle. Outsiders always felt that their children were not good to the old couple. How could such good old parents be willing to shout loudly? After close contact, we found that the old couple had poor hearing and did not want to wear hearing aids. They needed to speak loudly to the old couple to hear. Their children were also very gentle. Although they talked loudly with their parents, they always smiled and showed their care and care for the old couple in every move.

2 Proper address and distance

Because of the elderly rich life experience, some of them may have been at the core of power; some may be senior intellectuals; some may be experts; some may be professors; but some may be just ordinary people. Now they have retired from the stage of power, but the storms of the past are still their good memories. When we are talking to the elderly, the proper addressing may awaken the old people's good memories of the past and stimulate their enthusiasm to communicate with you.

In the ordinary process of interpersonal communication, we emphasize the distance between people in the process of communication. Different distances represent different interpersonal relationships. But here I would like to say that in the process of talking with the elderly, the distance between us and the elderly depends on the situation of the elderly. When the hearing and vision of the elderly are normal, we can maintain an appropriate social distance just like talking with young people. But as the hearing and vision of the elderly are damaged, when talking with the elderly, try to be close to the elderly, sometimes even lean over the client's ears to speak, and sometimes face the elderly. Let them see your beautiful smile, hear your words of concern, and bring them warmth and hope. When talking, we should draw closer to the elderly, but not without distance. Speaking without distance is also easy to cause misunderstanding. In addition, after talking with the elderly, you need to keep a certain space distance.

> In a family, the grandpa can't take care of himself at all, and the grandma can take care of himself, but she can't take care of the grandpa's daily life. In this case, the children hire a nanny for the elderly. The nanny takes care of the grandpa's daily food and living, and also stays in the grandpa's room at night to take care of the client's turning over and urinating and defecating. In the first few days, the grandma was able to accept it, but after a few days, the grandma was unhappy and would not let the nanny work anyway.

3 Simplicity and repetition

Due to the aging of the elderly, their hearing, memory, thinking and understanding ability have declined to varying degrees. Therefore, when talking to the elderly, try to use simple language and repeat it, which is conducive to the elderly to hear clearly, memory and understanding.

4 Proper praise

Everyone likes to be praised, and the elderly also need to be praised, because praising others can satisfy people's self. If you can satisfy a person's self with sincere respect and sincere praise, then any person may become more pleasant, more reasonable, and more willing to work together. An American scholar reminded people this way: try to find the smallest things you can praise others, find the advantages of the people you associate with, and form a habit of sincerely praising others at least five times a day where you can praise them. In this way, the relationship with others will become more harmonious.

> In ancient times, there was a lobbyist who boasted in public, "Although a villain is not talented, he can flatter very much. He had a wish in his life that he would wear a thousand high hats to the first thousand people I met. Now 999 have been given away, and only the last one is left." An elder shook his head and said, "I don't believe it. Your last one can't wear it on my head in any way." Hearing this, the lobbyist quickly bowed his hands and said, "Sir, what you said is very true. Not only did you break through most of Lizi from south to north, but there is really no man like you who is upright and doesn't like to serve forever!" The elder immediately held his beard and said proudly, "You really know me." Hearing this, the lobbyist immediately laughed: "Congratulations, I just gave you my last hat."

This is just a joke, but it has profound implications. In addition to the wit of the lobbyist, it also contains the truth that people can not refuse praise.

5 Speaking harsh words gently

5.1 Explicit praise and implicit derogation

For example, there was an old man who liked to feed birds by pouring leftovers on the windowsill. The leftovers often fell on the window of the downstairs residents, often making them very angry. One day, we happened to see him pouring leftovers to the window. We smiled and said to the old man, "You are really a caring grandfather. You often feed the birds outside. We all respect you very much. ". At this time, the old man was very happy. Then we said, "But grandpa, the leftovers you poured out at the window have all fallen into the downstairs grandma's house. She cleans every day and works very hard. Recently, she has been ill. " Oh, Grandpa suddenly woke up and said shyly that he would not dump the leftovers by the window in the future.

5.2 Overcoming the "difficulties" together

For example, there was a teacher who had just served as the head teacher of a poor class. On the first day of school, he kindly said to the students, "Some people said that we were cattle herding class and garbage class, and I was very angry! Our students, who are warm and caring, why are they called garbage classes? Isn't the average score of each test a little lower than that of other classes? I don't want to be insulted again. Let's get rid of this shackle, OK?"

5.3 Taking the blame for others

For example, there was an old man who always didn't like to tidy his room. The room was always in a mess. After the nurse cleaned it up for him, he soon made a mess. One day, the leader of the department went to his room and said kindly, "Grandpa, the leaders said that our department is dirty, messy and bad. The rooms of the elderly are more and more messy, which is caused by my poor management. I will go to the leader for endorsement. " The old man was very sorry to hear that, and consciously tidied up the room.

5.4 Providing assumptions first as giving advice

When giving advice to the elderly, if you directly say "this is not good", it is better to say "if... is it better?"? It is more acceptable to provide them with some assumptions and opinions than to give them direct and blunt opinions. The same meaning, but changed the different view, the result is completely different.

6 Speaking according to the characteristics of the elderly

In the process of talking with the elderly, it will be more targeted to grasp the characteristics of the elderly for communication. As the saying goes, "when you go up the mountain, sing as the locals in the mountain", and we will say whatever we meet with old people. When speaking, we should determine what to say, what not to say, when to say, and when not to say according to the personality, gender, interests and psychological needs of a certain old person.

Someone is a flatterer.

One day, four people came to visit him. He asked them how they came.

A said, "I came in a sedan chair."

He said, "It's a trend, a trend."

B said, "I came here on horseback."

He said: "Natural and unrestrained, natural and unrestrained!"

C said, "I came here on foot."

He said, "At ease, at ease!"

D couldn't get used to his flattery, so he said, "I came crawling!"

He smiled and gave him a thumbs up and said, "Steady, steady!"

Although this is a joke, it tells us a truth that we should speak according to the characters and tempers of the person we are talking to.

Extended reading

Test Your Speaking Skills

1. A good friend has always been slovenly. This time, he appears in a casual way. What would you say to him?

Do you want to keep strangers away? Would you dress up? (2 points)

How can you dress like this? Go and change your clothes. (1 point)

You look lovely in this way. (0 point)

2. Colleagues have a new hairstyle on a whim and come back to ask if you look good. What do you say?

No comment. (2 points)

If you apply styling water, you will be fascinated by. (1 point)

This hairstyle suits you. (0 point)

3. A familiar masseur uses new gestures to massage you, but you don't feel comfortable at all. How would you signal to him?

Politely say: Please be gentle. (1 point)

Just yelling: Wow! (0 point)

Don't hesitate to say, "Lighten up, it's too powerful!" (2 points)

4. How honest do you think you are?

Never offend people easily with words. (0 point)

In order not to make people unhappy, I occasionally tell white lies. (1 point)

Tell me what you have to say. (2 points)

5. You introduced your new lover to your friend, and after meeting him, the new lover

said that he felt that your friend did not like him. In fact, friends do not like your new lover very much. How will you respond to your new lover's words?

It's true. Didn't you see his disapproval when you were joking just now? (2 points)

Stupid. He is just slow to treat strangers. (1 point)

You idiot. Can't you see that he likes you very much? (0 point)

6. When a customer with business contacts expresses his good will to you and asks for your home phone, you will:

Tell him to his face that you have no feelings for him. (2 points)

Give him the phone number, but I hope he won't call. (0 point)

Tell him that although he is good, you never date the opposite sex you know in business. (1 point)

7. Please complete the following sentence: If the truth will cause harm to others...

There's no way. (2 points)

Then don't say it. (0 point)

Speak well. (1 point)

8. He loves music and plays a song for you. After listening to it, you think he is not good at music. When he asks for your opinion, you say:

This is not my favorite music. The bass part is very heavy. (1 point)

Good! You are qualified to record records. (0 point)

Dear, please don't quit your job. (2 points)

9. The boss heard that someone was dissatisfied with the company, so he asked you about the authenticity. How do you respond?

Who would want to leave the company? (0 point)

Recently, some people frequently express their opinions. (2 points)

I'm not sure, but my colleagues are not satisfied with the new management. (1 point)

10. Suppose you are a salesperson in a fashion shop and meet a customer with a big belly, you will say:

Just tighten it with a belt. (0 point)

It looks good, but should you lower your pants? (1 point)

We don't have your size. (2 points)

Result analysis

16 points or above:

"Honesty" is not your strategy for dealing with others. You are proud of your honesty. But honesty has become your "machine gun", which can hurt people at any time and is embarrassing. You think it is honest to speak frankly, but in fact, this is just a means for you to step on others, and you will feel cold when you see people unhappy. If you speak skillfully and pay more attention to others' feelings, they will listen to you. You must distinguish between directness and recklessness. You might as well change your place and think about how others would feel if they treated you in the same way, and how to control the personality of rectum. You must try to convince yourself that not telling the truth does not mean you are dishonest. You are just helping others. For example, a friend asks you, "Does my skirt look good?" If she is not well dressed, you can answer like this. "Very good! But I still think the cut of your red suit is better." This sentence is very skillful to say what should be said, but it will not be uncomfortable. In this way, people will not be frightened by your words.

8 to 15 points:

You are very tactful, also a diplomatic expert. But straightforward is not annoying, and your words will not make people uncomfortable. Therefore, everyone likes to ask you for advice in everything. Why do you know how to speak so well? It may be because you are smart, understand reason, know how to imagine for others, and know how to speak without hurting others. You are honest and sensitive. You speak accurately. You are frank and considerate. You are a person you love.

7 points or less:

You are very afraid that telling the truth will leave a bad impression on others, so in order to win the favor of others, you often tell some harmless lies. You long for people all over the world to be your friends, so you often try to say something that you think others like to hear, but it hurts you when you know it. No one will talk to you, because you often hide your feelings and thoughts. Don't be hypocritical, or no one will pay any attention to you. Watch out for yourself and never lie again. Record the number of times you lie every day, so that you can see how "hypocritical" you are. Reward yourself for being honest. Buy yourself a gift when you lie no more than three times a week, so that you can gradually get rid of the habit of lying. Honesty will be respected and favored by others.

Are you a person who can talk? Those who can talk are like fish in water. People who can't speak will be limited everywhere and can't move.

In our life, we can't live in an isolated space. No matter how we will spend our long life, what lifestyle we will choose, and what goals we will achieve, we must inevitably communicate with others, communicate and live in harmony. Thercforc, becoming a talkative person may be the most basic and important event in life.

Task 6 Strike a chord

Case lead-in

Grandpa Sun, 79 years old, is a senior engineer. He has left hemiplegia as the sequela of stroke, and is difficult to speak. He always feels that he has been abandoned by his children in an elderly care home and they ignore him. He tries to find excuses and makes up reasons to go home. One day he said the nurse had a bad attitude, another day he said the food was terrible, and two days later he said that the old man in the same room affected his rest. How to communicate with him if you were the manager of the elderly care home?

Main content

In the process of communication with the elderly, achieving resonance is an important symbol of successful communication and a symbol of sustainable communication. On the contrary, if there is no resonance, communication will be difficult to continue. How to achieve resonance? We can adopt the following methods.

1 Integration

In the process of communication with the elderly, they skillfully integrate their own experiences, interests and hobbies, feelings and ideas to highlight the similarities between them, so as to create a resonant conversation atmosphere. For example, during a conversation with an old man, I learned that his hometown was Anhui, so I told me that I had been to Huangshan in Anhui, which is magnificent and magnificent, and I really wanted to go there again. As soon as the old man heard that I had been to the scenic spots in his hometown, he was very proud. Then he would talk to me about the characteristics of each scenic spot in Huangshan and the precautions for visiting. The atmosphere of conversation was very harmonious.

2 Forward seeking method

The so-called forward seeking method is to find the common language with the other party in the process of conversation, render the common experience, shorten the psychological distance between the two parties, and cause psychological resonance. For example, there was an old man who said that he was a senior engineer when he was young. Although he worked very hard to repair the railway, his income was still considerable. Now he has retired, and his income is much less. He thinks that his family alienated him because of the reduction of their income. Then I said to him, "You are really amazing. My relatives are also senior engineers. They work very hard on the construction site. Although they earned a little more than you did when you retired, they face a lot more risks. ". Although you are retired now, your pension is still much more than mine, and I am still working now. I believe that your children are not estranged from you because your income is reduced. There may be some misunderstandings between you that they are estranged from you without careful communication. I believe that as long as you and your children communicate frankly, all problems will be solved. After that, he had a face-to-face communication with his children. So the misunderstandings were removed.

3 Contrast method

In the process of communication with the elderly, you can also use the contrast method to emphasize your own views. For example, an old man suddenly fell ill and felt very uncomfortable. He needed help from others in all his daily life and had the idea of suicide. At this time, I asked him, "Grandpa, did you go through the 1960s?" He said that he had experienced it, and I asked him "In that era, did you ever get sick?" He said he had been ill. I asked him again "Was it more painful at that time or now?" He said it was more painful at that time. I asked again "Did you survive the more painful and difficult period at that time, but can't you survive now?" He said he could live on. So we all said that it is better to cherish the happy life now and live well.

Extended reading

To Survive

The five survivors of a shipwreck drifted to an island. In order to survive, they had to build a house to withstand the wild animals and the coming winter. Fortunately, the island was once inhabited, leaving many buildings and a large number of stones to use. However, these stones are very huge and heavy, and each one needs four people to lift a corner to move. It is really hard to move these stones to a place suitable for building a house. A total of five people all blamed each other and were unwilling to carry stones. Even if they did, they were unwilling to make efforts. Seeing that the winter was coming, there was no progress in building the house.

At this time, another man was drifting to the island in a shipwreck. When he knew that everyone was worried about the coming winter but still had not built a house, he first walked around the island and then gathered everyone together, Say to cvcryonc, "I havc investigated and estimated that we need about 480 stones to build a house. Each stone needs 4 people to lift, which means 1920 people. We are 6 people, each of whom lifts 320 times. Every day, each person lifts 32 stones. One day, 48 stones can be lifted, and all of them can be lifted in ten days. In less than a month, our house can be built. At that time, it was just the winter here. We spent the winter in the house warmly, and there was no need to worry about wild animals, if there is an attack. A ship will pass by next spring, and we will all be saved. ".

Hearing this, everyone was very excited. The man then said, "Everyone pays the same amount of work, regardless of the order, and can take a rest after finishing the work every day. However, it must be emphasized that everyone must go all out, because if one of the four people is lazy when carrying stones, the stones may fall to the ground and hurt others' feet. In this way, although they are not injured, they break the balance of the division of labor. If more than two people are injured, we will no longer be able to complete the construction of the house, and we will have to freeze to death or be eaten by wild animals. So, for our own sake, we should do our best." Everyone sincerely nodded in agreement. "Well, since it is my proposal, I will be the first to move the stone." After that, the man threw off his coat and walked to the boulder. Because there was a clear division of labor, everyone would not push it, but also rushed to carry it. At the same time, they were all working hard to avoid injury to their partners, because no one wanted this plan to fail.

Sure enough, all the stones were transported as scheduled in ten days. The man solved the problem of division of work and cooperation in the later construction in the same way. In less than a month, a warm and sturdy house was built, and they survived the winter. The next year, a ship passed by, and they were all saved.

Task 7 Make suggestions, comments and criticism skillfully

Case lead-in

Grandma Yang, 82 years old, was once a professor in a famous university and was respected by students. But Grandma Yang's life is very bad. Her clothes, shoes and socks are very dirty and she doesn't want to change them. She gets up whenever she wants and eats as she wants. How can we give Grandma Yang some advice and suggestions to make her life cleaner, more regular, and better in quality without harming her self-esteem?

Main content

Because of their rich life experiences, the elderly have formed relatively fixed thinking patterns and ideas in their lives. It is not easy to accept the opinions or suggestions and criticisms of the young people. Therefore, if we need to put forward opinions, suggestions and criticisms to them, we must pay attention to methods and strategies.

1 Clever suggestions and opinions

1.1 Inadvertent hints in small talk

When we chat with the elderly, their vigilance will be temporarily reduced. This is the best opportunity for us to influence their subconsciousness and project effective information.

One morning, I saw a grandpa taking a leisurely walk in the square, but his clothes were very dirty. I wanted to suggest him to change his clothes, but I was worried about causing the old man's dislike. At this time, we can join the elderly for a walk, and then chat with the elderly, "Grandpa, come out so early to exercise?" He said, "Yes, you are too early. " We can say, "You are really good. You are in such good health!" He said, "Not bad. " We can say, "Oh, if you change your clothes, you will look more energetic". At this time, he would notice that his clothes are dirty and it is time to change them.

1.2 Suggestions of preparing for danger in times of peace

When the elderly realize the seriousness of the problem, they will be more willing to accept our opinions or suggestions. In the subconscious mind of the old people, they all have the desire to pursue happiness. But everyone has encountered setbacks. When the old people feel confused and painful in setbacks, they can expand the feeling of pain. So they can accept your suggestions.

There was an old man who had a fracture after a fall and needed to stay in bed for three months. Because of the pain after the fracture, the old man was unwilling to turn over. A few days later, an early pressure sore appeared on his hip. There was a little pain when changing his dressing, and the old man was reluctant to change his dressing at leisure. We know that if you do not change the dressing and turn over in time after the early pressure sore appears, the early pressure sore will soon develop to a deeper level and eventually cause necrosis, infection, and even affect the life of the elderly. So we told the old man about the development process and results of pressure ulcers, and told him that if he cooperated with treatment and nursing, his early pressure ulcers would be better in a few days. Otherwise, there would be only necrosis and infection. At that time, the pain was dozens of times stronger than now. After hearing this, the old man's strong desire for survival and fear of pain made him want to help.

1.3 Suggestions after praise

Another clever way to let the old people accept your opinions and suggestions is to admit his "merits" first, and then follow the trend and say, "It may be better, if you do what you want to do. "

1.4 Make suggestions in a deliberative tone

In real life, the elderly will feel respected rather than blamed when they put forward their opinions or suggestions to the elderly in a deliberative manner, so they may receive unexpected effects.

An old man likes to put everything on his bed, including snacks, so that he can take it easily. But he is not willing to tidy it up. The room and bed are messy everywhere. At this time, we should advise the elderly not to put everything on the bed. We might as well try this below. Let's go to the old man's room, sit down slowly and say to the old man, "Grandpa, I want to discuss something for you. Do you think it is OK?" "All right, tell me". "Grandpa, you see, your clothes, snacks and quilts are all wrapped in the bed, and you can't find them when you need them. When you don't need them, the bed looks noisy. What's more, if you put food on the bed, it is easy to attract mice, insects and the like, which is bad for your health. Do you think you can tidy up your room and bed, and make them clean and neat, and you can live comfortably and look more comfortable? " In this way, the old man may be more willing to accept. However, if the method is changed, the effect may be worse, and sometimes it may cause disputes. For example, the old man above said as soon as you went, Grandpa, look at how messy your bed is. Please tidy it up. The old man may object immediately. If not, these things can't be moved. If they are moved, I can't find them. Don't move them.

2 Clever criticism

2.1 Criticism after recognition

In real life, no one is willing to let others criticize themselves. Therefore, critics must pay attention to methods and skills, so as not to hurt others' self-esteem and make others accept your suggestions.

There is an old woman who likes to meddle in her own affairs and scolds things she can't stand. The neighbors are very uncomfortable. In this case, we can say to the old woman, "Grandma, you are usually very enthusiastic about everyone's affairs, and dare to say that everyone thinks you are good at this point. But if you scold people for this reason, everyone thinks it is not so good, focusing on criticism and education. What do you think?" At this time, the old woman may seriously think about whether she usually has the habit of swearing, and then control it.

2. 2 Self-blame criticism

Criticism would have a good effect if it can convince the public, otherwise it would only backfire, cause dissatisfaction and rejection of the critics, and make things worse. To convince others of criticism, we must first dare to criticize ourself. One day, an old man quarreled with the leaders of other departments because of a small matter, and said that he would go to petition for help. At this time, the nurse found the old man and said to him, "Grandpa, I'm really sorry. It's my fault that I didn't pay attention to your needs. Would you like to talk to me about your ideas? I think I can help you." The old man therefore calmly talked with me about the context of this matter, and finally the problem was solved.

2. 3 An excuse for the elderly

No one is willing to accept criticism from others, even if they have made mistakes. The elderly, in particular, are reluctant to accept criticism in public. Therefore, if we find that the elderly have made mistakes in some aspects, and also realize that they have made mistakes and have a sense of repentance, sometimes we can help them find an excuse, and they will know that we are protecting their dignity. Once we give them dignity, they will also consciously safeguard the dignity.

> An old man accidentally took the clothes of other old people in the morning exercise. One of them came to tell us that the old man stole something from others. The old man was also aware of the misunderstanding he might have caused by his negligence. So the old man gave us the clothes he took by mistake. The next morning, we asked in front of everyone whose clothes it was. The old man picked it up and gave it to us to help us find the owner. In this way, his misunderstanding among the elderly was eliminated. Because if people say that the old man took it by mistake in front of many old people, they will not agree with it, because they have already thought that the old man stole it.

Extended reading

A Philosophical Story: Suggestions from Guests

A guest came to someone's house and saw that the chimney on the host's stove was straight and there was a lot of wood beside it. The guest told the host that the smoke and bittern should be changed and the wood should be removed, otherwise there might be a fire in the future. The host did not make any statement after hearing this.

Soon there was a fire in the master's house, and the neighbors rushed to put out the fire.

Finally, the fire was put out. So the master cooked sheep, slaughtered cattle, and invited the neighbors to thank them for their efforts in fighting the fire. But he did not ask the people who had suggested him to remove the wood and smoke would change.

Someone said to the host, "If I had listened to that gentleman, I would not have prepared a banquet today, and there would be no loss of fire. Now I will reward you based on merit. The person who gave you advice was not grateful, but the person who made the fire is the seat of honor. It's really strange!"

The host suddenly woke up and hurriedly invited the guest who had given the suggestion to have a drink.

It is generally believed that the person who can deal with or solve all kinds of tough problems in the business process is an excellent manager, but this is not absolute.

"Prevention is more important than treatment", which can prevent before happening, and is better than governing chaos after happening. From this point of view, the problem-preventer is actually better than the problem-solver.

Task 8 Master the skills of rejecting and comforting the elderly

Case lead-in

Grandma Li, 92 years old, and her husband are very affectionate. They live in an elderly care home. A week ago, her husband was ill in hospital. Grandma Li was very distressed and worried. She wanted to go to the hospital to take care of and accompany her. Grandma Li went to the management staff again and again and asked them to write her an exit note. She wanted to go to the hospital to take care of her husband. As a manager of an elderly care home, how should you refuse and comfort Grandma Li?

Main content

1 Tips for rejecting the old

1.1 Reject skillfully

In communication with the elderly, sometimes the suggestions or requirements put forward by the elderly will make us feel difficult to accept. Even so, we should not be eager to say "no" at once. We can try to understand his ideas from the perspective of the elderly, and then reject them on the basis of understanding him. Such a refusal will make the elderly feel more receptive and can also win their understanding.

An old man wanted to go out shopping by himself and asked us to give him an exit note to allow him to go out. However, according to the regulations and the requirements of his family members, the old man could not go out alone. In this regard, when we refused the elderly, we could say, "Grandpa, I understand your feelings very much, and I know you need it very much, and I would like to give you an exit note. However, I can't violate the rules and regulations of the hospital, nor can I violate the requirements of your children. If I give you an exit note without permission, and you go out and have an accident, I will feel guilty all my life. This is my irresponsible for you. " In this way, the old man will not be so persistent.

1.2 Suggest when refusing the elderly

When we refuse some requests or suggestions from the elderly, we can give them some useful suggestions. It can also be regarded as a kind of "compensation" for them, which can reduce their bad feelings caused by refusal.

An elderly person in an elderly care home asked us to provide him with services beyond his nursing level. In the process of communicating with the elderly, we try to tell the old man: "Grandpa, due to your level of care, what kind of work we should do for you. And what kind of care you want is not that level. If you really need this kind of service, I will call your children to ask for their opinions and adjust your level of care. Is that OK?" After hearing this, the old man no longer put forward unreasonable demands.

1.3 Express regret when refusing the elderly

When refusing some requests of the elderly, we must express our regret to them. And we cannot refuse them abruptly and coldly, so that we will not be adversely affected. It is better to get the understanding of the other party when expressing regret. Such refusal will be more tactful and less likely to hurt both parties. This kind of expression can make the old man feel that we are willing to help him, but we really can do nothing. As long as we successfully pass on such a message to the elderly, our refusal will not be like a refusal, but just show our own weakness.

An old man said, "Can I take your car to a shopping mall this afternoon to buy something? If we want to refuse him, it might be better to say, "It's very generous, Grandpa. I also want to take you to the shopping mall by the way. But the place is not on the same way as the shopping mall you are going to. "

1.4 Humorously resolve the old man's refusal

Humor can ease the tense atmosphere. When we talk with the elderly in a tense and embarrassing atmosphere, we may want to humor to ease the tense and embarrassing atmosphere.

> There was an old man who accidentally wet his pants a little. He didn't want to change his pants for fear of trouble, so there was always a smell of urine from his body. We always want the old man to change this pair of trousers. The old man just didn't change them. As soon as he saw us, he scolded "Get out, leave me alone." At this time, if we couldn't get close to the old man in the normal way, let alone ask the old man change his pants. At this time, we changed a more humorous way, "Grandpa, you asked us to get out. Then we will get here. All the comrades will get to Grandpa. Get out quickly and find out Grandpa's trousers. Grandpa, you see we have gone to find out your trousers. You should change them. After that, we will go to wash your trousers and you can wear them." Grandpa used to swear. When we use his swearing words to translate them into words and ways of speaking, his anger will disappear.

2 Tips for comforting the elderly

2.1 Don't say things like "I have told you so" when the old man is suffering

The old man fell down and broke a bone. He was very painful and uncomfortable. He regretted that he didn't listen and did something without permission. At this time, we should not give the old man such words as "Look, I told you...", which will make the old man more and more sad and self blaming. We should show our concern and love by saying, "Grandma/Grardpa, don't be afraid. We are informing the hospital and your family that they will come to take you to the hospital for examination and treatment. How do you feel now? Do you need water? Do you need anything else?" Such comfort will make the old people feel better, and the pain in his body may be relieved.

2.2 Understand and accept the feelings of the elderly

Understanding and accepting the feelings of the elderly will give comfort to the elderly. When the elderly are worried and sad about something, we should not say "don't worry" or "don't feel sad", etc. They won't really worry and don't feel sad because we say "don't worry, or don't feel sad", because such words are actually denying the feelings of others, suggesting that they have nothing to worry about. This also shows that we simply do not understand and do not accept their feelings. At this time, if we say, "I know you are worried about..., but you have overcome similar difficulties before, so I believe you will certainly overcome this difficulty. " This will enhance their confidence in overcoming difficulties.

2.3 Listen to the true thoughts of the elderly and accompany them more, gently holding their hand

When an old man or woman is feeling extremely sad about something, we should accompany him/her silently, gently holding his/her hand, which may be better than any words. Listen to his/her true thoughts more about his/her pain or sadness.

2.4 Embrace and touch

When an old man or woman is sad, afraid, or ill, he/she especially needs warmth and care. Caring hug and touch can make him/her feel warm and cared and get real comfort.

An old man suddenly heard the news that his wife in the hospital had died, and he broke down and cried bitterly. At this time, he will have the idea that death is getting closer to him and feel fear in his hearts. At this time, we can gently hold the old man's shoulder, give him a loving hug, pat him on the shoulder, and touch his head below the back of his head to show care and love. At this time, the old man's heart will slowly recover his calm.

2.5 Allow the elderly to cry in emotional or physical pain

The most natural response to a crying person is to hope that the other person will stop crying and say to him, "Don't cry, things can be solved safely!" In fact, this is not the most appropriate response. When the other party sobs or tears, we usually feel uneasy about our helplessness. However, crying is a way for the human body to try to expel emotional toxins from the body, whilc tcars arc a process of healing. So, please don't rush to give the other person the tissue paper. Just let him know your intention to support him.

2.6 Express our sympathy

To comfort others face to face has a lot to do with our true state of mind. Because we feel the same way about their experiences, we not only share each other's pain, but also endure our own inner suffering. No matter what the situation is, the presence and comfort of goodwill would be a gift to the other party.

2.7 Stand up bravely

No matter what situation you are in, it's no harm to feel embarrassed because you don't know what to say. It's no harm to let the people we want to help know how we feel. You can even honestly say, "I don't know how you feel or what you should say, but I really care about you. " Even if you feel ridiculous about this expression, you can let the other person know that you are not in a hurry to talk to him now. You may choose to express your feelings and thoughts in writing. In addition to verbal expression, therapeutic dialogue has many different forms.

2.8 Try to stand in their position and give a helping hand

When the old people meet difficulties and are sad, they need to be understood and helped by others. At this time, don't be stingy with your sympathy and love, and extend your helping hand.

2.9 Be good at using empathy

Even if we have experienced similar experiences, we cannot fully understand the feelings of others. But we can use empathy to care for each other. Remember, you need to listen to others' stories patiently first, and then consider whether it is necessary to share your own stories, and whether the results of sharing are beneficial to the other party.

Task 9 Master the skills of communication and feedback to avoid conflicts

Case lead-in

Uncle Huang, 91 years old, lives in an elderly care home. He is healthy and their family members thought that the client's body was OK, so they chose the service content of basic care. An old man who lived in the same room with Uncle Huang was in poor health, so as to chose the first level service content of assistance. The nursing staff sent meals to the elderly in the same room every day, and washed the tableware after meals. Uncle Huang went to the restaurant to have a meal according to the nursing needs, and washed the tableware after the meal. Uncle Huang felt that he had been bullied, and went to the management staff to argue. Uncle Huang felt that he was so old that the nurse did not send him food and wash dishes, while the old people in the same room enjoyed such treatment. "Why do you bully people like this?" How should you communicate with Uncle Huang as an organization manager?

Main content

1 Avoid conflicting communication

In the process of communication with the elderly, it is often not a good word, which will lead to conflict, resulting in unsustainable communication. Therefore, we should try to avoid conflict when communicating with the elderly.

1.1 Avoid exaggerating the true extent of the problem

The so-called absolute language refers to such absolute words as "ever", "always" and "never". Most of these words do not conform to the facts, but it is easy for people to say such words when complaining. For example, we can't say to the elderly that "you never abide by the rules and regulations of the hospital; you always don't pay attention to hygiene; or you never speak rationally". Such words are likely to cause the client's aversion and conflict.

1.2 Develop the habit of thinking with empathy

The most important reason for the conflict and misunderstanding between us and the elderly is the lack of empathy. Both sides of the conflict firmly believe that they are right, which is also a natural tendency of people, because people are always used to finding reasons for themselves.

There is a simple and effective way to build empathy. When we face differences, we need to consider the following aspects.

1.2.1 This matter is not important

Sometimes there will be a dispute with the elderly over a small matter, which will hurt our relationship. Therefore, we need to judge whether the matter in dispute is important.

1.2.2 I am wrong with you about the dispute

That is to say, we are right and the elderly are wrong. This is a natural tendency of people.

1.2.3 It takes courage to admit that you are wrong in the process of dispute

It takes courage to find reasons to prove that you are wrong. It is much harder to find reasons to prove that others are right than to prove that you are right while others are wrong. But we must be aware of this, and everyone can not recognize their own mistakes in order to have a dispute. Therefore, we should try our best to do this so as to establish empathy and truly understand the starting point of the elderly.

1.2.4 You and I are both wrong about the dispute

Everyone has something right or wrong. Most of the time, everyone has some truth, and there is also something wrong. Everyone should have a correct understanding. Once we develop the habit of looking at problems from the perspective of the elderly, it will bring us many benefits to communicate with the elderly.

1.3 Distract attention

In the work for the elderly, we often encounter this situation: the elderly or their family members angrily break into our office, or the elderly angrily come to us to argue. What can we do to reduce their anger? Let's try the following steps. First, we should walk out behind the desk. Second, we should bend down slightly when walking out, which can make the elderly feel tall and reduce their psychological pressure. When doing this, we open our hands, which can show sincerity, explain to them kindly, and ask them to sit down politely. Then we may say, "Grandma, I was just looking for you. I want to ask you some questions. You must teach me, or I don't know what to do." The old people's attention suddenly turned to how to guide us. Never hold fists or hold arms in front of chest to look at the old people. This shows anger and refusal to communicate with the old people, and the conflict may escalate.

1.4 Calmly resolve anger

Calm thinking can adjust emotions, but also can infect angry old people, so that their excited emotions can be calmed down slowly.

> When an old man rushed into our office angrily, we immediately calmly greeted him with a concerned face and asked softly, "What's wrong with you? What has made you so angry? Slowly say, don't make your body angry. It's not worth it."

1.5 Silence to resolve conflicts

When there is a trend of conflict when we talk to the old man, we can resolve it by silence. At this time, let the old man speak alone, and we will look into his eyes. After the old man speaks out his dissatisfaction, we can find that his mood will slowly calm down.

1.6 Take a serious attitude to deal with the causes of conflict

Sometimes we have conflicts with the elderly because they are not well handled after conflicts with other people. In this case, we should listen to the old people carefully, and then analyze the causes of the conflict with the old people. Then we should seriously resolve the causes of the conflict. The whole process should show a serious and responsible attitude, not perfunctory. Only in this way can we gain the trust and understanding of the elderly. The conflict will be resolved accordingly.

> An old man came to complain to us angrily, "Your nurse's attitude was too bad. I asked her to wash my feet, but she didn't want to, and asked me to pay more. Did you get into the money? It's outrageous. I'm an old man."

In view of this phenomenon, we should seriously analyze the reasons with the elderly. After we carefully analyzed the causes, the old man found that he was wrong. Of course, we can't blame him. We will review ourselves. It was our work that was not meticulous enough that made him have such a misunderstanding. Of course, there are also reasons that we made mistakes. First we should apologize to the elderly, and then we should actively and seriously deal with these problems. When the old man finds that we have realized our mistakes and dealt with them conscientiously and responsibly, he may have forgiven us in his heart.

2 Tips for Feedback

In the process of communication with the elderly, when we are the receivers of information, we need to feedback the information of the elderly. Here we will briefly talk about the skills of information feedback.

(1) Always use praise as the beginning of feedback. For the information passed by the elderly, we should first give positive praise to the correct information, and then talk about what needs to be improved.

(2) Praise should be directed at yourself. The suggestions you put forward should not be directed at yourself, but at something or some behavior, that is, not at people but at things.

(3) Do not add blame to feedback. Feedback is never blame.

(4) Don't put yourself above others and exert pressure on others, which will make others feel depressed. Just explain the problem clearly, and then ask the other party for help in the implementation process.

(5) Always you should end the feedback in a positive way, and ensure that each feedback is ended in a friendly atmosphere, so as to solve the problem to the satisfaction of both parties.

(6) Don't nag about something and just say something or a situation once. Once the problem is solved, don't mention it again.

(7) Corrective feedback needs to include confidentiality, which means that other persons except the party concerned can be present. It is better to choose a room with a closed door.

Task 10 Master the skills of communication with the elderly of hearing and vision impairment

Case lead-in

Uncle Lin, 78 years old, has weak hearing and a loud voice. He is better in an elderly care home. Recently, due to the cost of institutional adjustment, the elderly were extremely dissatisfied with this, and they shouted at the workers every day. Because his voice is loud and his curses are almost heard throughout the hospital, it has caused a very bad influence among other old people. If you were a manager of the elderly care home, what communication strategies would you adopt?

Main content

1 Communication with the hearing impaired elderly

1.1 Environment selection

If the elderly have hearing impairment, we should choose a quiet and good atmosphere for communication.

1.2 Touch

When an elderly person's hearing is impaired or hearing impairment occurs, he/she often cannot feel we are approaching them. When we come to their side, we can gently touch or pat their shoulder or upper arm to let them know our arrival.

1.3 Face-to-face communication

When communicating with the elderly with hearing impairment or only residual hearing, do not speak when the elderly do not see us. Let the elderly see our face and mouth shape clearly before they start to speak. At the same time, we increase the expression of body language to make up for the communication barriers caused by hearing impairment.

1.4 Other communication skills

We should use nonverbal communication skills like facial expressions, gestures, eye contacts, or written language such as writing cards, pictures, etc. If an elderly person is only hearing impaired but has good eyesight, we can also write on boards, draw pictures, write symbols and signs, etc. to transmit information, supplemented by body language such as gestures, expressions, gestures, etc.

1.5 Listening

When communicating with the elderly with hearing impairment, we must master the skills of listening. Listening should be "ear to ear", "eye to eye", "heart to heart" and "brain to brain". Listen with an open mind and a positive attitude; look into the old man's eyes when listening; Pass the message of accepting the old man's words by nodding; and use open actions to convey the acceptance, tolerance, respect and trust of the client's words, such as holding your chin to show your sincere attitude of listening. Timely actions and expressions convey interest in the elderly words, such as approving nods, appropriate facial expressions and positive eye contact, to show the elderly that we are listening carefully, etc.

2 Communication with the visually impaired elderly

When we communicate with the elderly of visual impairment, we should tell them the beginning and end of the communication, introduce ourselves and tell them our names. This is very important for the elderly with visual impairment.

We can use touch to express our concern and consideration for the elderly. We should always think of the elderly with visual impairment and try to convey relevant information to them. When communicating with the elderly with residual vision, we should face the elderly and keep a close distance with them so that the elderly can observe the meaning of nonverbal communication.

The elderly should be encouraged to express their feelings, especially those with vision loss and disability. They are prone to be rejected and show anxiety, irritability or depression, which is not conducive to the physical and mental health of the elderly. Therefore, we should encourage the elderly to express their feelings and needs.

When communicating with the elderly with visual impairment, the elderly should be given enough time to react. Due to poor vision, the response to our information is relatively slow. We should give the elderly enough time to understand and answer. Don't urge the elderly and show impatience, while speak softly, slowly and gently.

In the process of communicating with the visually impaired elderly, when listening to the elderly carefully, we should use language to convey information to the elderly in a timely manner, so that the elderly can hear that we are listening carefully. When we agree with the old man's opinion when listening, we should timely say: "It is so", "Yes", "It is so", "Oh, I don't know", etc. , and encourage the old man to continue to say his views and feelings. We should also learn to retell in the process of listening, and verify whether the words we hear are consistent with the meaning expressed through retelling. Proper questions in the process of listening can also show the elderly that we are listening carefully.

3 Special communication skills

There are also some special communication skills in the process of communicating with the elderly, but it is not easy to master the proper use of these skills. At the same time, they are not commonly used. Only in special circumstances can they be used with special elderly people.

3. 1 Arguing

In the process of communication with the elderly, quarrel itself is a manifestation of conflict. It is a situation that both sides of the communication do not want to see. However, in some special cases, we have to use the form of quarrel to communicate. When the old people make trouble out of nothing or when the old people can't listen to anything, we might as well try to argue.

In my work, I met an old man who cursed the leaders of the institution every day, because he was dissatisfied with the adjustment of the use of goods in the elderly care home. He thought it was the leaders who took the money after the adjustment of the expenses. We have used many methods to communicate, but he couldn't listen. Finally, I had to try to tell the old man the truth about the cost adjustment by arguing. Then I told him that we were not as bad as he imagined, which can ensure that we can remain innocent no matter how we check. Please take responsibility for what you said. The old man therefore had some knowledge of the adjustment cost.

3.2 Communication of restraining before lifting

The communication method of "restraining first and then lifting" is also a special communication method. It is only used in special circumstances, which is shown as follows. First we criticize the old people's behavior severely, and then we apologize to the old people for this severe criticism of us after we calm down. Because after severe criticism, the old man will calm down and do some reflection to reflect on whether his behavior is inappropriate. Once the old man realizes his own inadequacy, he will feel remorse and repentance. At this time, we will affirm his "reasonable" position, point out his incorrect position, and apologize for the strict criticism we have given before.

The old man mentioned above can basically understand the truth of the cost adjustment after going through a quarrel and communicating, but his dissatisfaction with the leadership has not ended. He still blames the workers. At this time, we will severely criticize the old man's abusive behavior. At the same time, we can point out that some of his remarks have violated some laws. As a person with full civil capacity, he should be responsible for his words and deeds. If this continues, we will consider adopting legal methods to protect ourselves. This is the first suppression. The next day, the old man continued to write, but the situation eased slightly. At this time, I stood quietly in front of him and watched him scold. After he scolded enough, I asked him with concern, "Grandpa, are you tired? Can I give you some water to drink?" Then calmly tell him, "In fact, these phenomena do exist in the real society. I also know that you are an upright old man, but I can guarantee that these phenomena you scold. I do not have, nor do the leaders of our unit. It is unfair for you to write that we are treated unfairly. Yesterday I made a severe criticism of you, and today I sing a song to your severe criticism of yesterday. I hope you take care of your health and live a good life. " This is lifting. Through such a way of communication, the old man finally put down his discontent and lived a quiet life.

3. 3 Establishing authority

The purpose of establishing authority is to let the old man accept you from the heart and believe in your ability. Only when the old man accepts you from the heart and trusts you, can he be willing to accept your opinions and suggestions without scruple, and can he cooperate from the heart, otherwise he may just deal with it in his mouth and perfunctory in his actions.

(1) The richness of knowledge and experience is revealed intentionally or unintentionally in the process of conversation;

(2) Introduce typical successful cases;

(3) Let the elderly know their positions directly or indirectly;

(4) Introduce your achievements in the industry.

There was an old man who had just been discharged from the hospital, but he didn't think about eating and drinking when he came home. As a result, his health was getting worse and worse. When he entered the hospital again, the doctor said that your illness was cured and he couldn't admit you to hospital. As a result, the old man had to go home again. No matter how much the family took care of her, they could not let her eat more, so they asked me for advice. After receiving the consultation, I first learned about the elderly and determined that the elderly was weak after hospitalization and did not want to eat because of lack of appetite. So I talked with the old man as follows. I asked the old man, "Do you have any idea that you don't want to live well?" The answer was no. Then I introduced myself and told the old man that I was a senior student graduated from the nursing department of West China Medical University. I had worked in the elderly care industry for more than ten years, and had seen and solved many problems of the elderly. Your problem is one of the problems I often deal with. The elderly, like you, lived very well after recuperation. Secondly, I pointed out the problem of the old man, "Your problem is that you don't want to eat because of the weakness of the spleen and stomach after hospitalization, that is, you have no appetite. This problem can only be solved by two methods. One is Chinese medicine conditioning, but Chinese medicine is hard to drink and bitter. The other is dietotherapy. A little more popular is eating. Only by eating more and keeping up with nutrition, can the body slowly improve." The old man said, "I just don't want to eat." I said, "Let's eat rice as medicine. It's better than medicine." This makes it easy for the old people to accept. After that, the old man used the food as medicine for every meal. After a few days, the old man's health and spirit gradually improved. His appetite also became better, and everything he ate was delicious. The communication effect was achieved and the problem was solved.

In this small case, the skill used is to establish authority. Let the old people believe that the advice we give is effective, and then take it with diet as medicine.

Assignment

【Definition】

1. tolerance
2. nonverbal communication

【Fill in the blanks and complete the sentences】

1. Good communication requires (   ) and (   ), as well as respect for the other party of the communication.
2. Emerson, an American writer, said, " (   ) is the first secret of success. " When communicating with others, the degree of self-confidence can greatly affect the attitude of others towards you. If you look down on yourself, how can you make others appreciate you.
3. "Do not do to others what you do not want to do to others" and "take heart to heart and agree with others" emphasize that (   ), use your own heart to reason about others' ideas, what you want, in fact, what others want, and others who do not want are also unwilling.
4. To express information is to send and express your (   ), (   ), (   ). How to better express your information and send it to the other party is a very important link in communication,
5. There are three very important links in the process of communication with the elderly: (   ), (   ), (   ).
6. In the process of communication with the elderly, the most common one is (   ).
7. Different body language has different behavioral meanings: shaking feet means (   ).
8. Touch is a special communication language for the elderly. Different parts and different touch methods express different meanings. Pay attention to occasions and situations and use them correctly. For example, when the elderly are sad, they can (   ).
9. When the old man's hearing and vision are damaged, talk to the old man and ask (   ).

【Choose the best answer for each question】

1. Tere was a Buddha in the monk's heart, so she looked at you as a Buddha; And you have dung in your heart, so you look at people like dung. When you scold others, you are also scolding yourself. This story teaches people to keep (   ) in mind.

   A. tolerance   B. confidence   C. sincerity   D. respect

2. When the Russian writer Turgenev walked in the street, he called the beggar "brother". The beggar said "brother" to him, which made him feel the truth in the world and gave him courage to live. This story tells us that no matter who we face, we should have ( ).

A. sincerity B. tolerance C. equality D. respect

3. The preparation before communication mainly includes: understanding and analyzing the situation of the other party of the communication; clear other party of the communicationives; develop communication plan; and ( ).

A. understand and analyze the situation of the other party of the communication

B. clarify the communication goal

C. anticipate possible objections and disputes

D. none of the above

4. Select the following shortcomings that are not oral communication. ( )

A. Without written records, they may be forgotten after a long time.

B. Waste time.

C. Information can't be transmitted in the shortest time.

D. Sometimes it turns communication into small talk.

5. Non verbal communication can generally be divided into dynamic communication and static communication. The following symbol that does not belong to dynamic nonverbal communication is ( ).

A. body language B. eye contact C. tone D. expression

6. When communicating with an old stranger for the first time, ( ) is very important to open the vigilance of the elderly.

A. smile B. clever opening words

C. respect D. sincere and enthusiastic attitude

7. The basic way to understand the elderly is to ( ).

A. ask the client's family

B. listen to the elderly

C. observe the old man's every move

D. get to know the old man's relatives and friends

8. The objective obstacle of listening refers to the obstacle objectively existing in the process of listening, which is not transferred by human will. Which of the following is not an objective obstacle to listening. ( )

A. Listener's attitude. B. Listener's understanding.

C. Environmental barriers. D. The ability of the speaker to express.

9. Choose one of the following speaking skills that describes mistakes. ( )

A. In the process of talking with the elderly, we should grasp the characteristics of the elderly to communicate, which will be more targeted.

B. When the old man's hearing and vision are damaged, when talking with the old man, try to be close to the old man, sometimes even lean over the old man's ear to speak, sometimes face the old man.

C. When talking to the elderly, we should speak louder and louder than the young, but we need to add euphemism, concern and acceptable elements to the loud speech.

D. Although the old people have rich life experience, there is a gap between them and the young people, so you should be as detailed as possible when talking to the old people, even if you are wordy.

【Show your capability】

Uncle Qiu, 79 years old, was a senior engineer when he was young. He worked very hard to repair the railway, and his income was very substantial. Even when he retired, he was often asked to solve problems, and of course, he would get rich remuneration. Two months ago, Uncle Qiu had a sudden stroke, which resulted in hemiplegia on the left side of his body. His verbal expression became limited and he could no longer be employed in his work, so his income became much less. At this time Uncle Qiu thought:

① His income has decreased, and he can't look after himself as well as before (his salary after retirement far exceeds the average salary level of his city);

②He feels that his family begin to alienate him because of the reduction of his income, and now abandon me in the elderly care home, so his children are all very unfilial;

③He wants to go home, but his family are not in the position of taking care of him.

The elderly man now refuses to eat.

1. Please make a plan to communicate with Uncle Qiu.
2. Please list the skills to communicate with Uncle Qiu.
3. Show the skills of communicating with Uncle Qiu in class.

Project Ⅳ
Communicate with the elderly patients

Learning objectives

- **Knowledge objectives**

◇ Understand the concept and characteristics of geriatrics;

◇ Understand the psychological characteristics and emergency behaviors of the elderly patients;

◇ Master the steps of communication with the elderly patients;

◇ Master the communication skills with the elderly during the attack of chronic diseases.

- **Skill objectives**

◇ Learn how to communicate with the elderly at the onset of senile disease;

◇ Learn how to communicate with the elderly patients.

Situational lead-in

Senile diseases, also known as geriatric diseases or geriatrics, refer to the diseases related to aging that people suffer in old age and have their own characteristics. It is generally believed that the age of people from 45 to 59 is the pre old age or early old age, 60 to 89 years old is the old age, and over 90 years old is the period of long life. Generally speaking, the elderly not only have more diseases than the young, but also have their own characteristics. The main reason is that after entering the old age, the human tissue structure is further aging. The functions of various organs are gradually impaired. The body's resistance to diseases is gradually weakened. The activity ability is reduced. And the coordination function is increasing.

Task 1　Recognize the geriatric diseases

Case lead-in

Mr. Zhang, 61 years old, who is obese and sedentary, has been feeling unwell with his chest and back since he was about 40 years old. In recent three months, he has felt chest tightness, palpitations, and chest burning. He is short of breath and tired after activities. He was diagnosed with ischemic heart disease and stria pain in the hospital. He took dipyridamole, isosorbide and other drugs, and his condition has improved. However, due to family gatherings on holidays, with his children accompanying him eating, chatting, and playing cards and mahjong, his condition suddenly worsened, suffering from dyspnea and sweating. Then he was sent to hospital by ambulance. Through what happened to the elderly person, can we identify the cause of his diseases? Why did his physical conditions suddenly worsen during leisure and entertainment?

Main content

1 Concept of geriatrics

Geriatrics refers to the specific or multiple diseases of the elderly, which are generally divided into three categories. The first category refers to the diseases that often occur in the elderly, such as cataract, senile dementia, etc. The second type includes the diseases that elderly people have already suffered in the pre senile period and that continue into the old age, such as chronic bronchitis, coronary heart disease, diabetes, osteoporosis, etc. The third type refers to the diseases that both the elderly and young people are prone to, such as colds, general trauma, etc.

2 The characteristics of the elderly

The prevalence rate is high. The onset is insidious. The onset is slow, the symptoms are not typical. And many diseases occur at the same time. The course of disease is long. The recovery is slow. Adverse drug reactions and complications are easy to occur.

3 Common symptoms and signs of geriatrics

3.1 Falls

Falls are the most common symptoms of the elderly, referring to sudden, involuntary and unintentional changes in body position, falling on the ground or on a lower plane. According to the International Classification of Diseases, falls include the following two categories: falls from one plane to another; falls in the same plane. Falls are the fourth leading cause of injury deaths in China, and the first among the elderly over 65 years old. The death rate of falls in the elderly increases sharply with age. In addition to the death of the elderly, falls also lead to a large number of disabilities, and affect the physical and mental health of the elderly. For example, the fear of falling can reduce the activity ability of the elderly, limit their range of activities and reduce their quality of life.

The occurrence of falls in the elderly is not an accident, but a potential risk factor. Falls in the elderly have a high incidence and serious consequences, which may be one of the important causes of disability and death in the elderly.

3.2 Pain

Pain in the elderly is a common symptom in their later life. With the increase of the elderly population and the acceleration of the pace of life, and among the elderly over 65 years old, about 80% of patients have at least one chronic disease that is more likely to induce pain than people at other ages, so the incidence rate of various kinds of pain increases, like rheumatism, arthritis, fracture, gastritis, ulcer disease. diabetes, angina pectoris. And many diseases such as stroke and cancer can induce pain in the elderly. Many elderly people live in the pain of various diseases all the year round, which not only seriously affects the quality of life of the elderly, but also greatly increases the burden of the whole society. Therefore, the pain of the elderly has become a universal social problem that the whole society should pay attention to.

Characteristics of pain in the elderly are listed as follows.

(1) Elderly patients often have multiple diseases at the same time, so anyone of them can explain the symptoms of elderly patients.

(2) The response of elderly patients is not sensitive, and their mental factors also play a great role. Therefore, they sometimes tell less about the pain feeling and the factors that affect the pain.

(3) The insidious nature of some diseases can delay diagnosis and treatment, such as rheumatic polymyalgia and atypical angina pectoris.

(4) The pain of elderly patients is often caused by incurable diseases, such as advanced cancer.

3.3 Constipation

Normal people defecate 1 to 2 times a day or once every 2 to 3 days. Patients with constipation defecate less than twice a week, and defecate laboriously, with hard stool and small amount. Senile constipation refers to the reduction of the number of defecation, difficulty in defecation and dry stool. Constipation is a common symptom of the elderly. About 1/3 of the elderly suffer from constipation, which seriously affects their quality of life.

3.4 Incontinence

Fecal incontinence generally refers to the loss of normal control at the outlet of the lower end of the digestive tract, which includes different connotations and degrees, for example, the inability to control defecation during sleep, the occurrence of fecal leakage and the inability to control loose stool during exhaust, until the inability to control exhaust and defecation. The phenomenon that feces and gas can not be controlled due to anus or nerve damage. Also known as fecal incontinence or anal incontinence, women are generally more than men.

Urinary incontinence means that the urine in the bladder cannot be controlled and flows out automatically. Urinary incontinence can occur in patients of all age groups, but it is more common in elderly patients. Due to the high incidence of urinary incontinence in the elderly, people mistakenly believe that urinary incontinence is an inevitable natural consequence of aging. There are many causes of urinary incontinence in the elderly, many of which can be controlled or avoided. Stress urinary incontinence is more common in women, which is caused by pelvic floor support tissue damage caused by women in the perinatal period.

3.5 Audiovisual impairment

Due to the influence of aging, the elderly have decreased presbyopia, visual sensitivity and contrast visual sensitivity, which are mainly manifested in the decline of the fine sense of vision, the decline of dark adaptation and the reduction of visual field. When the elderly have cataract, glaucoma, diabetes retinopathy and other eye diseases, the vision of the elderly will significantly decline and even lead to blindness.

In addition to hearing loss caused by physiological aging of human organs, senile deafness is also related to hypertension, hyperlipidemia, cerebral arteriosclerosis, diabetes and other diseases. The physical examination results of more than 4,000 elderly people over 65 years old in the city conducted by the physical examination center of a hospital in the past three years show that nearly 30% of the elderly have different levels of hearing impairment.

3.6 Skin itching

Pruritus is one of the common skin diseases in the elderly. The skin itching of the elderly is related to the dryness of the skin and the atrophy of the sebaceous glands of the elderly, which is more common in winter.

3.7 Vertigo and syncope

Senile vertigo usually shows vertigo, balance and imbalance. When the patient opens his eyes, he feels that he is rotating and moving, just like riding a car or boat. When the attack occurs, the patient cannot stand, accompanied by nausea, vomiting, tinnitus, sweating, bradycardia, blood pressure drop and other symptoms of increased vagal tension, which generally may last for several minutes to several hours, sometimes up to several days. When the vestibular system of the inner ear, visual system and proprioceptors located in the joints transmit asymmetric signals to the vestibular ganglion, the control center located in the cerebellum and cerebral cortex can produce vertigo.

The common causes of senile syncope include orthostatic hypotension, carotid sinus allergy, reflex syncope and arrhythmia. It is mainly caused by aortic stenosis, pulmonary embolism or arrhythmia with heart disease basis. The clinical manifestations of syncope in elderly patients are varied and often atypical. Senile syncope is one of the main causes of falls in the elderly.

3.8 Sleep disorders

The sleep disorders of the elderly are mainly manifested in the following aspects.

3.8.1 Be difficult to fall asleep and maintain sleep

Due to the influence of various causes or interference factors, the elderly often have difficulty sleeping and cannot maintain sleep. It shows that the sleep latency is prolonged and the effective sleep time is shortened. Due to reduced daytime activities or naps, the sleep wake cycle at night is shortened. Early rising or owl like night activities are very common in the elderly. Furthermore, with age or disease, the disturbance of circadian rhythm of sleep becomes more obvious. It is characterized by the reversal of day and night, time difference sleep disorder and the disorder of circadian rhythm caused by night work.

3.8.2 Sleep disordered breathing

Most people over 50 years old may have respiratory disorders after sleep, such as sleep apnea, sleep exacerbation of respiratory diseases, nocturnal inhalation or nocturnal paroxysmal dyspnea. Sleep apnea syndrome (SAS) is the most common sleep breathing disorder in the elderly, accounting for 70% of sleep disorders. The incidence rate increases with age, and the incidence ratio of men to women is (5:1) to (10:1). SAS is divided into three types, namely obstructive sleep apnea (OSA, which refers to the cessation of oral and nasal airflow, but there is chest abdominal breathing movement), central sleep apnea (CSA, which refers to the cessation of oral and nasal airflow, and also the suspension of chest abdominal breathing movement), and mixed sleep apnea (MSA, which refers to the occurrence of CSA first, followed by OSA in a apnea). Obstructive sleep apnea (OSA) is characterized by snoring sound, wheezing or nasal sounds after breathing interval more then 10s, and relief of obstruction. The repeated occurrence of OSA can significantly reduce the blood oxygen content and increase the blood pressure. The mild snoring (even if habitual snoring is not apnea, it can also aggravate heart disease or hypertension, which is a common symptom of OSA), restlessness, daytime sleepiness, depression, headache, nocturia, impotence, and the severe snoring can lead to night sleep arrhythmia, sudden death, stroke, pulmonary hypertension, convulsions, and cognitive decline. The incidence rate of cerebrovascular disease in patients with SAS increases, especially the incidence of ischemic stroke.

3.8.3 Drowsiness

Sleepiness is another common phenomenon of sleep disorder in the elderly, which is caused by brain diseases (brain atrophy, cerebral arteriosclerosis, cerebrovascular diseases, brain tumors, etc.), systemic diseases (lung infection, heart failure, hypothyroidism, etc.), drug factors (sleeping pills) and environmental factors. Because the elderly are slow to respond to body diseases or have no obvious symptoms. Sometimes they only show lethargy. Therefore, the significance of understanding the lethargy of the elderly is to identify the causes of lethargy and to enable it to be treated as soon as possible.

3.9 Dyspnea

Sudden dyspnea at night often indicates left heart failure, pulmonary congestion and other diseases.

In addition, dysphagia, disturbance of consciousness and insanity, fever and fatigue are common symptoms and signs of the elderly.

Extended reading

Mr. Wu, who lives in Beijing, has a history of hypertension for many years and has always insisted on taking antihypertensive drugs. Although he has the old problem of high blood pressure, he always likes to get up early and do exercises in the morning. Yesterday morning, there was a heavy rain in the sky. It was autumn. As the saying goes, with autumn rain it is colder. In addition, when autumn and winter alternate, it was still cold in the north in the morning. When Mr. Wu returned home from morning exercises, he suddenly felt dizzy when eating. His hand with chopsticks kept shaking. When he went to pick up the chopsticks that fell on the ground, his limbs were numb and he had no strength. He could not control himself and fell on the ground.

Thinking

If you are around the old man, what do you think happened to Mr. Wu? How to prevent and rescue?

Task 2 Recognize the characteristics of geriatric diseases

Case lead-in

Mr. Li, 69 years old, is a professor. Two days ago, after taking a bath in the evening, Mr. Li suddenly felt chilly and feverish. The body temperature was 38 ℃. There was no runny nose, stuffy nose, cough or other discomfort. He was diagnosed as a "cold" in the hospital. He was given penicillin intravenous drip and oral Chinese patent medicine for colds. There was no obvious improvement, but he still felt feverish. The highest body temperature was 39 ℃, accompanied by joint soreness, loss of appetite, oliguria and yellow urine. After 3 days of treatment, he suddenly developed nausea, vomiting, abdominal pain and diarrhea. For this reason, he was further hospitalized. After being hospitalized, the doctor made a comprehensive examination and found he had been diagnosed with hypertension for 13 years, benign prostatic hyperplasia, lumbar degenerative change and chronic bronchitis, in addition to the sudden aggravation of cold symptoms.

Main content

The disease spectrum of the elderly is different from that of the middle-aged and young people. Even if they suffer from the same disease, the clinical manifestations of the elderly and young people are also different.

1 Atypical clinical symptoms and signs

Due to degenerative changes in the nervous system and immune system, poor compensatory ability, and decreased responsiveness of sensory, body temperature, respiration, cough, vomiting and other nerve centers in the elderly, the clinical symptoms of some elderly diseases are extremely atypical. For example, in the case of acute myocardial infarction, the elderly may not have typical precordial pain, but they may only show arrhythmias, heart failure, or even general weakness or disturbance of consciousness, or digestive tract symptoms such as upper abdominal discomfort and nausea, or shoulder pain and toothache. Painless acute myocardial infarction is obviously more common than young people, especially those with diabetes. Therefore, it is easy to delay diagnosis and lose the best treatment opportunity. The clinical symptoms and signs of pneumonia in the elderly are not obvious, lacking respiratory symptoms and typical pneumonia symptoms, and their clinical manifestations are diverse. Therefore, some people call it "pneumonia without respiratory symptoms", often without fever or chills. It can be manifested as symptoms of the digestive system such as anorexia, abdominal distension, diarrhea, abdominal pain, etc. It may appear apathy, lethargy Symptoms of nervous and mental system, such as restlessness and even coma. It may also present symptoms of cardiovascular diseases, such as palpitation, shortness of breath, arrhythmia, shock, etc. In addition, frequent urination, urinary incontinence, urinary retention, dehydration and other symptoms are also common. Therefore, when diagnosing and treating elderly patients, comprehensive examination and careful observation must be carried out to avoid missed diagnosis and misdiagnosis and delay the best time for treatment.

2 Coexistence of multiple diseases

The structure and function of organs and tissues of the elderly have changed successively, and so many diseases often exist at the same time. The elderly suffering from a variety of diseases may be a continuation and gradual accumulation of diseases in young and middle-aged people, or a new disease in old age. The manifestations of coexistence of multiple diseases can be multiple diseases of the same organ. Taking the heart as an example, coronary atherosclerosis, pulmonary heart disease, degenerative diseases of the conduction system or valves can exist at the same time. It can also be multiple system diseases at the same time. For example, many elderly people suffer from hypertension, coronary heart disease, diabetes, chronic bronchitis, or kidney dysfunction at the same time. In the 1990s, according to the statistics of Beijing Hospital, inpatients aged 80 to 89 had an average of 9.7 diseases, and patients aged over 90 had an average of 11.1 diseases. None of the patients benefited from only one disease, suggesting that the types of diseases of the elderly increased with age. The multi illness of the elderly is induced by infection, trauma or bleeding, which is very easy to cause multiple organ failure, which brings certain difficulties to treatment. When treating the elderly diseases, we must fully understand and master the patient's full medical history, grasp the main contradiction, weigh the advantages and disadvantages, and prioritize. Multi professional doctors participate in diagnosis, develop an individualized, multidisciplinary comprehensive treatment plan, and multidisciplinary teams participate in rehabilitation and nursing.

3 Severe illness, rapid change

The elderly have poor reaction to the disease, and the clinical manifestations are atypical. When there are obvious symptoms or signs, the condition is often serious or tends to deteriorate rapidly. Due to the poor reserve and compensatory capacity of tissues and organs, various crises and organ failure are likely to occur in the acute attack of acute or chronic diseases. For example, the elderly patients with peptic ulcer usually have no obvious gastrointestinal symptoms, and they do not go to the hospital until they have massive gastrointestinal bleeding. When they are found, they have already sent out bloody shock and renal failure, and their condition worsens rapidly. At the onset of myocardial infarction in the elderly, they only felt tired, weak, sweating, and chest tightness, but soon developed heart failure, shock, severe arrhythmia, and even sudden death. Therefore, the diagnosis and treatment of elderly patients should be comprehensively considered, with high attention and strict monitoring, and never be taken lightly.

4 Consciousness disorder

No matter what kind of disease the elderly suffer, they are prone to have consciousness disorder, which is related to the elderly suffering from cerebrovascular sclerosis, insufficient cerebral blood supply, and decline in the function of various organs. When the elderly suffer from infection, fever, dehydration, arrhythmia, etc. , they are prone to drowsiness, delirium, confusion, and even coma. Once the primary disease is controlled, the disturbance of consciousness will disappear. The emergence of consciousness disorder brings many difficulties to the diagnosis and treatment. In addition, when analyzing the consciousness disorder of the elderly, we must exclude iatrogenic factors, such as those caused by taking sleeping pills and antidepressants. We should timely identify and make clear the diagnosis so as not to delay the treatment.

5 Various complications

Elderly patients, especially the elderly, often suffer from a variety of complications, which is the feature of geriatrics.

5.1 Disturbance of water, electrolyte and acid-base balance

The organs of the elderly were in a state of atrophy. The extracellular fluid and the absolute amount of intracellular fluid decreased significantly, and their proportion in body fluid also decreased significantly. At the same time, the stability of the internal environment of the elderly is poor, and the compensatory ability is reduced. A little inducement can lead to disorder of the water electrolyte system. In addition, the sensitivity of the client's thirst center is reduced, so the amount of drinking water is not much. Even if the body is short of water, there is no sense of thirst. Dehydration is easy to occur. The loss of water must be accompanied by electrolyte disorder. At the same time, there is often acid-base imbalance, which has a high incidence and rapid progress. Because the elderly are not sensitive to thirst, they should pay more attention to the dryness of the tongue, skin elasticity and whether there is little urine or weight loss when taking care of them. The kidney of the elderly is less able to handle potassium. If there is diarrhea or vomiting, it is easy to produce low blood potassium. If you use laxatives or diuretics due to constipation, you must be careful to prevent potassium loss. When renal function decline is accompanied by infection, hyperkalemia is easy to occur.

5.2 Multiple organ failure

Because the organ reserve function of the elderly is low, the immunity is weakened, the adaptability is weakened, and the self stability of the body is poor, the elderly can still maintain balance and carry out normal activities without accidental blows. However, under the condition of disease or stress, such as infection, trauma and bleeding, it is easy to have dysfunction or failure, among which the functions of heart, lung, kidney and brain are more vulnerable. Fall, extensive scald and operation were the main causes of infection. The inducement of hemorrhage is large hemorrhage of upper digestive tract. Once multiple organ failure occurs in the elderly, the case fatality rate is not only related to age, but also related to the number of involved organs. The case fatality rate of elderly patients with three involved organs is 57.1%, and almost 100% of those with four or more involved organs die.

5.3 Infection

Due to the decline of immune function in the elderly, it is easy to develop respiratory tract, biliary tract and urinary system infections on the basis of chronic diseases. The high risk factors of infection include old age, paralysis, tumor, long-term bedridden. Those who use chemotherapy drugs and antibiotics are more likely to have a variety of pathogen infections, including fungal infections. Infection is not only a common complication of the elderly but also an important cause of death. Therefore, the great attention should be paid to the prevention and treatment of concurrent infection in the elderly to prevent sepsis and multiple organ failure.

5.4 Thrombosis and embolism

The elderly often stay in bed for a long time due to various diseases or operations, and they are prone to deep vein embolism and pulmonary embolism, which can lead to sudden death in severe cases. This is related to muscle atrophy, slow blood flow and increased blood viscosity in the elderly. Therefore, attention should be paid to the active and passive physical activity and turnover of the elderly in bed.

6 Long course of disease and slow recovery

In the elderly, the general reaction is slow. The onset is more hidden. And the symptoms are atypical. The symptoms and signs often occur after a long evolution process. It is prone to complications such as infection, water electrolyte disorder and multiple organ failure. Therefore, the process of repair of damaged tissues and recovery of organ functions in the elderly is slower than that in the young after acute lesions. For example, after acute myocardial infarction in the elderly, due to poor cardiovascular basic conditions, functional recovery after myocardial infarction is often not ideal, pump failure is more common, and the prognosis is poor in the medium and long term. Most patients stay in bed for a long time during the recovery period, which may bring a series of problems, such as poor mood, dyspepsia, anorexia, difficulty in defecating, poor sputum excretion, pneumonia, bedsore, venous thrombosis and pulmonary embolism, and even become the inducement of sudden death. Because of the long course of disease, slow recovery, and many complications, the elderly and their families are likely to lose confidence in the recovery of the disease and become pessimistic and negative. Therefore, medical personnel should be patient and not be too hasty with the expected goals, so as not to waver in the short term without achieving obvious results. At the same time, patients and their families should be encouraged to build confidence, do a good job in publicity, education and persuasion, so that patients and their families can actively participate in the treatment.

7 Many adverse drug reactions

For the elderly, the metabolism and excretion of drugs are reduced due to the decline of liver and kidney functions. The metabolism speed of drugs in the body is slow, which prolongs the half-life of drugs in the body. Long term use is likely to cause cumulative poisoning. At the same time, the tolerance and sensitivity of the elderly to drugs are different from those of young and middle-aged people. In addition, the elderly are prone to adverse reactions and even life threatening when taking drugs due to the combination of multiple drugs. The older you are, the more kinds of drugs you use, and the higher the incidence of adverse drug reactions. Therefore, the dosage for the elderly should be small, for example, digitalis only needs 1/2 or 2/3 of the dosage for young adults. Drugs that have an impact on liver and kidney functions should be used with caution, and drugs should be used to avoid adverse consequences. Once adverse drug reactions occur in the elderly, their degree is often more serious than that of adults. Adverse drug reactions often occur in the elderly with small size, heart failure, liver and kidney dysfunction, diabetes and other diseases. Adverse drug reactions are commonly seen in the application of central nervous system drugs, cardiovascular system drugs, hypoglycemic drugs, non steroidal anti-inflammatory drugs, glucocorticoids and antibiotics. The adverse reactions caused by different drugs are different, but the most common clinical manifestations are neuropsychosis, gastrointestinal symptoms, hypotension, etc.

8 Different reactions to treatment

On the one hand, with aging, the stability of the internal environment of the machine is reduced, which is manifested by the decline of metabolic level, the reduction of tolerance and the expansion of individual differences. Drugs are easy to accumulate in the body, and the therapeutic dose is closer to the toxic dose. When applied to a dose that has no response to an elderly patient, the side effect of sudden death may occur to another elderly beneficiary. So more emphasis should be placed on the individualization of the therapeutic dose. On the other hand, the same therapeutic drug has different reactions, curative effects and side effects between young and old people.

Task 3 Understand the psychological characteristics of the elderly patients

Case lead-in

Aunt Zhao, 68 years old, is a farmer. She has suffered from chronic gastritis and enteritis for more than 20 years. Ten years ago, she was examined for treatment because of obvious back pain. The results showed that she had severe osteoporosis and lumbar muscle strain. Six years ago, dizziness, headache, chest tightness and other symptoms began to appear. Cervical Doppler ultrasound showed carotid atherosclerosis, and ECG showed insufficient blood supply to myocardium. Aunt Zhao has five children. She has lived a frugal life to support her children. She is gentle and optimistic. When children grow up, they start their own families and businesses. They are busy every day and seldom go home to accompany the elderly. Now Aunt Zhao has obvious hunchback. After standing for a long time, her back is painful, and her knee joint is uncomfortable when the weather changes. If she eats a little carelessly, she will suffer from stomach distension and abdominal pain. These days, the old person often sighs and cannot sleep for a long time at night. She loses his temper with her husband because of a small matter.

Main content

1 Depressive psychology

It is caused by chronic diseases and the threat of death. It shows that the patient is in low mood and speaks little. Loss of appetite and persistent insomnia. Suicide occurs in serious cases.

2 Fear and anxiety

The patients do not understand their illness and become overly worried. The patients were flustered and unstable. They may have bad temper, poor sleep and appetite, etc.

3 Sensitive and suspicious psychology

The patients suspect that the medical staff are deliberately concealing their illness. The patients pay close attention to what the medical staff have said. It is easy to be implied and the mood fluctuates greatly.

4 Excessive self-esteem

After retirement, patients are prone to change in personality and behavior due to changes in social status. It is easy to show stubborn, selfish, childish, sulky and other bad emotions.

5 Loneliness

The patients have been hospitalized for a long time and lacks family care. The patients are often in bed, depressed, complaining, irritable and irritated.

6 Self reproach

The elderly patients in rural areas and with more difficult family circumstances are more likely to have this kind of psychology. They felt that they become the burden to their family when they are ill, which may increase the family's financial stress.

Extended reading

Psychological Test of Senile Patients with Depression

To test whether you have senile depression, please answer the following questions.

1. Do you feel good most of the time?
2. Do you think it's comfortable to live now?
3. Are you willing to stay at home rather than do something new?
4. Do you think your memory is worse than that of most people?
5. Do you feel empty?
6. Are you afraid that something unfortunate will happen to you?
7. Do you feel happy most of the time?
8. Do you often feel bored?
9. Are you basically satisfied with your life?
10. Do you often feel helpless?
11. Have you given up many activities and hobbies?

If there are more than five positive answers, you may be suffering from depression. Here, we must also emphasize that the results of the psychological test of geriatric depression are only a reference and cannot be used as a formal diagnostic result. Of course, if an elderly person has any questions or doubts about his or her symptoms, he or she should go directly to the hospital for consultation.

Task 4 Recognize the emergency behaviors of the elderly patients

Case lead-in

Patient Li, female, is 65 years old. Thirteen years ago, she was hospitalized for surgery because of intestinal obstruction. Later, the intestinal obstruction recurred many times. The patient was repeatedly admitted to hospital for surgery, fasting and other treatment. In recent years, the patient gradually suffered from insomnia, sometimes sleepless all night, loss of appetite, anorexia, emaciation, weight of 35kg, and nothing to do. Feeling depressed, she told herself that her brain was broken, her brain was slow to respond, and her illness was no more. She blames herself and thinks that the whole family is encumbered by her. She worries about the life of her children and her family all day long. Sometimes, she is restless, nervous, dry mouth, irritable, irritable, irritated at anything, beat herself at home, and cried after playing. The symptoms are serious in the morning and light in the evening. She often feels that life is boring. Last night, she hanged herself while her family was asleep. Through the above cases, can we judge what kind of behavioral reaction the elderly suicide is? What are the causes of suicide among the elderly?

Main content

1 Negative behavioral response

It often shows anxiety, upset, restlessness, repetitive behavior, many small actions and uncontrollable. They are hesitate, at a loss, easy to be impatient and lose temper, and obvious personality changes. Some may become sensitive, suspicious, and usually the cultured old people would be abnormal and unable to objectively evaluate external things. In severe cases, high tension, fear, insomnia, dreaminess, depression and depression occur. They have a strong sense of loneliness, loss and senility, lose confidence in future life, and feel pessimistic and disappointed. Because of withdrawal in behavior and interest, they are unwilling to take the initiative to communicate with others. They even have depressive symptoms. There is no essential difference between the common manifestations of senile depression and those of young patients, but there are still some characteristics due to the influence of psychological and physiological changes in the elderly.

1.1 A mixed state of depression and anxiety

Elderly patients are often unable to express their feelings of sadness, often "uninteresting, uncomfortable" or show indifference to external things, often deny or cover up their bad mood, or even force a smile. Their relatives and acquaintances may not be aware that they are suffering from serious emotional diseases, but only think that they are "uncomfortable" with their bodies. When they see the doctor, they hold their hands and keep telling them about their physical discomfort. Sometimes the anxiety about the physical condition completely covers up the depression, and some complain that people are not good to him for no reason, so that people are at a loss.

1.2 No interest

It is a common feature that elderly patients cannot experience fun. Not only do patients have less enthusiasm and fun for their past life, but they are more and more reluctant to participate in normal activities, such as socializing, entertainment, even living alone behind closed doors and alienating relatives and friends.

1.3 Reduced energy

Subjectively, they feel that they are lack of energy, tired and weak, and the most serious patients stay in bed all day long and need support from others. The elderly patients are often mistaken for suffering from serious drive diseases and are sent to general hospitals for expensive medical examination, which leads to delayed treatment opportunities,

1.4 Low self-evaluation

The patients' evaluation of their own states are too low, and they think that they are useless and blames themselves. There are even suicidal ideas and behaviors. The elderly often don't express clearly. For example, they may say, "Let me die with an injection", but they deny that they have suicidal thoughts. Elderly depression tends to be chronic, and they can't bear the torture of depression. Suicidal thoughts become increasingly strong, and they try to escape with death.

1.5 The circadian rhythm of mood changes

The rhythm change of the patient's mood, which is heavy in the day and light in the night, is often used as one of the indicators for the diagnosis of endogenous depression. Especially for the elderly with early awakening and mild illness, people feel more relaxed before going to bed, saying "one day can come" or can experience a more stable mood after the lights are turned on at night.

1.6 Somatic or biological symptoms

Emotional reaction is not only expressed in mood, but also always accompanied by some changes in the body. Anorexia is the most common. As no hunger, forced eating is also tasteless, and most of them are accompanied by weight loss. About 80% of the elderly have complaints of sleep disorders and physical discomfort, mainly including palpitation, shortness of breath, sweating, chest tightness, etc.

2 Positive behavior response

With the growth of age, people's life experiences are increasing, and they are very open to many things in life. They take the initiative to find fun, so as not to make life boring, learn a skill to immerse yourself in the artistic interest, so that the mind is open and the mood is elegant. They think of others and help others, do not seek reward, find real joy in life through dedication, and make life more meaningful. When encountering misfortune, they are good at adjusting his mood, comforting themselves, trying to extricate themselves from misfortune as soon as possible, and maintaining an optimistic mood.

3 Overbehavior reaction

Disgust weariness, even suicidal tendencies.

Extended reading

Example 1

There was a famous popular science writer in China, who was unfortunately infected by the encephalitis virus in the process of studying it, leaving a lifelong disability. However, he was not frightened by the disease, and insisted on completing the doctoral course of the medical research institute with his seriously ill body. Frustration and misfortune cultivated his firm personality and became a famous popular science writer for children in China. Another lady, due to a sudden rheumatism like disease when she was young, had a stiff spine, deformed limbs, could not squat down when urinating or urinating; could not raise chopsticks when eating; and could not take care of herself. After the initial shock, she set up a foreign language tutorial at home, and went on the road of self support with her perseverance and hard work. So far, for decades, she has been nearly sixty years old. Her story of self-improvement has been reported many times in the newspapers. She has become a director of the Disabled Persons' Federation. Years of illness not only failed to defeat her, but also made her have a "sense of old age" too early, on the contrary, it cultivated her strong character.

Example 2

An old intellectual developed uremia from chronic nephritis. When the doctor told him about his condition and wanted to give him dialysis treatment, he refused. He insisted that his illness was not so serious, but only nephritis and cold. He stubbornly believes that once he has hemodialysis treatment, he will become a uremic patient, which is useless. As a result of his non cooperation, he suffered from acidosis and renal coma. In his unconscious eating language, he expressed his subconscious fear of death. He shouted, "I don't have uremia. I don't have dialysis. I don't die. Doctor, please save me. I don't want to die."

In view of the above two examples, it is not difficult to find that the attitude of the elderly patients towards the disease determines the outcome of the disease to some extent. Therefore, when you know that you are ill, you should actively diagnose and treat, do not fear, and do not panic. Even if you get a serious disease, you should be calm and calm, cooperate with the medical staff seriously, actively treat it, and strive for an early recovery. You must not fall into fear. Medical psychology research shows that patients who are too afraid of disease, lose confidence and courage, will further disrupt or destroy the immune function of the body, and accelerate the deterioration of the disease. Strong will and determination to fight against diseases are the key to physical recovery!

Task 5 Master the steps of communication with the elderly patients

Case lead-in

Mrs. Li, 58 years old, was admitted to the department of respiratory medicine in a hospital due to chronic bronchitis. Miss Zhang, a nurse, received a phone call from the inpatient office and went to prepare the bed for the patient in advance. When Mrs. Li went into the ward with the help of her husband, Miss Zhang went forward with a big smile and said, "Hello, I'm Zhang, a nurse on duty. Are you Mrs. Li? I have prepared a bed for you." With that, she kept a record and then helped Mrs. Li to come to the bed and lie down. She covered Mrs. Li with the quilt. Mrs. Li smiled at Miss Zhang, saying gratefully, "Thank you!" Miss Zhang smiled. She then bent down, gently put her hand on Mrs. Li's forehead with concern, and said, "You have a slight fever. First drink some water and lie down to rest. I will tell the doctor to come and see you right away." With that, she took a cup and poured a cup of warm water for her. She briefly introduced the basic situation of the ward and left.

Main content

1 Preparation before communication

1.1 The suitable time for both parties to talk

Different time and different environments will affect the effect of communication. It is better to choose a time that is convenient for both parties. Make clear and remember the purpose and tasks of the conversation, reduce the occurrence of uncertain things, strengthen the mutual relationship, and guide the direction of the patient and family members. Review the patient's existing information, remember the patient's name, and get familiar with the patient's treatment, nursing, diet and sleep habits as soon as possible; personality, cultural background, respect for personal habits and beliefs. Proper appellation should be used to enhance the cordiality between nurses and patients.

1.2 Environmental preparation

In a quiet and elegant place, privacy is guaranteed, visitors are declined, and interference from phones and mobile phones is avoided. Keep the environment quiet and try to reduce the factors in the environment that easily affect the patient's attention, such as turning off the TV or stopping the work in hand. At the same time, it is also an environmental guarantee to protect the patient's privacy. If the patient wants to talk with the nurse alone, the nurse should arrange the conversation in a single room so that the patient can safely say some information that they do not want to be known by others.

1.3 Staff preparation

Physically, it is required to dress neatly, elegantly and appropriately, and do not over dress up. The staff should have a steady and dignified manner, a kind and cordial attitude, a soft and serene eye, a natural and sincere expression, and a full mood. They strive to bring beauty, comfort and pleasure to the patient when they appear in front of the patient.

1.4 Psychological preparation

Be frank and empathetic, and be good at thinking from the patient's point of view, not subjective or arbitrary.

2 Initial stage of communication

Don't be too hasty when talking with the patient, and use polite first and step by step to make a good first impression on the patient. Before talking, the nurses should address each other politely to give patients a sense of equality and respect. Nurses can choose different addressing methods according to the specific situation of the patient, and never call the beneficiary's bed number or room number directly. For government administrators, unit leaders, and enterprise executives, their positions can be called as follows: × ×Director, × ×Manager, etc. People working in medical, education and other posts can be called × ×, Professor, × ×Teachers, etc., It can also be called aunt, uncle, uncle, aunt, etc.

At the beginning of the conversation, you should actively introduce your name and shake hands, so that the patient really feels cared for, relied on and trusted. Sit down to show that you have time to listen, explain the purpose of this conversation and the approximate time needed to the other party, and keep privacy, so that the patient can be physically and mentally prepared. In order to make the conversation go smoothly, the patient should be helped to adopt a comfortable position as far as possible before the conversation to reduce the adverse factors that affect the conversation.

3 Communication stage

3.1 Supportive words

Attention should be paid to providing supportive words, establishing an atmosphere of trust, understanding, warmth and acceptance, reducing the anxiety of patients, giving sincere care and warmth, so that patients can open themselves and express their thoughts and feelings frankly, and start and progress smoothly. Questioning is a good communication skill to guide conversation. If time allows, you can choose to ask questions in an open way. If you want to get a clear answer, you can choose to ask questions in a closed way with limited questions. If you want to get the support of patients, you can use a deliberative tone. Four points should be paid attention to when asking questions. First, it is better to ask only one question at a time. Second, the questions should be simple and clear, so that patients can answer freely. Third, the content of the questions should be consistent with the patient's occupation, education level and age, and the patient should not be unable to answer. Fourth, you should try to use the language that patients can understand. To start a conversation naturally, you can adopt the following methods according to different situations.

(1) Greeting, for example, "How do you feel today?"

(2) Concerned, for example, "It's cold these two days, so don't catch cold."

(3) Praise, such as "This bunch of flowers is really beautiful. Did your wife just send them?"

These skills can not only make the patient feel the care and love of the nurse, but also make the patient naturally relax and eliminate the nervous and defensive psychology, so that the topic can be naturally turned to. Note that the use of the opening remarks must conform to the situational habits, and should not be arbitrary and avoid the use of medical terms. Avoid asking about age, marriage, income, address, experience, work, belief, etc.

3.2 Nonverbal communication

When talking with the patient, nurses should pay attention to the patient's expression, eyes, gestures, voice and intonation, and observe whether the patient shows boredom or pain, and whether they need to rest. At the same time, nurses should also pay attention to their own nonverbal behaviors, and do not let patients have other feelings that are not conducive to communication.

3.3 Timely feedback

The process of conversation should be two-way and interactive. Both nurses and patients should pay attention to each other's information response when talking. First of all, nurses should observe whether patients understand the issues they want to explain and whether they agree with their own opinions. Secondly, the questions put forward by patients should be answered in a timely manner, and the questions that cannot be answered in a timely manner should be answered to patients in the shortest possible time, and must not be delayed or forgotten, so as to avoid causing patients to think wildly and increase their psychological burden due to the lack of answers. At the same time, you should also pay attention to the content of feedback to be accurate and appropriate.

4 End of the communication

At the end of the conversation, you should not only follow the plan of the conversation, but also consider the actual situation at that time. At the end of the preparation, you should not ask new questions. If necessary, you can make an appointment with the patient about the time and content of the next conversation. For example, "I think you are tired today. Let's talk about it first. If you have any questions, let's make an appointment to talk about it again, OK?" Finally, we would like to express our satisfaction and gratitude to the patients for their cooperation, such as "Thank you for your trust in me, and for telling me so much from your heart, thank you very much!"

Extended reading

A patient, male, 79 years old, is a retired cadre. After living in a nursing home for 12 years, the elderly was paralyzed due to stroke. After a period of treatment and rehabilitation exercise, the elderly can walk slowly with a walker. If cataract is found during recent inspection, the nursing home will contact the hospital and send it to the hospital for further treatment. The doctor introduced the need for surgical treatment and related information to the elderly and their families. The family members agreed to carry out surgical treatment as early as possible, and discussed with the doctor about the timing of surgery. However, the elderly was full of misgivings and hesitated to make up his mind at the moment. Recently, it is difficult to fall asleep, easy to wake up, restless, poor appetite, and constantly ask medical staff about the risk of surgery

The responsible nurse communicated with the patient, "This disease is unexpected for you, and it is not easy for you to cope with it firmly. Now the doctor has worked out the best plan for your operation, which is a good opportunity to cure the disease. It is not unreasonable for your family to decide to operate for you as soon as possible. I also understand your concerns and concerns. " The doctor said, "this kind of operation has been performed many times here, and all of them are very successful. A patient I am responsible for has just finished this operation. He lives in another room. I will take you to meet him and ask him to introduce you to the situation before and after the operation. What do you think?"

Evaluation: The nurse's communication with the patient is empathetic. It is an answer to the client's requirements, emotional needs and inner desires. It is full of concern, understanding and sympathy for the elderly, so it can effectively alleviate the client's anxiety.

Assignment

【Definition】

fall

【Fill in the blanks and complete the sentences】

1. The characteristics of geriatrics are ( ), ( ), ( ), ( ), ( ), ( ), ( ), ( ).
2. The metabolism and excretion of drugs in the elderly are reduced due to the decline of liver and kidney functions, It can prolong the half-life of drugs in the body, which is easily caused by long-term use ( ). At the same time, the elderly are different from the middle-aged and young people in terms of ( ) and ( ) of drugs. In addition, the elderly are prone to adverse reactions and even life-threatening when taking drugs due to the combination of multiple drugs. The older you are, the more kinds of drugs you use, and the incidence of adverse drug reactions ( ).

【Choose the best answer for each question】

1. The most common symptom of the elderly is ( ).

   A. fall　B. constipation　C. incontinence　D. pain
2. Stress urinary incontinence is common in ( ).

   A. male elderly　B. female elderly

   C. maternity　D. male after prostate surgery
3. Which of the following statements is incorrect about the psychological characteristics of elderly patients? ( )

   A. Self blame.　B. Loneliness.

   C. Lack of self-esteem.　D. Anxiety.
4. Which of the following statements is incorrect about the negative behavioral reaction of the elderly patient? ( )

   A. Hesitate.　B. Be upset.

   C. Low self-evaluation.　D. Suicide.

5. In the process of communication with elderly patients, which of the following statements is correct? (   )
   A. The content of the questions can be unlimited.
   B. It is better to ask one or two questions at a time.
   C. The questions should be simple and clear, so that the patient can answer freely.
   D. Try to use Mandarin.
6. What communication skill should be used in the process of communication with elderly patients? (   )
   A. Normative language to maintain the self-esteem of the elderly.
   B. Non verbal communication.
   C. Application of Body Touch and Professional Cultivation.
   D. Empathy.

【Show your capability】

Introduce narrative communication steps and communication skills with elderly patients according to cases.

Project V
Communicate with the elderly suffering from Alzheimer's disease

Learning objectives

- **Knowledge objectives**

◇ Master the concept of senile dementia, understand the basic knowledge related to senile dementia, be familiar with the early signs of senile dementia, common behavioral symptoms, and understand the behavioral language of the elderly with dementia;

◇ Master the principles of communication with the elderly with dementia, be familiar with the common communication barriers and causes of the elderly with dementia, and master the communication taboos of the elderly with dementia;

◇ Master the effective communication strategies of the elderly with dementia.

- **Skill objectives**

◇ It can timely discover the early signs of dementia in the elderly, and can effectively communicate with the elderly with dementia.

Situational lead-in

With the aging of the population, the prevalence of dementia among the elderly has increased. It is reported abroad that about 4% to 5% of the elderly aged 65 and above have obvious dementia. The risk of disease will double every five years. That is to say, if they reach the age of 0, the risk of disease will reach 10% , and after they reach the age of 85, the risk will reach 35% to 40% . Half of them are primary dementia (Alzheimer's disease, abbreviated as AD) with unknown causes. According to the current development trend, it is estimated that by 2040, the number of Alzheimer's patients in China will exceed the total number of Alzheimer's patients in all developed countries. Alzheimer's disease has become an important subject of geriatrics and psychiatry, and also a social problem to be solved urgently.

Task 1 Recognize Alzheimer's disease

Case lead-in

I don't know when, Uncle Zheng, who was originally silent, became more silent. He would no longer go out to climb the mountain every day. I don't know when, he began to lose track of the time and whether he had eaten or not. Later, he would not dress himself, cover the quilt when sleeping, wash himself, and drink all over the floor when eating. He began to hallucinate, treating everyone around him as a bad person. He shouted angrily, cursed and broke things. In fact, he may be defenseless, but we can't understand what he saw. He began to walk slowly, stoop and sometimes incontinence. He can't clearly express his own requirements, nor can he correctly understand the meaning of others. Because of communication difficulties, he is often irritable and acts strangely. The doctor told his family that Uncle Zheng had Alzheimer's disease. Now Uncle Zheng has become a real old child who is hard to take care of.

Main content

1 Concept of senile dementia

Dementia refers to a group of syndromes caused by neurodegenerative changes, cerebrovascular diseases, infections, trauma, tumors, nutritional and metabolic disorders and other reasons, with cognitive impairment as the main clinical manifestation, usually seen in the elderly. Dementia is essentially a chronic clinical syndrome, not a disease or neuropathological process. In addition to cognitive impairment such as orientation, memory, learning, language understanding and thinking, most patients with dementia also have behavioral abnormalities.

In dementia, the most common type is Alzheimer's disease (AD), which was once called senile dementia. It is generally said that the patients before 65 years old are early onset AD, and those after 65 years old are late onset AD. Vascular dementia is the second major type of dementia. Among dementia, Alzheimer's disease and vascular dementia are the two most common types. Alzheimer's disease accounts for 50% to 70% of all dementia, while vascular dementia accounts for 10% to 25% of all dementia. Other types of dementia include Pike's disease, Louis small dementia, Parkinson's disease, Huntington's disease, etc.

2 Basic symptoms of senile dementia

The basic symptoms of dementia include cognitive impairment symptoms, non cognitive neuropsychiatric symptoms and signs, and impairment of social life function, among which impairment of social life function is the consequence of cognitive impairment and non cognitive neuropsychiatric symptoms.

2.1 Symptoms of cognitive impairment

2.1.1 Memory impairment

Memory impairment is the core symptom of dementia. It is usually mild at the beginning and will not be noticed for quite a period of time. At the beginning, the memory of recent events declines, while the memory of previous events (distant events) remains. It shows that things are often misplaced or lost, people forget to pay for goods when shopping, and they forget what to say at the beginning of a conversation, so it is difficult to communicate with each other. They often forget to go to important appointments and call back because of memory impairment. The ability to learn new knowledge and master new skills at an early stage has declined, and they can only engage in simple and rigid work. As the course of the disease progresses, distant memory is also gradually affected, and gradually worsens over time. I can't remember my birth date, home address, marriage time, working time and other life experiences. In severe cases, there are several people in my family, whose names and ages can't be accurately answered, and their daily life and working ability are comprehensively reduced, unable to adapt to the surrounding environment.

2.1.2 Language barrier

Language is the ability to communicate through the use of symbols, including the ability to understand and use (express) symbols. Symbols include oral and written literal symbols, as well as gesture language (sign language or sign language, gesture). Dementia patients may have various language disorders, mainly manifested as empty, repetitive and cumbersome language content. Among them, the difficulty in finding words is the first language barrier, often forgetting simple words, so that the words spoken and sentences written are often incomprehensible. Almost all types of aphasia can be found in patients with different types of dementia, including the decline of active conversation, retelling, naming, listening comprehension, reading and writing functions, often manifested as less active conversation, less spoken language, difficulty in finding words, and slower speed of answering questions, or spontaneous conversation, normal volume of speech, normal pronunciation, but lack of substantive significance. All aphasics have naming disorder and hearing comprehension disorder to varying degrees, and they suffer from dyslexia, impaired conversation ability, impaired reading comprehension, and finally complete aphasia. In the later stage of dementia, people may be unable to speak or always remain silent.

2.1.3 Unconsciousness and apraxia

2.1.3.1 Unconsciousness

Unconsciousness means that we can not recognize something with the corresponding senses when facing it due to the elimination of consciousness barriers, sensory insufficiency, decreased attention, and not having touched it in the past. Patients with dementia usually have visual agnosia and auditory agnosia, among which visual agnosia is more common, such as visual agnosia, facial agnosia, etc.

(1) Visual agnosia refers to the loss of recognition of objects or characters, colors, distances and space environment. Mild patients are easy to lose their way in unfamiliar places, and those who are serious will get lost in familiar places, unable to identify objects, relatives and friends, or even themselves.

(2) Auditory agnosia is mainly manifested in the inability of the patient to recognize the meaning of the surrounding sounds, the pronunciation and intonation of the language, and thus the meaning of the language.

2. 1. 3. 2 Apraxia

Apraxia refers to normal sensation, muscle strength and coordinated movement, but no purposeful action. If they cannot complete the action according to oral instructions, they cannot imitate the action. In serious cases, such as when wearing a coat, the hand cannot reach into the sleeve, the corner of the tablecloth cannot be aligned with the corner of the table, and the simplest geometric figure cannot be drawn. Dementia patients' apraxia is more common in concept apraxia and psychomotor apraxia. Simple actions can be completed, but it is difficult to complete slightly complex or skillful random movements. The actions are clumsy and appear incoherent and uncertain. The patient will not use tableware to eat, but grasps with hands or eats directly with mouth.

2. 1. 4 Miscalculation

Difficulties in computing power are often manifested in miscalculation, payment of wrong money, inability to recall the multiplication formula learned previously, lack of quantitative evaluation, difficulty in understanding numbers and operation symbols, and finally inability to perform even the simplest calculation.

2. 1. 5 Visual spatial perception disorder

Visual spatial perception function refers to the ability to recognize the orientation relationship between objects, the spatial relationship between objects and observers, and the orientation of scenery. The cognitive impairment of various characteristics of objects in space caused by vision is called visual spatial perception impairment, also called visual spatial dysfunction. The patients showed that they could not find their own room, could not know the very familiar road, could not figure out the upper, lower, left and right sides of clothes, and could not judge the positioning of obvious objects by vision. That is, in the two objects they saw, they could not judge which object was closer to them. Drawing tests (such as clock drawing test, tracing test in MMSE, etc.) cannot accurately copy simple figures.

2. 1. 6 Orientation disorder

Time, place, person and self-orientation barriers can occur. If the patients do not know the year, month and date, or whether it is morning or afternoon, they may get up late at night to do things in the morning such as brushing the teeth and washing the face.

2.1.7 Executive dysfunction

Executive dysfunction is a common manifestation of dementia, which is related to frontal lobe or related subcortical pathway dysfunction. Executive function includes motivation, abstract thinking, planning and organization of complex behavior and other high-level cognitive functions. The performance of executive dysfunction is the decline of daily work and learning ability, and the decline of organization, planning and management ability. The neuropsychological tests such as analyzing the similarities and differences of things, continuous subtraction, vocabulary fluency test and wiring test can reflect the impairment of executive function.

2.2 Non cognitive psycho/behavioral symptoms

2.2.1 Obstacles in thinking content

Most of them are non systematic thinking content disorders, which can lead to delusional symptoms, such as delusion of theft, delusion of murder, delusion of poverty and delusion of jealousy. Because dementia patients tend to forget the location of objects, it is the most common delusion to think that objects are stolen. In serious cases, they are sure that someone is stealing. The delusions of patients with dementia are often not systematic, and the structure is not tight.

2.2.2 Hallucination

All kinds of hallucinations can occur, but visual hallucinations are more common, and other verbal hallucinations can also occur. Visual hallucination often sees the thief or the deceased family member and talks with them. Almost all patients have insomnia or nocturnal delirium. Less common hallucinations are olfactory hallucination and taste hallucination, such as smelling the smell of burning substances.

2.2.3 Emotional disorders

Emotional dullness and apathy are common symptoms of dementia patients. In the early stage, the emotion is unstable. Sometimes, the emotion loses its control and becomes superficial and changeable, showing anxiety, depression and negativity, indifference, sudden anger, easy to cry, easy to laugh, and unable to control. In the evolution of the disease, it gradually becomes indifferent and dull, and the patients show insipid or completely lack corresponding emotional response to external stimuli. They are indifferent to the things around them, and the loss of subtle emotions is most obvious. The patient's inner experience is extremely poor, often unwilling to talk and indifferent to his family. Some patients may show depression, anxiety, euphoria and irritability in the early stage of dementia.

2. 2. 4 Personality change

Patients with frontal and temporal lobe involvement often have obvious personality changes, such as laziness, withdrawal, self-centered, vulgar speech, behavior that does not conform to social norms, sloven, loss of shame, and undressing in public. The personality disorder of dementia patients can sometimes appear in the early stage of the disease. The patients become less energetic, easily tired, lose enthusiasm for work, lose interest in activities they used to like, and show no concern for people and things. Sometimes they make some inappropriate jokes, pay less attention to clothing and appearance than before, and can become too untidy and slovenly. Sometimes, behaviors that violate social ethics such as wolf behavior or exposing the genitals of young children will occur. Some people become suspicious, stubborn and haggard.

2. 2. 5 Eating, sleeping and behavioral disorders

The appetite of patients is often reduced, and some patients do not know how to eat enough and eat too much, leading to weight gain. There are also very few patients who have anorexia and eat something that they usually do not eat. Patients may have disorder or inversion of sleep rhythm, which is manifested by an increase in the number of awakenings at night. With the progress of illness, daytime sleep increases, and finally the sleep rhythm is completely disrupted. The abnormal behavior of patients is more obvious in the evening, which is called sunset syndrome. The patient has abnormal behaviors, such as repeated steps, repeatedly opening and pulling drawers, playing with buttons and other repetitive rigid behaviors, jerking, or avoiding communication, which is manifested as withdrawal. Dementia patients may also have aggressive behavior, which is manifested by resistance to taking care of their life, such as bathing, dressing, etc. Common physical attacks include biting, scratching, kicking, etc. Occasionally, the patient may have inappropriate sexual behavior and sexual aggression. A few patients may also have screaming, pulling clothes and other strange behaviors, which are sometimes related to their pre illness occupation or hobbies

2. 3 Impairment of social life function

Dementia patients' ability of daily life is significantly reduced due to the decline of memory, judgment, thinking and other abilities, and they gradually need care from others, and their dependence on others is growing.

In the early stage, due to the impairment of recent memory, the patient's ability to learn new knowledge and master new skills is reduced, and he is prone to feel tired, depressed and angry when encountering unfamiliar work. At this time, professional activities and social activities are mainly damaged. Alzheimer's disease has further developed, and the patient's ability to use tools for daily life has been impaired. At this time, the patient can no longer make phone calls alone, manage money, go out by car, and take medicine on time and in accordance with the amount. When buying things, the patient can't make sure the price, cook dishes, and wash clothes. The patient can only do some simple housework such as sweeping the floor and picking vegetables. At this time, although the elderly with dementia can no longer live independently, they can still take care of themselves in basic life. In the middle and late stages, the patient's basic self-care ability was gradually impaired until it was lost, including difficulty in dressing, grooming, walking, bathing, and going to the toilet. The patient needed to be cared for. Finally, the patient, like a baby, does not know about eating, drinking, pulling or scattering, stays in bed all day, and eventually dies of infection, visceral disease or failure.

3 Staging of senile dementia

Alzheimer's disease affects different patients in different ways, and its clinical manifestations are different due to the influence of patients' past personality, physical condition and lifestyle. Alzheimer's disease is a progressive course. At present, according to the severity of the disease and the evolution of various dementia symptoms, it can be roughly divided into three consecutive stages: early stage, middle stage, and late stage. However, there is no clear boundary for the symptoms of the three stages, and the symptoms of each stage overlap and develop. For example, there are memory impairment, personality and behavior changes, and decline in self-care ability. We must understand that not every patient will have all the above symptoms, and the symptoms of each patient are different, and no patient will experience the same dementia evolution process. Some clinical manifestations of dementia can occur at any stage of the course of the disease, for example, some abnormal behaviors that occur in the late stage may also occur in the middle. In addition, the caregiver should also be aware that the patient may have a brief and relatively clear mind in each stage.

3.1 Early stage

The first stage is the early stage of the disease, about 1 to 3 years, mainly manifested by memory loss. At first, it was difficult to learn new knowledge. Although it was better to remember something than forget it quickly, it was usually able to carry out normal social interaction, so it was often ignored by patients and their families. At this time, the prominent symptom of the elderly is memory disorder, especially recent memory. The patient often forgets what has just happened, but remembers the old sesame rotten millet very clearly. The life is basically normal, and the family members sometimes mistakenly think that the memory of Huizhe is good. In this phase, EEG and brain T examination are mostly normal or only mild brain atrophy is found in T, and intelligent detection can often find that memory is significantly reduced.

It is worth noting that, in the early stage of Alzheimer's disease, despite the obvious decline in memory, empty language, and obstacles in generalization and calculation ability, many patients can continue to work. This is because they are doing very familiar work, but when they put forward new requirements, their inability to work was found.

3. 2 Middle stage

The second stage is the middle stage, with a long course, usually 2 to 10 years after the onset. At this stage, memory decline is more obvious. Not only do you not remember recent events, but even long-term memory also declines significantly. You cannot recall important events in your past life correctly, such as when you got married, your child's birthday, your career success, and even the phone number you have used for many years. There is also a serious obstacle to the ability to recognize and judge, not knowing the year, month and day of the day, even not knowing the season. They will not change their clothes or wear shoes and socks with the changes in temperature. For example, they will wear thick sweaters in hot weather, or wear several shirts or short sleeved shirts at the same time, and wear underwear outside the sweaters. They put things in inappropriate places, such as putting the electric iron in the refrigerator and the watch in the sugar bowl. In severe cases, they do not know how to use the toilet. They don't know my colleagues and neighbors. They can't tell men from women, and they don't even know themselves in the mirror. The thinking is confused, the answer is irrelevant, and it is difficult for others to understand what they are trying to express. In the later stage of this stage, they can hardly manage their own life.

Behavioral and personality disorders are also the characteristics of the lesions at this stage. Some patients showed obvious personality and behavior changes, such as being mild tempered and generous before, but now they have become grumpy and narrow-minded. They used to have a bad temper, but now they are very obedient. Some people wander around aimlessly, collect waste and giggle for no reason all day long. Some patients have little activity, sit in a corner, and do not care about anything around. Some patients are anxious, even noisy day and night. There are also nervous system symptoms such as limb spasms and inflexibility. Some patients may get lost if they walk a little farther, or even get lost in a familiar environment. In this phase of EEG examination, slow waves increased significantly. Brain CT examination can often find abnormalities such as enlargement of cerebral ventricle, widening of cerebral sulcus and mild atrophy of cortex. Intelligent detection indicates that memory, orientation ability and thinking judgment ability are significantly reduced.

3. 3 Late stage

The third stage is the late stage, generally 8 to 12 years after the onset. It is mainly manifested as a very obvious mental disorder. The patient has no normal contact with the surrounding environment, and the language is fragmented and meaningless. At most they can only remember the names of himself and his spouse or caregiver. Most patients are indifferent, speak less and move less all day long, and may have limb stiffness, contracture, and unstable gait. About 1/3 of the patients will have a grand seizure of epilepsy, and can't take care of themselves at all. They need other people's 24-hour care. In this phase of EEG examination, a comprehensive slow wave and severe abnormality can be seen. Extensive brain atrophy can be found by brain CT. Memory and intelligent detection can no longer be carried out.

4 Early signs of dementia

Like other diseases, Alzheimer's disease must also be treated and intervened at an early stage, that is, the earlier the treatment is, the better the effect will be. However, some early symptoms are often overlooked by doctors, patients' families or friends, or some clinical manifestations are misunderstood as aging, or even considered as normal phenomena of aging. Because most of these symptoms occur gradually, it is difficult to determine when the patient began to get sick.

Because Alzheimer's patients look healthy at the early stage, their behavior and behavior are basically the same as those of ordinary people, and their social skills are relatively good, they can communicate with colleagues and neighbors normally, and they can also participate in some social activities. Therefore, when they have difficulties in engaging in activities of daily life, it is easy for people to think that they are just "lazy". However, only careful family members, children and old friends who have good relationships may feel that some of the problems are not just "getting lazy". Here are ten common early signs of Alzheimer's disease.

4.1 Memory loss

Forgetting recent events is the most prominent and the most common symptom in the early stage of dementia. Patients can't remember what happened that day, what they just did or said, familiar names, appointments, and where they put their valuables.

4.2 Disablement in word

It is difficult to complete familiar work, and dementia patients are not competent for daily housework. For example, patients may not know the order of dressing and the steps of cooking.

4.3 Language disorder

People with dementia may often forget simple words or replace them with uncommon words, and the words they say are incomprehensible. They can't call the names of everyday objects, but the amount of spoken English decreased.

4.4 Calculation force reduction

They often miscalculate, or pay the wrong money.

4.5 Time and place orientation obstacle

They forget today is the day of the week, or can not remember the specific year, month, day, familiar places will also get lost.

4.6 Disorder of spatial orientation force

When wearing a coat, patients can't stretch hands into sleeves, get lost or don't recognize home, or draw simple geometric figures.

4.7 Impaired judgment and difficulty in abstract thinking

Dementia patients are slow to respond, and it is difficult to follow the thinking of others when talking.

4.8 Emotion and behavior change

The mood of dementia patients can become extremely unstable, and more depressed, indifferent or excitable, restless, and distracted than before.

4.9 Personality change

People with dementia behave differently than before, for example, they suspect that their family members steal their money or hide some worthless things.

4.10 Loss of interest

Dementia patients may become passive, lack initiative, spend time sitting in front of the TV for a long time or feel sleepy all day, and lose interest in previous hobbies.

These are some early signs of Alzheimer's. Of course, not all patients with early Alzheimer's will have the above symptoms, perhaps only some of them, perhaps some of them are more prominent, but the family members must pay attention to these signs. When the elderly have symptoms such as memory decline and emotional change, they should go to the hospital as soon as possible to check, so as not to delay the time for treatment.

Task 2 Master the skills of communication with the elderly suffering from Alzheimer disease

Case lead-in

Grandma Li, 75 years old, has just moved into an elderly care home. Her admission evaluation is listed as follows. The result of MMSE was 1 point, which was mainly manifested as disorientation of time and space. The computational ability, attention, naming ability, structural ability and writing ability are seriously degraded. Memory, recall, comprehension and reading ability are acceptable. The fall risk factors were assessed as high risk. As a staff member, how should he teach the elderly about admission? How to teach the elderly how to prevent falls? What communication strategies and skills can be used to achieve effective communication?

Main content

To do a good job in nursing the elderly with dementia is a complicated work. Nurses not only need to pay great love, patience, carefulness and perseverance, but also need to correctly understand the characteristics of Alzheimer's disease. They should take a positive attitude, so that the patients with dementia can live in an environment full of affection and care. Through effective communication with the patients with Alzheimer's disease, effective measures should be taken. Only in this way can the living time and quality of life of the elderly with dementia be improved, the family burden be reduced and their families be comforted.

1 Principles of communication with the elderly with dementia

1.1 Principles

(1) Respect the elderly and their feelings;

(2) Accept rather than change;

(3) Maintain compassion;

(4) Give the elderly opportunities to express themselves;

(5) Don't cajole the old at will;

(6) Care and love;

1.2 Notes

When communicating with the elderly with dementia, remember the following points.

(1) The symptoms of dementia patients, including inappropriate behavior, are caused by the development of the disease, not intentionally. The patients themselves are also very painful, so they should not be angry with the patients due to poor communication, but should be very sympathetic and understanding.

(2) Patients with dementia, regardless of the severity of their illness, still have psychological functions. They should have great patience and love, rather than repel them in a simple and crude way, to avoid hurting their self-esteem and give full play to their remaining psychological functions.

(3) Although dementia gradually deprives them of their cognitive ability, they still retain their emotions and their perception of beautiful things. The disease finally damages the cortical function. The feeling and expression of emotion of the elderly with dementia finally disappear, which means that even the elderly with severe dementia can still feel the care of their relatives and friends. Although they may not be able to understand when talking to the elderly, they will feel the friendliness, respect and understanding of the caregiver from the smile, touch and gentle voice tone.

2 Common communication barriers in the elderly with dementia

2.1 Patient factors

Memory decline reduces the ability of judgment and understanding of the elderly with dementia, which makes them unable to execute more complex instructions. The ability to concentrate is reduced, and the mood is more volatile and angry.

2.2 Caregiver's factors

Too fast and too high a voice may create pressure on the beneficiaries. Too much talk makes the message too complex. Too many unnecessary actions distract or misunderstand the elderly. Feelings of disappointment or impatience due to physical and mental fatigue. Inappropriate intonation, such as shouting loudly, will make the elderly misunderstand being blamed and treated impolitely.

2.3 Environmental factors

For example, noise interference, insufficient light, etc.

3 Communication with the elderly of dementia

Communication with the elderly of dementia includes nonverbal communication and verbal communication.

Communicators should master their characteristics, methods and precautions to better help the elderly with cognitive impairment express their feelings and requirements through communication, get a sense of security and improve their quality of life. In addition to general communication skills with the elderly, the following should also be noted.

3.1 Nonverbal communication skills

Nonverbal communication is extremely important for the elderly who are increasingly unable to express and understand the content of conversation. Although the elderly may rely more on nonverbal communication, it does not mean that their psychological cognitive state also returns to the childhood stage. Therefore, we should pay attention to observing which communication mode is a specific way for the elderly to respond well, and strengthen and use it more.

3. 1. 1 Listening

We should be good at listening to the elderly, pay attention to their voice, tone, fluency, words and expressions, facial expressions, body posture and movements, and try to understand the internal meaning they want to express. In the process of listening, we should pay attention to what we are saying. Attention should be paid to maintaining eye contact and "understanding". The distance between the two parties would be such that they can see each other's expression clearly, speak effortlessly but can hear clearly. The distance can also be adjusted according to the content of the speech. Both sides would be held flat and slightly inclined to the patient, and the patient would not be in the upward looking position. We use actions that can express information, such as nodding, smiling, etc. Listening attentively not only expresses concern for the elderly, but also expresses interest in the topic to encourage the elderly to continue to speak.

3. 1. 2 Facial expression

Facial expression often clearly shows people's emotions, and to some extent reflects their inner feelings. The facial expression is extremely sensitive, which can quickly and truly reflect various complex internal activities. We should keep the facial expression calm, not tense or frown, speak in a slightly low and gentle voice with warm welcome, and exaggerate the facial expression to convey surprise, joy, worry, care and other emotions. Smile is the "lubricant" of interpersonal communication, which may be more spiritual comfort to elderly patients than good medicine. It must create a pleasant, safe and reliable atmosphere for the elderly patients in a smile.

3. 1. 3 Touch

The communicator's proper touch can express the concern for the elderly, and thc elderly can help us understand the surrounding environment by touching others or things. Touch is a simple way to express feelings, which helps us to communicate with Alzheimer's patients. Holding their hands or arms when we listen or talk to them is a way to show our interest or attract their attention. However, if the touch is used improperly, it may increase the restlessness of the elderly or offend their dignity. It is necessary to avoid inappropriate pat on the head and other actions that make the elderly feel uncomfortable and unacceptable. Moreover, because the elderly are often in a state of unconsciousness, they are prone to make a wrong understanding of touch. Therefore, the following precautions should be grasped during communication.

(1) Let the elderly with cognitive impairment know the existence of communicators before they can touch.

(2) The elderly are often frightened because of the gradual loss of vision and hearing, so we try to contact the elderly from the side with good functions, and never touch them suddenly from behind or from the dark side.

(3) We gradually start to touch, and continuously observe the reaction of the elderly to touch, from holding the hands of the elderly with one hand to holding them with both hands. When talking with the elderly, we should keep a proper distance, starting from about 1 meter, and gradually draw closer to each other. If we are too far away, the patient cannot hear clearly. If we are too close, the patient will be afraid. In the process of touching, pay attention to the client's facial expression and whether the touched part is loose or tight, and whether the body posture is backward or forward, so as to judge whether the elderly are acceptable and comfortable, and provide a basis for the selection of next steps.

(4) We have to pay attention to the appropriate touch position. The most acceptable part is the hand. Other suitable parts are the arm, back and shoulder. The head is generally not suitable for touching.

(5) We should pay attention to protecting the fragile skin of the elderly, avoid pulling or friction, and apply lotion properly.

(6) We should respect and understand the individuality and traditional cultural background of the elderly, so as not to offend them. When the privacy check of the elderly is involved, the permission of the elderly shall be obtained in advance.

(7) The touch of the elderly should be correctly responded to. We should learn to accept the elderly appropriately to express our gratitude by touching their hair, arms or cheeks. At the final stage of dementia, the elderly may no longer speak. What can we do? We now know from research that touching, hugging and caressing are very important. Well, with Alzheimer's, although many parts of the brain are damaged, at the last stage of the course, the patient can still get tactile stimulation, and the tactile sensation lasts the longest. It is best to contact the late stage patient through touch and embrace.

3. 1. 4 Body posture

When words cannot be clearly expressed, body posture can effectively and timely assist in expression. The body postures can effectively strengthen the content of communication in daily life. For example, waving to say hello or goodbye; turning hand to ladle inward to summon, point out the location of objects, and identify oneself or others; imitating and reinforcing movement to indicate daily functional activities as washing hands, brushing teeth, combing hair, drinking water and eating; giving a thumbs up to show support, approval, etc. The following precautions shall be mastered during communication.

(1) Before communicating with the elderly with cognitive impairment, we must make them know the existence of the communicator to avoid scaring the elderly.

(2) When communicating, we should face the elderly to help them read their lips, and add gentle and obvious body movements to effectively assist in expression.

(3) For the elderly who use wheelchairs to take the place of walking, they should sit or squat beside them in good time, and keep their eyes on the same horizontal line, so as to facilitate equal exchange and communication.

(4) We should encourage the elderly who cannot express themselves orally to express themselves in body language and give feedback in time to facilitate two-way communication.

(5) Body posture and orientation are to lean forward when speaking to show interest in the other person's topic. But we should be careful not to let the elderly feel uncomfortable when their body area is invaded.

(6) If the old people don't mind, we can express love and warm care with a hug as he feels comfortable.

3. 1. 5 Eye contact

The information transmission of eyes is the essence of facial expressions. When talking with the old, look at their eyes, smile, kind eyes and expressions, which will encourage the old. Eye contact must be frank and gentle, but the elderly with dementia are often difficult to understand the situation due to their lack of consciousness, and tend to be distracted. Therefore, maintaining eye to eye contact is very important to the effect of communication. When necessary, the elderly can be positively touched to attract their attention back to the communication situation. However, some elderly will feel that direct eye to eye contact is threatening, so they need special treatment.

3. 1. 6 Silence

Although it is important to use language skills in communication, it is not the only way to help the elderly. Not all the time should be spoken, sometimes staying together is enough. When the elderly are unwilling to speak or are emotionally shocked, the communicator can say to the other person: "If you don't want to speak, you can speak nothing. I hope I can sit here with you for a while, OK?" At this time, the communicator shows concern in a silent manner and respects the wishes of the elderly, which is very effective. It can express the sympathy and support of the communicator for the elderly patients, playing a rolc of silcncc over voice at this time. In addition, a moment of silence can also provide opportunities for both sides to think and adjust.

3. 1. 7 Communication environment

Because the communication ability and the ability to deal with external stimuli of the elderly with dementia are often flawed, it is necessary to create a comfortable environment for them to adapt to their communication ability: safe, quiet, relatively fixed and relatively independent. In addition, the space distance of communication should be kept at 90 cm to 120 cm.

3. 2 Language communication

Good language communication can correctly express feelings, ideas, beliefs and attitudes, and promote mutual understanding and acceptance between the two sides. Although the language communication ability of the elderly with dementia has been reduced or impaired to varying degrees, good language communication is still an important way to promote their communication and understanding with the outside world, and communicators can also clearly and quickly transmit information to the elderly. The communicator should be sincere and helpful to the elderly. At the same time, the communicator should estimate the education level and understanding ability of the elderly patients so as to choose appropriate language expression.

There are many ways of language communication. Oral communication is a good way to express feelings and maintain social interaction for the outgoing elderly, while letter communication is more suitable for the introverted elderly. The elderly with dementia may become withdrawn, lonely and depressed due to their decreased ability of language expression, understanding, judgment and adaptability, and some changes in personality. At this time, the best solution is to provide enough opportunities for social interaction and self-expression and give positive encouragement.

3. 2. 1 Oral communication

Oral communication is an important way to communicate with the elderly with dementia. Taking different methods, angles and frequencies to communicate with them can effectively encourage them to enhance their confidence in overcoming diseases, maintain and retain their original abilities, and delay the pace of decline.

3. 2. 2 Written communication

For the elderly with literacy ability, the combination of written communication can better overcome the memory decline of the elderly and serve as a reminder. If the patients are confused, they can also try to write down what they want to say.

4 Communication skills with the elderly with dementia

The following points may be helpful for effective communication with the elderly with dementia.

(1) Quiet environment. The noise of TV, radio and even electric fans may distract the elderly and make them forget what they say in conversation. A quiet environment can make communication easier. Reduce the distractions of the elderly in the environment, such as noise, chaotic environment or furnishings, so that the elderly can focus.

(2) In one-to-one communication, the more people speak, the more complex the content will be. At the same time, do not communicate with the elderly by more people at the same time. Others should not interrupt at will or answer questions instead of answering them, so as to avoid the anxiety and frustration caused by the old people's inability to pick up or feel that their answers are not timely. One-to-one communication can effectively reduce

the burden of the old people's thinking.

(3) Determine whether the client's hearing and vision are normal. For example, if the glasses of the elderly are still appropriate, or the hearing aid functions normally, a comprehensive inspection can be carried out when necessary.

(4) Before making a speech, make sure whether it has attracted the attention of the elderly. Touching their shoulders, arms or palms directly will help attract their attention, but they must be careful when touching.

(5) First introduce yourself to the old man, explain your relationship with him, and provide information that is conducive to the sense of orientation, so as to avoid repeated tests or inquiries. Then approach the old man from the front and tell him who you are. The elderly should be approached at a slow, gentle and not hasty speed, because they are very sensitive to fast movement. Such as the change of gestures, it is easy to be overly stimulated and anxious, misunderstand others, and attack others or hurt yourself. Remember that the elderly with Alzheimer's disease live in the present, and each new occasion may need to reinterpret a smile, a warm greeting, and another self introduction.

(6) The old people should be called by his or her name kindly, but with their consent. This is not only a question of politeness, but also can help the elderly get into a state of mind and attract attention.

(7) When communicating with the elderly, they should talk face to face and keep eye contact. If the old people are sitting or lying down, we should not stand, we might as well sit down or squat down, and keep the same height with him, not condescending. During the interaction, call their names and maintain eye to eye contact to maintain their attention.

(8) Speak slowly, with a gentle tone, a gentle and relaxed tone, and speak clearly, but do not speak loudly unless the elderly have hearing problems. Try to use the dialect and colloquialism that he is familiar with. Never shout, a sharp or too loud voice will show that you are unhappy or even angry, the elderly will be afraid, or even may have an ovcrrcaction.

(9) Pay attention to the tone of voice when speaking, and avoid speaking to the elderly with dementia in the tone of speaking to children, which will hurt the self-esteem of the elderly, and promote the intelligence and dependence of children of the elderly.

(10) When talking with the elderly, use short and easy to understand words and avoid using complex long sentences. Give only one suggestion or idea to the elderly at a time, and try to carry only one message in each sentence. The questions should be simple, and only one question should be asked at a time. It is also important to avoid asking the elderly questions with multiple answers. The answers should not be more than two. For example, "Do you eat apples or pears?" is better than " What fruit do you like?" When asking their questions, they should be answered with "yes" or "no" rather than thinking questions. We may use "Do you want to go out for a walk?" instead of "What do you want to do?" and

the questions can be accompanied by some choices. For example, "Were you born in Beijing or Tianjin?" You can turn questions into answers and try to provide the elderly with solutions instead of asking questions. And we can directly tell them that the toilet is here instead of asking them if they need to use the toilet. Change a negative sentence into a positive sentence. Try to say "Let's come here" instead of "Don't go there". Highlight the key words in a sentence that you want to attract the attention of the elderly, such as "This is your tea". Avoid using such words as "he", "they", "here" or "that", and speak out the specific places or objects.

(11) Avoid unclear expressions. Give the elderly a simple explanation, avoid using complex logic and too many reasons to explain problems, and only provide the elderly with a complete, clear and concise explanation.

(12) If we can't understand what the old people said, ask the old people to repeat it again. If this will cause the old people to be unhappy, we can use the way of guessing to repeat what you heard, and then ask the old people to answer "yes" or "no" until we understand. Don't pretend to understand, but we can't do as the old people ask. This will disappoint the old people.

(13) Special expressions and non-verbal skills of each elderly person should be recorded to improve the quality of the next communication.

(14) Try to start the conversation with the things, people, places, weather, etc. that happened that day. Talk more about the specific content, find out the topics that the elderly are interested in, and talk in a familiar way. Choose topics familiar to the elderly and keep the conversation smooth. Talk about specific things rather than abstract ideas.

(15) Recent memory impairment in communication is another common problem for the elderly with dementia. If we often talk directly with the old people about his recent memory disorder, it will often cause great frustration for the old people. Therefore, when talking with the elderly, the elderly should choose the topic, or start talking about the things he remembers in the long term. The communication will go smoothly, and the elderly can often get pleasure from talking about the past. But don't ask the old people such a question: "Do you still remember that time...?" Don't say, "You shouldn't forget." Don't test the old people's memory. The old people will feel frustrated because they can't answer.

(16) The current perception disorder of the elderly should be handled tactfully. When the elderly firmly believe in the wrong or non-existent things, do not argue with them, but give comfort to the patient's emotions. For example, when an old person who lost her son said that she was looking forward to her son's return soon, the nurse responded appropriately as "You must have loved your son very much, and sometimes even thought he was still here". If the caregiver clearly or implicitly agrees that her son will "go home", it will enhance the old person's false expectation or lead to the old person's disappointment. However, if we tell her flatly that "your son is no longer here", it may increase the anxiety

of the elderly.

(17) The elderly with dementia sometimes cannot find appropriate words or cope with difficulties when speaking. They should try to find a word or a word to express their own meaning, and should not be corrected immediately to avoid embarrassing the other person. Try to understand some ambiguous sentences of the elderly, and try to combine important words in the patient's speech in series to help communicate with each other. We can prompt or change the topic. For example, "You just said that you have been to...", which can let the old man fill in the unfinished sentences. When the elderly forget the whole sentence, they can repeat the last part of the sentence as a reminder. If the elderly feel tired or frustrated, they can stop and try again later.

(18) Repeat the information or questions. If the old person does not respond to the questions, wait a moment and then ask again. Repeat questions in the same way and in the same language.

(19) Wait patiently for a response, and give the elderly some time to respond, so that they can have plenty of time to think about problems. Don't worry. If we are worried, the elderly with dementia will be upset.

(20) Don't interrupt the old man. Do not correct the old people's mistakes, do not argue or quarrel, but give appropriate explanations and comfort to their problems.

(21) Pay attention to the expression, tone and movement of the elderly, so as to make appropriate responses and prompts. When the old people answer, give timely encouragement, such as smiling, nodding, verbal appreciation, etc. Show interest in the old people's words and encourage them to continue speaking.

(22) When the elderly cannot concentrate, they can tap their arms, call their names, or take a rest, or drink a glass of water to relax their mind and restore their attention. Because the their concentration ability is low, the conversation time should not be too long.

(23) When the old people ask the same questions or make the same comments again and again, you should try not to be angry. The things that make them repeat may just reflect the special things they care about. We should pay attention to this possibility and make a reasonable analysis. The repeated words can be the starting point for mutual communication. If necessary, other things can be used to appropriately divert their attention.

(24) When the elderly are angry and refuse to explain rationally, they can use topics that the elderly are interested in to divert their attention and let the elderly give up what they insist on doing. At the same time, they should respect the elderly and never be strong. This is very important for communication.

(25) Give instructions to the elderly step by step, break down the things to be done into simple and clear steps and tell them to guide them to complete step by step.

No two old people with dementia are identical, and the uniqueness of each old person with dementia must be respected. The condition of the elderly will change with the course of the disease, and caregivers need to adjust their care methods according to their conditions. Facing the elderly with dementia with an attitude of acceptance, as long as we are willing to care for them, keep in touch with them, get close to them, and listen to them, as long as we are willing to treat them as normal people with healthy intelligence, we will find that they still have a lot to say. Although the emotional expression of the elderly with dementia is very direct, which is sometimes painful and embarrassing for the people around, it allows us to know their inner experience. Although sometimes we do not know what they are saying, we can learn some information and feel their needs from their words, expressions, actions and other aspects as long as we carefully observe them, so that we can quickly find suitable care methods to accompany the elderly to continue.

Assignment

【Definition】

1. agnosia
2. apraxia

【Fill in the blanks and complete the sentences】

1. The most common type of dementia is (   ).

2. The basic symptoms of dementia include (   ), (   ), and (   ).

【Show your capability】

Mr. Zhang, an elderly patient with dementia, was admitted to the nursing home two months ago. At the beginning, Mr. Zhang kept saying he would go home. The noise was obvious at night, and he couldn't sleep at all. He kept walking and shouting, and was extremely upset. During the day, he just didn't want to eat or drink. Every day, he walked around the yard alone. He has incontinence. He often beat and kicked the caregivers.

Please make a plan of communication with Mr. Zhang and make full use of the communication skills you have learned.

Project Ⅵ
Communicate with the dying elderly

Learning objectives

- **Knowledge objectives**

◇ Be familiar with the stages of the dying elderly and master the communication skills with them;

◇ Be familiar with the psychological characteristics and behavioral responses of the dying elderly;

◇ Understand the significance of communication with the dying elderly;

◇ Know the communication skills with the dying elderly.

- **Skill objectives**

◇ Understand the communication skills with the dying elderly;

◇ Learn to communicate with the dying elderly.

Situational lead-in

With the development of aging population and the change of disease spectrum, the number of patients with chronic non communicable diseases, such as malignant tumor, heart disease, cardio cerebrovascular disease, diabetes and other end-stage patients is increasing. And the demand for hospice care is becoming increasingly strong. Hospice care plays an increasingly important role in the whole health care system. Hospice care and disease prevention and treatment have become the three basic components of the contemporary health care system.

Task 1 Get familiar with the stages of psychological reactions of the dying elderly

Case lead-in

Mr. Li, male, 85 years old, hypertension for more than 20 years, advanced brain cancer, was hospitalized again two months ago due to cerebral hemorrhage. When the patient was admitted to the hospital, he was unconscious. The left pupil was 4.5 mm, the right pupil was 4 mm, and the light reflex was weak. The left limb muscle strength was 0, the right upper limb muscle strength was 2, the right lower limb muscle strength was 1, and the left Pap's sign was positive. Brain CT showed cerebral hemorrhage, chest radiograph showed chronic bronchitis, lower lung infection, incontinence, blood pressure 175/103mmHg. After hospitalization, the condition was controlled to a certain extent, the patient's consciousness recovered slightly, the left limb was hemiplegic, and he could not take care of himself.

Main content

1 Denial period

The patient could not accept the death he was facing and thought it was "impossible" and "wrong". Some patients know that their illness is getting worse and they will face death. Their psychological reaction is "no, this is not me, that is not true". The patient did not admit that he was terminally ill or his condition deteriorated, and believed that this was a mistake made by the doctor. They often take chances to seek medical treatment everywhere in order to overturn the diagnosis. The old people's desire for life will not weaken with age. In reality, the elderly have a deep desire for life, and they often give a voice of denial when facing the end of life. The elderly may have lost their ability to take care of themselves at the end of their lives, and they can't turn around for medical treatment. But they are very eager for their relatives to choose the best doctor and send them to the best hospital for treatment, in order to prove that they can continue to live. In reality, we often see such old people like that. While saying that their children are busy, the old people think that they are old bones and have no therapeutic value. But on the other side, the old their eyes revealed his desire for survival and told others that they had not yet reached the end of their life. And there was still hope for life.

2 Angry period

When the illness becomes serious and the patients deny that it can no longer continue, they often shows anger, and are dissatisfied with everything. They often vent their anger to medical staff, friends, family members and other people who are close to them, or are dissatisfied with the hospital system, treatment and other aspects, to make up for the inner grievances.

3 Agreement Period

Patients expect to prolong their lives, think that making a wish or doing good deeds can reverse the fate of death, and put forward various requirements. For example, some patients make many promises in exchange for prolonging their lives, resulting in the psychology of "please let me get better, I will...". At this stage, the patients became kind, hopeful about his illness, and cooperated with the treatment. For example, Uncle Li, 78 years old, fell down carelessly while using the toilet at home, causing a fracture. The doctor in hospital told him that the operation was not worth doing, so it would be better to go to an elderly care home for convalescence. Uncle Li's children sent the old man to an elderly care home for convalescence. Because Uncle Li was stubborn and eccentric, he was unwilling to cooperate with the nursing work in the elderly care home. As a result, pressure sores occurred a few days later in the hospital. At this time, Uncle Li still did not cooperate with nursing or dressing change. A few months later, the early pressure sore became a very serious large area of deep pressure sore, followed by infection and pressure sore consumption. The old man was getting tired. When the old man himself felt helpless, he cried and begged the doctor and the nurse to save him. The doctor and nurse told him to do what he wanted. However, Uncle Li's life came to an end. Uncle Li's performance was a typical performance of the dying elderly during the agreement period.

4 Depression period

The patients had to face the reality of the disease they were suffering from. Their physical condition was getting worse and worse, and their symptoms became more and more obvious, resulting in despair. If some patients find that their physical condition is getting worse and worse, negotiation can not prevent the coming of death, and they have a strong sense of loss. "All right, that's me" they responded with grief, withdrawal, depression, silence, crying, etc. , and are asked to meet with friends and relatives, hoping to have someone they like to accompany and take care of.

5 Receiving period

This is the final stage of dying. The patients have been prepared for his imminent death. They are extremely tired and weak. They are often in a lethargic state. Their feelings are diminished and they are calm. If some patients become calm after all their efforts and struggles, they will have the psychology of "OK, since it is me, let's face it" and accept the fact that they are about to face death. Like to be alone, sleep time increases, feelings decline, and wait for death.

Task 2 Get familiar with the reaction behaviors of the dying elderly

Case lead-in

There is life and there is death. Death, like birth, is the natural law of the objective world, which cannot be violated. It is a fact that everyone must experience. It is death that makes life meaningful. The dying patients are only those who face death earlier than us. Death gives meaning to life. Death is a person's final decision. Therefore, we should cherish life, cherish time, meet challenges and face them bravely.

Main content

1 Guilty-suicide type

Most patients are introverted and have a weak outlook on life. The pain caused by the deterioration of their physical condition, the economic difficulties caused by long-term examination and treatment, and the feeling that they have imposed a burden on their families and society, they often choose suicide to end their lives earlier. At this stage, the suicide rate of rural elderly in China is still very high. A large part of these elderly suicides feel that they are old and useless and become a burden to their children, especially the elderly who are ill feel more guilty. The sense of guilt is the main reason for this part of the elderly to commit suicide.

2 Pessimistic and disappointed type

Most of the patients had a smooth career life before their illness. They lacked a correct understanding of life and were weak willed. When they learn that they have a terminal illness or are dying, they will first show nervousness, fear, pessimism, disappointment, and lack of confidence, refuse all treatment and care.

3 Depressed and lonely type

Most of these patients have high cultural quality, introverted personality and rich emotions. A long stay in hospital, away from normal life and relatives, will make them extremely depressed and lonely, looking forward to the constant company of relatives and friends.

4 Survival type

Most of these patients have high cultural level, firm belief, strong will. They can objectively understand life, and have a strong desire for survival, are optimistic. They and can actively cooperate with medical care.

5 Type of looking at death as if going home

Before illness, the patients were cheerful and had a full understanding of life. They hoped that the doctor could tell them the prognosis of illness truthfully and arrange the future events in a limited time.

Task 3 Master the skills of communication with the dying elderly

Case lead-in

Grandma Qi is a bone cancer patient who was told by doctors that she only had six months left, but she broke this prediction. After two years in a hospice care home, Grandma Qi decided not to waste time there anymore. After discharge, she joined an environmental organization and participated in environmental activities to publicize the significance of environmental protection while traveling. She went to various places such as Hangzhou and Nanjing for sightseeing. She is optimistic and open – minded in facing illness and death, going to visit places she has never seen, experiencing exciting world she has never went, and living the life she wants.

People should ensure their quality of life and reflect their value of life when they are alive. When death is inevitable, we should try to be calm and accept it gracefully. As social workers, we should strive to help the elderly do their final journey of life with dignity and peace.

Main content

1 The significance of the communication with the dying elderly

The significance is to improve the quality of life of terminal elderly patients. At present, more elderly people at the end of their lives are not living in comfort and tranquility, but under the control of modern medical technology, anesthesia and drugs, with various tubes inserted into their bodies. While receiving various invasive treatments, they are full of fear, pain and helplessness. The purpose of terminal communication is to provide psychological care and comfort for the elderly at the end of their lives, and alleviate psychological fears, maintain dignity and improve the quality of life, so that the deceased can reach the end of life calmly, peacefully and comfortably.

2 Skills to communicate with the dying elderly

2.1 Listening

The dying elderly often need the greatest sympathy, support and family tolerance. Listening is the most compassionate gift a nurse can offer. Research shows that one of the best ways to overcome sadness is to talk about it. The dying are sad about the passing of every life on the earth, and listening can help them overcome the sadness of death. The dying person always likes to talk about the past to the listener, so as to give life orientation. We should respect them as much as possible, and say to them, "How do you feel?" We must be prepared to listen. They are allowed to talk about and talk about illness from the beginning, even a few years ago, including views on illness, hopes for family and plans for the future. This is the best gift we can give them.

2. 1. 1 Active listening

Listeners should not interrupt the speaker's expression, that is, they should continue to listen without interfering with any of judgments, suggestions and analysis, encourage the dying person to be deep in the topic, listen attentively, and devote themselves to show their concern and encouragement, so that other persons can speak freely. For example, "Yes, go on... Tell me more..." Nod slightly and answer softly, "Oh, I know" to show that we are listening and interested. On the contrary, nurses are easily shocked, eager to make judgments, criticisms or suggestions, looking around and fidgeting will make communication difficult. The dying will shut the door of heart and shut other persons out.

2. 1. 2 Reverse listening

Another step further, the listener repeats (without any judgment) or retorts what they have just heard, that is, timely feedback. For example, a dying man said, "I don't know what to do. There are too many things to decide. " The nurse can repeat, "Now this situation must make you feel a lot of pressure. " This will let him know that the nurse have heard what he said, which also proves that the nurse understand him correctly and do not interrupt his thinking. At the same time, it will help him clear his thinking and support his next idea.

2. 1. 3 Effective listening

It is usually not helpful for a person suffering from death to give him advice. Effective listening requires nurses to listen to what is said and see what is going on, and strive to accurately grasp the intention of the dying person. "I can tell you are angry about it. " Such words can make him deep into the topic and may help him find a solution. On the contrary, giving him advice will add more trouble to the tense situation.

2. 1. 4 Thoughtfull listening

This is necessary at all times and under all circumstances. We are required to pay attention and do not interrupt casually. We can use body language, look at the other person's eyes and face to maintain eye contact, and make appropriate contact and gestures to meet the dying person to express considerate listening. Listening thoughtfully means paying attention to the thoughts and feelings expressed by the dying person rather than ourselves. Whether they feel good or bad, they are just "the way things are. " nothing more. If we show shock, disgust or vigilance, the door for further communication will be closed, and they will no longer give you the opportunity to face the truth, which will make them feel lonely, even depressed. On the contrary, when sharing the patient's feelings, the same loving expression, such as nodding or making eye contact, shows that we are trying to understand what they have said. This is particularly important for the elderly dying.

2.2 Asking questions

Asking questions in creative and thoughtful listening is the most helpful and necessary tool for the dying. This will give them a chance to express their anger and confusion, help them form a plan for the future, dispel the feeling of loneliness and abandonment, and give comfort to the dying elderly. Attach great importance to the dignity of patients. Never make decisions or speak to them in an imperative tone without consulting with them. Asking questions is an effective way to consult with them. Asking questions can fill the gaps in the dialogue. Especially for the attacking dying person, take the initiative to communicate, ask some questions, guide venting, and find out the crux. Don't ask aggressive and impolite questions. Ask questions that show that we really care about something important to them. Asking questions can guide the conversation around the topic.

(1) Guide the questions to the answers you want to hear. For example, "How do you feel today?"

(2) Closed questions: The patient answers yes or no directly and frankly.

(3) Open ended questioning: guide them to broaden their thinking and encourage them to express their views, thoughts, concerns and feelings. Without open questions, it is usually impossible to find out the real feelings of the dying person and the main concerns.

2.2.1 Principles

There are principles to follow when asking questions.

(1) Centricity principle: centering on the dying patients, focusing on the main purpose of conversation.

(2) Warm principle: asking questions can also be said to be asking questions, and should not be cold and sudden bad stimulation.

2.2.2 Notes

(1) Avoid asking continuous questions. Each question is usually limited to one question, and the second question will be asked after the answer. Otherwise, the patients will be confused, not knowing which question to answer first, or even nervous and stressed.

(2) Avoid asking double questions, "Do you want noodles or cakes?" Maybe he doesn't want to eat those two, but he/she wants to eat rice.

(3) Avoid asking "why" questions, such as "Why do you drink when your liver is bad?" This kind of problem often implies the intention of blame, which easily makes patients resentful and nervous.

2. 2. 3 Response information

An excellent elderly nerse always expresses his concern and understanding for the dying by responding to the information, shortens their spiritual distance, encourages them to express their desire, and makes the communication go on smoothly and deeply. On the contrary, the nerse's failure to timely respond to information will directly affect the effectiveness of communication. The strategies of responding to information are listed as follows.

(1) Controlling bad emotions and tolerating. The fierce reaction should be delayed, and the other party does not want your judgment. You should also control your weariness and listen patiently and tolerantly to the dull past events that you are not interested in.

(2) Keeping silence properly. Silence in communication is like a pause on the music sheet, which has infinite meanings. Proper silence can often achieve the magical effect of "silence is better than sound at this time".

(3) Necessary verbal response means that you have heard the other party's meaning clearly and understood and acknowledged his views. You should send out "oh, oh, ah" and other verbal responses at an appropriate time. They are like seasonings added during cooking, which have unique effects and deepen the content of conversation. However, it should not be used frequently, otherwise it may distract the attention of the speaker.

(4) Proper nonverbal cues, such as nodding, smiling, and gestures when necessary, can make the dying patients feel that you respect them, are willing to listen to them, communicate with them, and close their hearts.

2. 3 Body language

2. 3. 1 Physical appearance

The appearance will give the dying person comfort and happiness, thus encouraging the confidence of survival. Especially when the good appearance is consistent with the beautiful mind, it will send out drugs that can not play a role. Therefore, we should pay attention to our own dress and decoration, and strive to bring beauty to the dying patients and improve their quality of life.

2. 3. 2 Body posture and gait

It can reflect a person's mood, health and self-concept. Comfortable posture is particularly important for patients. It is not only conducive to the recovery of the disease, but also can stabilize their various bad emotions. Due to the complex psychology, the dying person is often indifferent to outsiders. However, when he/she still has consciousness, he/she can subconsciously express the discomfort of a certain part of the body caused by any stimulus and has a desire for comfort. Therefore, elderly workers should carefully observe patients, find problems in time and solve them. At the same time, we should also pay attention to your posture and gait to avoid causing tension to the patients.

2. 3. 3 Facial expression

Facial expression is the richest source of communication, and it is a common language.

Psychiatrists have found that the feelings and attitudes expressed by people's faces are similar in different countries and cultures. Facial expression is the expression of happiness, anger, sadness and resentment in the heart. Through the expression of the patient, we can timely understand the needs of the dying person and give appropriate satisfaction. In addition, patients often carefully observe nurses' facial expressions, especially when they need help. Therefore, we should be aware of our expressions in front of the patient, and try our best to control some nonverbal expressions that may cause harm to the patient, such as dislike, disgust and hostility, so as to achieve better communication.

2.4 Visual communication

The eyes are the "window" of the soul, and the complex psychological state of the dying person can achieve good results through eye communication. Eye contact is usually a signal of hope for communication, showing respect for the other party and willingness to listen to the other party. Our eyes are parallel to those of the dying, and we convey our understanding and sympathy to them with our kind eyes. The level and time of eye contact will affect the effect of communication. The best way to communicate is to sit opposite the patient, place eyes below the other person's eyes and above the collar, and put eyes on a virtual place. Do not focus eyes on a certain part, and let the rest of eyes see the other person's eyes. It is not appropriate to look at the head and thigh of the other person, especially the chest, gear and leg of the opposite sex. The time of eye contact with the other person's face accounts for 30% to 60% of the total conversation time.

2.5 Tactile communication

Touch is a silent language and a very effective way of communication. One of the best ways to comfort others is to touch. No one feels more vulnerable and needs to touch than when fighting against life-threatening diseases. For a dying person, when any language is no longer meaningful, warm touch can pass care to them. To express concern, understanding, comfort and consideration, and to give him psychological comfort and spiritual support, this touch will play a greater role than words. However, touch is a very individual expression, which has different meanings for different people. The gender, age, social and cultural background of the dying person, the current situation and the influence of the touch form should be considered when using. Therefore, it is a way of communication that is easy to be misunderstood. Nevertheless, the selective use of touch within the professional scope can promote communication. For example, in communication, if a dying person holds his hand when he is afraid, he can feel warm and safe, give psychological support, improve the quality of life, and let him die without regret. In general, any dying person needs to be touched. For the depressed dying person, it will be more effective than other communication strategies to sit at bedside and gently hold his hand. For the dying person with hearing impairment, gently touch his arms, hands and shoulders until he gets his attention and lets him know that we are coming, which will help to start communication. Touching the unconscious person is a good way of communication. No matter whether he feels or reacts, he should repeatedly try to communicate with him.

Hospice care is a heavy topic that we have to face. We should not only let the patient face the reality of imminent death, but also ignite some hopes in the patient's heart. The concept of hope can become a strong factor, enabling the patient to dare to face whatever may happen tomorrow. People are thoughtful, and their psychological activities and emotions are mainly expressed through language. Before dying, patients face the life journey they are about to walk, and their psychological reactions are complex and varied with the deterioration of their illness. As elderly workers, we should use the skills of verbal and nonverbal communication, combine the characteristics of the dying people to have a good communication, give them a blue sky, and let them enjoy every day of their lives under the blue sky. The terminally ill are people from all walks of life, from all corners of the world. Each person has different personal experiences, personalities, and cultural interests, which will show different psychological states and tolerance. When the patient is suffering from the disease physically, mentally and spiritually, effective communication can stabilize the patient's mood. In a word, only by combining the use of communication skills with the establishment of trust relationship with friendly feelings, can we effectively play the role of communication and achieve the goal of life and death without regret.

Assignment

【Fill in the blanks and complete the sentences】

1. When an elderly patient learns that his illness is getting worse and he will face death, his psychology reflects that "no, that's not true". This performance is experienced by the dying elderly (　　　　).
2. When an elderly patient becomes calm after all efforts and struggles, the mentality of "well, since it's me, let's face it" comes into being. This shows that the dying old man has entered (　　　　).
3. (　　　　) — most of the elderly of this type have high cultural level, firm belief, strong will, can objectively understand life, have a strong desire for survival, have optimistic emotional performance, and can actively cooperate with medical care.
4. (　　　　) means paying attention to the thoughts and feelings expressed by the dying person rather than themselves. Whether they feel good or bad, they are just "the way things are".

【Choose the best answer for each question】

1. For example, the dying person said, "I don't know what to do. There are too many things to decide." You can repeat, "Now this situation must make you feel a lot of pressure." This will let him know that you have heard what he said, which also

proves that you understand him correctly and do not interrupt his thinking. At the same time, it will help him clear his thinking and support his next idea. Which communication skill is correct as follows? ( )

A. Reflective listening. B. Considerate listening.

C. Respond to information. D. Ask questions while listening.

2. Questions in creative and considerate listening to the dying elderly should be centered around the theme. Which is the incorrect way as follows? ( )

A. Guide the questions to the answers you want to hear, for example, "How do you feel today?"

B. Closed question: the patient answers yes or no directly and frankly.

C. Open question: guide them to open their mind and encourage them to express their views, thoughts, concerns and feelings.

D. Feel free to ask any questions.

3. Which statement is wrong about the type of behavior reaction of the dying elderly? ( )

A. The dying elderly who long for survival will show nervousness, fear, pessimism, disappointment, and lack of confidence, and refuse all treatment and care.

B. The elderly at the end of life who are guilty of suicide think that the economic difficulties caused by the long-term examination and treatment, feel that they have caused a burden to the family and society, but feel guilty. They often choose suicide to end their lives earlier.

C. The dying elderly are cheerful and have a full understanding of life before illness.

D. Depressed and lonely dying elderly are extremely depressed and lonely, looking forward to the constant company of relatives and friends.

【Show your capability】

An old man in an elderly care home felt that he was going to die soon. He was depressed, often cried silently, and often repeated his children's names. Please answer the following questions.

1. What type of dying person does the old man belong to?

2. What communication skills can be used for this dying old man?

Project Ⅶ
Communicate with the family-support elderly and the home-based elderly

Learning objectives

- **Knowledge objectives**

◇ Understand the concept and significance of family support and home-based support;

◇ Be familiar with the structure of the family-support elderly and the service objects of the home-based elderly;

◇ Be familiar with the psychological characteristics and behaviors of the family-support elderly and the home-based elderly;

◇ Master the communication skills between the family-support and home-based elderly.

- **Skill objectives**

◇ Have a certain understanding of the concept and significance of family support and home-based support;

◇ The elderly who know what conditions are suitable for family and home care;

◇ Learn to judge the emergency psychology and behavior of family-support and home-based elderly;

◇ Be able to communicate effectively with the family-support and home-based elderly.

Situational lead-in

Since China entered the stage of population aging at the end of the 20th century, the progress of population aging has been accelerating and increasingly shows the obvious trend of large elderly population base, rapid growth, aging and empty nest, and a sharp increase in the number of disabled and semi disabled elderly people in need of care. The aging of our country's population is under the situation of "getting old before getting rich", imperfect social security system, unbalanced urban and rural and regional development, and weakening of the functions of family-based elderly care. This is an inevitable social phenomenon caused by China's development. The birth of this social phenomenon will cause many corresponding social problems. Therefore, supplementing and improving the construction of the elderly care service system is the only way to transform the elderly care model and meet the needs of the Chinese people. Family support and home-based support play a leading role in the current elderly care mode in China.

Task 1 Understand family-support elderly care

Case lead-in

Grandma Wang thought it was Friday, and it was time for the children to come back. Before six o'clock, Grandma Wang had prepared a table of delicious food and sat firmly on the bed, waiting for the return of her children. Grandma Wang seemed to see the scene of her gathering with her children. At that time, how happy and harmonious it was. Grandma Wang's mouth overflowed with a smile, which was a smile of concern for her children.

The doorbell sounded at the same time as the six o'clock. Grandma Wang was happy. She walked quickly to the door, opened the door, and found that it was a milk seller. Grandma Wang closed the door, walked into the room, sat on the sofa, and waited.

Time past quickly. The clock was already pointing to half past seven. At that time, another doorbell rang. Grandma Wang's heart was like the charcoal fire in winter. She was burning warmly. She ran to the door and opened the door excitedly. It was still the milk seller. Grandma Wang closed the door disappointedly and walked slowly back into the room. The fire in her heart was extinguished. She saw the calendar, what? Today is Thursday! "Oh, forget it!" Grandma Wang said disappointedly!

Main content

1 The concept and significance of family support for the elderly

1.1 The concept of family support

Family support is a traditional mode of providing for the aged, which includes economic support, life care and emotional comfort, of which economic security is the most important and fundamental content. Although family support is also a way of providing for the aged, it is based on who provides or bears the costs and living services of elderly care.

1.2 The significance of family support

1.2.1 Family-based elderly care is a traditional elderly care model in China, which is recognized and accepted by most of the elderly and families

In China, after the elderly quit the production field, they basically do not create material wealth. The elderly without pension can get food, clothing, housing, use and other means of life from their children. The elderly can be cared for in their daily life, their physiological functions are aging, their physique is weakened, and sometimes they can't even take care of themselves. The family support is convenient for the careful care and nursing of their children. The elderly spend their whole life caressing their children and getting their children's free care in their later years, which is also the reward they should get. Spiritual life can be blessed. The elderly have been living with their children day and night for a long time, establishing deep feelings, reducing loneliness in their later years, and enjoying the joy of children and grandchildren around their knees.

1.2.2 Family support plays a huge role in supporting the elderly in China

At present, China's social welfare services have a poor foundation, and the social security system is difficult to transition. From the perspective of cities, the social pension system is facing new problems. For example, the value maintenance and appreciation of pension insurance funds are affected by cyclical economic fluctuations, and the economic benefits of enterprises vary from time to time. Some elderly people who rely on pensions have to rely on their families again. In rural areas, backward economic conditions restrict the development of social pension. The agricultural economy is unstable due to natural conditions. It is much more difficult to establish a social security system in rural areas than in cities, and the process is much longer.

The cost of social pension is extremely high. At present, China's social productivity is not developed enough. The funds that the country can use to pay for social security are still very limited, and it is still unable to build sufficient social security facilities.

1.2.3 The family support for the elderly is of great significance for inheriting the traditional virtue of "filial piety, honesty, fraternity and righteousness" in China

As the inheritance of China's filial piety and the carrier of Chinese culture, family support for the elderly has become a problem that has a bearing on China's social progress. China is facing the world's largest aging population. The population aging process is accelerating and is increasingly showing a large base and rapid growth of the elderly population. The trend of aging and empty nest is obvious, and the number of disabled and semi disabled elderly who need to be cared for is soaring. The problem of aging population in China has become more serious, and the problem of providing for the elderly has become more serious. If we do not fully arrange the life of the elderly, we will face the challenge of the whole nation, which is a concern of everyone.

2 The structure of the family-support elderly

2.1 The elderly who lost their only child

The elderly who have lost their only child are a group that has only appeared in recent years. Perhaps because it is easy to understand literally, there is no definition so far. Therefore, we can understand that the elderly who have lost their only child are the elderly who have lost their only child. The elderly here can be a couple of husbands and wives, or they can be single elderly. The form of loss is mostly the death of an only child.

2. 2 Empty nest elderly

In China, empty nest families have been increasing in the past 10 years. In 1993, empty nest families accounted for only 16. 7% of the elderly families in China, and rose to 25. 8% in 2003. In some big cities, the problem of empty nest families is more prominent. In 2003, the proportion of empty nest families in Beijing, Shanghai, Guangzhou and Tianjin was 34%, 34. 8%, 30% and 36. 5% respectively. It is worth noting that the proportion of the elderly living alone among the elderly population has risen from 3. 8% in 1999 to 11% in 2003.

In addition, according to the sampling survey of the elderly over 60 years old in Tianjin, Hangzhou and Wuxi by relevant departments. 10. 9% of the elderly live in single families, 29. 1% of the elderly live in couples' families, that is, the elderly living in empty nest families account for more than 40% of the elderly.

There are 22. 83% empty nest households among households with elderly people over 65 in China, among which single elderly households account for 11. 46%, only one elderly couple accounted for 11. 38%. There is a great disparity among regions. The proportion of empty nest households among the elderly over 65 years old is the highest in Shandong Province, reaching 36. 05%, followed by Zhejiang Province, reaching 35. 12%, both exceeding 1/3. The proportion of Shanghai 29. 37%, Tianjin 28. 2%, Heilongjiang 27. 21%, Liaoning 27. 08%, Shanxi 27. 00%, Hebei 25. 39% and Beijing 25. 00% also exceeds or reaches 1/4.

2. 3 Widow elderly

When people enter the old age, it is inevitable that widowhood will occur in old age. When a spouse dies, the elderly will face a higher risk of death in the next few months. This is the so-called lonely and widowed elderly. Health care experts point out that this kind of psychology makes the death rate of the elderly high. The researchers speculate that the reason for the "widowhood effect" is sadness, or taking care of a sick spouse for a long time, which leads to the elderly suffering from diseases themselves. Another possibility is that the disease of one side is getting worse, and the other side is neglecting to take care of their health, which leads to a significant change in their original healthy lifestyle.

Therefore, in order to avoid the "widowhood effect", family and friends should provide the surviving elderly with material and psychological care, support, help and care, especially within the first three months of the spouse's death.

Health care experts remind us that loneliness makes the death rate of the elderly high. Therefore, in order to avoid the negative impact of widowhood on the psychology of the elderly, we should pay attention to the life of the elderly after their widowhood, especially in the first three months of their spouse's death, including material and psychological care.

2.4 Normal elderly

Here, what we mean by normal old people is a sociological concept, which is not only concerned with physical health, but also studied from the perspective of biology, psychology and sociology. The main idea of biology psychology sociology is to understand human as a unity of biological, psychological and social attributes, which realizes respect for human at a higher level. Not only attach importance to the living condition of human beings, but also attach more importance to the living condition of human society. The normal elderly refers to the elderly who are in good physical health, psychological, family and social adaptation.

Task 2 Master psychological characteristics of the family-support elderly and the skills of communication with them

Case lead-in

A year ago, Huang Ying's only son, Qiangzi, died young in a car accident. However, Huang Ying did not expect her husband to divorce her half a year after her son died. The family tragedy of disintegration was intertwined with a middle-aged woman,

"At that time, I even thought about suicide because I felt that there was discrimination around me." Although 10 years have passed, Huang Ying, 58, still cannot help crying when talking about her experience.

Main content

1 Psychological characteristics and behavior of the family-support elderly

1.1 Normal psychology and behavior

1.1.1 Understand ourselves, accept ourselves, and have a correct self-concept

A normal old person can not only objectively evaluate others, but also correctly understand and treat himself, carry forward his potential and strengths, and make efforts to correct and overcome his shortcomings and deficiencies. The elderly often make a summary review of their past. They are always happy and proud of what they were satisfied with in the past, and tolerant and receptive to what they were dissatisfied with in the past.

1.1.2 Face the reality squarely, accept the reality and have a correct attitude towards life

After retirement, the elderly leave the stage of power, and their roles have changed. The previous scenes are no longer the same. The normal elderly will better face the reality, grasp the reality, and have a positive attitude. There are always practical and effective ways to solve the problems and difficulties.

> An old man, who was a leader and senior engineer before his retirement, was surrounded by a large number of people every day, and was also the economic pillar of his family. His words were authoritative and eloquent both at work and at home. Although he withdrew from the core of power after retirement, his status as a senior engineer did not make him withdraw from the stage of his career. When he fell ill, he really withdrew from the stage of history, and the previous scenes no longer appeared. The children also turned their attention to their nuclear families. At this time, the old man is very uncomfortable, and the feelings of loss, loneliness and loneliness, unconvincing and even resentment are often shrouded in heart. The old man is unable to face up to himself, accept the reality and adapt to the normal life.

1.1.3 Accept others and get along well with others

The elderly with normal psychology can not only accept themselves, but also accept others, recognize the value of others' existence, and establish good interpersonal relationships.

1.1.4 Be able to coordinate and control emotions and have a good mood

Emotions are caused by appropriate reasons, not "alarmism". The reaction should be moderate, not too sensitive, too cold, that is, not too depressed, and not at will.

1.1.5 Have healthy behaviors

Behavioral health is the external manifestation of psychological normality.

> After the old man mentioned above withdrew from the stage of history, he was very clear that he could not retain his position and scene at work. But he still had room for his family status and life. Therefore, in order to attract the attention of the family, the elderly ran away from home and the whole family searched the city. After pretending to be ill, all the children gathered in the hospital. The gas has been turned on deliberately. All the purposes were to strengthen his position in the family. Such behaviors are not what a normal elderly person would do.

1.2 Negative psychology and behavior

1.2.1 Despair

Despair is the most obvious and common psychological feature of the elderly who have lost their only child. People at their age also talk about children. Without children, they have nothing. Some elderly people feel hopeless when they feel that their status in society and family has been unsustainable, and they can not correctly face the reality and adjust their mentality. The old people who feel hopeless will have some extreme behaviors, such as self injuring suicide or hurting others.

1.2.2 Anger

Another psychological feature of the elderly who lost their only child is anger. In those years, hundreds of millions of Chinese parents responded to the call of family planning and gave birth to their only child, placing all their hopes on them. However, more than 10 million families with only children have lost their children, resulting in the loss of 20 million single parents.

1.2.3 Worry

The elderly who lost their only child have nobody to depend on. Nursing homes do not accept them. They worry about where to go to spend their later years. The empty-nest elderly and widowed elderly are worried, too. What should they do if they suddenly fall ill? What should they do if they are half disabled or completely disabled? Who will come and take care of them and help them?

1.2.4 Loneliness and sadness

Loneliness and sadness are the common psychology and behavior of almost all the elderly who have lost their only child, empty nesters and widows. When children get married and leave the family, the death of their spouse, and the death of their children, parents will generally have a strong sense of frustration and loneliness, and they will feel sad day by day.

1.2.5 Sensitivity and anxiety

There is also a special psychological phenomenon of the elderly who have lost their only child, which is the coexistence of sensitivity and anxiety. When others talk about children, they always think they are talking about their children, and they are always worried about mentioning things about children in the process of communication with others, thus affecting their interpersonal communication.

1.2.6 Depression and fear

The elderly who lost their only child were afraid of their relatives and friends mentioning their child in front of them, and were afraid of seeing the children laughing and laughing. Any phenomenon related to children would be harmful to them. At the same time, they also worry that others will look down on them because they have lost their child, which will force them to alienate themselves from their previous networks. Especially if the elderly in widowhood in rural areas lost their child, they will feel more afraid and depressed when the elderly care security system is not perfect at this stage. Therefore, more and more suicide behaviors occur among the rural elderly due to disability.

1. 2. 7 Solitude and escape

The elderly who are alone or widowed become more and more reluctant to contact outsiders after losing their relatives, more and more afraid to participate in the gathering of relatives and friends, and become withdrawn. Life always shows escapism.

1. 2. 8 Dependence and distrust

When the elderly can't take care of themselves or can't take care of themselves completely, they need to rely on their families, nannies and even the society to take care of their lives. At this time, the elderly feel that they have nothing but the limited assets on which to live. At this time, the old people attach great importance to their property. They are afraid that one day their property will be taken away by others and they will not be able to survive, and they will be left unattended. Their dependent family members, nannies and society will also stay away from them. Therefore, the old people will become distrustful of people, even their families, and value their property more than their relatives. The rural elderly depend entirely on their children because they lose the ability to work. If the rural elderly become widowed or alone again, the current social security system in China is not sound, and these elderly will become distrustful of society. The elderly who live with their children, on the one hand, depend on their children's care; on the other hand, they are afraid that they will "abandon" themselves. It shows contradictory psychology and behavior of both dependence and distrust.

2 Communication skills for the family-support elderly

2. 1 Accept and listen

From the medical point of view, it is believed that speaking more is beneficial to the health of the elderly, can delay the aging of the elderly brain and prevent dementia. As the saying goes, "There are many old roots and many people." The elderly's talkativeness is a sign of their health. Therefore, the best way to communicate with the elderly is to listen. Whether children or other young people, they should learn to listen when communicating with the elderly. They should be loyal listeners to the elderly, listening to them nagging about their past and our mistakes, so that they can become comfortable after nagging. The old people who don't speak often keep their frustrations in their hearts. Over time, it is easy to lead to the dysfunction of the defense function of the nervous system and the functions of viscera and organs, so that diseases can take advantage of the weakness. At the same time, the elderly often talk to themselves, which is also a normal phenomenon of the elderly. Their talk to themselves may include people, things and things that they have experienced in the past and have a profound impact on themselves, the problems they are thinking about, and the defense or explanation of something or their words and deeds. On the one hand, to get rid of loneliness and loneliness, they get spiritual comfort from the process of telling themselves. On the other hand, their self talk can also influence people's temperature, promote the secretion of human hormones, stimulate peripheral nerves, contract blood vessels and affect blood circulation.

2.2 Chat

When communicating with the family-support elderly, chatting is the best way to relieve the loneliness and loneliness of the elderly. The so-called small talk refers to the chat without setting topics. Small talk is conducted in a relaxed and leisurely atmosphere, where people can talk about life styles, eat, drink and have fun. They can talk about whatever they are interested in and what they are happy to talk about. The content of the chat can be happy, unhappy or even angry. No matter what content they talk about, they are likely to have an optimistic and positive attitude towards life in this relaxed state. Therefore, they will show enthusiasm and enthusiasm for happy things, and show tolerance and acceptance for dissatisfied things.

2.3 Empathy

In family support, some old people will communicate with us in a paternalistic tone, and they will feel that they are the center and authority. Some old people will communicate with us in an exploratory tone. In any case, we should stand in the perspective of the elderly to understand and experience their feelings. It is human nature to take oneself as a party to understand the local feelings at that time.

An old man called the children to come to him at the weekend. If anyone disobeyed, he would make a scene. At this time, when communicating with the elderly, we should first stand in the perspective of the elderly to experience the feelings of the elderly. "The elderly may not see their children and grandchildren for a week, and miss everyone coming back to get together. The elderly may not have a good meal that they think is delicious for a week, and hope that their children can make a delicious meal for themselves." In this way, they may be more recognized by the elderly when communicating.

2.4 Silently accompany

Some old people may be injured by hearing and language, and their actions may become inconvenient. They may not have gone out of their homes for a long time. They face the boring family space every day, as if they are living an isolated life, lonely and lonely, disappointed and irritable. Some old people may be sad, afraid, lost and dissatisfied because of the loss of their only child and spouse. At this time, we can accompany them silently and bring them silent power.

An old mother had poor hearing and blurred vision, so she was afraid of social interaction. She did not want to go out to chat with her peers for fear that others would laugh at her because they knew that she could not see or hear. She stayed at home all day and did not want to go out. When the children came home, they kept telling the children about their discomfort at home. As children, we should understand this state of the old man. At this time, as long as we silently accompany her and listen to her carefully, she will feel understood and gratified.

2.5 Respect

The need for respect is more urgent for the elderly, because their social interaction ability decreases, their psychological barriers increase, and they often feel the threat of disrespect. Being respected includes being recognized, valued, having a certain status and dignity, having a good impression and being loved by others. Therefore, in front of the elderly, we should first respect them, take the initiative to greet them, listen carefully to their opinions and suggestions, and try our best to help them solve the problems they have raised.

2.6 Optimistic attitude

It is said that a person's positive and optimistic attitude towards life will affect the emotions of people around him. Therefore, in the process of communication with the elderly, an optimistic and positive attitude will bring positive energy to the elderly, allowing them to have expectations for the future and yearning for a better life. It is an objective law that people are not willing to change their minds. If we regard the unpleasant things as a novel or a drama we have conceived, and we are a leading role in that work, our mood will be much better. To sink into unpleasant sorrow can only make unpleasant things worse. Since pessimism does not help, why don't we treat life with an optimistic attitude and keep an optimistic mood? It is more important to bring an optimistic and positive attitude towards life to the elderly than to send a tonic to the elderly.

Five years ago, in the department of neurology of a hospital, two elderly people with stroke were admitted. One was optimistic and positive about the medical treatment and rehabilitation of doctors and nurses, and his family members also actively cooperated with him. The other old man sighed all day long, feeling that his life was about to die, and felt inferior and self pitying. His children did not know how to create a relaxed and peaceful atmosphere. Therefore, the old man passively accepted the treatment and rehabilitation of doctors and nurses. The optimistic old people left the hospital quickly and maintained an optimistic and positive attitude in their later life. They still live a healthy life and can basically take care of themselves. The pessimistic old man stayed in the hospital for a long time before he left the hospital. After he left the hospital, he was bedridden and died within two years.

Task 3 Understand home-based elderly care

Case lead-in

Grandpa Wu, 78 years old, has a rural household registration and a monthly pension of only 60 yuan. He has a son and a daughter both who work in the same city, and their economic conditions are not very good. Grandpa Wu lives with his son's family. Two months ago, he accidentally fell in the bathroom and broke his right femoral neck. He went home to recuperate after more than ten days of treatment in the hospital. His son and daughter-in-law had to work during the day, so they hired a part-time worker to cook lunch for the old man during the day. The old man can only live on his own by turning over, defecating and drinking. The old man felt that such a life not only added trouble to his children, but also lost his dignity. In order not to cause trouble to his children, he refused to eat. He wanted to let himself and his children get relief after the died earlier.

Main content

1 Concept and significance of home-based elderly care

1.1 Home-based elderly care

Home-based elderly care is a kind of elderly care model that helps the elderly live a healthy and happy life in their old age in the form of "family nursing homes". It takes the community as the platform, integrates various service resources in the community, and provides catering, cleaning, bathing, medical and other services for the elderly. Let the elderly have a sense of security, a sense of medicine, a sense of learning, a sense of education, a sense of action and a sense of happiness. This service mode not only solves the problem of poor family support in nursing homes, but also solves the problem of insufficient traditional home care services. It is a new form of elderly care between family care and institutional care.

1.2 The significance of home-based care

1.2.1 Conform to the social characteristics of "getting old before getting rich" in China

The home-based elderly care service is suitable for China's national conditions and conforms to the social characteristics of "getting old before getting rich". The aging of the population in our country has come under the circumstances that the economy is not developed enough and the material conditions are not sufficient. Therefore, it is unrealistic to rely solely on the power of the government to develop elderly care welfare undertakings. Compared with institutional elderly care services, home-based elderly care services have many advantages, such as low cost, wide coverage, flexible service methods, etc. It can meet the service needs of the elderly at a smaller cost. More importantly, through home-based elderly care services, some elderly people who have family economic difficulties but need elderly care services can be well cared for, thus playing a good supporting role in stabilizing families and stabilizing society.

1.2.2 Adapt to the traditional living habits and psychological characteristics of the elderly in China

The traditional concept formed by the Chinese nation for thousands of years is "to raise children to guard against old age", "to have more children and more blessings", and "to have a family of gold and silver is not as good as a poor family. " At home, the elderly can enjoy the family happiness with children and grandchildren. When they go out, they can have familiar neighbors, greet each other and chat with each other. The environment is familiar. They can go home even if they close your eyes and smell the kitchen smoke. It would be satisfying to have children who have "filial piety for a hundred days before bed". In addition, the traditional home-based elderly care is carried out on the original family platform, and the cost of elderly care is relatively low.

Influenced by the traditional family ethics of the Chinese nation, most of the elderly are unwilling to leave their families and communities and go to a new environment to provide for the elderly. The home-based elderly care service takes the form of allowing the elderly to receive life care in their own homes and communities, adapting to the living habits of the elderly, meeting their psychological needs and helping them spend their old age in peace.

2 Models of home-based elderly care

At this stage, there is no fixed model for home-based elderly care, and each place establishes a home-based elderly care model suitable for regional characteristics according to its own characteristics. On the whole, however, they can be summarized into two types. First, according to — people who buy the service, they can be divided into two modes: the mode of government buying the service and the mode of the elderly or their families buying the service themselves. Second, according to different service methods, it can be divided into door-to-door service and community home-based elderly care service center mode.

2.1 There are two modes according to people who buy the service

2.1.1 Home-based elderly care model with government purchasing services

Although the government purchases services for home-based elderly care is dominated by the government, the specific operation is to adopt the mode of "government purchases services and socialized operation". This model is mainly aimed at the three-no (no income, no children to support them and no ability to look after themselves) elderly and the empty nest elderly with family difficulties, old age and unable to take care of themselves. This model is a community service center established by the Municipal Civil Affairs Bureau. One of the specific tasks of the center is to connect the service objects and service outlets for the home based elderly care government. In order to ensure the healthy and sustainable development of home-based elderly care services and establish a standardized elderly care service industry access mechanism, the center will be selected by the market to determine a large-scale and good service quality housekeeping company as a franchise service enterprise of the community service center. In this way, once the center's home-based elderly care service objects have service needs, the center will give orders to the service outlets of the participating enterprises, and the domestic service personnel of the service outlets will come to provide one-to-one services for the needy elderly. After the housekeeping service personnel or home appliance maintenance personnel provide on-site service, the service object will pay the corresponding service coupon according to the number of hours of service. The housekeeping company will use the service coupon to settle the fees with the civil affairs department.

2.1.2 The elderly or their families purchase services by themselves

The elderly or their families are unable or unwilling to enter the institution for elderly care due to various reasons, but they do not meet the conditions for the government to purchase services. At this time, some elderly families or the elderly themselves adopt the home-based elderly care model of purchasing services themselves. Because home-based care can enable the elderly to receive daily care in their own homes and familiar communities, and also can often be reunited with their children. This not only adapts to the living habits of the elderly, meets their psychological needs, and helps them spend their old age in peace. It also plays a good supporting role in stabilizing the family and society.

2.2 According to different service methods, it can be divided into two modes

2.2.1 Home-based elderly care model with door-to-door service

Whether the government buys services or the elderly families or the elderly buy services themselves, they will connect with the corresponding community service center. When they need some kind of service, they will contact the community service center, and the center will place an order to the service outlets of the participating enterprises, and the domestic service personnel of the service network will come to provide one-to-one services for the needy elderly. After the housekeeping service personnel or home appliance maintenance personnel provide on-site service, the service object will pay the corresponding service coupon according to the number of hours of service. And the housekeeping company will use the service coupon to settle the fees with the civil affairs department or the corresponding dispatching agency.

2.2.2 Community home-based elderly care service center model

Under the active guidance of the government, community home-based elderly care service centers have been established. These service centers open activity rooms, rest rooms, reading rooms, fitness rooms, and convenience canteens for the elderly. They are equipped with computers, televisions, books, rehabilitation training equipment, chess and cards. The service scope includes the elderly life care, housekeeping services, book reading, home appliance maintenance, meal services, legal advice, entertainment and leisure, sports and fitness, emotional comfort, helping the elderly and helping the poor, and education for the elderly, which meet the diverse needs of the elderly at different levels and with different characteristics. At ordinary times, the elderly in the community can get the professional services provided by the home elderly care service center (station) as long as they dial the phone, so that "small things do not go out of the community, big things can be helped".

3 Psychological characteristics and behavior of the home-based elderly

3.1 Gratitude and optimism

Home-based elderly care not only meets the needs of the elderly in life care, but also allows the elderly to enjoy family happiness, while saving costs. The elderly and their family who purchase services by the government have relieved the economic burden, life care, spiritual comfort and other problems related to elderly care. They are therefore grateful to the society and the government, so that they can establish an optimistic and positive attitude towards life and healthy living behavior.

An old man who was alone and widowed lived a poor life because of his physical illness. He was not well clothed and could not eat. After the government bought services, the old man could eat delicious meals at home. Medical staff came to treat him. Domestic staff came to take care of the old man's daily life. Volunteers came to talk. The old man was getting better every day. In order to repay the care of the society, the elderly who are getting better devote themselves to the process of learning painting with an optimistic and positive attitude. Later, they made little achievements. He can meet his basic life needs by painting.

3.2 Inferiority and stubbornness

After all, the content of home-based elderly care services and services for the disabled elderly are limited. Their basic functions address the needs of simple life services. Although they also have professionals, there is a gap between the professional elderly care services they provide and the professional services provided by comprehensive elderly care homes. The deep needs of the elderly may not be better cared for. Due to the limitation of economic conditions or the lack of access to effective resource information of elderly care homes, these old people have an inferiority complex. Driven by the inferiority complex, they become stubborn in their character and behavior in order to maintain their self-esteem.

3.3 Dependent but not satisfied

On the one hand, the elderly at home need help from the society in many aspects, such as physical, psychological, material and economic aspects, so they have a psychological dependence on the society. On the other hand, the service model of home-based elderly care can not meet the needs of the elderly in many aspects, especially the deep care needs of the disabled elderly, which leads to psychological dissatisfaction.

An old man with phlegm paralysis and incontinence could only choose to provide for the aged at home because his family economy was not very good and comprehensive elderly care homes could not enter. He needs to turn over once every 1 to 2 hours, change his diapers regularly, scrub his body every day, and feed water, medicine and food regularly. The daily care services purchased by the elderly can not meet the demand for such services, and the elderly soon show signs of pressure sores, malnutrition and dehydration. It increases the pain of the elderly. For this reason, the elderly not only need the home care service, but also can not meet the needs of the elderly.

3.4 Loneliness and self-esteem

Due to the decline of various systems of the client's body, their ability to think and act has weakened, leading to less and less contact with the outside world, and their ability to communicate with others. The elderly at home have contact with various service personnel in the process of receiving services, but the frequent replacement of service personnel may be too busy for the elderly. Although they will constantly see different people coming in and out of the client's family, and although different professionals serve them, The superficial understanding cannot penetrate into the old man's heart, which may make the old man feel more lonely. Although every service staff will be polite and respectful to the elderly, the physical and mental weakness makes the elderly have stronger self-esteem, and the flowing service makes the elderly feel more like an exchange without a sense of belonging.

A home-based elderly person needs to do health care today, and the center will send a worker to serve him. The elderly person needs to buy vegetables tomorrow, and the center will send an elder one to accompany the elderly to buy vegetables or help the elderly to buy food. The day after tomorrow, the old man needed to wash clothes. The center contacted another elder one to wash clothes for the old man. Three strange faces have come in three days. This one has not been remembered, but another one has come. Different strange faces make the old man feel insecure. Although every service staff will be polite to the old man, the old man may think, "Why can't I speak to her?" If he wants to talk to someone, it must be reported to the center and the center will send another person. Self esteem is therefore vulnerable.

Task 4 Master the skills of communication with the home-based elderly

Case lead-in

Grandma Lin, 83 years old, has two daughters. She lives with her husband in a 2-bedroom public house allocated to them by their unit. The house is an old house built in the 1980s and on the first floor. It is usually wet after rain. The old woman has complained about the poor house all the time. The rheumatism is caused by living in such a house. Her two daughters are willing to take the two elders to live together, but the old woman always thinks that the house is given to them by the unit anyway, and they don't want to leave after living for so long. Moreover, the two elders did not help the children when they bought a house, so they did not want to move out to live with the children.

Main content

1 Listening skills

1.1 Listen carefully without comment

In the process of communication with the elderly at home, we should carefully listen to the old people's stories. The old people's stories can sometimes be happy, sometimes sad, sometimes objective, sometimes emotional, which are related to their past or present life experience. Always, we just need to listen quietly, instead of evaluating the old people's complaints, to show our understanding and acceptance. Because whether the evaluation is good or bad, objective or not is not what the elderly need to hear. They just need someone to share their feelings and experiences.

An elderly person who lives at home always complains about his children's unfiliality and doesn't come to see him during the holidays when he tells you about it. At this time, if you say, the children may be very busy and can't come to see you. The old man will suddenly be unhappy and say, "I know they are busy, and I don't need you to explain. Do you think I am an unreasonable old man? Really?"

1.2 Ask questions to ensure correct understanding and respect

When communicating with the elderly, we can use appropriate questions to express our understanding of what they are saying. And at the same time, we can make them feel respected. Asking questions can not only thoroughly grasp the things that we did not hear or did not hear clearly, but also help the elderly to be prominent in expressing their views. By asking questions, we can also determine the importance of the elderly to the things they tell.

An old man said, "Ten years ago, someone's words and deeds hurt me and made me feel embarrassed in front of others. I feel uncomfortable when I think of it." Then we asked, "What makes you so uncomfortable?" At this time, the old man said, "Forget it. It's been so many years, but now it's nothing." By asking questions, we found that this incident really did not cause any discomfort to the elderly. Sometimes it was just a talk. At the same time, the old man also found that we care and love him. The tolerance shown by the old man also made the old man feel respected in front of us.

1.3 Select appropriate communication environment to reduce objective communication barriers

A quiet, comfortable and relaxed environment is the guarantee for effective communication with the elderly. The weakening of hearing and vision of the elderly and the noisy and tense environment are important communication barriers in communication. When communicating with the home-based elderly, we can choose the reception room specially set up in the service center, the client's home, or the park with fresh air. It is not suitable to choose in noisy streets, squares, public rooms, etc.

When you are in the activity room of the community, an old man wants to tell you something. At this time, we should not talk in the activity room, but choose a relatively quiet place to communicate. In the noisy activity room, we may not be able to hear or understand what the old people tell us. Even if we hear and understand, we still need to give feedback to the old people. In that environment, the old people cannot hear your explanation or opinions clearly. In this way, the elderly will think that we are in Tangsai, or mistakenly think that we do not want to solve the problem.

2 Speaking skills

2.1 Voice, eyes, posture and distance

In the process of communication with the elderly, some of them have good hearing, some have poor hearing, some have good vision and some have blurred vision. For different old people, our voice, eyes, posture and distance should also be different.

When talking to the elderly with normal hearing and vision, we can use social personal occasions, that is, 0.3m to 1.0m space distance, appropriate voice level, soft eyes, and free posture. When we communicate with the elderly with abnormal hearing and vision, the way we speak should change.

When the old people have hearing impairment, we should talk to them face to face. When the old people do not see us, we should not talk. We should let them see our face and mouth shape clearly before they start to talk. The voice should be raised appropriately, and the speaking speed should be slowed down. We should not shout loudly, be anxious or angry. We can use appropriate gestures and facial expressions when speaking or use writing boards, cards, drawings, symbols, etc

When we talk to the elderly with visual impairment, we need to tell the elderly about the beginning and end of the conversation, and introduce ourselves at the same time. Speak slowly and give the old people enough time to react and understand. When speaking, we can express our concern and consideration by touching, and always think of the elderly with visual impairment. If they still have residual vision, then we should face the elderly and keep close to them so that the elderly can observe the meaning of nonverbal expressions.

2.2 Proper compliment

Every old man has his own shining point in life. When talking to the old man, we should try our best to find a place where the old man can shine and give appropriate praise. A sincere and appropriate compliment is not flattery. Praise is more believable when accompanied by unimportant criticism. Praise should be specific to the details.

We praised the old man as a straightforward person, "You are really a straightforward person. We like you very much." The old man replied, "Really? Thank you." If we change the way, the effect may be better, "Your hearty laughter makes people feel that you are an abstruse old man, and we like your hearty laughter very much." Compared with the first kind of praise, the second kind of praise is more specific and authentic.

2.3 No comment

In the process of talking with the elderly, sometimes we just need to say the objective facts without making an evaluation, and let the elderly judge the truth by themselves. This is more conducive to maintaining the self-esteem of the elderly and their families, and the effect of communication will be even better.

An old man likes to quietly throw garbage out of the window at night. When we went to communicate with the elderly, the first statement was, "Grandpa, don't throw garbage out of the window. It's immoral. Please don't do this in the future." The old man was angry at that time, "No ore saw me throw garbage. I didn't throw it away. I ate more salt than you eat rice. Hum, I've come to teach you a lesson." Obviously, such a statement has no meaning. Another way of saying, "Grandpa, you don't know who threw garbage downstairs. Last night, a little baby accidentally stepped on the garbage and fell down and broke his head. It's really pathetic. If you see someone throwing garbage downstairs, please say for help and ask him not to throw it again. If an old person steps on the politics, he will definitely break into bones. Then the old person may lie in bed for a lifetime." The old man blushed slightly and said, "OK, OK, I will tell him when I see him, so that he will never throw rubbish down again." This means that we only tell the facts without giving evaluation, which not only achieves the effect of communication but also maintains the dignity of the elderly and their families.

2. 4 Humorous criticism

When the elderly do something wrong, criticism is only to let them correct their mistakes, not to belittle and attack the other party. But when criticizing others, it will bring great psychological pressure to the elderly. If humorous criticism is adopted, it will not only not bring psychological pressure to the elderly, but also achieve better results.

In the community activity room, an old man threw the paper in his hand on the ground and criticized directly. The old man could not hang his face. At this time, we went to pick up the paper on the ground, took it to the old man and said, "Grandpa, you dropped your money wrapping paper handkerchief on the ground. If you don't want it, please put it in the trash can." At this time, the old man would open the paper towel and look at it. He would laugh at himself and say, "No money, forget it." Then he threw the garbage paper in the trash can. This indirect and humorous criticism will be more acceptable to the elderly.

2. 5 Clever refusal

In the process of serving the elderly at home, we often encounter some unrealistic opinions, suggestions and requirements of the elderly. Direct refusal may hurt the client's face. How can we refuse?

When an old man makes a request or request to us, he says his meaning around the bend. When the old man speaks half way, we know his intention and know that we cannot meet his requirements. We can change the topic in time. In this way, when the old man has not clearly stated his request, he will hint the other person to avoid burning the gun. For example, the old man said, "Are you free, Xiao Wang?" Xiao Wang answered, "Yes, Grandpa Li, what can I do for you?" The old man said, "It's nothing. It's just a pity that the money in my medical insurance card can't be used." At this time, Xiao Wang knew his grandfather's idea and immediately diverted his attention, "Grandpa Li, are you all right? Cut out smoking. Smoking will lead to coughing, and coughing will lead to medicine."

The skillful refusal of the unrealistic requirements of the elderly can not only have the effect of communication, but also not cause the psychological discomfort of the elderly. The refusal of distraction, the refusal of suggestion, the expression of regret when refusing, and the refusal after expressing empathy need us to learn.

Assignment

【Definition】

1. Family-support elderly care
2. Home-based elderly care

【Fill in the blanks and complete the sentences】

1. Family-support elderly care is a traditional elderly care mode, including ( ), life care and ( ).
2. ( ) refers to the elderly who lost their only child. The elderly here can be a couple or a single old man. The form of loss is mostly the death of an only child.
3. In order to avoid the negative impact of widowhood on the psychology of the elderly, we should pay attention to the life of the elderly after their widowhood, especially those whose spouses have died ( ), including ( ).
4. ( ) is the most obvious and common psychological feature of the elderly who lost their only child.
5. Home based elderly care services purchased by the government are mainly aimed at ( ) and those empty nesters with economical difficulties who aren't able to take care of themselves.

【Choose the best answer for each question】

1. The most important and fundamental content of the family-based elderly care model is ( ).

   A. life care　　B. emotional comfort

   C. economic support　　D. medical support

2. When others talk about children, they always think they are talking about their children. They are always worried about mentioning things about children in the process of communication, which will affect their interpersonal communication. What are the psychological characteristics of the elderly who lost their only child? ( )

   A. Depression and fear.　　B. Sensitivity and anxiety.

   C. Loneliness and sadness.　　D. Anger.

3. The elderly who are alone or widowed become more and more reluctant to contact outsiders after losing their relatives, and more and more afraid to participate in the gathering of relatives and friends. Which kind of psychology the elderly may have? ( )

   A. Solitude and avoidance.　　B. Dependence and distrust.

   C. Depression and fear.　　D. Despair.

4. No matter children or other young people, they should learn to listen in communication with the elderly. They should be loyal listeners to the elderly, listen

to them nagging about their past and our mistakes, and let them become comfortable after nagging. What skills are used in the communication process? (　　)

A. Empathy. B. Respect.

C. Optimistic attitude. D. Acceptance and listening.

5. An old man who was alone and widowed lived a poor life due to his physical illness. He was not well clothed and could not eat. After the government purchased services, the old man could eat delicious meals at home, and medical staff came to treat him. In this case, what psychological characteristics does the elderly tend to show? (　　)

A. Dependence and dissatisfaction. B. Gratitude and optimism.

C. Inferiority and stubbornness. D. Loneliness and self-esteem.

6. An elderly person who lives at home always complains about his children's unfiliality and doesn't look at himself during the holidays when he tells you. At this time, if we say, "Your children may be very busy and can't come to see you. " The old man will suddenly be unhappy and say, "I know they are busy, and I don't need you to explain. Do you think I am an unreasonable old man? Really?" What should we do when facing the old man? (　　)

A. Listen carefully without evaluation. B. Reject skillfully.

C. Humorous criticism. D. Appropriate praise.

【Show your capability】

Uncle Li, 88 years old, is an old "three-no" man who likes singing and dancing. A few years ago, he was in good health. The community encouraged him to organize other elderly people in the community to sing and dance. Therefore, the community gave the elderly 80 yuan of pocket money every month. Now the old man is in poor health, and the government has bought home care services for him. The old man was very happy. However, Uncle Li could not organize activities for the elderly in the community due to his declining health, so the community also cancelled the allowance of 80 yuan per month. For this reason, the old man felt that his dignity had been hurt and that someone had deliberately misappropriated his money. After several communications, the old man went to the Civil Affairs Bureau to report the issue.

Questions:

(1) What are the psychological characteristics and behavior of Uncle Li?

(2) What communication skills should be used in communicating with Uncle Li?

Project Ⅷ
Communicate with the institution-based elderly

Learning objectives

- **Knowledge objectives**

◇ Understand the concept, significance and service objects of institution-based elderly care;

◇ Be familiar with the psychological characteristics and behaviors of the institution-based elderly;

◇ Master the communication skills with the institution elderly.

- **Skill objectives**

◇ Be able to use various communication skills to communicate effectively with the institution-based elderly.

Situational lead-in

Elderly care in nursing homes is a complementary form of the current elderly care model in China. The state advocates that nursing homes mainly provide professional comprehensive services for the disabled and mentally retarded elderly. The disabled elderly or the elderly with dementia have decreased or even lost their ability to take care of themselves. They often suffer from a variety of chronic diseases, and their conditions are complex. Risks associated with elderly care are high, and disputes related to elderly care occur frequently. Strengthening the communication with the elderly in nursing homes can help us better understand their psychology and behavior, better provide them with quality services, and greatly reduce risks and disputes associated with elderly care.

Task 1 Understand institution-based elderly care

Case lead-in

Uncle Gu, 68 years old, is an elderly man with three disabilities. He lost his ability to take care of himself after a car accident before moving into an elderly care home and was taken care of by his sister. One day, his elder sister sent the elderly man into an elderly care home as a self paid resident. With the care and help of the elderly care home, she went through the formalities of living at public expense and became a state supported three-no elderly (no income, no children to support them and no ability to look after themselves). The life in the nursing home improves the quality of life of the elderly and reduces the financial burden of their families.

Main content

1 Concept of institution-based elderly care

Institution-based elderly care is a way for the elderly to leave their homes and live in various elderly care homes, where they are taken care of by caregivers. At present, the elderly care service institutions in China mainly include elderly nursing homes enjoying social welfare, and ordinary elderly nursing homes.

Due to the growth of age, physical aging continues to impair the ability of the elderly to live independently, and they need more care and services. Generally speaking, the long-term supportive care provided to the elderly is mainly undertaken by the family members of the elderly. When such continuous care causes excessive expenditure on the psychological and physiological resources of family members, and the supportive services of the community cannot meet the nursing care needs of the elderly, institutional professionals will provide medical care, health care and corresponding nursing care and continuous service of daily living. In the long-term care service for the elderly, institutional care for the elderly is a very important link to maintain continuous care for the elderly. In terms of the content of service, institutional elderly care services include medical services, rehabilitation and health care services, daily care and social services. The focus of service content provided by institutional elderly care centers with different functions is also different.

In our traditional concept, we think that the elderly who choose to live in institutions are often those whose children have no time to take care of them or cannot take care of them for other reasons. But in fact, with the continuous improvement of the elderly care homes and the professional development of staff, institutional care can provide a good choice for the elderly in their later life. The reason why the elderly accept institutional care is that family care or community care services cannot meet their needs, and they cannot enjoy a certain degree of autonomy and selectivity in home care, such as family diet, life rhythm, etc. Some elderly people take the initiative to choose to live in institutions for lack of family support or because they just don't want to cause burden on their families.

2 Structure of institution-based elderly care

2.1 The elderly can be divided into the following kinds of group if divided according to the charging policy

(1) The self-funded elderly.

(2) Three-no elderly people (no income, no children to support them and no ability to look after themselves). Among them, part of the service fees for the "three nos" are funded by the government, and the rest is borne by the relevant welfare institutions. All the service fees for the self-funded elderly shall be borne by the individual or their family members.

2.2 The elderly can be divided into the following kinds of group according to whether the family is complete

(1) The elderly with complete family structure.

(2) The elderly who lost their only child.

(3) Empty nesters (the elderly whose children live far away).

2.3 The elderly can be divided into the following kinds of group if divided according to the age of the elderly

people aged 60 and above are defined as the elderly in China. According to the standards of the World Health Organization (WHO), 60 to 74 years old are classified as "young elderly", 75 to 89 years old as "elderly", and 90 years old and above as "long-lived elderly".

2.4 The elderly can be divided into the following kinds of group according to the ability of the elderly to take care of themselves.

2.4.1 The self-care elderly

The self-care elderly, which means these elderly people can provide for themselves. This kind of elderly usually refers to those who take care of their daily life completely and do not rely on the care of others through direct observation or self-care ability assessment.

2.4.2 The elderly needing help

The elderly needing help, which means these elderly people are slightly or moderately dependent on others. They need some specific help or guidance from others in their daily activities. Their behaviors in daily life depend on the help of handrails, crutches, wheelchairs, lifts and other facilities.

2.4.3 The elderly needing care

The elderly needing care, which means these elderly people are heavily dependent on others. Their behaviors in daily life completely depend on the care of others, that is, they can't take care of themselves in life at all.

3 The significance of institution-based elderly care

3.1 Institution-based elderly care can provide more professional care services

Elderly care institutions, especially comprehensive ones, can provide appropriate diet, professional life care, rehabilitation and entertainment, medical care and even health consultation and legal consultation according to the different living habits, dietary requirements, physical conditions, classification of geriatrics and other physical and mental needs of the elderly. The elderly who are not living on their own can obtain more professional and high-quality physical and mental care in elderly care homes.

There was an elderly person with moderate dementia. His children only knew that their father's health was not as good as before. Thoy thought he had nothing serious so he was often left behind at home. The elderly person often went out and seldom came back. In their eyes, their father's ability to dress, eat, sleep and even help the family do housework had not changed much. However, they failed to realize that the elderly person had undergone great changes in intelligence, but he was not given timely care. One day, the elderly person fell down unexpectedly when crossing the road, causing a fracture. After being sent to the hospital for medical treatment, the elderly person's fracture was cured, but his working ability was completely lost. His children did not have any professional knowledge in elderly care, and their father soon developed complications such as pressure sores, infections in the urinary system, and hypostatic pneumonia after returning home. The elderly person was in a state of repose, but the children did not know what had happened to their father. Finally, the family sent the elderly person to a comprehensive elderly care home, and only after the professional life care, psychological comfort and medical rehabilitation of the elderly care home, did the elderly get back from the death line.

3.2 Institution-based elderly care can reduce the burden on children, relatives and friends

Professional division of labor and scale economy effect can make the social supply cost of family services lower than the family supply cost, thus reducing the family economic burden, and freeing relatives from great pressure and the complicated daily care for the elderly.

Economically, on the one hand, the cost of living and housing of the elderly who are unwilling to live with their children are generally higher than that of the elderly who live in a nursing home. On the other hand, if the disabled elderly are cared for at home, they need at least one nurse or one family member at any time to take care of them for 24 hours. The cost of living and housing of the disabled elderly who live with their family are also higher than the fee submitted by the disabled elderly who choose to live in a nursing home at present. The disabled elderly often develop diseases of one kind or another. If there is no medical staff at home or they don't go through the formalities to rent a sickbed, the elderly will have to be sent to the hospital. This also increases the care costs and economic costs of the family. Especially for families with only one child, if there is one elderly person with disability or dementia in the family, the high cost of family elderly care is obviously considerable.

3.3 Institution-based elderly care is conducive to the improvement of the quality of life of the elderly

The elderly can enjoy professional and all-round services in the elderly care homes. All kinds of social activities, contacts and rich cultural life of the elderly in the elderly care homes help to relieve their loneliness and improve their quality of life. At the same time, the centralized support can ensure the safety of the elderly.

Most of the elderly who enter the elderly care homes have a common desire. That is to get rid of loneliness in the elderly care homes. On the one hand, these elderly people have different living habits with their children, and are unwilling to live with them, or have no conditions to live with them, but they feel lonely as living alone. When they enter an elderly care home, they can meet old people with similar interests and become friends. In addition, if they live in the same room with other elderly people, they can also take care of each other and rely on each other. For example, if one of the elderly is sick or falls down, others can help call over the nursing staff or doctors. Even if the elderly who live alone get sick or fall in the nursing home, they can be found by the staff of the institution quite soon. Some elderly people living alone at home got sick or fell down. Nobody knew they were in trouble until ten days or half a month had passed. Therefore, the quality of life of the elderly can be improved and their safety can be guaranteed living in elderly care homes.

Task 2 Understand psychological characteristics and behaviors of the institution-based elderly

Case lead-in

Uncle Sun, 78, has been living in an elderly care home for nearly three months. One day, Uncle Sun said he wanted to go home and didn't want to continue living in the elderly care home. When asked why, the old man replied that the food was too salty and tastes bad. He wanted to eat porridge. The old man in the same room watched TV for too long at night and made too much noise. There were no books to read. He felt cold a lot in winter, and it was not easy for him to put on his clothes, shoes and socks.

When we told Uncle Sun that these were not difficult problems, and we could all find ways to solve them, he finally said his true idea, "My children left me in the nursing institution, and I want to go home."

Main content

The subjective thought of the elderly in nursing homes directly determines their behavior. The elderly who choose to live in the elderly care home have actively made psychological preparation for the collective life in the institution. Some of them visit the site with their family to learn about the situation before they move in, so that they can objectively view some problems even if they come across some problems after moving in. However, the elderly who live passively in elderly care homes may have poor adaptability. It is not easy for them to integrate into the collective life. Various negative behaviors and psychological problems will show themselves with the passive residents in daily life in elderly care homes. For example, some elderly people who live in elderly care homes passively may have a sense of abandonment and confusion.

No matter what type an elderly person belongs to, the resettlement in a new environment will always bring some psychological changes to the elderly, which may also affect their physical and mental health.

Many elderly people who live in nursing homes have experienced a process of "role transformation". In the process of role transformation, if the elderly can't handle the "role transformation" properly, many psychological and physiological problems may arise. This maladjustment of psychological problems in the process of role change can often be seen in the elderly who have just entered the nursing home, and sometimes even in the elderly who have lived in the nursing home for a long time.

1 Role changes of the elderly in nursing homes

1.1 Role transformation of the elderly

1.1.1 The principal role becomes the dependent role

With the growth of age, the elderly are gradually aging and have difficulty in moving. The elderly who are in poor physical condition need careful care in their daily life. On the other hand, the memory and learning ability of the elderly have declined, and their ability to expand their understanding of the world has gradually weakened. After entering the old age, the life of the elderly increasingly needs the help of others, and they need to rely on others to complete the tasks that they were competent for before. As a result, the elderly gradually transited from a "principal role" to a "dependent role".

From infants to adults, people grow up in the process of gradually getting rid of dependence. However, in old age, they have been used to taking responsibility for themselves for decades and making decisions about their own affairs. Now they have to rely on others from time to time. It is inevitable that the elderly are somewhat depressed and disappointed with themselves. It is difficult for the elderly to get used to the feeling that they often depend on others.

1.1.2 The spouse role becomes the single role

Most of the elderly who live in the nursing home come to the nursing home in a new environment in order to alleviate the grief of the loss of their spouse after the tragic loss of their spouse. Such elderly people, after entering the nursing home, are experiencing a transition from the "spouse role" to the "single role". As the saying goes, "Don't be a husband and wife when you are old." Once the spouse is lost, the blow to the elderly is undoubtedly heavy, and this feeling is sympathetic and understandable. The old environment and living procedures have changed after the loss of his wife and living in the nursing home, which is actually conducive to the mutual adaptation of people's internal and external environments. In the new environment of nursing homes, it is easier for the elderly to establish a new psychological balance. The staff of the nursing home can cultivate more interests and attention of the elderly, so that the elderly can focus on their current life and care for others, so that the elderly can cheer up and continue to start a new life while missing their spouse.

1.1.3 The role of home life becomes the role of collective life

The main activity place for the elderly who do not live in the nursing home after retirement is the family, and the elderly play a "role in home life". After entering the nursing home, the elderly will correspondingly change from the role of home life to the "collective life role" of long-term living in the nursing home. There are many differences between daily life in nursing homes and life at home. The nursing home is a large collective, often several elderly people live in a room together, and general life care is completed by nursing staff. In the new environment, some elderly people are not adapted to the new collective life. It turns out that they can make their own decisions about everything at home, but after entering the nursing home, the collective life of the nursing home often requires accommodation and tolerance among members, so that they can get along well with each other.

1. 1. 4 The work role becomes the leisure role

The work role refers to having a job, holding a post and undertaking a social obligation. The housework undertaken by the elderly at home, such as cooking and taking care of children, can be regarded as a kind of work. The work role of the unit can often bring people a sense of achievement, and the success in work can enhance people's self-confidence. A person who regards work as the focus of his life often feels a strong sense of loss after leaving his post and living in a nursing home. The working role of the family will also bring comfort to the elderly. Doing housework is indirectly contributing to society. Some old people regard doing housework as a pleasure. But after arriving at the nursing home, all work is unnecessary, and even the minimum housework is replaced by nursing staff. The elderly who are used to doing housework will feel uncomfortable for this "leisure". At this stage, the elderly are experiencing a transition from "work role" to "leisure role". How to correctly guide the elderly through this process. Psychologists believe that the real meaning of leisure lies in the development of human nature, the development of a large number of hidden possibilities in the human body, and the creative self-development. In short, leisure can enable people to choose more meaningful activities on their own initiative and more freely than before. The elderly should fully seize their leisure time to enrich their lives.

2 Common role dislocation of the elderly

In daily life, each of us plays a specific role in a specific situation and is restricted by the role's "norm", which affects our behavior and thus rigidly regulates our psychology. For the elderly in nursing homes, the role change they experience will have a great impact on their psychological dislocation and physiology. Some elderly people often have role dislocation after living in nursing homes. The common role dislocation is as follows.

2. 1 Role confusion

In the nursing home, it is often seen that the elderly who were engaged in leadership before retirement often unconsciously showed their previous "official" attitude and behavior. In the nursing home, other elderly people live frugally, and cherish the water and electricity of the nursing home. However, such elderly people are extravagant in their lives, often pouring leftovers. At night, the light in the room often stays on all night. Even, they often criticize the nursing staff or other elderly people around them, just like the former subordinates. Once others are a little slack, they will severely criticize them. Therefore, such elderly people often cause dissatisfaction among the elderly around them, and also bring inconvenience to the management of nursing homes. Obviously, this kind of behavior is inappropriate. Such old people often do not realize that their position and social environment have changed. Maybe there is some consciousness, but it has not been changed in behavior, and it still plays the role of the former "official". This kind of confusion and dislocation in the choice of role behavior of the elderly, which is not suitable for space-time conditions and situational atmosphere, is called "role confusion" in psychology.

2.2 Role expectation

Before entering the nursing home, the elderly will have an idea or understanding of their own retirement life. At the same time, others will also have an expectation of their collective life and behavior. When most people and individuals put forward a common expectation for the role and behavior style belonging to a certain social position, it is called "role expectation". When the current life and behavior style of the elderly are far different from the life style of the role they originally expected, they will inevitably have disappointment, loss and depression.

> There was an old man who was once a senior engineer. Even though he retired before he was ill, there were still many people consulting with him, and needing him to guide, inspect and supervise various projects. However, even when he was discharged from the hospital, no one came to see him. As a result, the old man felt himself being useless. His character also changed, and he became restless. He often scolded his family. Although his family pardoned him, the old man became more and more uncomfortable. Finally, the old man asked to stay in an elderly care home. When he moved in an elderly care home, soon he felt that his lifestyle was far from what he expected. He wants to live according to his lifestyle, and he is extremely unfit for the management system and work flow of the elderly care home. Then he put forward the idea of leaving the nursing home, but his family did not agree. As a result, the old man is sometimes depressed and refused to eat. Sometimes he was grumpy and swore. Sometimes he called 110 to report that he was abandoned by his children.

2.3 Role anomie

After entering the nursing home, some elderly people do not know how to spend their time. They are fed three times a day and have nothing to do. As a result, their bodies have declined sharply, their mental health has also lost much of the old code of conduct and standards, and they do not know how to establish new codes of conduct and standards to adapt to the new lifestyle. It can be called role anomie. If people are less in the "role anomie" state, they will feel confused and disoriented. At the same time, they will feel their energy and vitality are gradually losing. This feeling is very painful and helpless. Man is a social individual. To survive and develop, it is inevitable to interact with people. In one's life, one has to deal with all kinds of people and establish all kinds of interpersonal relationships. This kind of interpersonal relationship has both positive and negative relationships. This is just like some people who they are willing to associate with and feel happy when they are together, while others will feel depressed or disgusted involuntarily. Therefore, the coordination of interpersonal relationship has a great impact on people's mental health. The elderly in the nursing home are in the process of role transformation, and the interpersonal relationship changes greatly. Therefore, good and harmonious interpersonal relationship and certain social ability will have an important impact on the future life of the elderly.

There was an old man who had a good spirit before he moved into an elderly care home. After he moved into an elderly care home, his physical and mental conditions deteriorated day by day. The staff of the elderly care home believed that the old man was ill. After careful inspection, communication and communication, the old man told his true idea, "People who come here are waiting to die. " It is this idea that makes the old people lose hope in life, and makes their future life confused. They don't know how to face the future life. They feel painful, helpless and helpless psychologically, and feel that they will die soon. This is a typical example of role anomie.

2 Characteristics of psychological changes of the institution-based elderly

Choosing an appropriate way to provide for the elderly is part of the arrangement of family life for the elderly and their families, and is also one of the factors affecting the happiness of family life. Whatever the reason, whether the elderly are willing or not, the elderly will have more or less psychological changes from the familiar family environment to the unfamiliar elderly care homes. There are positive and negative psychological changes of the elderly who enter the elderly care homes.

2.1 Characteristics of positive psychological changes

2.1.1 Belonging

Belonging, or sense of belonging, refers to a kind of feeling psychology research when individuals feel recognized and accepted by others or groups. It shows that everyone is afraid of loneliness and loneliness, and hopes to belong to one or more groups. If they have a family, a work unit, and want to join an association or a group, they can get warmth, help and love from it, so as to eliminate or reduce loneliness and loneliness, and get a sense of security.

After retirement, the elderly are far away from social life. When their children grow up and leave home, the elderly family is empty. In addition, they are not able to move easily and have less contact with their relatives and friends. This change in interpersonal communication is the main reason for the client's sense of loneliness, which is more obvious when they lose their spouse. In addition to these objective factors, there are also subjective reasons for the elderly. Some elderly people watch TV in addition to eating and sleeping. They have no hobbies and are more likely to feel lonely. Some elderly people live in the elderly care home and see so many peers living together in a courtyard. Some sing and dance, some practice swords, some play balls, and some play zither or chess, and some practice calligraphy or painting.

Even the disabled elderly can always see the nursing staff carefully feed them water, food, and medicine, do body brushing and hair washing, and talk happily with the elderly. As a result, the elderly can feel accepted by the elderly group. A sense of security, happiness and warmth often emerges spontaneously from their heart. Love and being loved can be obtained here.

There was an old man who felt that he had nothing to do all day before living in an elderly care home. He didn't even have anyone to talk to. He got up in the morning and looked forward to the children coming off work. The children were tired after work. They didn't have more energy and time to talk and chat with the old man. The old man always complained that the children were hard when their wings were big, and ignored them. One day, the old people went to an elderly care home to see a relative, and they were immediately attracted by the life in the elderly care home. Due to the shortage of beds in the elderly care home, the elderly can hardly get in after several setbacks. After living in the elderly care home, the old man was very happy and told everyone that I had finally found a "home".

2. 1. 2 Satisfaction and happiness

The sense of satisfaction refers to the ultimate sense of beauty that is similar to the reward given by the brain after the individual has reached a certain spiritual or material level demand through self satisfaction. It can be said that it is the destination of desire. The completion of a desire feeds back a sense of satisfaction. It can be an additional product, but it can also be the ultimate pursuit product. Since satisfaction is a kind of psychological feeling, it will inevitably vary according to the different types of individual needs. The so-called happiness refers to the overall and positive evaluation of people's life quality according to the internalized social standards. It is also a comprehensive evaluation of people's satisfaction with life and its various aspects, and the resulting positive emotions and dominant psychological state.

There was an elderly man who was disabled. Before entering an elderly care home, he could not afford to wear warm clothes and eat enough. He depended on his neighbors to help him. After the community leader contacted a public elderly care home, he moved in. After staying in an elderly care home, the nursing staff provided considerate care, delicious meals and warm clothes and quilts, which filled the old people's hearts at once, and created a sense of happiness and satisfaction.

2. 1. 3 Superiority

Superiority is a kind of self-awareness. Most people will have a sense of superiority to varying degrees, such as professional superiority and facial superiority. Generally, it refers to the psychological state of thinking that they are better than others in physical aspects (body shape, appearance or physical strength, etc.), psychological aspects (intelligence, knowledge, skills, etc.) and other aspects.

Here, the sense of superiority refers to a kind of self-consciousness peculiar to some elderly people in elderly care homes, which has a positive effect on elderly care. Therefore, the sense of superiority is summarized as the positive psychological change characteristics of elderly care homes.

Why do some elderly people in elderly care homes have a sense of superiority? At this stage, the lack of elderly care resources and the shortage of elderly care beds have pushed most elderly care to families and communities. The proportion of the elderly who can live in elderly care homes, especially comprehensive high-quality elderly care homes, is very small. Therefore, the elderly who can live in the elderly care homes can agree with their sense of superiority. The generation of a sense of superiority will enable the elderly to cherish more rare elderly care resources and integrate more smoothly into the life of institutional elderly care. Let them consciously change their lives to adapt to the elderly care homes.

There was an old man whose children were too busy to take care of his daily life. The old man felt lonely and uncomfortable at home, and often lost his temper to the children. So he wanted to go to an elder care institution to live a collective life. On the one hand, he could have new friends. On the other hand, it also reduced the pressure on children. However, the beds in the nursing home that he liked are very tight. He ran many times and waited in line for a long time to get a bed. The old man was very happy after receiving the notice that he could stay in the elderly care home, and soon moved in. Although the old man in the same room in the elderly care home have some shortcomings, the old man felt that he was much luckier than many elderly people to live in this beloved elderly care home, so he cherished this bed and made themselves adapt to the collective life in the elderly care home as soon as possible.

2. 1. 4 Self realization and sense of achievement

Self realization means that people need to exert their potential and show their talents. Only when people's potential is fully exerted and shown, can people feel the greatest satisfaction. The sense of achievement is a kind of psychological feeling after the desire and reality reach a balance.

Since they retired, the elderly have left the core stage of life, and their outlook on life and values have been affected. They often feel they are useless and abandoned by the society. When they come to the elderly care home, the elderly care home has set up a stage for them to show their talents, so that they can regain confidence and feel the meaning of life again.

> In an elderly care home, the annual Double Ninth Festival excited the elderly because the nursing home would organize a show to celebrate the festival. Many of them were active to prepare for their show. Some old people even shed tears because they had had no chance to show off their talents on the stage for so long.

2. 1. 5 Love and be loved

The mutual care and love of the elderly in elderly care homes, visits of children, the care of the institution leaders, the care of service personnel, the patrol of medical personnel, the mutual greetings between the elderly, the care of young volunteers, etc. will make the elderly feel surrounded by love. At the same time, entry to elderly care homes of the elderly will also reduce their children's pressure in life and work, which is also the embodiment of love of the elderly for their children. The mutual care of the elderly in the elderly care homes, the respect and care for the staff of the elderly care homes, and the heart-felt affection of the elderly for elderly care homes reflect a selfless love of the elderly. Love and being loved make old people's life happy and fulfilled.

> During the research process of "often going back home to have a look", many elderly people in elderly nursing institutions were asked, "Do your children often come to see you? Do you miss them?" Many old people would say, "The children are busy, so we don't need them to come to see us often. We live well here, and we don't miss them." However, what many people did not see, or did not realize was that on holidays, although many elderly people said they did not need their family members to come to see them, but their expression in their eyes betrayed their yearning to see their loved ones. This is love. At the same time, they can feel the love from all sides.

2.2 Characteristics of negative psychological changes

2.2.1 Longing for kinship

The elderly, whether voluntarily or involuntarily, have left the familiar living and interpersonal environment. Changes in living environment and habits, the need of reconstructing interpersonal relationships, coupled with the system and regulations of the nursing home, make them feel they have so much to learn and adapt to. The elderly with poor learning ability and adaptability may feel insecure in this strange environment and long for the help and care of their loved ones. They miss the sense of security at home.

There was an old man with mild Alzheimer's, and his family members said that he was basically able to take care of himself at home, and occasionally needed to be reminded of something. Shortly after the old man moved in, the nursing staff found that the old man quietly cried and said he wanted to go home. After asking him the reason, they learned that his living ability was very poor. He didn't know where to go to eat when he was hungry, how to go to the toilet, where to put my clothes, and what to do if his hands were dirty. He knew nobody here and he was afraid of getting lost.

2.2.2 Strong self-esteem and competitiveness

When some elderly people live in an elderly care home, they have a feeling of resistance to the elderly care home. They think that the elderly who live in an elderly care home are lonely or abandoned by their children. This idea makes the elderly feel that they have no self-esteem and are afraid of being looked down upon by others. In order to maintain their self-esteem and make others look up to them, they will try to show that they can outdo others everywhere and overestimate their own ability.

They often have disputes with other elderly people or staff. Some elderly people are afraid that the nursing institution will revise their nursing level upwards to charge more, but they don't want others to know they are unwilling to spend money. They refuse caregivers to do anything for them. They actually cannot do those things well but they don't admit that.

When some new comers received assessment, they tried their best to show their good physical and psychological conditions. They spoke loudly and forcefully, walked majestically, and said that they could fully take care of their daily life. After admission, it was found that their living ability and habits were very poor. When caregivers provide services for them, they always refuse, and say they can do it themselves. But in the end, they can't do it at all by themselves.

2.2.3 A sense of abandonment

The purpose for the disabled elderly to stay in the elderly care home is to get more professional nursing services, and to return home after recovery. Because they are unable to take care of themselves and completely depend on outside help, they have very few opportunities to return home after living in an elderly care home. When they are homesick and want to go home but are rejected, the feeling of being abandoned will be very strong.

> An old man wanted to go home for a few days after two months in an elderly care home. When the old man told his children about this idea, his children finally decided after discussion that they were unable to take the old man home for a few days. Since then, the old man had been depressed and refused to eat. They even called 110 police, claiming that the children abandoned themselves and abused the old people.

2.2.3 Repulsion and conflict

On the one hand, the disabled and mentally retarded elderly can't decide or express their desire to enter or not enter the elderly care home, and can only passively accept to enter the elderly care home. When their children send the elderly to the elderly care home against the their will, their children may think it is for the client's sake and filial piety, but the elderly do not think so. They will think that they are useless now, and believe that they are burdensome to send them away. This idea makes the elderly have psychological changes of rejection and resistance in the elderly care homes, so they show refusal and non cooperation in the service process of nursing staff.

> There was an old man with disability and moderate dementia who passively accepted the arrangements of his family when he moved into the nursing home. After checking in, when the nurse fed him with water, the old man knocked over the water cup with a wave of his hand and spat directly at the nurse. The nurse thought that the old man had mental symptoms and had aggressive behavior towards them, so she refused to care for the old man. After careful observation and communication, the manager found that the psychology and behavior of the old man were caused by the feelings of resistance and exclusion.

2.2.5 Sense of bondage

After entering the elderly care home, the elderly should learn and abide by the rules and regulations of the elderly care home, and adapt to the work process of the elderly care home. Many elderly people, especially those who cannot take care of themselves completely, will have the mentality of being bound. They always want to find opportunities to break away from this bondage and regain the sense of "freedom" in the family.

> There was an old man with mild disability and dementia. When he stayed in an elderly care home, his family signed an agreement with the elderly care home not to allow the elderly to go out. According to the regulations, the elderly care home did not issue an exit card to the old man. A few days later, the old man wanted to go outside the gate to have a look, but was stopped by the guard. The old man was deeply dissatisfied with this, clamoring to go out, and pestering the management staff to write him a leave note every day.

2.2.6 Anxiety and depression

After the elderly live in the elderly care home, because the elderly care home has a unified management model and norm, some elderly people do not know how to arrange their lives and spend their spare time, so a sense of disappointment ariscs spontaneously. Although there are many elderly people coming and going around, some of them are not good at making new friends, and the feeling of loneliness is often aggravated. Therefore, they are prone to be angry for no reason, exaggerate their own diseases, and even have a tendency to hypochondriac or lead to anxiety and depression.

> There was an old man who never talked with other old people, did not have leisure and entertainment with other old people, and did not participate in any activities after living in an elderly care home. Every time the nurse saw him, he looked at the scenery alone. After changing the room, the old man often mumbled to himself that he didn't know what to do.

2.2.7 Fear and uneasiness

In elderly care homes, the disabled and dementia elderly leave their familiar family and environment, and have no sense of security. When they face disease and death, they will show a strong sense of fear and insecurity.

The elderly with disability and dementia often hold their upper limbs tightly in front of their chest, bend and curl their lower limbs in their abdomen, hold on to something, and tremble. These are common and typical manifestations of fear and uneasiness.

2.2.8 Pathomeiosis

In the elderly care homes, some elderly people are not willing to go to see a doctor when they are sick, afraid of trouble, afraid of spending money and afraid of no one to take care of them. In this way, a minor illness has become a serious illness.

In an elderly care home, there was an old man who could take care of himself in daily life. Due to the cooling weather, a cold induced pneumonia, and his appetite was poor. The doctor prepared to give intravenous medication after diagnosis, but the old man was unwilling to give infusion, so he only asked the doctor to prescribe oral medication. The result was not satisfactory, and he was transferred to hospital for treatment after several days of critical illness.

3 Behaviors of the institution-based elderly

Different old people have different psychological changes after they live in the elderly care homes, which also show different behaviors, including positive behaviors and negative behaviors.

3.1 Positive behaviors

3.1.1 Good adaptation

The good adaptation performance is after the elderly live in the elderly care homes. They can quickly integrate into the collective life, make new friends, have no sense of loneliness, rejection and abandonment, and actively solve problems.

3.1.2 Actively participate in activities

It is one of the positive behavior characteristics of the elderly who live in institutions for the aged to actively participate in the activities of the elderly. No matter whether the elderly have some special skills or not, as long as the elderly take the initiative to participate in activities, it is the performance of their positive behavior. For this behavior, the staff of the elderly care homes should encourage and support it, not to talk about it, let alone undermine it.

3.1.3 Active consultation

The elderly who live in the elderly care homes can actively seek advice from the relevant personnel or inform their families when they encounter problems, so that they can deal with them in a timely manner.

After the elderly stay in the elderly care home, they will take the initiative to ask when and where to eat, who to find to solve problems, how to go through the formalities when they come home from leave, and how to call a doctor when they are sick.

3.1.4 Desire to be noticed

After the elderly live in an elderly care home, they hope to be valued and concerned by the staff, and they hope that the staff can know and remember themselves in the shortest time. Therefore, they will actively communicate with the staff and other elderly people, and actively introduce their hobbies to the staff and other elderly people.

3.1.5 Self love and caring for others

It is a positive behavior for the elderly in the elderly care home to care for themselves and others. They care about themselves but not too much about themselves, care about others but not disturb others, go to the hospital actively when they are ill, take the initiative to increase or decrease their clothes and bedclothes when the weather changes, and give active care and care when other elderly are ill or encounter difficulties. Some widowed old people even have twilight love. In the face of such old people, the staff of the elderly care homes should actively guide them, not directly intervene, let alone laugh and ridicule them.

Two widowed elderly people met in an elderly care home, appreciated each other and finally developed into a pair of evening lovers. Some staff members and the elderly said they did not understand this, talked behind their backs and told jokes, which were incorrect words and deeds. In the face of such a situation, we can sincerely express our blessings and congratulations to them, but kindly remind them to handle the relationship between the children of both families.

3.2 Negative behaviors

3.2.1 Weakened adaptability

The weakened adaptability is a negative behavior corresponding to the good adaptability of positive behaviors.

3.2.2 Functional degradation

Why is functional degradation a negative behavioral performance of the elderly?

The elderly can still take care of themselves before entering the elderly care home. After living in the elderly care home, their ability to take care of themselves will decline due to their unadaptability to changes in the environment, which can be divided into true function degradation and false function degradation. The deterioration of true sexual function is due to the decline or even loss of self-care ability of the elderly due to their maladjustment. Pseudo functional degradation refers to the elderly belief that they are entering an elderly care home to enjoy life, and that all life care should be done by nursing staff, who only need to open their mouth and speak.

When an elderly person stayed in the elderly care home, the nursing level of the elderly was determined as the first level of assistance through evaluation, and the corresponding nursing fees were charged according to the corresponding nursing level. The elderly can also receive the corresponding care according to the corresponding regulations in the first two days after their arrival. A few days later, she began to shout, "The nurse poured water for me, and I wanted to drink water." "The nurse dressed me." " The nurse washed my feet." The elderly person thinks that she has paid for her stay in the elderly care home and come to enjoy services. The nursing staff should do everything she doesn't want to do. As a result, she forgets that what she has enjoyed is a paid service and how much she has paid for it.

3.2.3 Conduct treason

Maybe some people should ask, treason is the behavior of adolescent children, how can the elderly also have treason? Yes, the elderly will also have rebellious behavior. If the disabled and mentally retarded elderly in the elderly care home are unwilling to continue living, they will rebel to attract the attention of the staff, so that their families can meet their wishes.

3.2.4 Nitpick

Similarly, in the elderly care homes, if the elderly suddenly become picky or even make trouble with the service, we should pay attention to the changes in their psychology. At this time, we should carefully observe their psychology and behavior. The elderly may be missing their families.

> There was an old man in the elderly care home who usually liked the way a nurse worked. One day, he suddenly got angry with the nurse for no reason. He said that he felt pain here, but a few minites later, he said that the food was too little or too much, and it was too light. Anyway, he was not satisfied with anything. When the staff informed the his family members of this behavior by telephone, his family members said they would visit the elderly as soon as possible. After his family visited the old man, his behavior became normal again.

3.2.5 Reject

The elderly who take care of themselves or the elderly who are not mentally retarded in the elderly care home have refused. We can understand the their ideas through communication. When the elderly with disability and dementia refuse, we should carefully analyze the reasons for the refusal

(1) When the elderly with disability and dementia suddenly refuse to eat, the elderly are likely to get sick. At this time, we should call a doctor in time, and actively observe the client's vital signs and mental state.

(2) If the elderly with disability and dementia wave or spit at a service or a person and

refuse, it means that the elderly are dissatisfied with a service or someone or feel insecure.

3. 2. 6 Repel others

The behavior of excluding others is more common among the self-care elderly and the non dementia elderly in the elderly care home. Some elderly people want to occupy space by themselves when their ancestors live in empty rooms, but they are unwilling to pay more, and often have the psychology and behavior of excluding the strange elderly living in the future.

3. 2. 7 Self injury, suicide and hurting others

When the anxiety and depression of the elderly can not be controlled and allowed to develop, some elderly will eventually become desperate, leading to self injury, injury to others or suicide.

Task 3 Master the skills of communication with the institution-based elderly

Case lead-in

Uncle Yang, 82 years old, is an old man with disability, dementia and stroke sequela. He lives in an elderly care home and takes oral lipid-lowering and antihypertensive drugs for a long time. One day, when the old man had finished taking medicine, the staff of the elderly care home called his family to bring medicine. His family was very unhappy and said, "Why didn't you tell me earlier? I'm not free today. I can't bring it. What are you doing?" After a period of time, the old man was about to finish taking the medicine his family brought. The staff of the elderly care home called in advance to tell his family to bring the medicine. His family said, "How did I finish taking the medicine for one month last time? Did you give the old man the wrong medicine? You should give me a statement."

Question: What kind of communication problems have occurred in this case?

Main content

1 Communication modes, steps and skills with the institution-based elderly

1. 1 Communication modes with institution-based elderly

1. 1. 1 Face to face direct communication

Face to face direct communication is the main way to communicate with the elderly in institutions. Face to face communication is carried out by using voice language, writing, pictures, body language and some special languages such as sign language and touch according to different situations.

In an elderly care home, an old woman fell ill. After the diagnosis of the elderly care home's doctor, it was found that the client's illness would not be effectively treated in the elderly care home, and it needs to be transferred to a comprehensive hospital for further diagnosis and treatment. But the old woman felt that her illness had been for a time, and that doctors could diagnose and treat it, so he was unwilling to transfer to a hospital. Therefore, when communicating with the old woman, we should first adopt face to face direct communication.

(1) Spoken language is mainly expressed in the form of speaking, such as meeting, face to face discussion, etc.

(2) Writing is often used to communicate with the elderly with hearing impairment. When communicating with the uneducated and illiterate elderly, pictures or drawings and body language are often used. It is more appropriate to communicate with the elderly with hearing and vision impairment by touching.

(3) There are also some special elderly in the elderly care homes — congenital deaf and dumb elderly. For such elderly people, simple sign language should be used for communication.

Face to face direct communication has its advantages. It can immediately clarify unclear situations, reduce misunderstanding, and easily reach an agreement. We can persuade the elderly through emotional appeal. We can let the elderly focus on specific priorities. Both sides of the communicator can see each other's facial expressions and hear each other's voices to enhance the communication effect. It gets feedback quickly.

Face to face communication also has its defects. It wastes time, and is easily interfered by the outside world. The content of communication is easy to be changed into small talk.

1.1.2 Indirect communication through a third person or media

Indirect communication is also an important way to communicate with the elderly in institutions. It mainly involves indirect communication through a third party — the family members, using letters, notes, documents, radio, internal newspapers, bulletin boards, suggestion boxes, activities, networks, etc.

(1) Indirect communication through their families is the most common way with the elderly in institutions. In the above case, if face to face communication with the elderly can not achieve good communication results, it is necessary to use a third party, namely, family members, to communicate with each other.

(2) In elderly care homes, indirect communication strategies such as internal newspapers, bulletin boards, broadcasts, suggestion boxes, and activities are also common.

The elderly in the elderly care homes always feel that the society does not care about them and the institutions do not attach importance to them. Therefore, the elderly care homes can show their concern for the elderly through internal newspapers and magazines, opinion boxes, and joint activities with social organizations.

(3) Although the indirect communication mode with letters and notes as the media is less used in the elderly care homes, it is still an effective communication mode.

When face to face communication with the elderly fails, the elderly have a resistance to direct communication. At this time, we can use letters or notes to communicate with the elderly indirectly, so as to reduce the stimulation to the elderly and have a good effect on stabilizing the elderly's mood.

Advantages of indirect communication are to save time, increase the time for both parties to think and weaken the client's emotions, so as to reduce the occurrence of direct conflicts. Communication through letters can be permanently preserved.

Defects of indirect communication are listed as follows. It is a kind of incomplete information transmission. The purpose of communication is unclear or even far from each other. Its feedback was not timely.

1.2 Communication skills with the institution-based elderly

1.2.1 Listening skills

(1) Patiently listening can express respect and sincere attitude towards the elderly, so as to gain the trust of the elderly.

(2) At this time, silent listening is more necessary than vocal listening.

(3) To listen with an open mind and a positive attitude, we can not only hear the information we need, but also easily keep up with the rhythm of the old people's speech.

(4) The eyes are the windows of the mind. In the process of listening, look into the other person's eyes to show that "I am listening to you carefully".

(5) When listening, we can disagree with the old man, but we should accept the old man's words, nod head and say "I see" and "I don't know" from time to time, and encourage the old man to continue talking.

(6) Open actions and gestures represent acceptance, tolerance, respect and trust. For example, sincere expression, interested language, trusting body movements (such as holding the chin with your hand to listen) during the listening process can show the sincere attitude of the listener, so that the elderly can feel support and trust.

(7) The combination of an approving nod, appropriate facial expression and positive eye contact shows that you are listening carefully. The expression of frowning and confusion provides the elderly with accurate feedback information to prompt timely adjustment.

(8) Use retelling methods such as "I heard you say...", "Are you that mean?", "What you just said..." to confirm whether what we heard is consistent with what the old man said.

(9) Properly ask questions and control the idea of argument, so as to listen more and

speak less.

Attention should be paid to the process of listening: pay attention to the timing when interrupting the old man, and don't interrupt the old man casually. In the process of listening, do not look around and hope, which means that we do not respect the elderly. Avoid unnecessary disputes, which will make the elderly stop their desire to continue talking.

1.2.2 The skills of reaching a consensus

There are skills to achieve resonance, ingenious suggestions, opinions and criticisms, skills to reject and comfort the elderly, skills to avoid conflicts in communication and feedback, skills to communicate with the elderly with hearing and vision impairment, and special communication skills.

1.2.3 The skills of indirect communication through a third party

(1) When communicating indirectly through family members, pay attention to the clear purpose of communication, express one meaning and purpose at a time, and avoid missing communication due to multiple purposes. The language of communication should be simple and clear to avoid communication failure due to misunderstanding. Using compassion to communicate is easy to get support and cooperation from the elderly family.

In the communication that needs to suggest the elderly to be transferred to a hospital, the elderly are unwilling to be transferred to a hospital for treatment, and their families also feel that it is unnecessary for the elderly to be transferred to a hospital for treatment. At this time, the communication needs to understand their ideas from the perspective of the elderly and their families. At the same time, professional knowledge should be used to let the elderly and their families understand the necessity and urgency of the elderly to be transferred to a hospital for treatment.

(2) When using the bulletin board as a medium for indirect communication, attention should be paid to the location of the bulletin board which should be flexible, and the most appropriate place which should be chosen. The design of the column should be able to attract the eyes of the elderly. The use of colorful patterns can easily arouse the interest of the elderly and strengthen their memory and consciousness. The propaganda language should be concise, vivid and tactful at the same time. The font should be regular, and the font size should be appropriate. If too small old people can't see clearly, and if too large they feel incongruous.

(3) When using the suggestion box as an indirect way of communication, it should be noted that the position of the suggestion box should be appropriate, and the height should be 90 cm from the ground, so that the elderly who can take care of themselves can use the suggestion box, and the elderly who can take care of themselves can put their opinions and suggestions into the suggestion box with the help of wheelchair activities. The site selection of the suggestion box should be from the perspective of protecting the elderly. If the elderly

want to put their own suggestions into the suggestion box, or they are easily seen by interested staff, the elderly will feel insecure and give up the idea of putting opinions or suggestions. Such suggestion boxes are useless. It is necessary to regularly take out the draft opinions and suggestions from the suggestion box, analyze the opinions and suggestions in a timely manner, and take appropriate methods to give feedback.

2 Cases of common theme communication with the institution-based elderly

2.1 Communication on falls of the elderly

2.1.1 Case

Tian, female, 89 years old, lives in the special care department of an elderly care home. One morning, the old person fell down at the bedside when he got up. After a simple examination by the medical staff of the elderly care home, she was suspected of having left femoral neck fracture. The elderly care home immediately informed her family members to send the old person to the hospital for further examination, diagnosis and treatment. The old person took an X-ray in the hospital and found that there was a fracture in the left femoral neck. Considering her age, the doctor suggested that they return to the elderly care home for conservative treatment. After the elderly family members sent the elderly back to the elderly care home, they adjusted the level of care according to the assessment results of their self-care ability, and added the content of care. The family members expressed no objection. About a month later, the family members received a call from the elderly care home asking them to send the elderly to the hospital for treatment. The main reason was that the elderly had three to four stages of pressure ulcers and infection, threatening her lives. After the family members sent the elderly to hospital for treatment, they incurred tens of thousands of yuan of medical expenses that could not be reimbursed. In addition, they still need to continue treatment. It is unknown how much it will cost to cure them. So the family members proposed more than 300,000 yuan of compensation to the elderly care home, including medical expenses, nursing expenses, nutrition expenses, and mental loss expenses, and appealed to the law. After mediation by the court, the final elderly care home will compensate the client's family members for nearly 70,000 yuan of medical expenses, nursing expenses and nutrition expenses.

2.1.2 Analysis

Falls are the most common symptoms of the elderly, referring to sudden, involuntary and unintentional changes in body position, falling on the ground or on a lower plane. The occurrence of falls in the elderly is not an accident, but a potential risk factor. Falls in the elderly have a high incidence and serious consequences, which is one of the important causes of disability and death in the elderly.

In the elderly care homes, disputes and business risks caused by falls of the elderly are very common, which has become unbearable pain in the elderly care homes at this stage. How can elderly care homes reduce the probability of falls, disputes and business risks caused by falls? Solid work and effective communication are good methods.

2. 2 Communication on scald and burn elderly

2. 2. 1 Case

Grandma Ye, 89, a semi disabled elderly, lived in an elderly care home. The winter of 2011 was unusually cold. In order to keep warm, the elderly care home had given preferential policies, air conditioning for heating, and increased the client's electricity base. However, the elderly and their families still used heaters, hot water bottles, hot water bags, baby warmers, etc. to keep warm regardless of the danger. For these dangerous heating articles (dangerous to the elderly), the elderly care homes repeatedly checked their safety, and repeatedly guided the elderly and their families to use the correct methods and precautions. However, the elderly still used it illegally, causing burns. After treatment, the old person recovered. As the elderly care homes had done a lot of communication work before the elderly burn, even if the old person was scalded, there was no dispute due to personal problems of the elderly.

2. 2. 2 Analysis

Scalds and burns are also common in nursing homes. Similarly, solid work and effective communication are good measures to resolve conflicts and reduce risks.

2. 3 Communication on elderly contradiction

2. 3. 1 Case

Two elderly persons A and B lived in the same room in an elderly care home. One morning after getting up, A said to B, "What were you doing last night? You woke me up, so that I didn't sleep well all night?" B said, "What does it matter to me that you haven't fallen asleep?" The two old persons then quarreled with each other. After 8 am, A went to the manager's office and said to him, "B bullied me. He woke me up at midnight and scolded me. My cup lid fell on the ground unexpectedly. He picked it up and threw it away. B not only scolded me but also my descendants. He was so mean that I ask to replace him with someone. "

2. 3. 2 Analysis

The old persons in elderly care homes live in the same environment. Misunderstandings, contradictions and conflicts are inevitable due to different living habits, growth environment and family background between them. It is the daily work of the staff of elderly care homes to help bring about effective communication between the elderly who have misunderstandings and conflicts. In elderly care homes, disputes sometimes occur between the elderly for the sake of minor misunderstandings. In order to eliminate misunderstandings and disputes, effective communication between the elderly is the key.

2.4 Communication between the elderly and their families beyond service requirements

2.4.1 Case

Grandma Tang, 85 years old, lives in an elderly care home. A few days ago, Grandma Tang and her family reported the nurse in charge of her to the institution leader because the nurse in charge asked her for money. Grandma Tang and her family demanded that the nurse be severely punished. The leader of the institution investigated the relevant staff and found that the admission assessment of Grandma Tang corresponds to the relevant fees paid, which is the service content of the first level. Grandma Tang and her family are very clear about this. But Grandma Tang asked her nursing staff in charge to provide her with first-class nursing services, and the nursing staff in charge told her to pay more money to do it. So Grandma Tang and her family were so angry that they reported the nursing staff in charge to the head of the institution.

2.4.2 Analysis

How should the staff of the elderly care home communicate with the elderly and their families in the face of this situation?

(1) Master the service projects signed between the elderly and elderly care homes.

(2) Deeply understand whether the physical condition and needs of the elderly are consistent with the signed service items.

(3) When the elderly and their families put forward the requirements for super service, they should carefully listen to the real ideas of the elderly and their families, and give reasonable explanations and communication according to the real ideas of the elderly.

(4) Publicize to the elderly and their families that the services provided by the elderly care homes are paid services. At the same time, inform the elderly and their families of what services they have purchased and how the elderly care homcs provide them with corresponding services. If the elderly need more services, please consult with their families and apply through formal channels.

(5) Explain the relevant policies and regulations of the elderly care home to the elderly and their families. Nurses should not work against the relevant regulations of the elderly care home. Under no special circumstances, any provision of more or less services is against the regulations. Please get the understanding from the elderly and their families.

2.5 Communication on diseases of the elderly and medical dispntes

2.5.1 Case

Grandma An, 88 years old, has a history of calculous cholecystitis. One afternoon, Grandma Ann had abdominal pain and fever, and her temperature was 38.8 ℃. The doctor initially diagnosed that she had an acute attack of chronic calculous cholecystitis. The doctor informed her family by phone after treatment, and suggested that her family be transferred to another hospital for treatment. Her family told the doctor that they could not come to transfer the old man to another hospital. The doctor said that she must transfer. If she did not transfer, her life might be in danger. The family members were very angry and quarreled with the doctor on the phone. The department manager immediately took the phone to communicate with the elderly family, and finally settled the dispute.

2.5.2 Analysis

Such a phenomenon often occurs in the elderly care homes. After the elderly get sick, the medical institutions set up in the elderly care homes timely diagnose and treat the diseases, but their family members do not know about it and are unwilling to pay the medical fees. After a dispute arises due to the family's unwillingness to pay the medical fees, the medical institution set up in the elderly care home is unwilling to diagnose and treat diseases for the elderly. Whenever the elderly are ill, they ask the client's family to transfer to the hospital for treatment. In this way, the old people and their families are very dissatisfied with the behavior of the elderly care homes. They think that it is common for the old people to get sick, and they call them transfer whenever they want. How can they call it convenient for the elderly care?

The department manager communicated with the elderly family members in this way.

(1) Inform the family.

The current situation of the elderly, the doctor's diagnosis and the doctor's treatment measures were told to her family. And he would further observe the elderly and inform them of any changes. The conditions of the medical institutions in the elderly care homes are limited, and it is impossible to conduct further examination and treatment for the elderly. In view of her age, many unforeseen risks may occur. At that time, please understand the unexpected consequences if they occur.

(2) Ask the family for advice.

After informing the elderly in detail, ask the family for advice on whether to transfer to another hospital.

After the above communication, the family immediately calmed down and said that they would rush back immediately to transfer the elderly to hospital for treatment.

In addition, when the elderly fall ill in the elderly care home, the staff of the elderly care home should, on the one hand, inform the elderly family in time, so that they can care for the elderly in a timely manner. On the other hand, they should inform the elderly that after the elderly fall ill, a medical institution set up in the elderly care home has generated medical expenses for the elderly, and the elderly family will naturally understand how to deal with the medical expenses. Sometimes the old people's families are not annoyed about how much medical expenses they have spent for the old people, but feel that the old people are ill in the elderly care homes. Because they do not know the elderly diseases, even do not show concerns to the old people, they blame the reason for their guilt on the elderly care homes for not telling them, and finally they are unwilling to settle the medical expenses.

2.6 Communication about the death of the elderly in a short time after they live in an elderly care home

2.6.1 Case of failed communication

Mr. Zhang, an elderly man, died when living in the elderly apartment 16 days later. His two daughters, Li Yan and Li Ying, complained that the elderly apartment did not receive medical treatment in time. This case was held a hearing in × × Court, and the plaintiff requested the defendant to return the sodium payment fee and pay the liquidated damages totaling 73, 787 yuan. The case was not pronounced in court.

During the trial, both the plaintiff and defendant appeared in person. The plaintiff Li Yan with her husband and another family member appeared in court. The defendant was the president of the elderly apartment. Li Yan said that her mother on the afternoon of October 19, 2006, checked in Yifushou Senior Living Apartment, and she received the news of her mother's death at 8: 00 am on November 5 of that year. "When we arrived, we found that our mother had been put on a shroud, made up and lying in an ice coffin. We could not forgive this. " Li Yan said that they did not authorize the defendant to make such a paid settlement. In addition, the elderly apartment is not a medical institution. If the elderly felt unwell, they should be sent to the hospital for treatment in a timely manner, rather than handling without authorization, which had eventually led to the death of her mother.

The president of the elderly apartment said repeatedly in court that the death of the elderly was related to her own cerebellar atrophy, coronary heart disease and diabetes, which was within the scope of the "exemption clause" signed by both parties, so the apartment party did not have to bear responsibility. The reason why the patient was not sent to the hospital was that the plaintiff sisters could not be contacted after the elderly was found abnormal at about 4:40 am on November 5. In addition, the elderly died suddenly, so there was no time to send the patient to the hospital. "Later, considering that it would be difficult to dress the elderly for a long time, we dealt with this matter. We were kind. "

Li Yan said that her mother with mobility problems was usually taken care of by her sister, but she was temporarily sent to the elderly apartment because her sister needed surgery. "Thinking of taking my mother home in a few days, I didn't expect such a result. " Li Yan cried, "The senior apartment has always said to contact us many times, but why not call an emergency call?"

2.6.2 Case of successful communication

In November 2015, an elderly patient named Xia died after 20 days in an elderly care home. His two sons and one daughter agreed with the work of the elderly care home and thanked the nursing staff for their meticulous care. They believed that the care of elderly care homes helped the elderly alleviate their pain and gain dignity.

(1) Background.

When he lived in the elderly care home, he seemed to be in good spirits. The general physical examination report did not show any serious disease, and he was assessed as "basically self-care". On the night of check-in, the elderly man experienced insomnia, inability to lie flat, incontinence, inability to change clothes by himself, and inability to clean up by himself. All these shew low self-care ability.

(2) Communication process.

① When the family members went through the check-in procedures for him, they had been informed to record their phone numbers and addresses as many as possible in the contact information column in order of relationship closeness with the elderly man, so as to ensure timely contact with them.

② They had told the elderly man and his family that he needed to adapt to the new environment, so the elderly man had an observation period. The observation period is also the time when the elderly are most likely to suffer from senile diseases, which may or may not be serious, and some may even endanger their lives. We would deal with any occurrence according to relevant regulations. And we had informed them of the handling procedures. The handling procedures had been recorded in the residence agreement, and the family members had signed for approval.

③ When the elderly man shew that his level of self-care is inconsistent with the admission assessment and there were signs of illness, we communicated with the elderly and his family in a timely manner, took corresponding measures, adjusted the nursing methods, and proposed to his family for transfer diagnosis and treatment.

④ They timely reported the physical changes of the elderly man and the measures, opinions and suggestions taken by the elderly care home to his family to strive for their cooperation and support.

⑤ After the death of the elderly man, they informed his family in time, informing them of our plans to deal with things after the death of the elderly man and let his family choose.

2.6.3 Analysis

The two cases being compared, we identify the following problems in communication that tend to result in disputes.

(1) When handling the residence procedures for the elderly, the elderly nursing homes do not fully foresee the problems that may occur after the elderly move in and inform their family of these possible problems and the solutions to the problems after they occur. For example, what to do when the elderly get sick? What to do when the elderly life is in danger? And what should we do when the elderly nursing home can't contact their family?

(2) After changes appear in the sick elderly, the elderly care home fails to

communicate with their family in a timely manner.

(3) The treatment before and after the sudden death of the elderly is improper. If there is no medical department in the elderly nursing home, we should call first aid even if we find that the elderly had died suddenly. If the elderly care home has a medical department, the medical department should have corresponding rescue measures and process records.

Assignment

【Definition】

institution-based elderly care

【Fill in the blanks and complete the sentences】

The structure of institutional elderly care is divided into ( ) and ( ), according to the national charging policy. According to the ability of the elderly to take care of themselves, they are divided into ( ), ( ) and ( ).

[Short answers]

Briefly describe the significance of institution-based elderly care.

Project Ⅸ
Communicate with the social support network

Learning objectives

- **Knowledge objectives**

◇ Be familiar with the concept and content of the social support network of the elderly, and master the ways, steps and methods of communication with the social support network of the elderly.

- **Skill objectives**

◇ Learn to choose the way to communicate with the elderly social support network, understand the steps and methods to communicate with the elderly social support network, and learn to communicate with the elderly social support network.

Situational lead-in

In daily life, each elderly person has its own social support network. The social support network is an important part of the life process of the elderly, which can help the elderly to solve problems in life. The stronger the social support network an elderly person has, the better he/she can cope with various environmental challenges. In daily life and work, we should not only learn how to communicate with the elderly, but also learn how to communicate with the social support network of the elderly. In this way, the social support network of the elderly can support the elderly in a long-term, sustainable and effective way.

Task 1 Understand the social support network of the elderly

Case lead-in

An elderly man living in a nursing home accidentally fell down while going to the toilet in the night. The doctor on duty in the nursing home examined him. The initial diagnosis was that the right femur was fractured. His family members should immediately send the elderly to the hospital for further examination, diagnosis and treatment. In this case, how should we communicate with the support network of the elderly as a member of the staff of the nursing home?

Main content

Social support network refers to the contacts between a group of individuals. Through these contacts, individuals can maintain their social identity and obtain emotional support, material assistance and services, information and new social contacts.

According to the theory of social support, the stronger a person's social support network is, the better he/she can cope with various challenges from the environment. The resources owned by individuals can be divided into personal resources and social resources. Personal resources include personal self function and coping ability, the latter refers to the breadth of personal social network and the degree of social support function that people in the network can provide. Social work, which is oriented by social support theory, emphasizes changing the role of individuals in their lives by intervening in their social networks. Especially for those individuals who lack social network resources or the ability to use social networks, social workers are committed to providing them with necessary help to make them expand social network resources and improve their ability to use social networks.

1 The concept of social support for the elderly

Social support for the elderly is perceived and actual instrumental and expressive support provided by communities, social networks and relatives for the elderly. Social networks are just people that individuals can contact directly, including relatives, colleagues and friends. Relatives are people closely related to personal life, such as lovers, children, grandchildren, brothers and sisters, as well as the children of brothers and sisters. People in the relationship agree and expect to be responsible for each other. Instrumental support refers to the use of interpersonal relationships as a means to achieve certain goals, such as medical registration, borrowing money, shopping, cooking, etc. Expressive support can be either a means or an end. It involves sharing feelings, venting emotions and frustrations, seeking to understand problems or issues, and affirming the value and dignity of oneself and others. Instrumental support includes guidance, assistance, tangible support and action to solve problems. Expressive support includes psychological support, emotional support, self-esteem support, emotional support and recognition.

2 Social support network of the elderly

The social support network of the elderly refers to the material and spiritual help and support that the elderly get from others in their own social network.

A complete support network of the elderly includes relatives, friends, classmates, colleagues, neighbors, teachers, superiors and subordinates, cooperative partners, communities, etc. , as well as various social service institutions composed of strangers. So the "social support network" of the elderly is an important guarantee for their healthy life. When they are in adversity, a good "social support network" can give them confidence and energy. When they are in prosperity, the "social support network" can also bring them happiness and fulfillment,

The social support network of the elderly is provided to them by the outside world. However, due to the personality and psychological differences of each elderly person, their perception and utilization of the "social support network" are different. However, no matter how much the perception and utilization are, we all know the importance of the "social support network" for them.

However, the social support network of the elderly is not a vulgar network. A vulgar network of relationships is based on utilitarianism without sincere trust, such as a fair weather friend. The former is a positive interpersonal relationship, a "win-win" social network, in which mutual trust and support grow together. To some extent, our personal success may make us gain inner compensation, but we are still afraid of higher goals and stronger competitors. Instead of escaping the sense of insecurity of isolation with our continuous personal success, we should learn from good interpersonal relationships and obtain warmth, love, belonging and security in a positive social support system, because this is the comfort we need most in our hearts. No matter what difficulties we encounter, we can get the most powerful support. What can enrich our life more than this feeling?

3 Factors influencing the degree of social support network support of the elderly

3. 1 Development factors

From the perspective of development, the view of the elderly on relationship is the result of the interaction between their internal characteristics and the external environment. Different views on the relationship will directly affect the establishment of the relationship between the elderly.

3. 2 Individual factors

Individual factors refer to the influence of personality factors and physical health factors of each elderly person on the development and use of social support. In general, the old people with low self-esteem have negative factors for establishing relationships, while those with high self-esteem may obtain higher social support.

The higher the self-evaluation of an elderly person, the easier it is to be accepted. In addition, the healthier the elderly are, the more beneficial it is to the development of social support networks. The elderly with high sociality may get higher social support, which is more conducive to using social resources to meet their own aspirations, and thus it is easier to establish a broader social support network. The elderly with high autonomy are more inclined to solve problems by themselves, and the tendency to use social support networks is not high.

3.3 Social living environment

Different types of social living environments play different roles in the formation of individual social support networks. In an open social life environment, it is easier for the elderly to establish their own social support network, and it is also more conducive to using the social support network. On the contrary, in a closed social life environment, the use of social support networks by the elderly will be relatively reduced.

4 The contradiction between the needs of the elderly and the social support network

4.1 The needs of the elderly

Maslow's theory divides human needs into five categories: physiological needs, security needs, needs for love and belonging, needs for respect, and needs for self realization, which are ranked from lower to higher levels. The elderly also have these needs, but the hierarchy of their needs is not so obvious. In many cases, when the most basic physiological needs of the elderly cannot be met, they still have strong needs to be respected, social needs and security needs, especially those from family security. This is closely related to the life experience of the elderly. Needs at all levels have different basic meanings.

4.1.1 Physiological need

Physiological needs are the most basic and priority of all needs, which include human needs for food, water, air, clothing, excretion and sex. If such needs cannot be met, human beings will not survive. The elderly also have these basic needs to meet their survival, but their physiological needs have their own characteristics. In terms of clothing, the elderly need clothes that are suitable for their own age, loose, light, warm, breathable and applicable. In terms of food, the elderly pay more attention to health care, and demand for clean, fresh and hygienic water and air environment. Due to the decline of their physical functions, the elderly need more convenient, comfortable and barrier free toilets.

4.1.2 The needs for security

When people's physiological needs are relatively satisfied, they will have the desire to protect their body and spirit from threats, injuries and security, such as defending against physical injury and disease, preventing foreign attacks, plunder and theft, avoiding the danger of war and unemployment, and hoping to be relied on after losing labor, etc. The security needs of the elderly are more urgent than those of other groups, especially in medical, housing and transportation. In terms of medical rehabilitation and health care, the elderly hope that they can enjoy their health and longevity. Once sick, they hope they can get treatment in time and see a doctor nearby. They also hope that someone will take care of them during illness In addition, they hope that someone can guide them to strengthen their usual health care, so that they will not get sick or less sick. The living room of the elderly needs to be a little more spacious to facilitate walking and activities, and the indoor needs to be ventilated, dry and transparent. The internal facilities should be easy for the elderly to use and move. For example, the toilet should have handrails and toilets. The corridor should be equipped with handrails and handrails to prevent them from falling. The living floor should not be too high for the elderly. The travel safety of the elderly is particularly important, and they generally need to be accompanied to prevent falls or illness on the way. Public places and transportation vehicles also need to set up special seats or passages for the elderly to ensure their travel safety.

4.1.3 The needs for love and belonging

In social life, a person always hopes to communicate with others in friendship, love, care and other aspects, hoping to be accepted and valued by others or social groups, such as making friends, exchanging feelings, pursuing love and family, participating in various social groups and activities, etc. These needs of the elderly are also strong. First of all, the elderly need the warmth of the family, filial piety of their children, and enjoyment of family happiness. Secondly, the elderly also need to participate in social activities, eager to contact and communicate with neighbors, relatives and friends, and afraid of loneliness. In addition, the elderly also have love needs, especially some widowed elderly, hoping to have a partner to spend their old age with.

4.1.4 The needs for respect

A person always wants to have a stable, firm and strong social status in the society, and needs self-esteem and respect from others. The elderly are particularly face saving and have strong self-esteem. They need to be respected by others and are particularly sensitive to others' attitudes towards themselves. This need for respect is often extended to the elderly to pay attention to their own improvement in knowledge and self-cultivation, their own body shape, clothing, and so on.

4.1.5 The needs for self realization

People hope to realize their ideals and ambitions, give full play to their talents and potential abilities, make certain achievements, and make greater contributions to society.

The elderly also hope to do something within its power for the society, give full play to their potential in their remaining years, realize their own value or unfulfilled wishes, and experience the joy and satisfaction of success.

In the face of more and more gray hair, the elderly need care of both material and psychology. They not only need to provide them with economic security and medical assistance, but also need to provide them with spiritual care. In this case, it has become an urgent matter to learn from the experience of some countries and regions in the world that do well in offer welfare to the elderly. We should also develop and strengthen community elderly care services based on the real conditions of our country to meet the needs of the elderly in many aspects.

4. 2 The disadvantages of social support network of the elderly in China at present

As the elderly get older day after day, their physical and mental health will get worse and worse, and their ability to look after themselves will decline day after day. They will become increasingly dependent on the social support network.

In the face of the growing demand of the elderly, the disadvantages of the social support network have increasingly revealed themselves.

4. 2. 1 Insufficient understanding of the concept of aging society

Faced with the challenge of the aging population in China, some functional departments, management and service departments of the community have insufficient awareness of the importance and urgency of carrying out and strengthening community elderly care services. Their concepts are backward and their service awareness are considerably poor.

4. 2. 2 Both hardware and software in elderly care are poor, which can no longer meet the growing needs of the elderly

At present, medical care for the elderly is relatively scarce; medical costs are high; and somc patients can not be treated well. It is difficult for the elderly to shop. The number of suitable goods is small and the variety is single. Lack of cultural and sports facilities for the elderly, they have no place for leisure, and there is no spiritual sustenance. However, the utilization rate of existing elderly care facilities is quite low.

4. 2. 3 The team providing professional services for the elderly is scarce, and the professional volunteer team has yet to be established

At present, most of the people who are active in the front line of elderly care services are those who work only based on humanitarianism and experience, and have not received relevant professional education or training on elderly service knowledge. This not only affects the quality of elderly care services, but also restricts the development of elderly care undertakings.

4.2.4 Great pressure on family support

At the present stage, China's economy is relatively underdeveloped, and the state-led elderly care system can only offer help to the three-no elderly (no income, no children to support them and no ability to look after themselves), and some disabled groups living in difficulty. Most of the elderly can only rely on pension, housing and support from other family members. In particular, when the elderly in rural areas lose their ability to work, they can only rely on the economic support and living care of family members, thus increasing the pressure in energy and economy of family members.

On the other hand, the elderly with disabilities or dementia need professional care. However, family members who do not have professional nursing skills may bring pain or even injury to the elderly in the care process, thus increasing the mental pressure of the elderly and their families.

5 The role of communication with the elderly social support network

(1) Communication with the elderly social support network can better understand the personalized needs of the elderly, so as to provide personalized and integrated services for the elderly to improve their quality of life and well-being.

Due to aging, the elderly have become physically and psychologically vulnerable. With the increasing improvement of social living standards, the rough service model has been unable to meet the needs of the elderly in their daily lives. They are pursuing higher and more sophisticated services. By communicating with the elderly social support network, they can better understand the needs of the elderly in all aspects, so as to provide a basis for more in-depth services.

(2) Communication with the social support network of the elderly can understand the degree and direction of their social support. Communicating with the social support network of the elderly can help us understand the composition of their social support network, what support they can provide to the elderly and to what extent, so that the elderly can know what needs can be met and what needs can only be faced with reality.

(3) The communication between elderly care homes and social support network can let them know more about the life of the elderly in elderly care homes, which is of great significance for the establishment of a harmonious cooperation relationship between the elderly and nursing homes.

Caregivers should actively communicate with the social support network of the elderly. On the one hand, they can let them know the daily life, physical adaptation and health status of the elderly in the elderly care home. On the other hand, social support network can know the psychological needs of the elderly and how to cooperate with the elderly care homes from the caregivers so that they can provide better services for the elderly.

(4) Frequent communication of caregivers with the elderly social support network can help reduce the occurrence of disputes.

If caregivers actively communicate with the elderly social support network, their social support network will know what kinds of services the institutions provide for the elderly. They will know how the elderly are. They will know if and when they cooperate. They will know what difficulties the organization has. They will know what problems that they need to face together with the institution. In this way, the social support network of the elderly can have a good understanding of the behaviors of the elderly in the elderly care homes, thus being able to play an important role in the prevention of accidents and the settlement of disputes.

Extended reading

The Warmth of Several Straws

There are seas between countries, walls between homes, and secrets between people. For the same thing, Chinese people say that different people have different opinions. The Western proverb says that there are 1,000 images of Hamlet in the eyes of a thousand viewers. People's minds are separated from each other and have different views. This requires people to communicate with each other, enhance understanding, eliminate misunderstanding, and keep the windows clean and clear.

In the Northern Song Dynasty, there was a Neo-Confucian scholar named Shao Yong who was proficient in the *Classic of Changes*. Once, he lost his way in the mountains on his way to show others Feng Shui. After two days, he was hungry, thirsty and exhausted. Fortunately, he met a village woman at this time. Shao Yong begged her for some water and asked her to help him out of the mountain. After hearing Shao Yong explain his intention, the village woman invited Shao Yong into her home and scooped a ladle of water from a tank and handed it to him. When Shao Yong took the water ladle and was about to drink it all, he found some hay floating on it. He didn't drink the water because he felt that his pride was greatly hurt, but he refrained and did not lose his temper on the spot. Two days later, he felt extremely thirsty as if there was smoke in his throat. Between dignity and clear water, Shao Yong certainly chose the latter. He slowly drank the water in the ladle carefully. Later, the village woman took out the wild vegetables to invite Shao Yong to eat. Although it was not a delicacy, it was very rare for Shao Yong. After finishing his meal, Shao Yong was still puzzled. So he asked the village woman, "Madam, why did you put hay in the water ladle that day?" The village woman was stunned and then laughed: "Nothing else. You may have misunderstood it. At that time, you were panting, hungry and thirsty. If I handed you the water ladle without throwing the hay, you would probably be choked by drinking such cold water!" Hearing this, Shao Yong blushed, ashamed that he had misunderstood her, and relieved that the misunderstanding had been eliminated.

Communication can eliminate misunderstanding, and enhance understanding.

In the same way, between the elderly and caregivers, between the elderly and their social support networks, and between the caregivers and their social support networks, there must be some different views even with the same thing and the same behavior, and their views can even run counter to each other due to different perspectives. If we do not communicate and eliminate misunderstandings in time, disputes will inevitably occur.

Task 2 Master the modes and steps of communication with the social support network of the elderly

Case lead-in

When an elderly person returned to the nursing home after he had been treated for a bad fall at the hospital, his/her family members would believe that the institution should be responsible for his/her fall and bear the corresponding medical costs and the subsequent rehabilitation and nursing costs. How would we communicate with his/her family members as a relevant manager of the organization?

Main content

1 Modes to communicate with the social network supporting of the elderly

The way of communicating with the social network supporting of the elderly can be divided into direct communication and indirect communication according to whether the communication needs the transmission of a third party. Both direct communication and indirect communication have their own advantages. Direct communication facilitates the emotional exchange between people, while indirect communication is more convenient and fast.

1.1 Direct communication

Direct communication means that no third party is required to transmit and receive information. Such as face-to-face conversation, direct telephone conversation, etc. Direct communication is the most common way of communication with the elderly social support network.

The advantage of direct communication is that it is intuitive and clear. It can not only hear the meaning, but also perceive the emotions reflected in many aspects.

The disadvantage of direct communication is that it is sometimes greatly affected by personal emotions, and the systematicness is poor. Communication is often dominated by the other party, and it is difficult to reflect the equality of information. It is more suitable for fast communication between familiar people on small differences and simple issues, and it is also very suitable for investigating and communicating the actual situation.

1.2 Indirect communication

Indirect communication refers to the mutual communication between people through intermediaries or by means of intermediary technology, such as letters, documents and reports, personal media, television, radio, newspapers, networks and other mass media. Indirect communication also has its advantages, such as being calm and rational, having a systematic communication and exchange of views, being relatively tactful, and being less susceptible to emotional and atmosphere factors. However, indirect communication has the disadvantage of lacking emotional communication. Therefore, indirect communication is seldom used in communication with the social support network of the elderly.

2 Steps to communicate with the social support network of the elderly

2.1 Background of communication with the social support network of the elderly

The report released by the Office of the National Commission on Aging on February 23, 2006 shows that China's population has entered the stage of rapid aging, and the pressure of population aging is beginning to appear. *The Research Report on the Prediction of the Development Trend of China's Population Ageing* pointed out that China will be an irreversible aging society in the 21st century. The emergence of a large number of elderly people brings opportunities as well as challenges to the development of the elderly care industry. The imbalance of social and economic development, the high demand for the living standard of the elderly, the asymmetry of elderly care information and the low level of elderly care services have led to the emergence of contradictions and disputes between the elderly care industry and the elderly social support network, and disputes involving nursing care between elderly care homes and their families emerge endlessly. Communication is the best way to solve conflicts, and communication is also the best way to solve problems in the elderly care industry. When we need to communicate with the elderly social support network, we should know what has happened between the elderly and us. What might happen? What will be the expected result? Should we communicate with their social support network at this time? How to communicate? What is the purpose of communication? How effective will the communication be?

2.2 Clarify the purpose of communication

Before communicating with the social support network of the elderly, we must make it clear what is the purpose of communication. Why should we communicate? A communication without purpose is surely not effective.

A client in the nursing home will soon get through his oral medicine brought along by himself. In order to help him take medicine smoothly and allow the client's family to have enough time to prepare, we can conduct direct telephone communication with his support network. Some friends may think it is enough to tell his family to bring medicine directly. Is communication needed? Isn't that asking for trouble? Now let's analyze why we need to communicate on this issue. Dispute 1: Imagine that the old man's medicine is only enough for this noon, and he will have nothing to take this evening. If the nursing home directly informs his family of the situation, he will probably be unhappy, "Why didn't you tell us earlier? Now we are told he has no medicine to take this evening, but how can I find time to buy medicine? Even if I can buy medicine, how can I get there in time because the organization is so far away from my house? What's wrong with your work? Why is it so annoying?" Those without so violent a temper will probably just say a few words to complain, while those with a very bad temper may change the nursing home because they are dissatisfied with our work. Dispute 2: It is still a few days before the old man gets through his medicine. The caregiver asks the management personnel to call in advance to ask the family to bring the medicine along without explaining the reason. The family may be very unhappy and ask, "Last time I took the medicine which would last a month. Why is it gone so soon? Is there anything wrong with the medicine? You should compensate. " They even probably come to the organization to make a scene, which often occurs.

Therefore, sometimes it seems to be just a small problem, but ends up with all disputes. Once, the nursing home suffered economic loss for a liability accident because the nursing home and the elderly family did not communicate well about the elderly medicine which was very expensive. Therefore, in communication, it is necessary to foresee the problems that may occur, clearly tell the other part what's in your mind, so that both sides can understand the entire process, and finally reach a solution to the problem. In the above example, we should not only tell the elderly family that he is about to get through the medicine, but also tell them that in order to make sure the client takes his medicine without a break. We inform them of the news about the medicine in advance so that they can prepare and deliver the medicine in time. The desired communication effect will be surely achieved. The family members of the elderly will feel that the organization is careful in its work and considerate of the elderly family. It goes without saying that they are willing to cooperate with such an organization.

2. 3 Understand the communication target

When communicating with the social support network of the elderly, it is also necessary for us to understand the situation the communication target.

2. 3. 1 The relationship between the supporter and the elderly

Different people need to be communicated with for different problems. Important, serious or urgent matters need to be communicated with the immediate family members of the elderly, while ordinary or less urgent matters can be communicated with other social supporters.

2. 3. 2 Understand the closeness between the social supporter and the elderly

The closer the social supporters are to the elderly, the more they understand their living habits and physical conditions, the better we can communicate with them about the elderly, and the easier it is to solve problems. For example, after an elderly person came to a nursing home, there appear some problems about the client needing communication with his family. The closer the relationship between the social supporter and the elderly, the more familiar with the elderly they are, the communication between the supporter and us will be more smooth.

2. 3. 3 Understand the educational background and personality of the communication target

Communication refers to the process of transmitting information, thoughts and feelings among individuals or groups for specific purposes, while the transmission of emotions and feelings is often neglected by some people, thus causing difficulties and obstacles to the communication process. At the same time, we are not only transmitting information, but also hoping that the other party can accept it. How can the other party be convinced willingly? This requires us to learn the educational background and personality of the other party of the communication. People with different educational backgrounds and personalities have different sensitivities to communication. For example, with warm-hearted people, the key word to communicate is emotion. With the cooperative type, the key word is patience. With leaders, the key word is respect. With people who enjoy thinking analytically, the key word is information. If we can grasp the key words of every one that we need to communicate, that is, the aspects that the other party of communication particularly cares about, we can communicate in the way the other party is accustomed to and thus achieve the purpose of communication.

2. 3. 4 Other information of the communication target

When communicating with the social support network of the elderly, the more we know about the other party of the communication, the more effective the communication will be. So it is necessary to learn other information about the other party of the communication, such as their age, economic conditions, work conditions, daily time arrangement, etc.

2.4 Select appropriate communication strategies

Direct communication strategies are mostly used to communicate with the social support network of the elderly, such as face-to-face communication or talking by phone. However, sometimes the desired communication effect can't be achieved after communicating directly with a supporter of the elderly once or twice, or even indirect communication strategies, such as through letters, WeChat, or third-party communication, need to be used.

2.5 Try to eliminate communication barriers

To achieve desired communication effect, we are supposed to try to eliminate communication barriers. In the process of communicating with the social support network of the elderly, we must pay attention to the selection of appropriate communication environment, adopt appropriate communication strategies, and try to eliminate obstacles in communication to achieve effective communication.

2.6 Try to communicate and handle objections

In the process of communication, it is necessary to properly choose language, try to use the words that the other party understands, clearly express your meaning, concentrate on the matter with sincere feelings rather than look this way and that absentmindedly, organize and design what we want to express concisely and effectively, and skillfully handle various different viewpoints in communication.

2.7 Come to an agreement

After communicating with the social support network of the elderly and reaching a consensus, the communication process is completed. However, reaching a consensus does not mean the end of the work, rather, the end of communication is the beginning of another task. For example, when we reach a consensus with the elderly family to bring medicine, they agree to bring the medicine before the elderly gets through medicine. This means the beginning of another job: the family of the client take time to go to the pharmacy or hospital to buy medicine, and take time to bring the medicine to the elderly care home to give it to the medical staff. The management personnel of the elderly care home will provide feedback and communication information to the medical staff, and reconfirm the exact time when the elderly will get through the medicine. When the elderly family delivers the medication, they will contact the medical staff in a timely manner to repackage the elderly medication and guide the nursing staff to dispense medicine or feed the medicine to elderly.

2.8 Jointly implement the agreement and feedback the effect of problem solving

After the communication, a consensus is reached and an agreement is planned out. At this time, it is necessary for both parties to communicate to jointly carry out the contents of the agreement, solve the problems that need to be solved through communication, and feed back the effect of problem solving. If the agreement is not implemented by one party or both parties, the problem will not be solved. Then it is necessary to communicate again for this problem. It not only wastes time and energy, but also reduces the trust of both parties, leaving difficulties for the next communication.

3 Notes for communication with the social support network of the elderly

In the process of communication with the social support network of the elderly, attention should be paid to the following aspects.

3.1 Make preparations before communication

Whether the preparation before communication is sufficient directly affects the communication effect. The more sufficient the preparation is, the better the communication effect is. Otherwise, the communication effect will be undesirable.

3.2 Make well-directed communication

The content of communication should be well-directed and to the point. It is not advisable to talk about anything unrelated before the very problem is solved, and scatter-shot communication can achieve nothing.

3.3 Select appropriate communication strategies according to the purpose and level of communication

When communicating with the social support network of the elderly, different communication strategies should be selected according to different communication purposes or priorities of the problems. If a problem can be dealt with through talking by phone, we don't have to call in the elderly's supporters for a face to face communication. If a problem can be solved face to face, we do not need to solve it in the form of official letters or other documents. This can not only fully think about the other party of the communication, but also improve the work efficiency.

3.4 Grasp the skills of listening, speaking, asking, negotiation, telephone communication and objection handling flexibly

Communication requires communicators to master the skills of listening, speaking, asking, negotiation, telephone communication and objection handling skills, so as to take the initiative in the communication process and solve problems.

3.5 Make corresponding records or sign agreements

After communication, the process of communication and the agreements or objections reached should be recorded in time for reference and statistics. In particular, the communication involving disputes or compensation expectations needs to be recorded in detail. If an agreement is reached, both parties need to sign for confirmation.

Extended reading

Effectively Communicate to Prevent Disputes

Background: In the elderly care industry, falls are the most common events in accident disputes. Fall accidents of the elderly are also an inevitable problem in the elderly care industry. A fall accident can easily become a fall dispute after it happens. Communication is the best way to resolve fall accidents and fall disputes.

At 9:00 am on August 22, 2014, the caregivers at a nursing home were changing shifts as usual. During shift handover, the doctor on duty mentioned that the old man in a department fell down in front of bed in the morning, and no injury was found to the old man after inspection. Therefore, the family members were not informed about the fall of the elderly. In the following three days, no abnormality was found in the old man. In the morning of August 26. The nurse was very nervous when she found congestion around the old man's left eye and immediately informed the department head.

After knowing the situation, the head of the department also checked the situation of the old man, and judged that the congestion around the old man's left eye was caused by the slow subcutaneous hemorrhage after the old man fell down in the morning of August 22, and the old man had no other problems. However, the next day is the weekend, the client's family or other members of the social support network may come to visit the elderly. Because the client's family or other members of the social support network did not tell the old man's family or other members of the social support network the truth of the old man's fall at the first time after the accident, the department head will find the old man's fall after seeing the client's family visit the elderly, which would inevitably lead to questions and distrust from the client's family, It may even lead to accident disputes.

The person in charge of the department immediately contacted his family by phone to tell him the fact that the old man fell, why he did not tell his family in time and his current situation. After receiving the phone call, the family was very worried and immediately took a large group of people to the elderly care home. The elderly family was very angry after seeing the elderly. So the head of the department sat down and carefully communicated with each family member, and apologized for not informing them in time. At the same time, we sincerely listen to the opinions and suggestions of our family members. Finally, we got the understanding of the family.

The elderly family told us that if they didn't communicate with each other in time today, they would find this problem when they came to visit the elderly the next day, and they would definitely go to the elderly care home to send the elderly to the hospital for further examination, diagnosis and treatment. And they asked the elderly care homes to give a corresponding statement. Therefore, communication resolves conflicts and prevents falling disputes.

Assignment

【Definition】

Social support network of the elderly

【Fill in the blanks and complete the sentences】

1. Social support networks for the elderly include ( ), ( ), ( ), ( ) neighbors, teachers, superiors and subordinates, partners, communities, etc. , as well as various social service institutions composed of strangers.
2. The needs of the elderly include physiological needs, ( ), ( ), needs for respect, ( ).
3. The most common ways of communication with the social support network of the elderly are ( ) and ( ).

【Choose the best answer for each question】

1. At the present stage, China's economy is relatively underdeveloped, and the state-led elderly care homes can only offer help to ( ).
   A. retired veteran cadres
   B. three no old people and some disabled people living in difficulty
   C. retired worker
   D. rural elderly
2. The way to communicate with the elderly social support network docs not include ( ).
   A. direct communication
   B. letter communication
   C. indirect communication
   D. none of the above
3. At present, the disadvantages in social support network of the elderly in China does not include ( ).
   A. poor infrastructure unable to meet the needs of the elderly
   B. insufficient understanding of the concept of aging
   C. rich and professional elderly care service team
   D. great pressure on family support

4. In the process of communication with the social support network of the elderly, which should be paid attention to? (　　)
   A. According to the purpose and degree of communication, communication strategies can be selected at will.
   B. Communication is well-led.
   C. No need to make corresponding communication records.
   D. No preparation before communication.

【Show your capability】

An elderly person in an elderly care home suddenly fell ill and needed to be sent to the hospital for treatment immediately. However, after the ambulance came, the staff in the nursing home were unwilling to take risks to send the elderly person to hospital because his family did not come to accompany him.

Simulate the administrative personnel on duty of the elderly care home, find the members of the elderly person's social support network, and figure out how to communicate with the members of his social support network.

References

[1] AN HAIHANG. Microcommunication. Beijing: China Machine Press, 2013.

[2] CHINESE COMMITTEE OF INTERNATIONAL ASSOCIATION FOR ALZHEIMER'S DISEASE, BEIJING ASSOCIATION FOR THE PREVENTION AND TREATMENT OF ALZHEIMER'S DISEASE, XIANGSHOU TECHNOLOGY (BEIJING) CO., Ltd., et al. Pay attention to senile dementia—a Chinese project of enjoying life. Kaifeng: Henan University Press, 2010

[3] HAN ENJI, WANG CUILAN. Practical dementiatology. Jinan: Shandong Science and Technology Press, 2011

[4] HAO WEI. Course of clinical diagnosis and treatment norms for psychiatric diseases. Beijing: Peking University Medical Press, 2009

[5] HUA QIANZHEN. Geriatric nursing. 2nd ed. Beijing: People's Health Publishing House, 2010

[6] HUANG YAOMING, CHEN JINGLIANG, CHEN YING. Research on population aging and institutional endowment model. Changchun: Jilin University Press, 2012

[7] LENG XIAOHONG. Interpersonal communication. Beijing: People's Health Publishing House, 2010.

[8] LI HONG, CHEN QIUHUA. Practice manual for senior professional nurses. Beijing: Chemical Industry Press, 2014.

[9] SONG JIE, CHEN HUIZHEN. Gerontology nursing. Beijing: Ancient Chinese Medicine Publishing House, 2009

[10] WU HUA, ZHANG RENREN. Social work for the elderly. Beijing: Peking University Press, 2011

[11] XIE HONGXIA. Communication skills. Beijing: China Renmin University Press, 2011.

[12] ZHAO MEIYU. Gerontology nursing. Zhengzhou: Zhengzhou University Press, 2011